Baedeker

Allianz Reiseführer

Franken

www.baedeker.com

Verlag Karl Baedeker

TOP-REISEZIELE ✶✶

Mächtige Burgen, prachtvolle Residenzen, verträumte mittelalterliche Städtchen, idyllische Heilbäder, beeindruckende Naturschönheiten – die Reiseziele Frankens sind sehr vielseitig.

1 ✶✶ Ansbach
Die »Stadt des fränkischen Rokoko« lockt mit einer markgräflichen Residenz, die zu den bedeutendsten Schlössern Frankens zählt, und einer hübschen Altstadt. ▶ Seite 123

2 ✶✶ Aschaffenburg
Das mächtige Renaissanceschloss Johannisburg besitzt eine herausragende bayerische Staatsgemäldesammlung. ▶ Seite 130

3 ✶✶ Bad Kissingen
Der mondäne Kurort ist das meistbesuchte Heilbad Bayerns. ▶ Seite 139

4 ✶✶ Bad Mergentheim
Hauptsehenswürdigkeit des idyllischen Heilbades ist das imposante Deutschordensschloss. ▶ Seite 143

5 ✶✶ Bamberg
Bambergs einzigartige, auf sieben Hügeln sich ausbreitende und vom Dom überragte Altstadt gehört zum Weltkulturerbe der UNESCO. ▶ Seite 157

6 ✶✶ Bayreuth
Diese Stadt des Rokoko hat durch die Richard-Wagner-Festspiele Weltruhm erlangt. ▶ Seite 169

7 ✶✶ Dinkelsbühl
Ehemalige fränkische Reichsstadt mit mittelalterlichem Stadtbild ▶ Seite 189

8 ** Eichstätt
Die geistliche Residenzstadt ist noch heute vom Barock geprägt. ▶ **Seite 197**

9 ** Iphofen
Malerischer Weinort ▶ **Seite 244**

10 ** Kronach
Die Lucas-Cranach-Stadt mit ihrem spätmittelalterlichen Flair wird von einer weithin sichtbaren Festung überragt. ▶ **Seite 258**

11 ** Mespelbrunn
Mespelbrunns Wasserschloss gilt als Inbegriff fränkischer Schlossromantik. ▶ **Seite 136**

12 ** Miltenberg
Die Fachwerkstadt am unteren Mainviereck zieht mit ihrem besonders malerischen Ortsbild viele Besucher an. ▶ **Seite 271**

13 ** Nürnberg
Ein Spaziergang durch die fränkische Metropole ist ein Gang durch die deutsche Geschichte. ▶ **Seite 275**

14 ** Pommersfelden
Das prächtige Schloss Weißenstein besitzt eines der berühmtesten Treppenhäuser der Barockarchitektur. ▶ **Seite 168**

15 ** Pottenstein
Neben dem anmutigen Ort erstreckt sich die bekannteste Tropfsteinhöhle der Fränkischen Schweiz. ▶ **Seite 227**

16 ** Rothenburg ob der Tauber
Stadt mit überaus pittoreskem Stadtbild – Mittelalterromantik pur ▶ **Seite 298**

17 ** Vierzehnheiligen
Glanzpunkt des fränkischen Barock ▶ **Seite 152**

18 ** Volkach
Zauberhaftes Weinstädtchen an einer Mainschleife ▶ **Seite 309**

19 ** Wolframs-Eschenbach
Romantisches Städtchen mit bedeutendem Literaturmuseum ▶ **Seite 128**

20 ** Wunsiedel
Wunsiedels Felsenlabyrinth ist das größte und schönste Europas. ▶ **Seite 323**

21 ** Würzburg
Dom- und Universitätsstadt mit großer Festung, bildschöner Innenstadt und einer Residenz, die auf der UNESCO-Liste des Weltkulturerbes steht. ▶ **Seite 327**

Romantik pur
Nürnberg unterhalb der Burg

DIE BESTEN BAEDEKER TIPPS

Von allen Baedeker Tipps in diesem Buch haben wir hier die interessantesten für Sie zusammengestellt! Erleben und genießen Sie Franken von seiner schönsten Seite.

! Weinerlebnis Franken
Weinproben, Erlebniswanderungen, Kutschfahrten und andere Veranstaltungen in Weinfranken mit speziell ausgebildeten Gästeführern ► **Seite 73**

! Fränkische Lebensläufe
Der Buchtipp! »Wer die vergäße, tät mir leide« von Josef-Thomas Göller über herausragende Persönlichkeiten Frankens ► **Seite 93**

Fränkische Lebensläufe
Levi Strauss, Erfinder der Jeans

! Hoch hinaus
Spannender Übungs- und Hindernisparcours im Hochseilgarten Point-aktiv in Bad Neustadt an der Saale ► **Seite 149**

Fahrt zum Donaudurchbruch
Kloster Weltenburg bei Kelheim

! Kinderzeche
Größtes jährliches Ereignis in Dinkelsbühl – eine der schönsten traditionellen Veranstaltungen in Franken ► **Seite 190**

! Abenteuer für Groß und Klein
Im Playmobil-FunPark Zirndorf südlich von Fürth kommen alle Altersgruppen auf ihre Kosten. ► **Seite 216**

! Rußorden inbegriffen
Fahrt mit der Museumsbahn im Tal der Wiesent bei Gößweinstein ► **Seite 226**

! Romantisches Felsenbad
Bei Pottenstein liegt eines der landschaftlich reizvollsten Freibäder Deutschlands.
► **Seite 227**

Auf dem Main unterwegs
Würzburg ist ein günstiger Ausgangspunkt für Schifffahrten auf dem Main.

Entdeckungsreise mit dem Schiff
Den Altmühlsee im Fränkischen Seenland muss man einmal vom Schiff aus entdeckt haben! ► Seite 228

Schilderwald
Schilder aller Art und aus der ganzen Welt sind im Hofer Fernweh-Park zu bewundern. ► Seite 241

Fahrt zum Donaudurchbruch
In der Hochsaison fahren Schiffe an manchen Tagen bis zu 17-mal die Strecke von Kelheim zum Kloster Weltenburg am Donaudurchbruch. ► Seite 252

Mit dem Ballon über Rothenburg
Nicht ganz billig, aber einfach herrlich: Ballonfahrt über das romantische Taubertal ► Seite 304

Mainschleifenbahn
Mit einem knallroten Oldtimer-Schienenbus auf einer der steilsten Bahnstrecken Unterfrankens ► Seite 311

Rodeln im Sommer
Hier geht es flott abwärts: 11 Steilkurven sind auf der 550 m langen Strecke von Pleinfeld zu bewältigen. ► Seite 317

Auf dem Main unterwegs
Sehr erholsam und beschaulich: mit dem Ausflugsschiff von Würzburg nach Veitshöchheim ► Seite 332

Weinerlebnis Franken
Auch in Volkach und Umgebung, wie hier auf der Vogelsburg, gibt es Führungen.

Wintersport
Die Mittelgebirge Frankens sind ideale Wintersportgebiete.
► Seite 98

HINTERGRUND

12 Region voller Reize
16 Fakten
17 Naturraum
22 Bevölkerung
25 Wirtschaft
26 *Special: Die Sportmode-Giganten*
30 Geschichte
31 Frühzeit · Antike
32 Frühes Mittelalter
33 Hohes Mittelalter
34 Spätmittelalter
37 Bauernkrieg · Reformationszeit
38 17. und 18. Jahrhundert
39 19. Jahrhundert
41 20. und 21. Jahrhundert
44 Kunst und Kultur
54 Kunstgeschichte
53 Minnesang und Meistersang
55 Brauchtum
56 Berühmte Persönlichkeiten

Bayerisches Staatswappen
mit dem »fränkischen Rechen«
► Seite 22

PRAKTISCHE INFORMATIONEN VON A bis Z

68 Anreise · Reiseplanung
69 Auskunft
71 Mit Behinderung unterwegs

PREISKATEGORIEN

Hotels
Luxus: ab 150 €
Komfortabel: ab 80 €
Günstig: unter 80 €
Für eine Übernachtung im Doppelzimmer.

Restaurants
Fein & teuer: ab 25 €
Erschwinglich: ab 15 €
Preiswert: unter 15 €
Für ein Hauptgericht.

71 Einkäufe, Souvenirs
72 Erleben
74 Essen und Trinken
78 *Special: Land der Bocksbeutel*
82 Ferienstraßen
84 Feste, Festivals, Events
88 Höhlen
89 Mit Kindern unterwegs
91 Knigge
91 Kuren und Gesundheit
92 Literaturempfehlungen
93 Notdienste
94 Preise · Vergünstigungen
94 Reisezeit
96 Schiffsverkehr
98 Übernachten
98 Urlaub aktiv

TOUREN

104 Überblick
106 Unterwegs in Franken
108 Tour 1: Spessart und unteres Maintal
110 Tour 2: Rhön
112 Tour 3: Oberes Maintal und Steigerwald
114 Tour 4: Frankenwald und Fränkische Schweiz
116 Tour 5: Fränkisches Seenland und Altmühltal

Burgenromantik
Die Veste von Coburg – nur eine der zahlreichen imposanten Burgen in Franken
► **Seite 179**

Tradition
In vielen Orten erwacht die alte Geschichte zu neuem Leben, so auch in Dinkelsbühl bei der Kinderzeche.

REISEZIELE VON A bis Z

120 Amorbach
123 Ansbach
130 Aschaffenburg
137 Bad Brückenau
139 Bad Kissingen
143 Bad Mergentheim
147 Bad Neustadt an der Saale
150 Bad Staffelstein
154 Bad Windsheim
157 Bamberg
162 *Special: Zwiebel, Süßholz und Hörnla*
164 *3 D: Bamberger Dom*
169 Bayreuth
174 *3 D: Richard-Wagner-Festspielhaus*
179 Coburg
184 *Special: Mit Heiratspolitik Weltgeschichte gemacht*
188 Creglingen
189 Dinkelsbühl
194 Ebrach
197 Eichstätt
203 Erlangen
208 Fladungen
211 Forchheim
214 Fürth
218 *Special: Die Juden von Fürth*
220 Gerolzhofen
223 Gößweinstein
228 Gunzenhausen
231 Hammelburg
233 Haßfurt
236 Hersbruck
238 Hof
244 Iphofen
248 *Special: Dynastie Castell*
250 Kelheim
253 Kitzingen
258 Kronach
261 Kulmbach
266 Lohr
270 *Special: Das Freifräulein und die Gebrüder Grimm*
271 Miltenberg
275 Nürnberg
282 *Special: Spielzeugland Franken*
286 *3 D: Nürnberger Burg*

Klein, aber oho
Das Steigerwälder Dorf Castell war lange Zeit Residenz eines Kleinstaates.
▸ **Seite 247**

291 Ochsenfurt
294 *Special: Alzheimer*
298 Rothenburg ob der Tauber
305 Schweinfurt
309 Volkach
312 Weißenburg in Bayern
319 Wertheim
323 Wunsiedel
327 Würzburg
334 *3 D: Fürstbischöfliche Residenz*
340 Register
343 Verzeichnis der Karten und grafischen Darstellungen
344 Bildnachweis
345 Impressum
345 atmosfair

nachdenken • klimabewusst reisen
atmosfair

Bildung
Die Domstadt Würzburg zählt zu den beliebtesten Universitätsstädten Bayerns.
▸ **Seite 327**

FENDT
SW
UG 555

Hintergrund

DAS FÜR SEINEN WEIN, SEIN BIER UND SEINE KULTURSCHÄTZE BEKANNTE FRANKEN GILT ALS DIE DEUTSCHESTE REGION. SIE HAT IM LETZTEN JAHRTAUSEND ALLE HÖHEN UND TIEFEN DER DEUTSCHEN GESCHICHTE DURCHLEBT.

REGION VOLLER REIZE

»Wer Deutschlands geheimste, jungfräulichste Reize genießen will, muß nach Franken reisen«, schrieb der Dichter Karl Leberecht Immermann 1837 in sein Tagebuch. Denn Franken sei mit einem Zauberschrank zu vergleichen, in dem sich immer neue Schubfächer voll überraschender Inhalte auftun.

Immermann erblickte in der Landschaft zwischen Main und Donau, zwischen Spessart und Fichtelgebirge auch eine Gegend, die das Wesentliche all dessen enthält, was die deutschen Lande ausmacht. Tatsächlich gilt die unglaublich reichhaltige fränkische Kunst- und Kulturlandschaft innerhalb Deutschlands bisweilen als die deutscheste Region, und vieles, was im Ausland mit Deutschland assoziiert wird, findet sich konzentriert auf fränkischem Boden – seien es die romantischen Burgen, die prachtvollen Residenzen, die gemütliche Fachwerkarchitektur, das Spielzeug, Würste, Bier, Wein und Lebkuchen.

Bamberg im Lichterglanz *Im August sind viele Gebäude in der Altstadt prächtig beleuchtet.*

Vergleichsweise spärlich sind zwar die Relikte aus der römischen Kolonialzeit, denn nur ein verschwindend geringer Teil Frankens lag innerhalb des vom Limes umgürteten Imperiums. Aber lebhafter wurde es dann im Mittelalter, denn Franken begann sich in kleinräumige Territorien aufzulösen, die gleichwohl ein starkes Zusammengehörigkeitsgefühl bewahrten. Quasi parallel zueinander entwickelten sich geistliche Fürstentümer von großem Einfluss und gewaltiger Machtfülle einerseits und selbstbewusste weltliche Gemeinwesen – Markgrafschaften und Reichsstädte, allen voran die Stadt Nürnberg. Dieser Dualismus ist heute noch sichtbar, denn was dem freien Städter das Fachwerk- oder Renaissance-Rathaus war, das war dem am absolutistischen Repräsentationsanspruch ausgerichteten Fürstbischof seine prunkvolle Barockresidenz. Und dieser Dualismus macht einen wesentlichen Reiz Frankens aus.

Vielfältig ist aber auch die Landschaft Frankens, von dessen Gesamtfläche etwa die Hälfte zu den neun fränkischen Naturparks gehört. Wander- und Naturfreunde finden in den waldreichen Mittelgebirgen Spessart und Steigerwald ein Paradies vor, wandeln im Fichtelgebirge und in der Fränkischen Schweiz mit ihren Tropfsteinhöhlen

Würzburger Residenz
Als Vorbild diente Versailles.

Glaube auf dem Land
In vielen Gemeinden auf dem Land gehören Bittprozessionen zum alltäglichen Leben.

Rothenburg ob der Tauber
Mittelalterliche Städtromantik pur!

Bootstour auf der Regnitz in Bamberg
Schiffstouren gehören zu den beliebtesten Ausflügen auf Frankens Flüssen und Seen.

Zünftig
Brotzeit im Weinberg mit Blick auf den Main

Mittelmeergefühle
stellen sich im Fränkischen Seenland ein.

durch stille Täler und erklimmen die Kuppen der herben Rhön, eines der beliebtesten Wintersportgebiete Frankens. Radler und Inlineskater erkunden das liebliche Maintal mit seinen idyllischen Weinorten und fühlen sich auch im neuen Fränkischen Seenland südlich von Nürnberg sehr wohl, einer reizvollen Ferienregion mit fünf Seen, wo Sonnen- und Badehungrige, Segler, Paddler und Surfer auf ihre Kosten kommen. Kulturell hat das Frankenland ebenfalls viel zu bieten. Alljährlich locken Musikfestivals, Konzerte und andere Events Tausende von Besuchern an, wie das Mozartfest in Würzburg, das Bardentreffen in Nürnberg und die Richard-Wagner-Festspiele in Bayreuth. Unter den Filmfreunden genießen die Internationalen Filmtage Hof und die Internationalen Grenzland-Filmtage hohes Ansehen. Nicht zu kurz kommen natürlich auch die leiblichen Genüsse. Bodenständig-Deftiges in der Küche ist ein bewusst gepflegtes Relikt bäuerlicher Tradition – und während der fränkische Westen für seine Winzerkultur berühmt ist (Weinfranken), findet sich im Osten (Bierfranken) die größte Brauereidichte Deutschlands, ja Europas. Franken ist eine Verlockung, der zu erliegen sich lohnt.

Tradition *Auch die Kinder feiern gern in Trachten.*

15 Ferienlandschaften

Die historische Landschaft Franken hat eine etwas größere Ausdehnung als das heutige Franken, das sich aus den annähernd gleich großen Teilen Unterfranken, Oberfranken und Mittelfranken zusammensetzt. Die historische Begrenzung lässt sich jedoch nur schwer definieren. Sie umfasst zusätzlich Teile der Region Franken in Baden-Württemberg, das Altmühltal um Eichstätt im Regierungsbezirk Oberbayern und das Henneberger Land in Thüringen. Auch das touristische Franken ist größer als das heutige politische Frankenland, das, von seiner Gestalt her einem dreiblättrigen Kleeblatt ähnlich, im Norden Bayerns liegt und etwa ein Drittel des Freistaats einnimmt. Zwei der insgesamt 15 Ferienlandschaften beziehen das Altmühltal und somit Teile Bayerisch-Schwabens, Oberbayerns und Niederbayerns sowie die baden-württembergischen Gebiete um Bad Mergentheim und Creglingen mit ein. Die 15 Ferienregionen sind: Naturpark Altmühltal, Fichtelgebirge, Frankenalb, Frankenwald, Fränkische Schweiz, Fränkisches Seenland, Fränkisches Weinland, Haßberge, Liebliches Taubertal, Oberes Maintal • Coburger Land, Rhön, Romantisches Franken, Spessart • Main • Odenwald, Städteregion Nürnberg und Steigerwald.

Fakten

Welcher Landschaftstyp wurde in Franken künstlich geschaffen? Was sind die Besonderheiten des fränkischen Dialekts? In welchem Wirtschaftszweig herrscht fränkische Kleinteiligkeit vor? In welche Ferienregionen ist das touristische Franken unterteilt?

Naturraum

Geografie und Geologie

Vielfältige Landschaften

Eine Vielfalt an Landschaften macht den Reiz Frankens aus. Sanft gewellte Regionen, hügelige Waldgebirge und schroffe Felsformationen sind hier ebenso zu finden wie liebliche Flussauen, fruchtbare Täler, weite Ebenen sowie Mittelgebirge mit Gebirgszügen, die auf Höhen zwischen 450 m und 1000 m ansteigen, und Durchbruchstäler, in denen sich Flüsse ihren Weg gesucht haben.

Entstehungsgeschichte

Geologisch gesehen gehören weite Teile Frankens zur **süddeutschen Schichtstufenlandschaft** mit ihrem Wechsel von Geländestufen und Landterrassen. Vor ca. 65 – 5 Mio. Jahren, im Tertiär, entstand die Rhön als vulkanisches Gebirge mit ihren dunklen Basaltgesteinen. Vor etwa 65 Mio. Jahren ereignete sich außerdem weiter südlich der Einbruch des Oberrheingrabens, durch den auf östlicher Seite der Schwarzwald und auf fränkischem Gebiet weiter nördlich der Odenwald und der Spessart herausgehoben wurden; kennzeichnend sind für viele Höhenzüge die **steilen Westhänge** und die **flach auslaufende Ostseite**, was durch eine Neigung des Terrains im Zuge des Oberrheingrabeneinbruchs zu erklären ist.

Geologischer Aufbau

Unter der vielfältigen fränkischen Landschaft verbergen sich **Gesteine aus den unterschiedlichsten Phasen der Erdgeschichte**. Die ältesten Gesteine findet man im Fichtelgebirge und im Frankenwald im Nordosten Frankens; die harten Gneise, Granite und Schiefer wurden vor ca. 210 – 350 Mio. Jahren im Erdaltertum gebildet. Die Fränkische Alb weiter südöstlich besteht vorwiegend aus porösen Schichten aus 130 – 155 Mio. alten Juragesteinen, die von Höhlensystemen durchzogen sind. Hier wird der bekannte **Solnhofener »Schiefer«** abgebaut, ein heller Plattenkalk, in dem zahlreiche Versteinerungen von Tieren und Pflanzen des Jurameeres erhalten sind. Der poröse Stein lässt das Oberflächenwasser direkt versickern, wodurch die Fränkische Alb insgesamt sehr wasserarm ist.
Haßberge, Steigerwald und Frankenhöhe westlich der Regnitz bestehen aus Keuper, verschiedenfarbigem Sandstein wie rötlichem Burgsandstein oder hellem Schilfsandstein, der ein Alter von rund 190 Mio. Jahren hat. Etwa 10 Mio. Jahre älter ist der Muschelkalk, der sich vom Mündungsgebiet der fränkischen Saale bis Bad Mergentheim zieht. Schließlich stößt man im Nordwesten Frankens im Odenwald und auch in der Rhön – hier unter dem vulkanischen Basalt – auf Rotliegendes und Zechstein mit einem Alter von 220 – 250 Mio. Jahren. Der Spessart ist mit etwa 185 Mio. Jahre altem Buntsandstein bedeckt, der aus Sanden entstand, die durch Wind hierher

← Herbstidylle in Gemünden am Main

Die Fränkische Schweiz ist eines der größten Kirschanbaugebiete Europas.

transportiert, abgelagert und unter hohem Druck zu Stein gepresst wurden. Hier werden die rötlichen Buntsandsteine abgebaut, die für die Bauwerke dieser Region so typisch sind.

Europäische Wasserscheide

Eine besondere geographische Bedeutung hat Franken mit dem **Fichtelgebirge**, das als europäische Wasserscheide bezeichnet werden kann: Hier entspringen der **Main** als Zufluss zum Rhein, Eger und Saale als Zuflüsse zur Elbe und die Naab als Zufluss zur Donau. Damit ist das Fichtelgebirge Hauptscheide zwischen Elbe, Rhein und Donau, zwischen Nordsee und Schwarzem Meer.

Flüsse

Der größte und bedeutendste Fluss Frankens ist der **Main**, der sich in Ost-West-Richtung in großen Windungen – u.a. dem Maindreieck und dem Mainviereck – durch den nördlichen Teil Frankens zieht. Er entsteht bei Kulmbach aus dem Zusammenfluss des Weißen Mains, der am Ochsenkopf im Fichtelgebirge entspringt, und des Roten Mains, der südlich von Bayreuth entspringt. Der Main hat eine Länge von 524 km und ist ab Bamberg auf insgesamt 384 km schiffbar. Mit dem Ausbau des Main-Donau-Kanals wollte man die Bedeutung des Mains für die Großschifffahrt zwischen Rhein und Donau fördern. **Nebenflüsse** des Mains sind Sinn, Fränkische Saale, Wern, Baunach, Itz und Rodach, die aus mehr oder weniger nördlicher Richtung kommend in den Main münden; Tauber und Regnitz sind Nebenflüsse, die aus südlicher Richtung kommen, wobei die Regnitz sich bei Fürth aus Pegnitz und Rednitz bildet. Die Regnitz ist 64 km lang und auf 5 km schiffbar. Aisch und Wiesent sind Zuflüsse der Regnitz. Ein wichtiger Fluss ist weiterhin die **Altmühl**, ein linker Nebenfluss der Donau, der auf der Frankenhöhe entspringt.

Gebirge

Die Gebirgszüge Frankens verteilen sich über die gesamte Region. Im Zentrum Frankens liegt der **Steigerwald** mit 498 m Höhe am Hohenlandsberg. Steile Hänge prägen die Westseite des Steigerwalds, während er im Osten flach zur Rednitzfurche abfällt. Die **Frankenhöhe** als südlicher Teil des fränkischen Keuperberglandes steigt bis auf 552 m an und läuft ähnlich wie der Steigerwald nach Osten flach aus, während im Westen relativ steile Hänge zu finden sind.
Waldreiche und ebenfalls recht flache Höhenzüge sind der **Spessart** und der **Odenwald** im Nordwesten. Der Odenwald steigt am Katzenbuckel auf 626 m an, der Spessart am Breitsol auf 585 m. Die Wasserkuppe, mit 950 m die höchste Erhebung der **Rhön**, liegt nicht mehr auf fränkischem Gebiet, sondern in Hessen. Das vulkanische Gebirge mit seinen typischen Basaltkuppen erstreckt sich am Nordrand Frankens und weist auf fränkischem Terrain am Kreuzberg immerhin auch eine Höhe von 928 m auf. Südöstlich der Rhön kommt man in die flacheren **Haßberge**, den nördlichsten Teil des Keuperberglandes, die an der Nassacher Höhe nur eine Höhe von 511 m haben. Der **Frankenwald** im Nordosten steigt am Wetzstein dagegen auf 792 m und am Döbraberg auf 795 m an. Die höchsten fränkischen Bergspitzen liegen schließlich im nur ca. 1000 km² großen, hufeisenförmigen **Fichtelgebirge** mit dem Schneeberg (1056 m) und dem Ochsenkopf (1024 m).
Die **Fränkische Alb**, die sich vom Fichtelgebirge bis zur Donau hinunterzieht, ist ein recht flaches Bergland mit Misch- und Fichtenwäldern und weiten Obstbaumkulturen. Im nördlichen Teil der Fränkischen Alb liegt die **Fränkische Schweiz** mit den Anhöhen Walberla (512 m), Wolfstein (580 m) und Kleiner Kulm (625 m), im Süden erstreckt sich das touristisch gut erschlossene Altmühltal. Die Fränkische Alb ist stark verkarstet und weist zahlreiche Höhlen auf.

Lössgebiete

Weite Teile der **Gäuflächen** tragen fruchtbare Lösslehmböden, die sich in einer ausgedehnten Fläche zwischen Spessart und Odenwald im Westen und den Keuperwaldbergen – Haßberge, Steigerwald und Frankenhöhe – im Osten erstrecken.

Höhlen

Im Innern der stark verkarsteten Kalkgebirge der **Fränkischen Schweiz** sind weit verzweigte Systeme von Tropfsteinhöhlen entstanden, von denen große Teile bis heute unerforscht sind. Vor rund 140 Mio. Jahren gab es in diesem Gebiet ein von Algenriffen durchzogenes Meer. Später wurden Kalke und Dolomite im Lauf der Zeiten durch Lösungsverwitterung ausgewaschen. Durch von oben eindringendes Wasser kam es zur Tropfsteinbildung. Anteile von Eisen,

Mangan etc., die aus dem Boden mitgeschwemmt werden, bewirken die unterschiedlichen Färbungen der Gesteine. Einige Höhlen sind für Touristen zugänglich (►Praktische Informationen, Höhlen).

Seen Im südlichen Mittelfranken wurden erst in jüngster Zeit **künstliche Seen** angelegt. Grund für die größte wasserwirtschaftliche Maßnahme der Bundesrepublik Deutschland war die relative Wasserknappheit im mittleren Franken und besonders im dicht besiedelten Raum Nürnberg. In dem Seengebiet staute man Wasser aus dem Flusssystem der Donau, um es den trockeneren Gebieten zur Verfügung zu stellen. So entstanden insgesamt rund 20 km² Wasserfläche: der Altmühlsee mit 4,5 km², der Rothsee mit 2,2 km², der Igelsbachsee mit 0,9 km², der Kleine Brombachsee mit 2,5 km² und der Große Brombachsee mit 9,3 km² Fläche. Alle Gewässer des Neuen Fränkischen Seenlandes werden zudem touristisch genutzt.

Naturparks Auf fränkischem Gebiet gibt es **9 Naturparks**, die mit einer Gesamtfläche von ca. 15 000 km² mehr als die Hälfte der Tourismusregion einnehmen, dazu kommt noch mit 400 km² der bayerische Teil des Naturparks Odenwald. Die übrigen Gebiete Bayerns weisen nur halb so viel Naturparkflächen auf, und auch im bundesdeutschen Vergleich steht Franken mit seinen Naturparks an der Spitze.

Winterlandschaft auf dem Ochsenkopf im Fichtelgebirge

Der 1969 gegründete Naturpark Altmühltal in der südlichen Frankenalb ist mit 2908 km^2 der größte Naturpark in Deutschland überhaupt. 1963 hatte man den Bayerischen Spessart (Fläche 1710 km^2), 1967 die Bayerische Rhön (Fläche 1245 km^2) und 1968 die Fränkische Schweiz – Veldensteiner Forst (Fläche 2346 km^2) zu Naturparks erklärt. In den siebziger Jahren richtete man den Naturpark Fichtelgebirge (1971; Fläche 1020 km^2), den Naturpark Steigerwald (1971; Fläche 1280 km^2), den Naturpark Frankenwald (1973; Fläche 972 km^2), den Naturpark Haßberge (1974; Fläche 804 km^2) und den Naturpark Frankenhöhe (1974; Fläche 1105 km^2) ein.

Pflanzen und Tiere

Flora

Die Pflanzenwelt Frankens unterscheidet sich nicht wesentlich von der im übrigen deutschen Mittelgebirgsraum. Über Reichtum und Vielfalt der Vegetation bestimmen die geologischen Gegebenheiten.

◄ Gebirgswälder

Große **Waldgebiete** prägen weite Teile Frankens. Überwiegend sind es Laub- und Mischwälder mit starken Eichen- und Buchenbeständen, seltener Nadelwälder mit Kiefern, Fichten und Lärchen. Im Spessart gibt es die bekannten **Furniereichen**, bis 40 m hohe Traubeneichen, die bis zu 700 Jahre alt werden können und deren Holz im Möbel- bzw. Innenausbau Verwendung finden. Für die Waldgebiete ganz typische Pflanzen sind Roter und – seltener – Gelber Fingerhut, Waldmeister, Hexenkraut, Springkraut und Schattenblümchen, ferner Walderdbeeren, Brombeeren und Heidelbeeren sowie Adler-, Rippen-, Schild- und Streifenfarne. Im Frühjahr blühen Veilchen, Waldhyazinthen, Maiglöckchen, Buschwindröschen, Küchenschelle, Anemone, Tausendgüldenkraut und Steinnelken. In Sumpfgründen sieht man gelb blühende Iris, violettes Knabenkraut, Sumpfdotterblume und Blutweiderich, in einigen Bachtälern findet man die Schachbrettblume. Knabenkraut und Frauenschuh sieht man öfter im Jura. Am Walberla und in den Haßbergen wachsen verschiedene Orchideenarten.

◄ Trockengebiete

Für ihre einzigartige Pflanzenwelt bekannt sind die oft als Naturschutzgebiete ausgewiesenen Trockengebiete. Dies gilt etwa für den Bereich Bromberg – Rosengarten bei Würzburg, die Astheimer Sande bei Volkach, die Trockenhänge bei Böttigheim, den Grainberg, Kalbenstein, Mäusberg und Rammersberg bei Karlstadt sowie den Scharlachberg bei Thüngersheim. Eine Besonderheit ist der **Mainfränkische Trockenrasen** im Mittleren Maintal.

Fauna

◄ Wild

Neben dem Rotwild (Hirsche), Schwarzwild (Wildschweine) und Rehwild (Rehe) gehören eine Menge anderer Wildarten wie Hase, Fuchs, Dachs, Marder, Wiesel, auch die eigentlich aus Nordamerika stammenden Waschbären und neuerdings wieder **Biber** und **Wildkatzen** zur fränkischen Tierwelt. Das Damwild, ursprünglich in Kleinasien beheimatet, wurde zu Zeiten Karls des Großen in Mitteleuropa eingeführt; heute ist es noch in Wildgehegen zu beobachten.

Kriechtiere und Lurche ► Weiter findet man Berg- und Teichmolche, Gras- und Wasserfrösche. In den Haßbergen lebt in Steinbrüchen die seltene Gelbbauchunke. Unter den Kriechtieren und Lurchen ist der Feuersalamander am häufigsten, außerdem leben Zauneidechsen, Bergeidechsen, Blindschleichen, Schlingnattern und Ringelnattern in den Bergregionen bzw. in Wassernähe.

Vögel ► Vor allem die waldigen Berge Frankens sind ein geeigneter Lebensraum für Vögel. Es gibt eine relativ große Artenvielfalt, darunter auch Raritäten wie die Wasseramsel, den Eisvogel, den Wanderfalken und den Schwarzstorch. Im Naturpark Haßberge haben sich zwei **seltene Vogelarten** angesiedelt: der Graureiher und der Neuntöter, der in intakten Heckenlandschaften lebt.

Fische ► Nur noch wenige Gewässer bieten akzeptable Lebensbedingungen für Fische. Forelle, Äsche, Hecht, Karpfen, Rotauge, Groppe, Schleie, Zander und Neunauge sind in den Bachläufen und Seen zu finden. Bedeutende Fischzuchtgebiete allerdings – v. a. für Karpfen – sind das **Altmühltal** und der **Aischgrund**.

Bevölkerung

Fränkische Mentalität

»Die Franken« gelten als aktiv und anpackend, phantasievoll, bodenständig und heimatverbunden. Sie sind von jeher als solide Handwerker bekannt, die ihre Arbeiten präzise anfertigen, und als **Erfinder und Tüftler** – ein Image, zu dem sicher nicht unwesentlich Personen wie Peter Henlein, der Erfinder der Taschenuhr, beigetragen haben. »Der Kühne« bedeutete das Wort Franke ursprünglich, später hieß es soviel wie »Der Freie«. **»Frank und frei«** – diese Redewendung erinnert noch heute an die Franken als freie Herrn.

»Separationsbestrebungen«

Franken sind keine Bayern. Zwar gehören sie verwaltungstechnisch zum Freistaat, aber das Verhältnis der Franken zu den Bayern ist distanziert. Zum einen werden bei politischen Entscheidungen in München die Interessen des fernen Franken vernachlässigt – so meint man in Franken –, zum anderen ist die Beziehung durch die historische Entwicklung nicht ganz unbelastet. Bis **1803** waren Franken und Bayern Nachbarn; mit **Napoleons Unterstützung** verleibte sich Bayern dann aber den größten Teil Frankens ein. Nicht wenige würden es gerne sehen, wenn sich Ober-, Unter- und Mittelfranken als **eigenes Bundesland Franken** von Bayern unabhängig machten.

? WUSSTEN SIE SCHON ...?

- Das große Staatswappen von Bayern zeigt neben dem goldenen pfälzischen Löwen, dem blauen altbayerischen Panther und den drei schwarzen Löwen Schwabens auch den »fränkischen Rechen«: drei Silberspitzen vor rotem Grund, der ganz Franken symbolisiert.

Zahlen und Fakten Franken

Bundesland
- Bayern

Fläche
- 23 000 km²: etwa ein Drittel des Freistaats (Bayern: 70 552 km²)

Regierungsbezirke
- Unterfranken (8531 km²): Verwaltungssitz in Würzburg
- Oberfranken (7230 km²): Verwaltungssitz in Bayreuth
- Mittelfranken (7245 km²): Verwaltungssitz in Ansbach

Verwaltungsgliederung
- 28 Landkreise
- 12 kreisfreie Städte: Ansbach, Aschaffenburg, Bamberg, Bayreuth, Coburg, Erlangen, Fürth, Hof, Nürnberg, Schwabach, Schweinfurt, Würzburg.

Einwohner
- Einwohnerzahl: knapp über 4 Mio., davon 1,7 Mio. in Mittelfranken, 1,32 Mio. in Unterfranken und 1,1 Mio. in Oberfranken
- Bevölkerungsdichte:
  Mittelfranken 236 Einw. / km², Unterfranken 158 Einw. / km², Oberfranken 153 Einw. / km²
- Größte Städte:
  Nürnberg (505 000 Einw.), Würzburg (133 000 Einw.), Erlangen (106 000), Fürth (114 000 Einw.), Bayreuth (73 000 Einw.), Bamberg (72 000 Einw.) und Aschaffenburg (70 000 Einw.)

Wirtschaft
- Industrie (Metall, Elektro, Maschinenbau, Fahrzeugbau, Textil, Holz und Papier), Informationstechnologie, Dienstleistungen, Land- und Forstwirtschaft, Weinbau, Tourismus

Hochschulen
- 4 staatliche Universitäten: Julius-Maximilians-Universität Würzburg, Friedrich-Alexander-Universität Erlangen-Nürnberg, Otto-Friedrich-Universität Bamberg, Universität Bayreuth, in Eichstätt zudem eine katholische Universität
- Staatliche Fachhochschulen in Ansbach, Aschaffenburg, Coburg, Hof, Nürnberg, Würzburg und Schweinfurt (FH Würzburg / Schweinfurt), eine evangelische Fachhochschule in Nürnberg

Grenznachbarn
- Im Nordwesten und Westen grenzt Franken an Hessen, im Südwesten an Baden-Württemberg, im Süden und Südosten an die bayerischen Regierungsbezirke Schwaben, Oberbayern und die Oberpfalz, im Osten auf Höhe des Fichtelgebirges an die Tschechische Republik und im Norden und Nordosten an Thüringen und Sachsen.

Der Würzburger Mainkai ist ein beliebter Treffpunkt.

Sprache Fränkisch zu verstehen, ist für Nicht-Franken nicht immer ganz einfach. Teilweise wird ein **ausgeprägter Dialekt** gesprochen, der allerdings innerhalb Frankens sehr variiert. Einheitlich sind charakteristische Ausdrücke wie »gell« und »a weng« (ein bisschen), aber beispielsweise der »Main« läuft weiter westlich unter »Maa«, im Osten unter »Mee«, teilweise auch unter »Moo«. Ebenso versteht man sowohl unter »Bee« als auch unter »Baa« das »Bein«. Verkürzungen und das Vorherrschen von weichen Konsonanten machen das Fränkische aus. Vielfach fallen die en-Endsilben flach, aus »machen« wird »mach«, »wollen« wird »wolln« oder »wollm«, »wollen wir« wird zu »wollmä«; wie das »wir« werden auch er-Endsilben zu einem ä-Laut. Auch die Anfangssilben »hin-« oder »her-« werden verschluckt, so wird hinüber zu »nübä« oder »hinunter« zu »nuntä« oder »nunnä«. Aus »Politik« wird »Bolidig«, aus »Respekt« etwas wie »Reschbeggd«.

? WUSSTEN SIE SCHON ...?

- Der Name Frankens rührt vom westgermanischen Stamm der Franken, der etwa im 3. Jh. greifbar wird. Das Ursprungsgebiet der Franken war aber nicht das heutige Franken, sondern lag am Niederrhein. Die Franken vom Niederrhein gründeten das Frankenreich und breiteten ihren Herrschaftsbereich über weite Teile Europas aus. Mit der Teilung in ein westliches und ein östliches Frankenreich bekam das heutige Franken seine zentrale Stellung im Ostfrankenreich. Um 900 bildete sich mit dem Zerfall der Karolingermacht, die zuvor die Herrschaft über das Frankenreich gehabt hatte, neben anderen Stammesherzogtümern wie Bayern, Schwaben, Thüringen etc. das Stammesherzogtum Franken heraus, das etwa den Bereich der historischen Landschaft abdeckte.

Wirtschaft

Wichtige Wirtschaftszweige

Industrie, Landwirtschaft, Weinbau, Holzwirtschaft und Tourismus sind die wichtigsten Wirtschaftszweige in Franken. Innerhalb Bayerns ist die Zahl der Erwerbstätigen im produzierenden Gewerbe in Franken am höchsten. Nürnberg ist **wichtige Messestadt**.

Industrie

Die Industrie Frankens sitzt in den Räumen Nürnberg – Fürth – Erlangen, Schweinfurt, Aschaffenburg, Würzburg und in der Region Bayreuth – Hof im Nordosten von Oberfranken. Mit diesen Zentren zählt Franken zu den **florierenden Industrieregionen**, wobei allerdings auch hier Umstrukturierungen vorgenommen wurden, bei denen viele Arbeitsplätze verloren gingen. Elektrotechnik und Elektronik ist in Erlangen ansässig, Maschinenbau in Nürnberg und Schweinfurt, die Spielzeugindustrie u. a. in Nürnberg und Fürth. Textilien, Glas- und Metallwaren werden in Oberfranken produziert. Bekannt ist vor allem die **Porzellanindustrie**, die auf Grund der Kaolinvorkommen im Fichtelgebirge beheimatet ist. In dieser Region haben mittlerweile auch Maschinenbau und Elektrotechnik Bedeutung. Holzverarbeitung bzw. Papier- und Zellstoffherstellung gibt es im Raum Aschaffenburg. In den Steinbrüchen bei Treuchtlingen und Solnhofen wird Jura-Marmor bzw. Plattenkalk abgebaut, beides geschätzte Materialien im Hausbau (u.a. Fußböden, Treppen). Ein Großteil der bayerischen **Brauereien** ist in den Regionen Nürnberg, Kulmbach, Coburg, Bayreuth, Bamberg und Hof ansässig.

? WUSSTEN SIE SCHON ...?

- Um 1520 erfand Peter Henlein aus Nürnberg das Nürnberger Ei, die erste Taschenuhr der Welt, und revolutionierte damit die Zeitmessung. Die Armbanduhr wurde von Hans Wilsdorf aus Kulmbach weltweit eingeführt, der auch das Uhren-Unternehmen »Rolex« gründete (1908), ein Name, der seit fast 100 Jahren für höchste Qualität und das damit verbundene Prestige steht.

Landwirtschaft

Zu Beginn der 1950er-Jahre war in Franken jeder vierte Arbeitnehmer in der Land- und Forstwirtschaft tätig – heute sind es nur noch annähernd drei Prozent. Angebaut werden in erster Linie Wein, Spargel, Hopfen, Obst, Gemüse und Tabak; Kartoffeln werden zunehmend durch Getreide und Zuckerrüben verdrängt. **Hauptkornkammern für ganz Bayern** sind die fränkischen Gäulandschaften, entsprechend ist der Anteil der in der Landwirtschaft Tätigen in Unterfranken am höchsten. Gemüseanbau gibt es vorwiegend im Maintal, Spargel auf den Sandböden bei Nürnberg, nördlich von Würzburg und bei Volkach, Braugerste wird in Unterfranken und im westlichen Oberfranken erzeugt, Hopfen bei Spalt und Hersbruck. **Obstanbau** spielt in Franken eine große Rolle. In der Fränkischen Schweiz findet man das größte deutsche Kirschenanbaugebiet. Weiterhin werden Äpfel, Birnen, Pflaumen und Zwetschgen kultiviert.

Das Markenzeichen von adidas sind die drei Streifen.

DIE SPORTMODE-GIGANTEN

Ihre Geschäftszentralen in Herzogenaurach liegen nur wenige hundert Meter voneinander entfernt. Ihre Firmengründer waren Brüder. Und doch besteht seit bald sechs Jahrzehnten eine unnachgiebige Konkurrenz zwischen den beiden Sportmodegiganten adidas und Puma.

Das **Markenzeichen** der einen Firma sind die drei Streifen (u. a. mit Dreiblatt-Logo oder mit Globus). Das Markenzeichen des anderen Unternehmens ist der Puma – stets im Sprung, dem größten Rivalen bedrohlich im Nacken.

Zuerst gemeinsam

1924 gründeten Adolf und Rudolf Dassler in Herzogenaurach die »Gebrüder Dassler Schuhfabrik«. Schon damals spezialisierten sich sich auf Sportschuhe. 1925 entwickelte Adolf Dassler den **ersten Fußballschuh mit Nagelstollen**; 1928 statteten die Brüder Teilnehmer der Olympischen Spiele in Amsterdam mit ihren Schuhen aus und bei den Olympischen Sommerspielen in Berlin 1936 errang ein Dassler-Kunde viermal Gold: Jesse Owens.

Feindschaft

Doch schon bald nach dem Krieg zerstritten sich die Brüder – man munkelt, deren Ehefrauen hätten sich nicht vertragen. 1947 verließ Rudolf das Sportschuh-Unternehmen und gründete die Firma »Puma«, die sich ebenfalls auf Sportartikel konzentrierte. Als Firmenname war zunächst »Ruda« (aus »Rudolf Dassler«) vorgesehen, wegen des besseren Klangs und der Assoziation mit der Dynamik des amerikanischen **Silberlöwen** entschied man sich dann aber für »Puma«. Sein Bruder Adolf (»Adi«) rief 1948 das Unternehmen »adidas« ins Leben, wobei er als Produktnamen die beiden **ersten Silben seines Vor- und Zunamens** wählte. Von nun an herrschte Kriegsstimmung zwischen den beiden Sportartikelfabriken. Ein Arbeitsplatzwechsel zwischen den beiden Unternehmen war unmöglich; es gab sogar Kneipen, die nur von adidas-Angestellen oder ausschließlich von Puma-Mitarbeitern besucht wurden.

Kampf um den Weltmarkt

Doch die knallharte Konkurrenz schadete den Firmen beider Brüder nicht – im Gegenteil: Der Kampf um Marktanteile beschränkte sich bald nicht mehr nur auf Deutschland, sondern wurde auch in die weite Welt

Puma ist adidas stets dicht auf den Fersen.

hinausgetragen. Und die Erfolge blieben nicht aus. Die Firma adidas, die schon früh alle erdenklichen Produkte der Sport- und Freizeitbekleidung herstellte, entwickelte sich bis zu den 1970er-Jahren sogar zum **größten Sportartikelhersteller der Welt**. Puma hinkte zwar immer ein bisschen hinterher, konnte sich aber gegen den größeren Wettbewerber seinen Markt erkämpfen. In den 1980er-Jahren allerdings verloren beide Firmen entscheidende Marktanteile an die US-Marken **Nike** und **Reebok**, weshalb sich die Dassler-Erben vom Lebenswerk der verstorbenen Gründer (Rudolf † 1974, Adolf † 1978) trennen mussten. Seither gibt es zwischen adidas und Puma keine offene Feindschaft mehr, doch die Konkurrenz ist geblieben, auch wenn beide Seiten den jeweils anderen offiziell gern nur als »ganz normalen Mitbewerber« bezeichnen.

Wieder Weltspitze

In den 1990er-Jahren ging es mit den beiden Aktiengesellschaften adidas und Puma wieder bergauf. Derzeit ist die Firma adidas, die sich im Lauf der Jahre durch den Ankauf weiterer Sportartikelhersteller zu einem **internationalen Konzern** entwickelte (und ihre Produktion größtenteils nach Südostasien verlagerte), nach Nike zweitgrößter Sportartikelproduzent der Welt. Um die eigene Position gegenüber dem Weltmarktführer zu stärken, fusionierte adidas im Januar 2006 mit dem einstigen Konkurrenten Reebok. Auch als Trikotsponsor hat Firma adidas die Nase vorn. Sie kleidete bei der Fußball-WM 2010 zwölf der insgesamt 32 WM-Teams ein, während neun Mannschaften in Nike-Trikots und nur sieben in Puma-Trikots aufliefen. Auch sonst hat das Unternehmen adidas das Sagen: Es war 2006 offizieller Lizenznehmer und Sponsor der Weltmeisterschaft, kleidete Schiedsrichter, Helfer und Hostessen ein und kreierte den Spielball. Auch der Spielball für die Fußball-WM 2010 in Südafrika ist von adidas gestellt worden. Bei so viel Engagement können schon mal Irrtümer passieren: Bei den Olympischen Winterspielen 2006 in Turin leistete sich adidas einen peinlichen Fehler, als die Mützen einiger deutscher Athleten mit den belgischen statt den deutschen Farben bedruckt wurden.

Und doch nicht die Größten!

Der **größte Arbeitgeber von Herzogenaurach** heißt übrigens weder adidas noch Puma, sondern Schaeffler: ein weltweit operierendes Familienunternehmen, das unter den Marken INA und FAG Präzisionsmechanik herstellt und allein in Herzogenaurach 7000 Mitarbeiter beschäftigt.

Weinbau ▸ Franken verfügt über das **sechstgrößte Weinanbaugebiet in Deutschland**. Insgesamt 6000 ha Anbaufläche gibt es hier heute noch – eine vergleichsweise kleine Fläche, wenn man bedenkt, dass im Mittelalter auf 40 000 ha Weinreben angebaut wurden. Die Hauptanbaugebiete liegen im unterfränkischen **Maintal**, im Tal der Fränkischen Saale und an der westlichen Abdachung des Steigerwaldes. Dabei stehen unterschiedliche Böden zur Verfügung: Im Osten wächst der Wein auf Keuperböden, die von den Hängen des Steigerwalds bis zum Aischgrund in Mittelfranken reichen, im Maindreieck Schweinfurt – Ochsenfurt – Gemünden auf Muschelkalk und im Westen an den Hängen des Spessart auf Buntsandstein. Auch im Weinbau stößt man wieder auf die **fränkische Kleinteiligkeit**, die der landschaftlichen Schönheit zuträglich, der Wirtschaftlichkeit aber eher abträglich ist. 90 % der fränkischen Winzer verfügen über eine Fläche von weniger als 1 ha, Weinbau ist hier nur ein Nebenzweig in der landwirtschaftlichen Einnahmequelle. Viele kleine Winzer sind in Genossenschaften zusammengefasst, rund 55 % der fränkischen Anbaufläche sind durch Winzergenossenschaften abgedeckt, und 10 % der Fläche sind in Besitz von Großkellereien.

Weinernte bei Iphofen

Forstwirtschaft ▸ Forstwirtschaft gibt es vor allem im **Spessart**, wo rund 70 000 ha Waldfläche zu finden sind. Mit einem Jahreseinschlag von etwa 400 000 fm Holz ist der Spessart wichtiger Wirtschaftswald und ein bedeutender Faktor für die Holzversorgung Deutschlands. Bekannt ist vor allem die Spessarteiche, die zu Furnieren verarbeitet wird.

Tourismus Ein weiterer **bedeutender Wirtschaftsfaktor** ist der Tourismus. Innerhalb Bayerns, das in Deutschland im Fremdenverkehr führend ist, spielt Franken eine wichtige Rolle. Neben den Alpen und den Seen im Alpenvorland ist auch Franken eine beliebte Ferienregion im Freistaat Bayern. Mit einem Bruttoumsatz von rund 8 Mrd. Euro pro Jahr leistet der Tourismus einen wichtigen Beitrag im Wirtschaftsleben Frankens. Über 400 Fremdenverkehrsorte stehen den Reisenden

zur Wahl, darunter 12 **Heilbäder** und ein Erholungsort mit Heilquellen-Kurbetrieb, ein heilklimatischer Kurort und 15 Luftkurorte.
Für **Kulturtourismus** kommen vor allem größere Städte wie Nürnberg, Würzburg, Bamberg, Bayreuth und Ansbach in Frage. Museumsbesucher haben in Franken eine große Auswahl, denn hier gibt es insgesamt weit über 200 kleinere und größere Museen. Außerdem sind verschiedene **Festivals** – allen voran die Bayreuther Festspiele – ein Publikumsmagnet. Beliebte **Wintersportgebiete** gibt es im Norden und Nordosten Frankens im Fichtelgebirge, im Frankenwald und in der Rhön. Mit dem Fränkischen Seenland ist in den letzten beiden Jahrzehnten eine ganz neue Ferienregion entstanden, die vor allem **Wassersportler** und Familien mit Kindern anzieht.

? WUSSTEN SIE SCHON ...?

- ... dass in Franken die größte Brauereidichte Europas herrscht? In der Hopfen- und Malz-Region zwischen Nürnberg, Kulmbach, Coburg, Bamberg und Bayreuth findet man fast die Hälfte der rund 760 bayerischen und mehr als ein Drittel der deutschen Brauereien. Kein europäisches Land kann da mithalten.

15 Ferienlandschaften

Touristisch ist Franken in 15 Ferienlandschaften unterteilt, die sich teilweise bis in andere Bundesländer bzw. andere bayerische Regierungsbezirke erstrecken (▸ Praktische Informationen, Auskunft). Es sind dies: **Fichtelgebirge** (Mittelgebirge im Nordosten zwischen Hof und Bayreuth), **Frankenalb** (Mittelgebirgslandschaft östlich von Nürnberg), **Frankenwald** (Mittelgebirge nordwestlich des Fichtelgebirges), **Fränkische Schweiz** (nördlicher Teil der Fränkischen Alb zwischen Bayreuth, Bamberg und Nürnberg), **Fränkisches Seenland** (zwischen Ansbach und Weißenburg), **Fränkisches Weinland** (im unteren Maintal zwischen Schweinfurt und Wertheim), **Haßberge** (Hügelland nordwestlich von Bamberg bzw. nördlich von Haßfurt), **Liebliches Taubertal** (bayerisch und baden-württembergisch; Tal zwischen Wertheim am Main und Rothenburg ob der Tauber), **Naturpark Altmühltal** (Süden von Mittelfranken sowie die nördlichen Teile der bayerischen Regierungsbezirke Schwaben, Oberbayern und Niederbayern), **Oberes Maintal – Coburger Land** (rings um Coburg), **Rhön** (Mittelgebirge im Zentrum Deutschlands; Süden und Osten bayerisch, Nordwesten hessisch, Nordosten thüringisch), **Romantisches Franken** (zwischen Ansbach, Rothenburg ob der Tauber und Dinkelsbühl), **Spessart–Main–Odenwald** (im Mainviereck zwischen Gemünden und Aschaffenburg), **Städteregion Nürnberg** (Nürnberg, Fürth, Erlangen, Schwabach), **Steigerwald** (Hügellandschaft zwischen Würzburg und Bamberg).

? WUSSTEN SIE SCHON ...?

- ... dass Otto Feick im Jahre 1925 in Schönau das Rhönrad entwickelt hat, ein Sportgerät, das aus zwei durch Querstreben verbundenen Stahlrohrreifen besteht und für das es verschiedene Disziplinen gibt?

Geschichte

In den letzten tausend Jahren erlebte Franken alle Höhen und Tiefen der deutschen Geschichte in besonderem Maße: die Reformation, die Hexenverfolgungen, die Prunksucht absolutistischer Kleinfürsten und die Nazi-Herrschaft, die vor allem in Nürnberg zu spüren war.

Frühzeit · Antike

1. Jt. v. Chr.	Franken ist keltisches Kernland.
1. Jh. n. Chr.	Römer errichten den Limes.
ab 3. Jh.	Beginn der Völkerwanderung

Steinzeit

Der Beginn menschlichen Lebens in fränkischem Gebiet liegt im Dunkeln. Die ersten Menschen führten ein **Nomadendasein als Jäger und Sammler** und wurden im Lauf der Jahrtausende allmählich sesshaft. Die frühen Siedler betrieben Viehzucht und ein wenig Ackerbau und fanden eine waldreiche Region vor, die erst wesentlich später durch Rodungen zu urbarem Ackerland gemacht wurde.

Kelten

Ab 1000 v. Chr. gehörten die fränkischen und süddeutschen Gebiete zum Kernland der Kelten. Diese befestigten ihre Ansiedlungen mit **Ringwällen**, so auf fränkischem Gebiet u. a. auf dem Staffelberg bei Staffelstein, auf dem Walberla bei Forchheim, auf dem Hoiberg bei Hersbruck oder bei Finsterlohr nahe Rothenburg. Überall hinterließen sie der Nachwelt Zeugnisse ihrer Kultur, neben den Ringwällen in erster Linie **Grabanlagen**, in denen man kostbare Grabbeigaben fand. Die Überbleibsel der keltischen Kultur sind in Franken insgesamt aber recht spärlich.

Römer

Im 1. Jh. v. Chr. zogen germanische Stämme aus Gebieten jenseits der Elbe nach Süden und Südwesten über den Main. Von Süden her rückten die Römer bis in fränkisches Gebiet vor. Der **Limes**, mit dem sich die Römer nach Norden hin abschirmten, verlief teilweise auf fränkischem Gebiet, und nur der äußerste Süden des heutigen Franken um Gunzenhausen und Weißenburg und im Altmühltal sowie im Westen Miltenberg und Amorbach waren als Teil der Provinz Raetia römisch. 1985 wurde auf dem Kapellenberg bei **Marktbreit** ein riesiges Legionslager entdeckt, was beweist, dass sich die Römer in augusteischer Zeit auch kurzfristig am Main niedergelassen hatten. Im Verlauf des 1. Jh.s n. Chr. drangen aus nordöstlich benachbarten Regionen suebische **Alamannen** in fränkisches Gebiet. Erst in der zweiten Hälfte des 3. Jh.s und im 4. Jh. kam es zu erbitterten Kämpfen zwischen alemannischen und römischen Truppen. In dieser Zeit konnten die Alamannen den als unüberwindbar geltenden Limes überqueren und besiedelten nach und nach das heutige Schwaben.

Völkerwanderung

Im Nordosten war mittlerweile der germanisch-suebische Stamm der Hermunduren mit den **Thüringern** verschmolzen, die nun in fränkisches Gebiet zogen. Bis ins 6. Jh. kam es zu Kämpfen zwischen Thüringern und Alamannen, die diesseits des Limes geblieben waren.

←Kiliansdom und Schönbornkapelle in Würzburg

Frühes Mittelalter

ab 6. Jh.	Frankenherrschaft und Christianisierung
689	Ermordung der Missionare Kilian, Kolonat und Totnan
9. Jh.	Entstehung des Stammesherzogtums Franken

Fränkische Landnahme

Entscheidend für die weitere Entwicklung der heutigen Region Franken wurde die Landnahme durch die Franken. Diese **westgermanische Stammesgruppe**, die ursprünglich östlich des Niederrheins ansässig gewesen war, hatte sich durch Eroberungen allmählich ausbreiten können und legte den Grundstein für das später mächtige Frankenreich. Um 500 drangen die Franken in Gefilde südlich des Mains vor. Überliefert ist ein Gefecht gegen die Alamannen im südlichen Franken, das **Chlodwig I.** 496 führte. Zum entscheidenden Sieg über die Heere der Thüringer weiter nordöstlich kam es im Jahr 531.

Christianisierung

Ab dem beginnenden 6. Jh. begann die Christianisierung des Frankenreiches. Aus Irland und Britannien kamen Mönche auf den Kontinent und nahmen Missionierungen vor, in Franken im 6. Jh. zu-

Masken aus dem legendären Römerschatz, der im 3. Jh. bei Weißenburg in Bayern vergraben und 1979 entdeckt wurde.

nächst in östlichen Gebieten, und im 7. Jh. versuchte man, den gesamten Raum des heutigen Franken nach und nach zu christianisieren. Es gab die ersten Märtyrer: Die irischen Mönche **Kilian**, Kolonat und Totnan wurden 689 in Würzburg ermordet, nachdem Kilian dem dortigen Herzog nahe gelegt hatte, seine Ehe aufzulösen, da seine Ehefrau zuvor mit seinem Bruder verheiratet gewesen war – was den Vorstellungen der christlichen Kirche widersprach. Dennoch entstanden in dieser Zeit die ersten Kirchen, aus einer Urkunde aus dem Jahr 706 weiß man von der Existenz der Würzburger Marienkirche. 742 gründete der angelsächsische Missionar und spätere Erzbischof **Bonifatius** (672 / 673 – 754) mehrere Missionsklöster und in Würzburg und Eichstätt die ersten Bistümer, die Rom angegliedert wurden. Mit der Christianisierung kam der später für Frankens Wirtschaft bedeutende **Wein** ins Land, er wurde von den Mönchen auf den Ländereien der Klöster angebaut. Für das Jahr 777 ist erstmals Weinbau in Hammelburg bekundet.

Ostfränkisches Reich

Im ausgehenden 9. Jh. wurde das riesige Frankenreich in das West- und das Ostfrankenreich geteilt. Das heutige Franken lag im ostfränkischen Reich, das sich von der Nord- und Ostsee bis nach Norditalien erstreckte, an der östlichen Grenze. Zwei Dynastien standen sich gegenüber: die rheinfränkischen **Konradiner** im Westen und die **Babenberger** im Osten. Durch Angriffe der Wikinger 845 im Norden und der Ungarn 862 im Osten war das ostfränkische Reich im Verlauf des 9. Jh.s zunehmend innerlich geschwächt worden. Da die Könige diesen Angriffen nur wenig entgegensetzten, übernahmen Stammesfürsten die Protektion ihrer Gebiete; die **Stammesherzogtümer** Franken, Thüringen, Bayern, Sachsen, Lothringen und Schwaben entstanden. Nachdem der letzte Karolinger Ludwig IV. 911 ohne Nachfolger gestorben war, erhielten diese Herzogtümer zunehmend Macht und Bedeutung.

Hohes Mittelalter

10. Jh.	Das Herzogtum Franken wird mit der Krone vereint.
1007	Gründung des Bistums Bamberg
1156	Kaiser Barbarossa heiratet in Würzburg.

Franken unter sächsischen Kaisern

906 konnten die Konradiner im Herzogtum Franken die Vorherrschaft gegen die Babenberger erringen. **Konrad I.**, Herzog von Franken, wurde 911 von allen deutschen Stämmen zum König des Ostfränkischen Reichs gewählt und die Unteilbarkeit des Ostfränkischen Reichs festgelegt. Der König hatte gegen die stete Opposition der Herzogtümer Bayern, Sachsen und Schwaben schwer zu kämpfen.

Nach seinem Tod wurde sein einstiger Gegner, der Sachsenherzog **Heinrich I.**, Sohn der Babenbergerin Hadewig, 919 von den Franken und den Sachsen zum König gewählt – Konrad selbst hatte ihn als Nachfolger vorgesehen. Die Sachsen kamen damit in den Besitz der deutschen Krone. Das schwach regierte Herzogtum Franken wurde durch den missglückten Aufstand der Herzöge im Jahr 939, an dem auch Konrads Bruder Eberhard beteiligt war, von **Otto I.** (reg. 936 bis 973) eingezogen, geriet so direkt unter die Herrschaft der sächsischen Kaiser und wurde als Reichsland verwaltet.
Als Zentrum des Deutschen Reichs wurde Franken zum **Sitz der Hof- und Reichstage** gewählt, die von den deutschen Herrschern vorzugsweise hier abgehalten wurden. Den Einfluss der Stammesherzöge, die allzu stark in ihre familiäre Machtpolitik verstrickt waren, suchte Otto I. einzudämmen, indem er Bischöfe und Äbte als Reichsfürsten einsetzte, von denen er sich eine Stütze seiner Herrschaft versprach. 1007 gründete Kaiser Heinrich II. (reg. 1002 – 1024) das **Bistum Bamberg** zur Missionierung der Mainslawen. Weiterhin erhielten die Könige Unterstützung durch die Städte, die sie mit ersten Rechten ausstatteten. So erhielt Würzburg bereits 1030 Münz-, Zoll- und Marktrechte.

Salier und Staufer

Mit **Konrad II.** (reg. 1024–1039) wurde 1024 wiederum ein König aus fränkischem bzw. salischem Haus gewählt. Bis 1125 waren die Herrscher des Deutschen Reichs fränkisch. Unter den Saliern konnten die Staufer durch Dienste ihren Aufstieg nehmen und schließlich deren Erbe antreten. Die Staufer machten Franken im 12. Jh. zu einem bedeutenden Zentrum ihrer Herrschaft. Im Jahr 1156 heiratete **Friedrich I. Barbarossa** Beatrix von Burgund. Die Hochzeit fand in Würzburg statt. 1168 erhob Barbarossa den Würzburger Bischof zum »Herzog von Ostfranken«; dieser Bezeichnung zum Trotz beschränkte sich dessen Macht indes auf den Bereich seines Bistums.

Spätmittelalter

ab 13. Jh.	Die Städte erstarken.
1219	Nürnberg wird zur Reichsstadt erhoben.
1356	Karl IV. verkündet in Nürnberg die Goldene Bulle

Territoriale Zersplitterung

Anders als die benachbarten Herzogtümer zerfiel Franken in viele kleine Territorien, deren Macht sich auf die Hochstifte Würzburg, Bamberg und Eichstätt, das Burggrafentum Nürnberg, verschiedene Markgrafschaften, die Reichsstädte Nürnberg, Schweinfurt, Rothenburg ob der Tauber, Dinkelsbühl, Weißenburg und Windsheim, außerdem die Reichsritterschaft und sogar auf Reichsdörfer verteilte und die trotz aller Kleinteiligkeit als zusammenhängender Raum, die

Dinkelsbühl war im Spätmittelalter eine Reichsstadt, unterstand also unmittelbar dem Kaiser.

»Franconia«, angesehen wurden. Dabei hatte Franken nach wie vor eine zentrale Stellung im Deutschen Reich. Nürnberg wurde 1356 Schauplatz eines wichtigen politischen Ereignisses: Karl IV. (reg. 1346–1378) verkündete in der Stadt die **Goldene Bulle**, in der die wichtigsten Elemente der Reichsverfassung und des Reichsrechts festgelegt waren. Von diesem Zeitpunkt an wurde es den Königen, die nun von nur sieben Kurfürsten gewählt wurden, zur Auflage gemacht, jeweils ihren ersten Reichstag in Nürnberg abzuhalten.

Adel

Durch treue Dienste für staufische und salische Könige und Sicherung ihrer Macht hatte sich eine Adelsschicht herausgebildet, die in den folgenden Jahrhunderten zunehmend Einfluss erhielt. Bedeutende fränkische Adelsfamilien waren die Schlüsselberger, die Henneberger, die Herren von Oettingen, von Wertheim, von Rieneck, die Castell und die Schönborn; letztere stellten im 17. und 18. Jh. die Fürstbischöfe von Würzburg und Bamberg und die Mainzer Kurfürsten. 1191 / 1192 war **Friedrich I.** aus dem Geschlecht der Zollern, der späteren Hohenzollern, mit der Burggrafschaft Nürnberg belehnt worden. Im Verlauf des 12. / 13. Jh.s entwickelten sich die **Zollern** zum mächtigsten Adelsgeschlecht in Franken, im 16. Jh. kam es zu den Markgrafenkriegen, in denen die Nürnberger Burggrafen sogar gegen die Reichsstadt Nürnberg und gegen die Bischöfe von Würzburg und Bamberg um die politische Macht in Franken kämpften. Ein weiteres wichtiges fränkisches Adelsgeschlecht waren die Herren von Hohenlohe, die im 12. Jh. erstmals erwähnt wurden und unter den Staufern durch Besitzerweiterung ihre Macht mehrten. Auch die Spur des bekannten Edelsfreiengeschlechts der Aufseß lässt sich bis ins 12. Jh. zurückverfolgen.

Truppen des Schwäbischen Bundes unter Georg Truchsess von Waldburg siegen über die Bauern in der Schlacht bei Königshofen am 2. Juni 1525 (Holzstich 1877).

Erstarkung der Städte

Eine wirkliche Konkurrenz hatten Könige und Fürsten ab dem 13. Jh. durch das Erstarken der Städte bekommen, denen vom Kaiser mehr und mehr – oftmals schwer abgerungene – Rechte verliehen wurden. **Nürnberg**, das sich im 11. Jh. aus einer Burg und einem Königshof sehr schnell zur Stadt entwickelte, erhielt bereits 1062 Markt- und Zollrecht und wurde 1219 Reichsstadt und wichtigster Handelsplatz Frankens. **Würzburg** war als erste Stadt schon 1030 mit Rechten ausgestattet worden. Nach der Erhebung der Würzburger Bischöfe zu Herzögen von Franken kam es nicht selten zu Auseinandersetzungen zwischen dem immer selbstbewussteren Bürgertum und den bischöflichen Herrschern. Schweinfurt, Dinkelsbühl, Rothenburg, Weißenburg und Windsheim wurden zu **Reichsstädten**, unterstanden also nur dem Kaiser unmittelbar. Größtenteils behielten sie diesen Status bis zum Ende des Reichs.

Marktwesen, Zünfte und bürgerliche Freiheit entwickelten sich mehr und mehr. Im Gebiet Franken wurden große Flächen gerodet, um Ackerland zu gewinnen und so die anwachsende Bevölkerung zu ernähren. Um die kleinen Märkte, die überall entstanden, bildeten sich Siedlungen, die bald zu Städten erhoben wurden – sie hatten oftmals eine Größe von nur um die 1000 Einwohner. Mit dem wirtschaftlichen Wachstum, zu dem es durch die Privilegien der Reichsfreiheit bald kam, wurde das **Bürgertum** stärker und stärker. Zeugnis davon legen u. a. die gotischen Kirchenbauten und die repräsentativen Rathäuser ab. Schließlich wollten sich einige Städte sogar gänzlich unabhängig machen. Würzburgs Bürger versuchten zwischen 1248 und 1400 die Herrschaft des Bischofs abzuschütteln, mussten zuletzt aber eine empfindliche Niederlage einstecken und unterstanden dem Bischof also weiterhin.

Bauernkrieg · Reformationszeit

um 1500	Der Fränkische Reichskreis wird gebildet.
ab 1521	Die Reformation hält Einzug in Franken.
1525	Der Bauernkrieg erschüttert Franken.
ab 16. Jh.	Gegenreformation und Hexenverfolgungen
Mitte 16. Jh.	Markgrafenkriege

Fränkischer Reichskreis

Um 1500 wurde das Heilige Römische Reich Deutscher Nation in **zehn Kreise** eingeteilt. Sie wurden als politisches Gefüge zur gemeinsamen Interessenwahrung gebildet. Als einer der zehn Kreise entstand der Fränkische Reichskreis, der mit geringfügigen Unterschieden schon damals etwa das Gebiet umfasste, das heute von Unter-, Ober- und Mittelfranken abgedeckt wird.

Wirtschaft, Verkehrswesen

Im 16. Jh. kam es zu einer raschen Entwicklung der Wirtschaft und des Verkehrswesens. Bereits 1476 war die erste **Postkutsche** von Ansbach nach Küstrin gefahren. Im Rahmen der neuen wirtschaftlichen Systeme entstand der moderne Geldhandel. 1540 wurden in Nürnberg und Augsburg die ersten deutschen **Börsen** gegründet.

Bauernkrieg

In der ersten Hälfte des 16. Jh.s brachen stürmische Zeiten für Franken an. 1517 hatte **Martin Luther** seine 95 Thesen verkündet. Eine tiefe Unzufriedenheit mit der mächtigen Kirche und mit der politischen und sozialen Situation, die sich seit längerem schon angekündigt hatte, brach daraufhin in großen Teilen der Bevölkerung auf. Zu Beginn des Jahres **1525** gab es erste Unruhen in der Region um Rothenburg. Träger des Aufruhrs waren der niedere Adel und eine recht gut situierte Bauernschaft. In den Städten lehnten sich die Handwerkszünfte gegen die Patrizier auf und versuchten deren politische Macht einzuschränken. In kürzester Zeit entwickelte sich ein kriegsähnlicher Zustand, rund 250 der herrschaftlichen fränkischen Klöster und Burgen wurden niedergebrannt. Bereits im Juni des Jahres wurde der Bauernaufstand jedoch niedergeschlagen, und für die aufständischen Parteien verschlechterten sich die Bedingungen erst recht.

Reformation

Zeitgleich wurde im fränkischen Raum das Gedankengut der Reformation regelrecht aufgesogen, der Boden war dafür geebnet. **Windsheim** war 1521 die erste Stadt, die den neuen Glauben annahm, Nürnberg und Weißenburg folgten 1522 / 1523, 1527 die Markgrafschaften Ansbach und Bayreuth, Rothenburg 1538 und Schweinfurt 1542. Im Jahr 1530 hielt sich Martin Luther in der Coburger Veste versteckt und verfasste einige seiner bekanntesten Schriften, darunter die Verteidigung seiner Bibelübersetzung. Die neue Konfession hielt recht friedlich ihren Einzug in Franken, und über Jahrzehnte lebten

Lutheraner und Katholiken ohne größere Probleme nebeneinander. Klöster wurden allerdings fast ausnahmslos **säkularisiert**, die Gelder nutzte man u. a. für soziale Zwecke und Bildungseinrichtungen, außerdem zur Entlohnung der lutherischen Pfarrer.

Gegenreformation Mit dem Würzburger Fürstbischof **Julius Echter von Mespelbrunn** (►Berühmte Persönlichkeiten) wurde Ende des 16. Jh.s die Gegenreformation eingeleitet und bis zu Beginn des 17. Jh.s in weiten Teilen Frankens erfolgreich durchgeführt. Unter Julius Echter begannen die **Hexenverfolgungen** in den Hochstiften, die in den 1620er-Jahren ihren absoluten Höhepunkt erfuhren. Sie wurden 1642 vom Würzburger Fürstbischof verboten.

Markgrafenkriege Mitte des 16. Jh.s wurden Teile Frankens im Rahmen der Markgrafenkriege (1549/1550 und 1552/1553) zerstört. **Albrecht Alcibiades**, Markgraf von Brandenburg-Kulmbach aus dem Geschlecht der Hohenzollern, versuchte, die Hochstifte Bamberg und Würzburg und die Reichsstadt Nürnberg einzunehmen und seinem Machtbereich einzugliedern – ein Unterfangen, das schnell vereitelt wurde und unübersehbare Spuren der Verwüstung hinterließ: In Aschaffenburg, Bamberg, Schweinfurt und Kulmbach wurden schwere Zerstörungen angerichtet.

17. und 18. Jahrhundert

1618–1648	Dreißigjähriger Krieg
1649/1650	Friedensexekutionskongress
ab Mitte 17. Jh.	Die Schönborns gelangen an die Macht.

Dreißigjähriger Krieg und Absolutismus Franken blieb vom Schlachtgetümmel des Dreißigjährigen Kriegs weitgehend verschont, auf fränkischem Gebiet wurde kaum eines der großen Gefechte ausgetragen. Jedoch hatte die Bevölkerung unter den Folgen – Plünderungen, Verwüstungen, Hunger und Pest – schwer zu leiden. Die katholischen Bistümer Würzburg und Bamberg waren von 1631 bis 1634 **schwedisch** und in dieser Zeit als Herzogtum Franken vereinigt. Nach dem Westfälischen Frieden wurde 1649 / 1650 in Nürnberg der **»Friedensexekutionskongress«** ausgetragen, das Friedensmahl im September 1649, das im Nürnberger Rathaus stattfand, ist auf dem bekannten Gemälde von Joachim von Sandrart dokumentiert. Die Bistümer Würzburg und Bamberg waren nun katholisch, die Markgrafschaften Bayreuth und Ansbach weitgehend evangelisch, kleinere katholische und evangelische Gebiete lagen oft unmittelbar nebeneinander. Während die protestantischen Markgrafschaften Bayreuth und Ansbach lange Zeit noch mit den Folgen des Krieges zu tun und kaum Kapazitäten für eine wirtschaft-

Die Veste Coburg war einst Zufluchtsort des Reformators Martin Luther.

liche und kulturelle Entwicklung hatten, erlebten die katholischen Bistümer Würzburg und Bamberg unter der Leitung führungsstarker und verantwortungsbewusster Bischöfe aus dem Haus **Schönborn** einen raschen Entwicklungsschub, der für eine anhaltende Periode wirtschaftlichen und kulturellen Reichtums sorgte. Durch die relativ große Macht, die nicht nur die lediglich dem Kaiser unterstellten Fürstbischofe, sondern auch die kleineren Adelsfamilien hatten, entstand in dieser Zeit eine unglaubliche Anzahl von barocken Kirchen, Residenzen und Schlösschen, die allesamt absolutistische Machtentfaltung und Repräsentationswillen zum Ausdruck brachten.

19. Jahrhundert

ab 1803	Franken wird Bayern zugeteilt.
1835	Deutschlands erste Eisenbahn von Nürnberg nach Fürth
1837	Die Bezirke Ober-, Mittel- und Unterfranken entstehen.
1846	Der Ludwigkanal wird eröffnet.
1846	Erste Massenauswanderung in die USA

Preußischer Einfluss

In den ersten Jahrzehnten des 19. Jh.s wurde das lose zusammengefügte politische Gebilde »Franken«, das trotz aller inneren Eigenständigkeiten und Aufsplitterungen seit der Bildung des Fränkischen Reichskreises, also seit 300 Jahren, bestanden hatte, auseinandergeris-

Im Jahre 1835 fuhr die erste deutsche Eisenbahn zwischen Nürnberg und Fürth (Lithografie, verlegt bei C. Trummer 1836).

sen. Erste größere Umstrukturierungen gab es schon 1791 mit dem Verkauf der selbstständigen Markgrafschaften Brandenburg-Ansbach und Brandenburg-Bayreuth durch den letzten Markgrafen Karl Alexander an Preußen. **Minister von Hardenberg** übte nun von Berlin aus die Regierung über die beiden Markgrafschaften aus.

Reichsdeputationshauptschluss

1803 wurden **Bayern** im Reichsdeputationshauptschluss die Reichsstädte Rothenburg, Schweinfurt, Windsheim, Weißenburg sowie die Bistümer Würzburg und Bamberg zugesprochen, 1806 mit dem Ende des Alten Reiches auch Nürnberg, Ansbach, Dinkelsbühl und die Grafschaften im Steigerwald. 1810 ging Bayreuth an Bayern, 1814 u. a. das Untermainland samt Aschaffenburg und Amorbach. Bayern hatte sich 1805 auf die Seite **Napoleons** gestellt, wurde 1806 zum Königreich erhoben und hatte folglich nicht die Besetzung durch Frankreich zu erleiden. Entsprechend ihrer Zugehörigkeit wurden die fränkischen Gebiete von Frankreich besetzt, wie Bayreuth, das erst später bayerisch wurde, oder blieben davon verschont.

Säkularisierung

Mit Ausnahme der Bettelorden wurden alle Klöster und Stifte säkularisiert. Unter dem bayerischen Minister **Montgelas** wurden wertvolle Kunstwerke und Bibliotheken verkauft bzw. aus Franken nach München geholt – eine Bereicherung, die bis heute bei den Franken nicht in Vergessenheit geraten ist. Zur schnellen Eingliederung der Franken und um Abspaltungsversuche im Keim zu ersticken, wurden fränkische Beamte in Bayern – und umgekehrt – eingesetzt. Nach französischem Modell entstanden 1837 die drei Regierungsbezirke **Ober-, Mittel- und Unterfranken** als reine Verwaltungseinheiten ohne nennenswerten politischen Einfluss.

Industrialisierung

1835 fuhr auf der Strecke Fürth–Nürnberg die erste **Eisenbahn** auf dem europäischen Kontinent. Dieses Ereignis von außerordentlicher Tragweite kann allerdings nicht auf einen besonders schnellen Industrialisierungsprozess im heute fränkischen Raum schließen lassen. In den Städten Nürnberg und Schweinfurt wurden einzelne **Industriezweige** aufgebaut – Kugellager, Elektrotechnik, Maschinenbau, Farbenproduktion –, aber im Vergleich zu anderen europäischen Industriemetropolen lag Bayern mit den fränkischen Gebieten in der industriellen Entwicklung weit hinten. Zu Industriezentren entwickelten sich vor allem Aschaffenburg und Schweinfurt. Wichtige Projekte waren der Bau des **König-Ludwig-Kanals** zwischen Kelheim und Bamberg, der 1846 eröffnet wurde, der Aufbau der **Dampfschifffahrt** und der Bau von weiteren Eisenbahnstrecken. Schon im Jahre 1848 war die Strecke Nürnberg – Bamberg – Hof fertiggestellt.
Mitte des 19. Jh.s kam es in Bamberg zu **Unruhen** unter den Webern, die soziale Missstände aufgrund der Krise in ihrem Handwerkszweig in vollem Umfang zu spüren bekamen. 1846 gab es eine erste **Auswanderungswelle** aus fränkischen Gebieten in die USA, die durch eine Hungersnot ausgelöst worden war.

Nationale Bewegung

1848 erfasste die **bürgerliche Revolution** auch Franken. Im Zuge der nationalen Bewegung wurde 1852 das **Germanische Nationalmuseum** in Nürnberg gegründet, 10 Jahre später der Deutsche Sängerbund in Coburg, und dort fand auch das erste Deutsche Turnfest statt.

20. und 21. Jahrhundert

1919	Die Bayerische Regierung siedelt nach Bamberg über.
1935	Nürnberger Gesetze
ab 1945	Nürnberger Kriegsverbrecherprozesse
1992	Eröffnung des Main-Donau-Kanals
2010	Nürnberg und Fürth feiern 175 Jahre deutsche Eisenbahn.

Franken als bayerischer Regierungssitz

1919 übersiedelte die **bayerische Regierung** vorübergehend nach Bamberg, als in München die Räterepublik ausgerufen worden wurde. Auch in fränkischen Städten – Würzburg, Nürnberg, Bayreuth, Aschaffenburg, Schweinfurt – hatte es Aufstände gegeben. Durch Volksabstimmung kam Coburg 1920 an Bayern.

Der Justizpalast von Nürnberg nach der Besetzung durch amerikanische Truppen 1945

Drittes Reich Im Verlauf des 20. Jh.s spielte sich in Franken nochmals Weltgeschichte ab. **Nürnberg** wurde von den Nationalsozialisten aufgrund seiner historischen Bedeutung für das Heilige Römische Reich Deutscher Nation zum Ort für deren **Reichsparteitage** gewählt. 1935 wurden hier die **»Nürnberger Gesetze«** erlassen, mit denen der Boden für die Judenvernichtung geebnet war. **Julius Streicher**, der fanatische Propaganda gegen Juden betrieb und Herausgeber der seit 1923 in Nürnberg erscheinenden antisemitischen Wochenzeitschrift »Der Stürmer« war, wurde NSDAP-Gauleiter von Franken. In den Jahren 1943 – 1945 wurden vor allem die Städte Nürnberg, Würzburg, Schweinfurt und Aschaffenburg Ziele von **Luftangriffen** der Alliierten und teilweise schwer zerstört.

Seit 1945 Mit den **»Nürnberger Prozessen«**, die zwischen 1945 und 1950 hier abgehalten wurden, rückte Franken nochmals ins Rampenlicht der Weltöffentlichkeit. Nach dem Krieg versuchte man schnell, ein Handels- und Wirtschaftsleben aufzubauen, und noch während die Wiederaufbauarbeiten im Gang waren, fand in Nürnberg 1950 die erste große **Spielzeugmesse** statt. Oberfranken und Unterfranken wurden bis Ende 1989 zum **deutsch-deutschen Grenzgebiet** und haben erst

seit dem Fall der Mauer wieder Zentrumslage. Nach der Grenzöffnung 1989 lag eine vorrangige Aufgabe im Aufbau der Verkehrswege zwischen Franken und dem nördlich angrenzenden Thüringen.
1992 wurde der **Main-Donau-Kanal** nach über dreißig Jahren Bauarbeiten eröffnet. Er verbindet den Main bei Bamberg mit der Donau bei Kelheim und schafft somit eine durchgängige Verbindung zwischen Nordsee und Schwarzem Meer. 2005 wurde der Kanal von 6467 Schiffen befahren, die hauptsächlich Nahrungs- und Futtermittel, Erze und Schrott, Eisen und Stahl, Steine und Erden sowie Düngemittel beförderten. Auch eine steigende Zahl von Flusskreuzfahrtschiffen benutzt den Kanal. Ebenfalls in den 1990er-Jahren wurde das Großprojekt **Fränkisches Seenland** realisiert. Dabei wird Wasser aus dem Einzugsbereich von Donau und Altmühl in das Einzugsgebiet von Regnitz und Main übergeleitet, wodurch die Wasserversorgung Frankens entscheidend verbessert werden konnte. Mit der Anlage mehrerer künstlicher Stauseen ist auch eine neue Toruismusregion entstanden, die vor allem Wassersportler und Erholungsgäste anzieht.

? WUSSTEN SIE SCHON ...?

- ... dass es heftige Auseinandersetzungen gab im Zusammenhang mit dem Bau des Main-Donau-Kanals, der die vormals weitgehend ursprüngliche Landschaft nachhaltig verändert hat? Indes gab es schon in früheren Zeiten Versuche, das Tal durch Kanalbauten schiffbar zu machen, z. B. durch die anno 793 auf Veranlassung Karls d. Gr. begonnene Fossa Carolina (Karlsgraben), welche von der Schwäbischen Rezat zur Altmühl führen sollte und von der bei Treuchtlingen noch ein knapp 1,5 km langes Reststück zu sehen ist, und durch den Ludwigskanal, der als Verbindung zwischen Main und Donau 1836–1845 unter Ludwig I. von Bayern angelegt und immerhin bis 1945 genutzt wurde.

Im Herbst 2005 wurde die neue Autobahn **A 71** für den Verkehr freigegeben. Sie verbindet Unterfranken mit der thüringischen Hauptstadt Erfurt. Von der neuen Achse erhofft man sich Impulse für Frankens Wirtschaft und Tourismus.

Franken heute

Der Ausbau der Verkehrsinfrastruktur und das an vielen Orten vorhandene technisch-wissenschaftliche Know-ow aben in jüngerer Zeit in Franken eine **dynamische wirtschaftliche Entwicklung** in Gang gesetzt. Schon spricht man von einem »Medical Valley« in der Metropolregion Nürnberg, das mit inzwischen mehr 20 000 Beschäftigten einer der wichtigsten Standorte der Medizintechnik weltweit ist. Eine Schöpfung fränkischen Tüftlergeistes ist auch der MP3-Player, der vor einigen Jahren am Erlanger Fraunhofer-Institut für Integrierte Schaltungen entwickelt worden ist.

◄ Finanz- und Wirtschaftskrise 2008 / 2009

Auch Franken hatte unter der Finanz- und Wirtschaftskrise 2008 / 2009 sehr zu leiden. Besonders augenfällig wurde dies beim Niedergang des Fürther Versandhändlers Quelle und bei den Turbulenzen, in die die Herzogenauracher Unternehmensgruppe Schaeffler geraten ist. Allein im November 2009 mussten sich in der Metropolregion Nürnberg gut 4000 ehemalige Quelle-Mitarbeiter arbeitslos melden.

Kunst und Kultur

Welches adlige Geschlecht entfaltete eine immense Bautätigkeit? Wie heißen die beiden bedeutendsten fränkischen Minnesänger? Worauf beruht in der Fränkischen Schweiz die Tradition der Osterbrunnen?

Kunstgeschichte

Anfänge

Das Gebiet um den Frankenwald war bereits seit der **Altsteinzeit** besiedelt. Um 750 v. Chr. verdichteten sich die **keltischen Siedlungsgebiete**. Ausgrabungen belegen, dass es große Ringwallanlagen und befestigte Höhensiedlungen gab, u. a. auf dem Staffelberg bei Lichtenfels oder auf dem Walberla bei Forchheim. In den Hügelgräbern fand man kostbare Grabbeigaben, die Aufschluss über Bestattungsbräuche und die künstlerischen Fertigkeiten der Kelten geben. In Litzendorf bei Bamberg wurde ein keltischer Grabhügel rekonstruiert. **Frühe Besiedelung**

Von der römischen Besatzung blieb Franken relativ unberührt. Ausnahme sind die ehemaligen **Garnisonstädte** Gunzenhausen und Weißenburg am Limes im südlichsten Zipfel des heutigen Franken, die zur römischen Provinz Raetien gehörten. **Römer**

Im Zuge der Völkerwanderung (ab 69 / 70 bis 500 n. Chr.) verdrängten die Germanen die Römer und ließen sich an den ehemaligen keltischen Höhensiedlungen nieder. Älteste germanische Siedlungen bezeugen die **Gräberfelder** um Bamberg (Altendorf, Scheßlitz, Gaustadt, Hallstadt), die Waffen, Fibeln und Keramik enthielten. **Völkerwanderung**

Ab dem 6. Jh. breiteten sich, vom Mittel- und Niederrhein kommend, die Franken nach Osten aus. Am Rande ihrer Siedlungen, heute an der Endung »-heim« zu erkennen, fand man großflächige **Reihengräber** mit Grabbeigaben. **Franken**

Für die Missionierung und Betreuung der Slawen ließ **Karl der Große** vierzehn eigene Kirchen errichten; eine dieser Kirchen, St. Ägidius in Amlingstadt, zeigt den Grundriss einer karolingischen Kleinkirche mit halbrunder Apsis. Mit der Ausbreitung des Christentums entstanden an der Regnitz und im Ansbacher Raum auch die ersten **Königshöfe**, die Pfalzen. **Christianisierung** ◄ Kirchenbau ◄ Pfalzen

Da es keinen festen Regierungssitz gab, wurden diese übers Reich verteilten zeitweiligen Königshöfe reihum besucht. Zu einer Pfalz gehörten ein ein- bis dreigeschossiger Saalbau (Palas), Wohn- und Wirtschaftsgebäude sowie eine Kapelle, die an den Palas angebaut oder frei stehend sein konnte. Mauern und Graben umgaben die Anlage. Nur noch wenige Pfalzen sind erhalten.

Um **Bamberg** entstand ein noch heute erhaltenes Straßennetz, das nicht nur für den Handel, sondern auch als Heerstraße nach Osten hin diente. Der Vorgänger des heutigen Main-Donau-Kanals wurde **Verkehrsbauwerke**

←Ansbacher Residenz: Spiegelkabinett im Rokoko-Stil

unter Karl dem Großen in Graben bei **Treuchtlingen** im Jahr 793 begonnen. Dabei sollten Rezat und Altmühl mit dem Durchstich eines Hügelkamms miteinander verbunden werden, um so die Donau mit dem Main zu koppeln. Noch heute sind ca. 1,5 km lange Reste des sog. Karlsgrabens, der **»Fossa Carolina«**, als Zeugnis karolingischer Ingenieurbaukunst zu sehen.

Romanik

Erste Bischofskirchen

Die wichtigsten Siedlungsgebiete Frankens waren die **drei Bistümer** Eichstätt (gegr. 741), Würzburg (gegr. 742) und Bamberg (gegr. 1007). Mit den Bistumsgründungen entstanden auch die ersten Bischofskirchen. Eine der ersten dieser Kirchen war die alte Marienkapelle auf dem Marienberg in **Würzburg**, ein zweigeschossiger massiver Rundbau, der dem Vorbild der frühchristlich-italienischen Rotunde folgte. Ebenfalls karolingische Gründungen sind der Salvatordom in Würzburg und der Willibalddom in Eichstätt. Das größte Bauprojekt des 11. Jh.s war der **Bamberger Dom**, den Kaiser Heinrich II. vor der Erhebung Bambergs zum Bistum in Auftrag gab.

Klosterbauten

In den folgenden Jahrzehnten kam es zu vielen Klostergründungen. Neben den Würzburger Bischöfen war der Bamberger Bischof Otto I. ein eifriger Gründer, der u. a. die Benediktinerabtei St. Michael in Bamberg neu erbauen ließ.

Zisterzienser ►

Einen großen Einfluss auf die Kirchenbauten hatten die Zisterzienser. Kennzeichen der zisterziensischen Klosterkirchen waren das hohe Niveau der Steinmetz- und Wölbetechnik, der weitgehende Verzicht auf Schmuck sowie eine strenge Reduktion der Architektur, die auf Türme und Zierfassaden verzichtete. **Ebrach**, Mutterkloster einzelner Tochterkirchen, wurde 1127 als eine der ersten Niederlassungen der Zisterzienser rechts des Rheins gegründet und beeinflusste zahlreiche Sakralbauten. Stilistische Ähnlichkeit mit Ebrach zeigen der Westbau des Bamberger Doms und St. Sebaldus in Nürnberg. Auch Kloster Langheim, das sich zu einem der mächtigsten Klöster Frankens entwickelte, entstand in jener Zeit, ebenfalls von Ebrach ausgehend.

Profanbau

Unter den romanischen Profanbauten Frankens nimmt die **Nürnberger Burg** eine herausragende Stellung ein. Die erste Errichtung einer Burg an dieser Stelle datiert man in die Mitte des 11. Jahrhunderts.

Textilien Buchmalerei

Bedeutende Textilien aus jener Zeit, der Sternenmantel von Kaiser **Heinrich II.** und der Krönungsmantel seiner Gemahlin Kunigunde, befinden sich heute im Diözesanmuseum Bamberg.

800 Jahre lang gehörten dem Bamberger Domschatz auch die von Heinrich II. für sein neues Bistum gestifteten Bamberger Psalter und das Perikopenbuch von der Insel Reichenau, die beide als überragende Kunstwerke der ottonischen Epoche gelten. Seit der Säkularisation (1803) befinden sie sich, wie viele andere Kunstschätze, in München.

Gotik

Adel

Die **Andechs-Meranier**, ein Grafengeschlecht des 12. und 13. Jh.s., waren zeitgleich mit den Wittelsbachern und Staufern an der Reichspolitik beteiligt. Sie stellten neben den Burggrafen von Nürnberg, dem Bistum Eichstätt und dem Bistum Würzburg die wichtigste Macht in Franken dar und gründeten Städte wie Kulmbach und Bayreuth. Mit Otto II., Ekbert und danach dessen Onkel Poppo saßen in Bamberg drei Andechs-Meranier nacheinander auf dem bischöflichen Thron und betrieben große Politik, die sich auch in Stiftungen und Bautätigkeit niederschlug.

Gotisches Münster St. Georg in Dinkelsbühl

Das französische Bauschema der Gotik kam in Deutschland nur in wenigen Großbauten zur Anwendung. Bei Neubauten vermischte man die **französische Formensprache** auch mit Elementen, die noch der **Spätromanik** verpflichtet waren. So entspricht der Grundriss des von 1215 bis 1237 unter Bischof Ekbert von Andechs-Meranien erbauten letzten Doms zu Bamberg dem romanischen Gründungsbau, doch wurde er maßgeblich von der Bauhütte des Klosters Ebrach beeinflusst, die frühgotische Formen u. a. im Westchor mit den Fensterrosen im Querschiff und mit der Wölbung der Schiffe einbrachte. Andere Beispiele für gotische Kirchenbauten in Franken sind St. Lorenz in Nürnberg und St. Georg in Dinkelsbühl. Böhmische Bauleute, die der Werkstatt der **Parler** angehörten, bewiesen in Nürnberg an der Frauenkirche ihr Können.

Im 13. Jh. verbreitete sich neben der Basilika die **Hallenkirche**, bei der die Kirchenschiffe gleich hoch sind. Eine der schönsten gotischen Hallenkirchen Frankens ist die erst 1499 vollendete St.-Georgs-Kirche in Dinkelsbühl, dreischiffig mit zehn Jochen, bei der das Langhaus nahtlos in den Chor übergeht.

Profanbau Nach Auflösung des mönchischen Zusammenlebens des Domkapitels im 12. Jh. errichteten die Bamberger Domherren ihre eigenen Wohngebäude, die **Kurienhöfe**, die bis heute ihre mittelalterliche Struktur bewahrt haben. Die Plassenburg bei Kulmbach und die Giechburg bei Scheßlitz wurden als **bischöfliche Landesburgen** begonnen und weiter ausgebaut.

Der Riemenschneider-Altar von Münnerstadt

Der 1237 geweihte heutige Dom zu Bamberg wurde mit einer Reihe hervorragender Skulpturen ausgestaltet. Neben den östlichen Chorschrankenreliefs im Innern und dem nördlichen Fürstenportal mit seinem Jüngsten Gericht am Außenbau gehört vor allem der **Bamberger Reiter** dazu, der als die älteste lebensgroße Reiterdarstellung des Mittelalters gilt und eine sehr genaue, für die damalige Zeit noch ungewöhnliche Naturbeobachtung und Realistik zeigt. Die Steinmetzen stammten von der Bauhütte im nordfranzösischen Reims. Insbesondere die französische Technik des Anstückelns – die Figur besteht aus über 12 Hauptblöcken – geht auf sie zurück.

Der internationale Handel in Nürnberg brachte auch in künstlerischer Hinsicht einen regen Austausch mit sich. Viele Künstler ließen sich in Nürnberg nieder und gründeten eine Werkstatt. Manche Künstler aber, wie die Maler **Matthias Grünewald** aus Würzburg und **Lucas Cranach d. Ä.** aus Kronach, fanden außerhalb Frankens neue Wirkungsstätten: Grünewald wurde Hofmaler des Kardinals Albrecht von Mainz, und Cranach arbeitete am sächsischen Hof in Wittenberg.
Vermehrt traten nun, neben dem Klerus, der Adel und die Angehörigen der städtischen Oberschicht als Altarstifter auf. Ihr Einfluss auf die künstlerische Gestaltung war nicht unerheblich, wollten sie durch die Stiftungen doch ihren gesellschaftlichen Rang, ihr Kunstverständnis und ihren Wohlstand zum Ausdruck bringen.

Bildschnitzer und Maler

In Nürnberg hatte sich auch **Veit Stoß** (1447/1448 – 1533) niedergelassen. Er war nicht nur Bildschnitzer und -hauer, sondern auch Kupferstecher und sog. Fassmaler, d. h., er bemalte und vergoldete die Skulpturen. Sein Ruf gründete sich auf seinen Aufenthalt in Krakau. Er schuf u. a. die Sandsteinreliefs und Steinfiguren im Chor von St. Sebald (1508) und den »Englischen Gruß« in St. Lorenz.
Für Würzburg war in der ausgehenden Gotik die Werkstatt des Bildschnitzers **Tilman Riemenschneider** (um 1460 – 1531, ►Berühmte Persönlichkeiten) führend. Ein Merkmal seiner Arbeit war der Verzicht auf die polychrome Fassung seiner Altäre; die Schnitzfiguren wurden lediglich mit einer monochromen goldfarbenen Lasur gefasst, die das Licht- und Schattenspiel betonte. Beispiele für seine hohe Kunst sind u. a. der Münnerstädter Maria-Magdalenen-Altar, der Heilig-Blut-Altar in St. Jakob in Rothenburg ob der Tauber und der Altar in der Herrgottskirche von Creglingen. Für die Würzburger Marienkapelle schuf er die berühmten steinernen Standbilder von Adam und Eva und im Bamberger Dom das Kaisergrab.
Ein weiterer Meister der Spätgotik war der Nürnberger Bildhauer **Adam Kraft** (ca. 1460 – 1508 / 1509). Am bekanntesten ist sein Sakramentshaus in St. Lorenz. Hier verewigte er sich am Sockel zusammen mit seinen Gesellen in einer realistischen Selbstdarstellung.

Ausgehende Spätgotik und Deutsche Renaissance

Albrecht Dürer

Einer der ersten deutschen Künstler, die sich intensiv mit der **italienischen Renaissance** auseinander setzten, war Albrecht Dürer (1471 – 1528). Seine zwei Italienreisen wirkten sich auf sein künstlerisches Schaffen aus, das mit der Gotik brach. Sein Selbstverständnis als Künstler wurde entscheidend durch die Begegnung mit dem Humanismus beeinflusst; der »uomo universale« wirkte auf verschiedenen Gebieten bahnbrechend. Neben seinen Aquarellen, in denen er als erster deutscher Künstler die Landschaft zu einem eigenen Sujet machte, sind auch seine Porträts und die vielen Holzschnitte sowie seine theoretischen Schriften über die menschlichen Proportionen von großer Bedeutung.

Gegenreformation

Unter dem Würzburger Fürstbischof **Julius Echter von Mespelbrunn** (► Berühmte Persönlichkeiten) und dem Bamberger Fürstbischof von Gebsattel begann, unterstützt von den Jesuiten, die Gegenreformation. Teil des Programms waren monumentale Bauvorhaben wie die Universität oder das Juliusspital zu Würzburg, mit denen die katholische Macht zur Schau gestellt werden sollte. Für den Bau der 1582 gegründeten **Würzburger Universität** wurde der flämische Baumeister Robin von Ypern verpflichtet, der eine Vierflügelanlage mit Kirche errichtete. Die Würzburger Universität ist der erste rein für universitäre Zwecke erbaute Gebäudekomplex in Deutschland. Julius Echter von Mespelbrunn war auch der Urheber eines Bauprogramms mit eigener Formensprache und förderte allein 398 Bauten; noch heute erinnern an zahlreichen Dorfkirchen »Juliustürme« – massive Kirchtürme mit Zeltdach – an die Zeit der Rekatholisierung. Ein Hauptwerk dieses Programms ist die **Wallfahrtskirche Maria am Sand** (1610 – 1613) in ►Dettelbach.

Burgen und Festungen

Die Burganlagen des Mittelalters wurden seit Ende des 16. Jh.s in wohnliche Schlösser umgestaltet. Bei Neubauten richtete man sich gerne nach französischen Vorbildern des Schlossbaus, der regelmäßige **Vierflügelanlagen mit Ecktürmchen** hervorbrachte. Herausragende Beispiele für eine solche Vierflügelanlage sind das Schloss Johannisburg in ►Aschaffenburg, die Veste Marienburg in ►Würzburg und die Plassenburg in ►Kulmbach.

Städtische Bauten

Die **selbstbewussten Reichsstädte**, aber auch kleinere Städte bauten **Rathäuser** und kommunale Einrichtungen als Mittelpunkt des städtischen Lebens. In Nürnberg entstand das »Fembohaus« (1591 bis 1596), das einzige völlig erhaltene Bürgerhaus der Spätrenaissance in Franken. Die Nürnberger Patrizier entwickelten auch aus dem Typus des Weiherhäuschens – Dürer hat in einem Aquarell ein solches dokumentiert – ihre **Sommersitze** vor der Stadtmauer. Das Tucherschlösschen (1544) ist ein Beispiel dafür, wurde jedoch innerhalb der Stadtmauer erbaut und gilt als Ausnahme von der Regel.

Tiepolo-Fresko im Kaisersaal der Residenz von Würzburg

Barock und Rokoko

Adelsfamilie Schönborn

Der wirtschaftliche Wiederaufbau Frankens nach dem Dreißigjährigen Krieg ging in der zweiten Hälfte des 17. Jh.s einher mit der Verbreitung des Barock. Die Familie Schönborn, insbesondere Lothar Franz, Kurfürst von Mainz und Fürstbischof von Bamberg (1655 bis 1729) sowie seine Neffen, die Brüder Johann Philipp Franz, Fürstbischof von Würzburg (1682 – 1756) und Friedrich Karl, Fürstbischof von Bamberg und Würzburg (1674 – 1746), entfalteten eine **immense Bautätigkeit**, die Franken zum Beinamen **»Schönbornlande«** verhalf. Lothar Franz von Schönborn bekannte gar, dass er und seine Neffen unter dem »Bauwurmb« litten. Als Baumeister verpflichteten sie Mitglieder der Familie Dientzenhofer, den Wiener Lucas von Hildebrandt, den Mainzer Maximilian von Welsch und Balthasar Neumann (1687 – 1753 ►Berühmte Persönlichkeiten).

Schlossbauten

Unter **Lothar Franz von Schönborn** entstanden die Neue Residenz in ►Bamberg, das Schloss Veitshöchheim bei ►Würzburg, Schloss Weißenstein in ►Pommersfelden und die **Würzburger Residenz**, deren großartige Treppenhaus als das Meisterwerk von Balthasar Neumann gilt. Auch die Markgrafen von **Ansbach** und **Bayreuth** begannen mit dem Ausbau ihrer Residenzen.

Stadtbau

Erlangen baute für die aus Frankreich vertriebenen Hugenotten die Neustadt auf einem streng geometrischen Grundriss des Thüringers Johann Moritz Richter. Die protestantische Kirche wurde 1686 entworfen und entsprach in ihrer Strenge und Schmucklosigkeit dem Verständnis der Hugenotten, stand aber in einem schroffen Gegensatz zu den katholischen Kirchen der damaligen Zeit. Gottfried von Gedeler barockisierte die Häuser der Erlanger Altstadt und entwarf das Theater, das heute zu den ältesten in Bayern zählt.

Malerei

Wandmalereien in Kirchen und Profanbauten wurden meist von ausländischen Künstlern – vor allem von Italienern – ausgeführt. Allen voran ist hier **Giovanni Battista Tiepolo** für das Treppenhaus der Würzburger Residenz zu nennen. Das dortige Deckenfresko ist mit 30 m × 18 m das größte Gemälde, das je gemalt wurde. Appiani malte die Fresken in der Wallfahrtskirche in Vierzehnheiligen und im Kaisersaal von Schloss Seehof. Von Giovanni Francesco Marchini stammen die Malereien in der ehemaligen Jesuitenkirche in Bamberg (heute St. Martin) und der Pfarrkirche in Wiesentheid.

Gartenanlagen

Zu jeder Residenz der Barockzeit gehörte eine Gartenanlage. **Gestaltete Landschaft und Architektur** standen in einem direkten inhaltlichen und formalen Bezug. Zu den schönsten barocken Gärten zählen der Schlossgarten von Veitshöchheim (►Würzburg, Umgebung), die alte Gartenanlage der Eremitage in ►Bayreuth und der Garten von Sanspareil (►Bayreuth).

Morgenländischer Bau in der Sommerresidenz Sanspareil

Klassizismus und Historismus

Klassizismus Der Klassizimus hat in Franken kaum nennenswerte Spuren hinterlassen. Mit dem Verlust der Eigenständigkeit in den Hochstiften und Reichsstädten verlor Franken politisch und künstlerisch zunächst an Bedeutung, denn die ehemaligen Auftraggeber existierten nicht mehr. Erwähnenswert ist allerdings das **Pompeianum in Aschaffenburg**, das 1840 bis 1848 von Friedrich von Gärtner für König Ludwig I. von Bayern errichtet wurde.

Historismus Im weiteren Verlauf des 19. Jh.s trat das Bürgertum als neuer Auftraggeber auf. Durch seine Bedürfnisse, gerade im Bereich von Musik und Literatur, entstanden neue **Theater und Opernhäuser**. Ein Kennzeichen dieser Epoche ist die Nachahmung historischer Baustile. Das bedeutenste Gebäude jener Zeit war das **Richard-Wagner-Festspielhaus** in ►Bayreuth.

Zwanzigstes Jahrhundert

Gartenstadtbewegung in Nürnberg Angelehnt an die Gartenstadtbewegung, die Ende des 19. Jhs aus England kam, entstand in Nürnberg das Bahnarbeiterviertel, der **»Rangierbahnhof«**, planmäßig als Dorf, um das soziale Zusammenleben zu fördern. Zu jedem Haus gehört ein Garten, es gibt eine Schule und zwei Kirchen.

Die Reste der Bauten des ehemaligen Reichsparteitagsgeländes im Südosten von ▸Nürnberg, von den Nazis zur **»Stadt der Reichsparteitage«** gemacht, zeugen vom totalitären Anspruch des Nationalsozialismus auch auf architektonischem Gebiet. Die Gesamtanlage wurde von Fritz Meyer und Albert Speer im ehemaligen Luitpoldhain konzipiert und war weitaus größer gedacht, als die heute noch existierenden Bauten vermuten lassen.

NS-Architektur in Nürnberg

Nürnberg war im Zweiten Weltkrieg zu knapp 90 % zerstört worden. Neben dem Wiederaufbau der zerstörten Altstadt begann man auch mit der Errichtung neuer Gebäude. Angelehnt an die **Bauten des Internationalen Stils** sind ihre Kennzeichen asymmetrische Komposition und einfache kubische Form, weite, oft in horizontalen Streifen angeordnete Fensterfronten und das Fehlen von Ornamenten und Profilierungen. Mittlerweile sind die Bauten der 1950er-Jahre vom Abbruch bedroht, sofern sie nicht als Denkmal deklariert wurden.

Fünfziger Jahre

Minnesang und Meistersang

Minnesang

Zwar wurde der Minnesang nicht in Franken geboren, aber in der Region haben vergleichsweise viele und sehr namhafte Minnesänger gewirkt. Der deutsche Minnesang war zunächst eine Imitation der französischen Troubadourdichtung, die in der Provence um 1100 ihren Höhepunkt hatte. In Deutschland nahm die Troubardourdichtung dann eine eigenständige Weiterentwicklung, die von dem volkstümlichen Lied beeinflusst war. Minnesänger entstammten in der Regel dem niederen Adel und waren an einem der Höfe tätig. Ihre Dichtkunst galt einer Dame des höfischen Lebens – meist der Ehefrau ihres Lehnsherrn – und somit der normalerweise unerreichbaren idealisierten Liebe. Die Verehrung in dieser Form war als »Hohe Minne« akzeptiert und quasi Bestandteil des Lebens am Hof. Ein herausragender Minnesänger war **Wolfram von Eschenbach** (1170 bis 1220), ein mittelfränkischer Ritter (▸Wolframs-Eschenbach), dessen bekanntestes – allerdings episches – Werk der Parzival ist. **Walther von der Vogelweide** (um 1168 bis um 1228) war der andere herausragende Minnesänger. Dieser entstammte dem niederen Adel und kam ursprünglich wohl aus Niederösterreich; er gehörte zum Gefolge von Friedrich II., von dem er ein Lehen in Würzburg erhielt, wo er angeblich im Lusamgärtchen beigesetzt wurde. Neben den Minnegesängen kreierte Walther von der Vogelweide auch Marien- und Kreuzzugsgedichte und verlieh seinen politischen Gedanken Ausdruck. Die zentrale Macht des Reiches war ihm ein Anliegen, gleichzeitig nahm er die päpstlichen Machtansprüche humorvoll aufs Korn. Zudem sind seine Lieder von einem innigen Verhältnis zur Natur geprägt.

Meistersang Eine letzte Ausformung des Minnesangs war der Meistersang, der im 14. bis 16. Jh. unter den bürgerlichen Dichter-Handwerkern in den deutschen Städten gepflegt wurde. In dem Übergang des Minnesangs auf den Meistergesang zeigt sich deutlich die Wende von der höfischen zur bürgerlichen Kultur in den erstarkten Städten. Der Meistergesang wurde nach strengen Regeln betrieben, es gab Singschulen, die jeweils verschiedenen Handwerkszünften angegliedert waren. Die Meistersinger übernahmen den Gesang in Kirchen wie auch das unterhaltsame Singen in Wirtshäusern. Zunächst durften die »Singer« nur bereits bekannte Melodien singen, die »Dichter« unterlegten den von den zwölf alten Meistern geschaffenen Melodien neue Texte. Ab 1480 wurde derjenige zum »Meister«, der sowohl Melodie als auch Text neu erschuf, sich also nur noch inhaltlich an Vorgegebenes hielt. **Hans Sachs** (1494 – 1576) war einer der berühmtesten Meistersinger in Franken. Von ihm sind gut 4000 Meisterlieder bekannt, dazu auch über 2000 dichterische Werke.

Mit dem »Plantanz« in Gochsheim wird alljährlich der Westfälische Friede gefeiert.

Brauchtum

Feste

An vielen Orten in Franken wird im Februar **Fasching** mit Umzügen gefeiert. Auch den **Maibeginn** feiert man in fränkischen Dörfern, vielerorts wird ein Maibaum aufgestellt, dazu gibt es Volkstänze und Musik. **Fronleichnamsprozessionen** kann man in zahlreichen kleinen Ortschaften miterleben. **Erntedankfeste** werden Anfang Oktober mit teilweise aufwändig geschmückten Festzügen begangen.

»Kerwa« oder »Kärwa« ist die **Kirchweih**, die zwischen Ende April und Anfang November überall in Franken in kleinen Dörfern oder Städtchen mit Volkstanz und Musik gefeiert wird.

◂ Kerwa

Osterbrunnen

Zur Osterzeit werden traditionell in der **Fränkischen Schweiz** die Brunnen geschmückt – ein Brauch, der auf vorchristliche Zeit zurückgeht. Er hat seinen Ursprung in der Wasserknappheit dieser Region – Wasser als Lebensquell wurde gefeiert, zumal im Frühjahr, wenn in den eingefrorenen Brunnen das Wasser wieder zu fließen begann. Viele Brunnen erhalten geradezu überbordenden Ostereierschmuck. Bis zu 6000 Eier sind an den Brunnen zu sehen. Eier werden ausgeblasen, übers Jahr gesammelt und bemalt; in letzter Zeit hat allerdings das Plastikei auch hier seinen Einzug gehalten. Heute gibt es geschmückte Osterbrunnen fast überall in Franken.

Fränkische Trachten

Von der einstigen Trachtenvielfalt hat sich kaum etwas erhalten können. Trachten gaben immer Auskunft über den Familienstand, über Konfession, feierliche Anlässe etc. Festtagstrachten waren stets besonders prächtig, und auch wer einen Trauerfall in der Familie hatte, war automatisch an der Kleidung zu erkennen. Der größte Unterschied im Aussehen der Kleidung ergab sich durch die **Konfessionen**: Die Trachten in den katholischen Gebieten waren farbiger und weniger schlicht als die dunklen evangelischen.

Fränkische Trachten erlebt man heute vor allem noch bei Dorf- und Stadtfesten und zu Festspielen, die veranstaltet werden, um altes Brauchtum zu präsentieren. An Festtagen kann man in einigen wenigen Regionen **kostbare echte Traditionstrachten** sehen: Im Forchheimer Land hat sich die Effeltrichter Tracht erhalten. Die Festtagstracht der Damen besteht aus feinem Damast mit Streifen- und Blumenmuster, einem Brusttuch und einer Schürze aus Seide sowie einem weißen Kopftuch. Mädchen tragen eine bunte Brautkrone mit Goldschmuck. Farbenreich und reich geschmückt ist die Frauentracht in Ochsenfurt. Sie ist gekennzeichnet durch Blumenstoff und vor der Brust getragenen Silberschmuck sowie eine schwarze Kopfbedeckung. Bekannt sind auch die festlichen Trachten, die die Männer und Frauen in der Fränkischen Schweiz zu Prozessionen anziehen. In manchen Regionen sieht man nach wie vor ältere Bäuerinnen in ihrer einfachen, dunkelblauen Alltags- und Arbeitstracht.

Berühmte Persönlichkeiten

Wer ist der größte deutsche Seefahrer aller Zeiten? Welcher US-Hollywoodstar wuchs in Nürnberg auf? Wer erfand die Blue Jeans? Welchen tödlichen Fehler beging der große Missionar Frankens?

Martin Behaim (1459 – 1507)

Kosmograf und Seefahrer

Über sein Leben ist nicht allzu viel bekannt, doch war der Nürnberger Martin Behaim ein bedeutender Kosmograf und der herausragendste deutsche Seefahrer aller Zeiten. In seiner Jugend pflegte er Kontakt mit **Regiomontanus**, dem berühmtesten Astronomen seiner Zeit, der 1471 – 1475 in Nürnberg eine Sternwarte errichtete. Von Regiomontanus – eigentlich Johann Müller, der sich nach seiner fränkischen Heimatstadt Königsberg den lateinischen Namen zugelegt hatte – lernte Behaim wohl den Gebrauch des Jakobsstabes, den er selbst später als nautisches Gerät zur Bestimmung der Position auf dem Meer bekannt machen sollte, und die Handhabung der Ephemeriden, astronomische Tafeln zur Vorausberechnung der Konstellation der Gestirne für einen gewissen Zeitraum. Nachdem er während seiner Tätigkeit als Textilkaufmann in Flandern Portugiesen kennen gelernt hatte, reiste er nach **Portugal**, der damals größten Seefahrernation, wo er sich als Schüler des Astronomen Regiomontanus ausgab. Der portugiesische Hof nahm Behaim daraufhin in die »Junta der Mathematiker« auf, die den portugiesischen Seefahrern neueste theoretische Erkenntnisse liefern sollte. Dem Nürnberger war es schließlich zu verdanken, dass die Seeleute es wagten, von der Küsten- zur Hochseeschifffahrt überzugehen. Behaim selbst nahm auch an einer Entdeckungsreise teil: an der Expedition unter Diego Cão 1485, die den Weg um Afrika herum finden sollte, zwar Afrika nicht umrundete, aber die bis dahin längste Seereise darstellte. 1491 kehrte er nochmals nach Nürnberg zurück und schuf dort ein Jahr später einen Globus, der als der älteste erhaltene **Erdglobus** gilt und heute im Germanischen Nationalmuseum in Nürnberg zu bewundern ist. 1493 ging Behaim zurück nach Portugal, wo er im Jahr 1507 in Lissabon starb.

Sandra Bullock (geb. 1964)

Hollywoodstar

Mit einem Honorar von 10 Mio. Dollar pro Film zählt die US-amerikanische Schauspielerin Sandra Annette Bullock, die 1994 mit dem Action-Thriller **»Speed«** international bekannt wurde, zu den teuersten weiblichen Stars. Als Schauspielerin, die das komödiantische Fach (»Miss Undercover«, 2001) ebenso gut beherrscht wie die ernsten Rollen, zeichnet sie sich durch Vielseitigkeit aus. 2010 wurde sie als beste Hauptdarstellerin in »Blind Side« mit dem Golden Globe und dem Oscar ausgezeichnet.

Geboren wurde Sandra Bullock 1964 in Arlington, Virginia, USA. Die ersten zwölf Jahre ihres Lebens verbrachte die Tochter der im Jahr 2000 verstorbenen deutschen Opernsängerin Helga Meyer jedoch in **Nürnberg**, wo sie eine klassische Erziehung mit Klavier- und

← Porträt des Barockbaumeisters Balthasar Neumann im Würzburger Fürstenbaumuseum

Ihre Kindheit verbrachte Sandra Bullock in Nürnberg.

Ballettunterricht genoss und gemeinsam mit ihrer Schwester im Kinderchor der Oper sang. Heute allerdings will sie in Interviews nicht Deutsch sprechen – angeblich wegen ihrer »schlechten« Grammatik. In Nürnberg lernte die attraktive Dunkelhaarige auch deftige deutsche Hausmannskost kennen, die sie heute noch zu schätzen weiß. So soll das Weihnachtsmenü im Hause Bullock aus Bratwürsten, Sauerkraut und Gurkensalat bestehen; auch Gummibärchen (und zwar die roten) sind ihre große Leidenschaft.

Ludwig Erhard (1897 – 1977)

Bundeskanzler Adenauer mochte ihn nicht besonders, aber zwei Jahrzehnte lang bestimmte der aus Fürth stammende passionierte Zigarrenraucher Ludwig Erhard die Geschichte der Bundesrepublik Deutschland maßgeblich mit. Begonnen hatte es, als er im Jahr 1948 als Leiter der Sonderstelle Geld und Kredit im Auftrag der britischen und amerikanischen Besatzung die **Währungsreform** vorbereitete und am Tag der Währungsreform das Ende der Zwangswirtschaft erklärte. Als erster bundesdeutscher **Wirtschaftsminister** (1949 – 1963) hatte er mit seinem Konzept der sozialen Marktwirtschaft wesentlichen Anteil am wirtschaftlichen Aufschwung der Bundesrepublik, was ihm den Ruf als »Vater des deutschen Wirtschaftswunders« einbrachte. Gegen den erklärten Willen seines großen Vorbildes Konrad Adenauer – beide Politiker waren grundverschiedene Typen, Erhard äußerte einmal den Vergleich: »Ich bin cin barocker Typ. Adenauer ist gotisch.« – trat er 1963 dessen Nachfolge an und wurde **Bundeskanzler**. Seine Kanzlerschaft aber war von innen- und außenpolitischen Spannungen überschattet. 1966 legte er resigniert das Amt des Bundeskanzlers nieder.

Thomas Gottschalk (geb. 1950)

Entertainer

Der Entertainer Thomas Gottschalk erfreut sich seit Jahrzehnten quer durch alle Generationen ungebrochener Popularität. Vor allem mit seiner spontanen Gesprächsführung begeistert er ein Millionenpublikum. Geboren wurde Gottschalk in Bamberg; seine Familie war aus Oberschlesien geflüchtet und wurde in **Kulmbach** sesshaft. Schon während seines Studiums der Germanistik und Geschichte für das Grund- und Hauptschullehramt arbeitete er für den Bayerischen Rundfunk. Von 1976 bis 1989 moderierte er dort u. a. die Hörfunksendung »Pop nach acht« und »Thommy´s Radio-Show«. Nach einem Zwischenspiel beim SWF und bei Radio Luxemburg leitete er von 1982 bis 1987 die ZDF-Sendung »Na sowas«, für die er 1985 die Goldene Kamera erhielt. Von 1992 bis 1995 begrüßte er bei RTL das Publikum mit einer eigenen Late-Night-Show. Am erfolgreichsten ist Gottschalk, der neben anderen Unterhaltungssendungen zahlreiche Filme drehte und viele Auszeichnungen bekam, mit der ZDF-Show **»Wetten dass...?«**, die er 1986 von Frank Elstner und übernahm und zur heute erfolgreichsten Samstagabend-Show Europas mit bis zu 15 Mio. Zuschauern machte.

Deutschlands beliebter Entertainer Thomas Gottschalk

Kaspar Hauser (1812 – 1833)

Am 26. Mai 1828 tauchte ein etwa sechzehnjähriger Junge in **Nürnberg** auf dem Unschlittplatz auf. Er wusste nicht zu sagen, woher er kam, wohin er gehörte. Soweit man seinen Auskünften Glauben schenken konnte, war er etwa 10 Jahre in einem Kellerraum festgehalten worden. Sein Verhalten war auffällig, anscheinend war er vollkommen isoliert aufgewachsen und hatte keine normale Entwicklung durchlaufen können. Man nahm ihn in gesellschaftliche Kreise auf, in die er sich zunächst recht gut einfügte, dann aber geriet er seelisch vollkommen durcheinander. Zwei Jahre lebte er in **Ansbach** bei der Lehrersfamilie J. G. Meyer, nachdem angeblich 1829 ein Attentat auf ihn versucht worden war. Am 14. Dezember 1833 wurde er im Hofgarten in Ansbach nahe der Orangerie mit einer Stichwunde aufgefunden und starb wenig später, am 17. Dezember, an den Folgen der Verletzung. Unklar ist, ob er einem Anschlag zum Opfer gefallen war oder sich selbst getötet hatte.

Der Werdegang des Kaspar Hauser hat die Gemüter immer wieder erregt und ist nach wie vor ungeklärt. Bis heute hält sich die Mei-

Denkmal des Kaspar Hauser in der Platenstraße von Ansbach

nung, dass er möglicherweise der älteste Sohn des badischen Großherzogs Karl Ludwig Friedrich und seiner Frau Stephanie von Beauharnais gewesen sei, der am 30. April 1812 geboren wurde. Mitglieder der Linie Hochberg, Rivalen des Großherzogs, hätten auf verschiedene Weise versucht, den Erbprinzen zur Sicherung der Erbfolge ihrer Linie beiseite zu schaffen, was mit dem Mordanschlag schließlich gelungen sei. Die letzten Gentests (von 2001) konnten die **»Prinzentheorie«** allerdings nicht hundertprozentig bestätigen.

Julius Echter von Mespelbrunn (1545 – 1617)

Fürstbischof von Würzburg

Zu den bekanntesten Gebäuden von Würzburg zählt das **Julius-Spital**, ein Krankenhaus und Altersheim mit einem öffentlichen Weinkeller. Gestiftet wurde es vom Fürstbischof Julius Echter von Mespelbrunn, der 1582 auch die katholische Universität der Domstadt gründete. Julius Echter war ein sehr gebildeter Mann. Zwölf Jahre lang studierte er Theologie, Jura und Sprachen, u. a. am Jesuitenkolleg in Köln und an sechs europäischen Renommier-Universitäten. Er beherrschte mehrere Sprachen und war immer Klassenbester. Er wurde geachtet, aber schon damals, wie auch in seinem späteren Leben, nie geliebt. Kein Wunder! Als Fürstbischof von Würzburg (ab 1573) bekämpfte er die Reformation aufs härteste und vertrieb alle Lutheraner aus seinem Land. Schlimmer noch als die **Gegenreformation** wirkte sich aber sein um 1600 aufflammender **Hexenwahn** für das Fürstbistum aus. In seinem Todesjahr 1617 prahlte er von der Domkanzel herunter, dass in diesem Jahr 300 Hexen und Ketzer hingerichtet worden seien. Es wird vermutet, dass Julius Echter – hager von Gestalt, mit bleichem Gesicht und schmallippigem Mund, der nie lächelte – ein gestörtes Verhältnis zur Sexualität hatte und deshalb sehr frauenfeindlich war. Seinen Hofbeamten riet er, sich selbst zu kasteien, sollten sich fleischliche Gelüste auf das andere Geschlecht einstellen. Er jedenfalls unterzog sich häufig drakonischen Selbstbestrafungen.

Kilian (gest. ca. 689)

Missionar und Märtyrer

Kilian, ein Wanderbischof, der in der zweiten Hälfte des 7. Jh.s aus **Irland** auf den Kontinent kam, gilt als Patron des Bistums Würzburg und der fränkischen Winzer. 686 nahm er gemeinsam mit Kolonat und Totnan seine missionarische Tätigkeit auf. Ansonsten ist über Kilians Biografie sehr wenig bekannt. Der Kilians-Kult entstand erst in der zweiten Hälfte des 8. Jh.s, und zu diesem Zeitpunkt wurde auch die Legende von seinem Märtyrertod geboren. Derzufolge müssen die drei Missionare ihre Arbeit sehr erfolgreich gemacht haben, fanden dann jedoch durch einen taktischen Fehler Kilians den Tod. Kilian hatte vom Würzburger Herzog Gosbert, den er zum Christentum bekehrt hatte, verlangt, sich von seiner Frau **Gailana** zu trennen, da diese in erster Ehe mit seinem inzwischen verstorbenen Bruder verheiratet gewesen war – was, so der Missionar, jedoch den kirchlichen Leitlinien widerspräche. Die Herzogsgattin ließ daraufhin kurzerhand die drei missionierenden Störenfriede umbringen und verhalf Franken damit zu den ersten Märytrern.
Am Kilianstag, dem 8. Juli, werden in Würzburg Wallfahrten und ein **großes Volksfest** veranstaltet.

Henry Kissinger (geb. 1923)

US-Politiker

Henry Kissinger, einer der bekanntesten US-Politiker, ist Franke. Am 27. Mai 1923 wurde er als Heinz Alfred Kissinger in **Fürth** geboren. Sein Urgroßvater, ein gewisser Meyer, hatte einmal in Kissingen gelebt, als der Kurort noch nicht den Beinamen »Bad« führte, und 1817 offiziell den Namen Meyer Kissinger angenommen.
1938 emigrierte Henry Kissinger mit seinen jüdischen Eltern in die USA. In den Nachkriegsjahren 1945–1947 war er als Angehöriger der US-Armee zuerst oberster Militärverwalter von Krefeld, dann hatte er in der hessischen Bergstraßenregion mit Hauptquartier in Bensheim die Ordnung wiederherzustellen. Nach Aussage von Kameraden verhinderte er dabei, dass andere deutschstämmige Juden in der US-Army ihren Hass an den Deutschen ausließen. Später promovierte Kissinger in Harvard und nahm 1954 eine Lehrtätigkeit auf, zudem war er politischer Berater von Rockefeller, J. F. Kennedy und Nixon. Während seiner Amtszeit als **Außenminister** von 1973

Henry Kissinger im Gespräch mit dem früheren Bundesaußenminister Hans-Dietrich Genscher am 17. November 2004 in Passau

bis 1977 war er als Vermittler im Nahost-Konflikt tätig. 1973 erhielt er für seine Bemühungen um den Rückzug der Amerikaner aus Vietnam den **Friedensnobelpreis**.

Kunigunde von Luxemburg (gest. 1033)

Kaiserin und Heilige

Kunigunde und ihr Mann Heinrich sind das einzige deutsche Kaiserpaar, das heilig gesprochen wurde. Im Jahr 1000 schenkte **Heinrich II.** seiner Ehefrau Kunigunde von Luxemburg am Morgen nach ihrer Hochzeit den Ort, der ihm als Lieblingssitz galt: **Bamberg**. Die Ehe blieb kinderlos, und dies mag ein Grund dafür gewesen sein, dass sich der Herrscher dazu entschloss, hier ein Bistum zu gründen. Ein anderer war sicher die Tatsache, dass diese Region dem Reich politisch und religiös noch nicht gänzlich eingegliedert war. 1007 wurde das Bistum anerkannt und dem Papst direkt unterstellt. Kunigunde stattete es mit ihrer Morgengabe aus. Als Frau des Kaisers übte sie erheblichen Einfluss auf die Regierungsgeschäfte aus. Zudem war sie bekannt für ihr soziales Wesen. Einer Darstellung von Tilman Riemenschneider am Kaisergrab zufolge bezahlte Kunigunde die Werkleute am Kirchenbau St. Stephan in Bamberg persönlich. Nachdem ihr Bamberg nun nicht mehr zur Witwenversorgung zur Verfügung stand, erbat sie von Heinrich II. als Ersatz den Königshof Kassel. In dem Ort Kaufungen bei Kassel gründete sie später ein Kloster, in dem sie am 3. März 1033 starb. Im Jahr 1200 wurde sie heilig gesprochen (ihrem Mann wurde diese Ehre bereits 1146 zuteil).

Balthasar Neumann (1687 – 1753)

Architekt des Barock

Baltahasar Neumann, geboren in Eger, war Stück- (Geschütz-) und Glockengießergeselle, als er 1711 nach Würzburg kam. Er bildete sich in Geometrie, Feldmesserei und Architektur selbst weiter und lernte im Türkenkrieg Wien und Mailand kennen. Auf dem Höhepunkt seiner Karriere besaß er die oberste Leitung des öffentlichen und privaten Bauwesens in den Hochstiften Würzburg und Bamberg. Auch das Militärbauwesen, der Straßen-, Brücken- und Wasserbau oblag ihm. Selbst der Kaiserhof in Wien und die Fürstentümer zwischen Köln und Konstanz schätzten seine Erfahrung und beriefen ihn an ihre Höfe. Zu Neumanns **Meisterwerken** in Franken zählen die Würzburger Residenz, die Wallfahrtskirche Vierzehnheiligen bei Staffelstein, die Wallfahrtskirche Gößweinstein in der Fränkischen Schweiz und das Käppele in Würzburg.

Dirk Nowitzki (geb. 1978)

Irgendwann hatte es Dirk Nowitzki satt, bei Tennismeisterschaften immer wieder gegen einen gewissen Thomas Haas zu verlieren. Mit 15 Jahren tauschte er den Tennisschläger gegen den Basketball. Heute gilt der Würzburger als **einer der besten Basketballspieler der Welt** und ist der einzige deutsche Basketballer in der US-amerikanischen Profiliga NBA. Entdeckt wurde der Hüne (2,13 m), der 1997 / 1998 dem damaligen Zweitligisten DJK Würzburg entscheidend zum Aufstieg in die Basketball-Bundesliga verhalf, von den Scouts der NBA, als er eine Junioren-Weltauswahl gegen die besten US-Junioren zum Sieg führte. Seit 1999 spielt er bei den **Dallas Mavericks**, wo er wie ein Halbgott verehrt wird – nicht nur wegen seiner spielerischen Leistung, sondern auch wegen seiner Bescheidenheit. Deutschland profitiert ebenfalls von ihm: Bei der Basketball-Weltmeisterschaft 2002 in Indianapolis erreichte Dirk Nowitzki mit der **deutschen Nationalmannschaft** einen sensationellen dritten Platz, bei der EM in Serbien und Montenegro 2005 holte er mit dieser Mannschaft die Silbermedaille.

Dirk Nowitzki im Madison Square Garden in New York

Jean Paul (1763 – 1825)

Dichter

Mit dem in Wunsiedel geborenen Jean Paul schrieb Franken deutsche Literaturgeschichte. Jean Paul, mit bürgerlichem Namen **Johann Paul Friedrich Richter**, war in seiner Zeit einer der meistgelesenen Schriftsteller. Er entstammte einer Lehrerfamilie im Fichtelgebirge und verstand es, der von ihm geschätzten kleinbürgerlichen Häuslichkeit, Gefühlsseligkeiten und persönlichen Intimitäten in seinen

Romanen Ausdruck zu verleihen. Jean Paul war damals selbst bei gebildeten Zeitgenossen weitaus beliebter als Schiller und Goethe. Vor allem in der Damenwelt, deren Reizen er stets aufgeschlossen war, erfreuten sich seine Romane und Erzählungen großer Hochschätzung; am Hof wurde er gefeiert, die preußische Königin Luise, der Fürstprimat Dalberg und der König von Bayern sorgten für seine finanzielle Absicherung. Jean Paul beeindruckte insbesondere durch seine liebevollen und humoristischen Detailbeschreibungen, Landschafts- und Naturschilderungen und Darstellungen von Liebesidyllen.

Tilman Riemenschneider (1460 – 1531)

Künstler

Tilman Riemenschneider gilt als der bedeutendste Bildhauer und Bildschnitzer der Spätgotik. Die Auftragsbücher seiner Werkstatt in Würzburg waren stets voll, bis das dramatische Frühjahr 1525 seiner Arbeit ein Ende bereitete. Der Künstler wurde wahrscheinlich um 1460 im thüringischen Heiligenstadt geboren. Ab 1479 begab er sich auf Wanderschaft, die ihn auch nach Würzburg führte. Aber erst 1483 ließ er sich in der Domstadt endgültig nieder. Zwei Jahre später erhielt er das Meisterrecht, womit das Bürgerrecht und das Recht zur Heirat verknüpft waren; insgesamt sollte er viermal in den Ehestand treten. Auch politisch betätigte er sich, war im Stadtrat und 1520/1521 sogar **Bürgermeister** von Würzburg. Dann, im Frühjahr 1525, brach der **Bauernaufstand** aus. Als die aufständischen Bauern Würzburg erreichten, musste sich der Stadtrat entscheiden. Altbürgermeister Riemenschneider stellte sich auf die Seite der bis dahin unterjochten Bauern – und gegen den bischöflichen Herrn, der sich auf der Festung Marienberg verbarrikadierte. Nun kam die Wende. Am 4. Juni 1525 besiegte das Heer der Fürsten die aufständischen Bauern bei Giebelstadt nahe Würzburg. Der Bauernkrieg war zu Ende. In Würzburg hatte wieder Fürstbischof Konrad das Sagen. Dieser ließ zahlreiche Rädelsführer hinrichten und Tilman Riemenschneider zusammen mit anderen Ratsherren auf der Burg Marienberg einkerkern und foltern. Nach fast neun Wochen **Haft** erhielt Riemenschneider die Freiheit zurück. Er wurde aus dem Rat der Stadt ausgestoßen, und bis zu seinem Tod fertigte er kein Schnitzwerk mehr.

Adam Ries (1492 – 1559)

Rechenmeister

»Das macht nach Adam Riese...« – wenn einem bei einer Rechnung diese Redewendung über die Lippen geht, kann es keinen Zweifel mehr geben. In Staffelstein in Oberfranken wurde Adam Ries geboren. Als Rechenmeister betrieb er mehrere Rechenschulen, er war in Zwickau, Erfurt und später in Annaberg tätig, wo er Bergbeamter wurde und am 30. März 1559 starb. 1539 erhielt er den Titel des »Hofarithmetikus«. Er schrieb mehrere Lehrbücher zur Praxis des Rechnens, die die Mathematik verständlich darstellten und bis ins 18. Jh. Einfluss auf den Schulunterricht hatten.

Levi Strauss (1829 – 1902)

Vater der Jeans

Zuerst versuchte er, den Goldgräbern während des Goldrausches in Kalifornien (ab 1848) Zelte aus robustem Segeltuch zu verkaufen, dann erkannte der Schnittwarenhändler Levi Strauss, dass den Diggern haltbare Kleidung wichtiger war als Zeltunterkünfte. Die strapazierfähigen **Arbeitshosen**, die er nähen ließ – die Vorläufer der Jeans – waren so beliebt, dass er zwei große Nähfabriken errichten konnte, die schließlich die gesamten USA mit Hosen versorgten.

Levi Strauss – Erfinder der Jeans

Erst seit 1984 ist bekannt, dass Levi Strauss unter dem Namen Löb Strauß 1829 im oberfränkischen **Buttenheim** das Licht der Welt erblickte, wie eine amerikanische Historikerin im Auftrag des Levi-Strauss-Konzerns herausfand. Bis dahin war Bad Windsheim als Geburtsort vermutet worden. Das Haus, in dem die jüdische Familie bis zur Auswanderung nach Amerika 1847 lebte, steht heute noch.

Die Bezeichnung »Jeans« stammt übrigens von Franzosen, die die blaue Arbeitshose nach italienischen Seeleuten aus Genua (frz. Gênes) benannten, die vorwiegend »Levi´s« trugen. Zu Beginn des 20. Jh.s übernahmen die Amerikaner diesen Begriff, allerdings in englischer Schreibweise.

Wilhelmine (1709 – 1758)

Markgräfin von Bayreuth

Die ausgesprochene **Lieblingsschwester von Friedrich II.** dem Großen, Wilhelmine Friederike Sophie, wurde am 3. Juli 1709 in Berlin geboren. 1731 heiratete sie den späteren Markgrafen Friedrich von Bayreuth und kam so nach Franken. Sehr wohl fühlte sie sich hier nicht. Sie langweilte sich an dem provinziellen Hof, außerdem musste sie die ständigen Seitensprünge ihres Gemahls ertragen, den man nicht umsonst den »Vielgeliebten« nannte. Vielleicht waren das auch die Gründe, dass **Bayreuth** unter Wilhelmine in neuem Glanz erstrahlte. Zahlreiche Bauten – u.a. das Markgräfliche Opernhaus, das Neue Schloss – entstanden auf ihren Wunsch hin neu, und die Eremitage wurde zu Wilhelmines Zeiten zum kulturellen Zentrum des höfischen Lebens.

Praktische Informationen

WAS SIND DIE KULINARISCHEN SPEZIALITÄTEN?

WELCHE FREIZEITAKTIVITÄTEN HAT DIE REGION KINDERN ZU BIETEN?

WIE KANN MAN SICH IN FRANKEN SPORTLICH BETÄTIGEN?

Anreise · Vor der Reise

Mit dem Auto

Mehrere Autobahnen durchqueren Franken. Als Nord-Süd-Verbindung führt die **A 7** (Flensburg – Füssen) von Fulda kommend über Würzburg durch Unterfranken und am Westrand von Mittelfranken entlang. Die **A 71** verbindet Erfurt in Thüringen mit Schweinfurt im nördlichen Unterfranken. Auf der **A 9** (Berlin – München) fährt man westlich von Hof auf fränkisches Gebiet und weiter über Bayreuth und Nürnberg. Aus Westen gelangt man auf der **A 3** (Emmerich – Köln – Passau) bei Aschaffenburg auf fränkisches Gebiet und weiter nach Würzburg oder Nürnberg. In Mittelfranken durchquert die **A 6** (Saarbrücken – Waidhaus) in Höhe Ansbach und Nürnberg das südliche Franken. Auf der **A 81** (Singen – Stuttgart – Würzburg) erreicht man über Stuttgart die westlichen Gebiete Frankens.

! *Baedeker* TIPP

Kreuz und quer

Mit dem Bayern-Ticket für 28 € können fünf Personen an einem Tag mit Nahverkehrszügen kreuz und quer durch Bayern bzw. Franken fahren (Einzelticket 20 €). Die Tickets sind auch in allen Verbundverkehrsmitteln Bayerns gültig (Busse, Straßen-, S- und U-Bahnen). Auskunft: Fahrkartenausgaben der DB, www.bahn.de, www.bayern-takt.de

Alle größeren Ortschaften sind per **Bahn** zu erreichen. ICE-Haltestellen auf den Strecken von und nach Hamburg, Köln, München und Berlin sind vor allem Nürnberg und Würzburg. Gute Anschlüsse an den Nahverkehr bestehen in Aschaffenburg, Ansbach, Bamberg, Hof, Lichtenfels, Treuchtlingen, Marktredwitz und Schweinfurt.

Manche Orte, wie hier im Wiesenttal, lassen sich auch mit der Museumseisenbahn ansteuern.

FLUGHÄFEN

Flughafen Nürnberg GmbH
Flughafenstr. 100
90411 Nürnberg
Tel. 09 11 / 9 37 00, Fax 9 37 16 50
www.airport-nuernberg.de

Flughafen Hof-Plauen GmbH & Co. KG
Pirk 20 a, 95032 Hof
Tel. 0 92 92 / 97 70, Fax 97 71 35
www.airport-hof.de

Mit dem Flugzeug

Nürnberg besitzt einen Verkehrsflughafen (nördlich der Stadt), der nicht nur von innerdeutschen Linien, sondern auch von einigen internationalen Fluggesellschaften angeflogen wird. Vom Flughafen besteht ein U-Bahn-Anschluss zur Innenstadt. Vom kleineren Flughafen **Hof-Plauen** (südwestlich von Hof) gibt es mehrmals täglich Verbindungen nach Frankfurt / Main.

Auskunft

WICHTIGE ADRESSEN

ÜBERGEORDNETER VERBAND

Tourismusverband Franken e.V.
Postfach 44 04 53
90209 Nürnberg
Tel. 09 11 / 9 41 51-0
Fax 9 41 51-10
info@frankentourismus.de
www.frankentourismus.de

TOURISMUSZENTRALEN DER FERIEN-LANDSCHAFTEN

Fichtelgebirge
Tourist-Information Fichtelgebirge
Gablonzer Str. 11
95686 Fichtelberg
Tel. 0 92 72 / 9 69 03-0
Fax 9 69 03-66
info@ti-fichtelgebirge.de
www.ti-fichtelgebirge.de

Frankenalb
Tourist-Information Frankenalb
Waldluststr. 1
91207 Lauf an der Pegnitz
Tel. 0 91 23 / 95 02 54, Fax 95 05 01
info@frankenalb.de
www.frankenalb.de

Frankenwald
Frankenwald-Tourismus Service Center
Adolf-Kolping-Str. 1
96317 Kronach
Tel. 0 18 05 / 26 63 98
Fax 32 93 98
mail@frankenwald-tourismus.de
www.frankenwald-tourismus.de

Fränkische Schweiz
Tourismuszentrale Fränkische Schweiz
Oberes Tor 1
91320 Ebermannstadt

Tel. 0 91 94 / 79 77 79, Fax 79 77 76
info@fraenkische-schweiz.com
www.fraenkische-schweiz.com

Fränkisches Seenland
Tourismusverband
Fränkisches Seenland
Hafnermarkt 13
91710 Gunzenhausen
Tel. 0 98 31 / 50 01 20, Fax 50 01 40
info@fraenkischeseen.de
www.fraenkischeseen.de

Fränkisches Weinland
Tourismusverband
Fränkisches Weinland
Am Congress Centrum
97070 Würzburg
Tel. 09 31 / 37 23 35, Fax 37 36 52
tourismus@fraenkisches-weinland.de
www.fraenkisches-weinland.de

Haßberge
Tourist-Information Haßberge
Obere Sennigstr. 4
97461 Hofheim i. Ufr.
Tel. 0 95 23 / 9 22 90, Fax 2 67
info@hassberge-tourismus.de
www.hassberge-tourismus.de

Liebliches Taubertal
Touristikgemeinschaft
Liebliches Taubertal e. V.
Gartenstr. 1
97941 Tauberbischofsheim
Tel. 0 93 41 / 82 58 06, Fax 82 57 00
touristik@liebliches-taubertal.de
www.liebliches-taubertal.de

Naturpark Altmühltal
Tourist-Information
Naturpark Altmühltal
Notre Dame 1
85072 Eichstätt
Tel. 0 84 21 / 98 76-0
Fax 98 76-54
info@naturpark-altmuehltal.de
www.naturpark-altmuehltal.de

Oberes Maintal – Coburger Land
Tourist-Information Oberes
Maintal – Coburger Land
Kronacher Str. 30
96215 Lichtenfels
Tel. 0 95 71 / 1 82 83
Fax 1 82 88
info@OberesMaintal-CoburgerLand.com
www.OberesMaintal-CoburgerLand.com

Rhön
Tourist-Information Rhön
Rhönstr. 97
97772 Wildflecken-Oberbach
Tel. 0 97 49 / 91 22-0, Fax 91 22-34
tourismuse@info-rhoen-saale.de
www.rhoen.de

Bäderland Bayerische Rhön
Tel. 08 00 / 9 76 16 00
www.baederland-bayerische-rhoen.de

Romantisches Franken
Tourismusverband
Romantisches Franken
Am Kirchberg 4
91598 Colmberg
Tel. 0 98 03 / 9 41 41, Fax 9 41 44
info@romantisches-franken.de
www.romantisches-franken.de

Städteregion Nürnberg
Tourist Information
Städteregion Nürnberg
c/o Tourist-Information Fürth
Bahnhofplatz 2
90762 Fürth
Tel. 09 11 / 7 40 66 15
Fax 7 40 66 17
tourist-info@fuerth.de
www.staedteregion-nuernberg.de

Spessart – Mainland
Tourist-Information
Spessart – Mainland

Bayernstr. 18
63739 Aschaffenburg
Tel. 0 60 21 / 39 42 71
Fax 39 42 58
tourismus@spessart-tourist-info.de
www.spessart-touristinfo.de

► **Steigerwald**
Tourismusverband Steigerwald
Hauptstr. 1
91443 Scheinfeld
Tel. 0 91 62 / 1 24 24
Fax 1 24 33
info@steigerwald-info.de
www.steigerwald-info.de

INTERNET

► **www.bundesland-franken.de**
Privates Portal mit umfangreichen Informationen u. a. zu Geschichte, Kultur, Reiseziele, Unterkünfte, Freizeitaktivitäten sowie Wein und Bier

► **www.weinland-franken.de**
Informationen über das Weinland Franken und seine Weinorte, den fränkischen Weinbau und seine Winzer

► **www.frankentipps.de**
Feste, Konzerte, Theater, Kino, Tanzen, Messen, Museen, Sport, Kinder & Jugend

Mit Behinderung unterwegs

BEHINDERTENREISEN

► **BSK-Reise-Service**
74238 Krautheim / Jagst
Altkrautheimer Str. 20
Reisedienst des Bundesverbands Selbsthilfe Körperbehinderter
Tel. 0 62 94 / 42 81 50, Fax 42 81 79
www.reisen-ohne-barrienren.eu

► **Bundesarbeitsgemeinschaft der Clubs Behinderter und ihrer Freunde e.V.**
Langenmarckweg 21
51465 Bergisch-Gladbach
Tel. 0 22 02 / 9 89 98-11
www.bagcbf.de

Einkäufe, Souvenirs

Landestypische Souvenirs

Ein schönes fränkisches Souvenir sind die originalen **Faber-Castell-Bleistifte** aus Zedernholz mit einer versilberten Metallkappe. **Zinnfiguren** bekommt man auf der Kulmbacher Plassenburg – bemalt oder unbemalt. Jedes Jahr im Mai und September findet der Nürnberger

Trempelmarkt, ein riesiger **Flohmarkt**, statt. Hier findet man auch typisch Fränkisches aus Privathaushalten. Bei Käthe Wohlfahrt, Rothenburg o.d.T., Herrngasse 1, findet man das ganze Jahr über **Weihnachtsschmuck**. **Korbflechtarbeiten** gibt es in Oberfranken; in Lichtenfels wird im September ein großer Korbmarkt veranstaltet. Auch die **Hummel-Figuren** erfreuen sich großer Beliebtheit; Vorlage für die Mädchen und Jungen aus Porzellan sind die Zeichnungen der Franziskanerschwester Maria Innocentia Hummel. In der Porzellanfabrik W. Goebel in Rödental werden die kostbaren kleinen Figuren produziert. Schöne **Porzellanwaren** hat die Stadt Selb zu bieten.

Kulinarisches Natürlich bieten sich **Frankenweine**, die man am besten beim Winzer selbst probiert und kauft, oder Obstbrände, die ebenfalls vom Erzeuger direkt erworben werden können, als Mitbringsel an. An Getränken kann man auch einen guten, hundertprozentigen Fruchtsaft mitnehmen oder Bier aus einer kleinen Privatbrauerei. Als kulinarische Mitbringsel eignen sich auch Rostbratwürstchen und **Lebkuchen** aus Nürnberg sowie Pralinen aus dem Frankenwald und in der Vorweihnachtszeit Zwetschenmännla aus Nüssen und Backpflaumen.

Erleben

Viel zu erleben Franken wartet mit einer wahrhaft breiten Palette von Urlaubserlebnissen und -aktivitäten auf. Dazu zählen natürlich vielseitige Sportangebote (► Sport & Fun) ebenso wie Jazzfestivals, Opern- und

Kanutouren werden auf vielen Flüssen Frankens angeboten.

WICHTIGE ADRESSEN

FILMTAGE

- **Internationale Hofer Filmtage**
  Altstadt 8
  95028 Hof
  Tel. 09281/85440, Fax 18816
  www.hofer-filmtage.de

- **Internationale Grenzland-filmtage Selb**
  Filmtagebüro c/o VHS Selb
  Lessingstr. 8
  95100 Selb
  Tel. 09287/998474, Fax 998475
  www.grenzlandfilmtage-selb.de

PORZELLANMALKURSE

- **Deutsches Porzellanmuseum**
  Freundschaft 2
  95691 Hohenberg/Eger
  Tel. 09233/77220, Fax 772230
  www.dt-porzellanmuseum.de

RUND UM DEN WEIN

- **Gebietsweinwerbung Frankenwein-Frankenland GmbH**
  Kranenkai 1
  97070 Würzburg
  Tel. 0931/390110
  Fax 3901155
  www.haus-des-frankenweins.de

- **Gebiets-Winzergenossenschaft Franken GWF**
  Alte Reichsstr. 70
  97307 Kitzingen
  Tel. 09321/700050
  Fax 7005190
  www.frankenwein-gwf.de

RUND UMS BIER

www.bierfranken.de
www.bierregion-franken.info
www.bierkeller.de

Theateraufführungen sowie Festspiele und Weihnachtsmärkte. Es gibt Spielkasinos (Bad Kissingen, Bad Steben und Feuchtwangen), Museen unterschiedlichster Art (darunter Freilandmuseen in Bad Windsheim, Fladungen und Möchsondheim), Museumseisenbahnen, Sommerrodelbahnen, Schiffsausflüge auf Seen und Flüssen, Erlebnisbäder, Tierparks und Freizeitparks (► Mit Kindern unterwegs, siehe auch Fremdenverkehrsämter sowie Tourismusverband Franken ► Auskunft). Freunde des Trauben- und/oder Gerstensaftes kommen auf Bier- und Weinfesten, auf Bierwanderungen und in Weinseminaren sowie in Brauereien, Wirtshäusern, Weinkellern und Weinstuben auf ihre Kosten. Für Cineasten aus dem In- und Ausland sind die Internationalen Hofer Filmtage und die Internationalen Grenzland-Filmtage in Selb mit ihren ausgefallenen und anspruchsvollen Pro-

! *Baedeker* TIPP

Weinerlebnis Franken

Auf informative, unterhaltsame und erlebnisreiche Art lässt sich die Weinregion Franken mit dem Team »Gästeführer Weinerlebnis Franken« kennen lernen, mit speziell ausgebildeten Gästeführern, die im gesamten Weinbaugebiet – von Klingenberg bis Zeil – unterschiedliche Führungen, Weinproben, Erlebniswanderungen, Kutschfahrten, Incentives und andere Veranstaltungen anbieten. Weitere Informationen: Tel. 09365/2251, www.gaestefuehrer-weinerlebnis.de

An der König-Ludwig-Wildwasserrutsche im Freizeitland Geiselwind

grammen ein Magnet. Großer Beliebtheit erfreuen sich im Deutschen Porzellanmuseum die unter fachmännischer Anleitung stattfindenden Porzellanmalkurse, wobei vom Pinsel bis zum Brennofen alles vorhanden ist.

Essen und Trinken

Bodenständige Küche

Zahlreiche Restaurants und Wirtshäuser bieten typisch fränkische Küche mit regionalen Spezialitäten, und man wird auf einer Reise durch Franken kaum in die Verlegenheit kommen, die einheimische Kost zu verpassen. In Franken wird traditionell sehr bodenständig gekocht, in letzter Zeit sind aber viele Restaurants dazu übergegangen, fränkische Küche zu verfeinern und mit raffinierten Rezepten auch **Gourmets zufrieden zu stellen**. Neben den Hauptmahlzeiten mit meist recht deftigen Speisen gibt es die Brotzeit. Unter den zahllosen fränkischen Biersorten und Frankenweinen finden sich immer auch die passenden zu den jeweiligen Gerichten. Man wird erstaunt sein, wie preisgünstig oft ein Essen oder eine Brotzeit ist, vor allem abseits der Touristenorte.

Brotzeit

Brotzeit

Zu den Lieblingsbeschäftigungen eines jeden gestandenen Franken gehört das »Brotzeitmachen«, am besten am Vormittag oder am späten Nachmittag, wenn der nächste Hunger nach dem Mittagessen kommt. Zur Auswahl steht eine Menge feiner Sachen: Leberwurst, Presskopf, weißer und roter Presssack oder Stadtwurst. Die höheren Weihen des Brotzeitens erlebt man, wenn es Dosenfleisch (eingemachtes Schweinefleisch), Knöchlasulz (Sülze mit Eisbein) und, nicht oft zu bekommen, Zwetschenbamers, sehr fein gerauchten Filetschinken, gibt. Wem das noch nicht reicht, wird unter den folgenden gehaltvollen »Kleinigkeiten« sicher seinen Favoriten finden:

Bratwurst

In Franken gilt: Bratwurst ist nicht gleich Bratwurst – und wohl nirgends gibt es eine derartige **Bratwurst-Vielfalt** wie hier. Die Zutaten sind sehr unterschiedlich, die Würze sowieso und erst recht die Größe. Die Nürnberger Bratwürste haben nur Fingergröße, und man verspeist davon um die zehn Stück auf einmal. In Bamberg sind sie größer, angeblich reichen hier drei, um den Magen zu füllen. Überlang sind sie in Coburg, und in Sulzfeld werden sie im halben oder im ganzen Meter serviert. Um die Vielfalt der Bratwürste noch weiterzutreiben, ist sogar die Glut zum Grillen unterschiedlich: In Coburg wird über Kiefernzapfen gegrillt, in Nürnberg über Buchenholz. Wer keine gegrillten oder gebratenen Würste mag, kann Blaue Zipfel (auch Saure Zipfel) probieren, das sind in einem Sud mit Essig, Wurzelgemüse, Zwiebeln, Pfeffer und Lorbeerblatt gegarte Bratwürste.

Andere »Kleinigkeiten«

Ochsenmaulsalat ist Geschmackssache: Ein Rindergaumen wird in Stücke geschnitten, gekocht und einen Tag lang in einer Marinade aus Essig, Öl, Salz und Pfeffer eingelegt. Dazu gibt es Schwarzbrot und Frankenwein. Wer unter den Ochsenmaulsalat noch Presssackstücke und Ei mischt, erhält das typische Nürnberger Gericht; mitunter sind auch Käsestücke im **Nürnberger Gwerch**. **Himmel und Hölle** besteht aus Bratkartoffeln (Grösta) und gebratener Blutwurst. **Ziebeles-Käs** ist ein Quark, mit Sahne verfeinert und mit geschnittenem Schnittlauch, Pfeffer und Salz gewürzt. Unter einem **Angemachten Camembert** versteht man einen Camembert, der zerquetscht und mit etwas Butter, Zwiebeln und Paprikapulver verrührt wird. Nichts für zarte Gemüter, sondern kräftig ist ein **Backsteinkäs** mit Zwiebeln in Essig und Öl. **Fränkischer Zwiebelkuchen** sucht seinesgleichen. Er wird aus einem Hefeteig hergestellt und ist mit reichlich Zwiebeln, saurem Rahm und Speck belegt.

Hauptmahlzeiten

Suppen

Eine der empfehlenswerten fränkischen Suppen ist die **Hochzeitssuppe**, eine klare Rinderbrühe mit Gemüse und kleinen Grieß- und Leberklößen. **Pfannkuchensuppe** ist eine andere Spezialität; eine

Im Fränkischen Freilandmuseum in Bad Windsheim wird auch Herzhaftes angeboten.

Arpfl-Suppe entpuppt sich als Kartoffelsuppe mit Gemüse und Speck, der Sauerrahm untergezogen wird. Unter **Kümmerles-Suppe** (von lat. Cucumis) versteht man eine Gurkensuppe.

Fleisch Auf den fränkischen Speiseplänen steht sehr viel Fleisch. Vielfach bekommt man Schweinefleisch, z. B. als Schweinebraten, deftige Schweinshaxe – das **Knöchla** – oder als Schäuferla, eine mit Knochen und Schwarte im Ofen knusprig gebackene Schweineschulter, nicht zu verwechseln mit dem badischen Schäufele. Gerne wird Ochsenfleisch mit Preiselbeeren und Kren (Meerrettich) gegessen, oder auch **Sauerbraten** – Rindfleisch, das vor dem Braten in einer Marinade gelegen hat. Sauerbraten bekommt man manchmal mit einer Sauce, die mit aufgeweichtem Lebkuchen leicht angedickt ist. **Innereien** werden ebenfalls gern serviert: Hirn, Nieren, Lungen kommen bei Bedarf auf den Teller. Metzelsuppe bzw. Kesselfleisch ist im Sud gekochtes Fleisch vom frisch geschlachteten Schwein, serviert mit Kraut, Leber- und Blutwürsten. Lecker ist ein **Krautbraten**, der aus Hackfleisch zubereitet wird, das in Kohlblättern im Ofen gebacken wird. Lamm ist v. a. in der Fränkischen Schweiz zu empfehlen.

Fisch An Fischen bekommt man Süßwasserfische aus den fränkischen Flüssen und Seen. Aus dem Main kommen die kleinen gebratenen **Meefischli**, die man ganz und gar, also mit Kopf, Schwanz und Gräten isst. **Karpfen** findet man oft auf den Speisekarten, entweder blau, also in saurem Sud gedünstet, oder in einem Teigmantel in der Pfanne gebacken. Hecht wird mit Grüner Soße serviert. Lecker ist auch Hechtenkraut, Stücke vom Hecht, die zusammen mit Sauerkraut in den Ofen kommen. Äsche und Aal findet man ebenfalls häufig auf der Speisekarte.

Gemüse

Neben Fleisch steht Gemüse ganz oben auf dem Speiseplan. **Sauerkraut** natürlich, Weiß- und Rotkraut – letzteres ist sehr beliebt zu Wild –, Wirsing und Blumenkohl. Gemüsezwiebeln mit einer Füllung aus gehacktem Schweinefleisch bekommt man in Bamberg: die Bamberger Zwiebel. Zur **Spargelzeit** isst ganz Franken die köstlichen Spargelstangen, die von den Feldern aus dem Nürnberger Knoblauchsland, aus der Volkacher Mainschleife und der Gegend um Bamberg und Würzburg kommen. Spargel wird schlicht mit zerlassener Butter und Frühkartöffelchen oder Pfannkuchen sowie mit Schinkenröllchen gegessen oder als Spargelsalat, der in Nürnberg warm serviert wird. Eine ganz besondere fränkische Spezialität ist **Salat aus Hopfenspitzen**, den es etwa zeitgleich mit Spargel vorzugsweise in der Gegend von Spalt gibt. Kümmerli sind kleine Gurken, die man in der Würzburger Gegend bekommt.

! *Baedeker* TIPP

Sekt nach Champagnermethode

Die Würzburger Sektkellerei Höfer in Würzburg-Zellerau (Frankfurter Str. 87) produziert Sekt nach der traditionellen Flaschengärung, nach der durch die Champagne weltberühmt gemachten Methode. In der Kellerei, die in den alten Pferdeställen der ehemaligen Bürgerbräu mit Gebäuden aus dem 19. Jh. untergebracht ist, werden Sektproben, aber auch Konzerte und Lesungen veranstaltet. Weitere Informationen: Tel. 09 31 / 41 17 92, www.hoefersekt.de

Natürlich werden Kartoffeln zu vielen Fleisch- und Fischgerichten serviert. Eine Besonderheit – aber nur für die Gäste Frankens – sind die **Klöße** (je nach Region heißen sie »Klöß«, »Kleeß« oder »Klääß«). Die Vielfalt der Kloß-Varianten kennt keine Grenzen: Klöße aus rohen Kartoffeln, Klöße aus gekochten Kartoffeln, Klöße, die zur Hälfte aus gekochten und zur Hälfte aus rohen Kartoffeln hergestellt werden, Klöße aus gekochten Kartoffeln und Stärkemehl. Serviettklöße aus einer Masse aus Brötchen, Eiern, Milch und Butter, die in einer Serviette in Wasser gegart werden, oder Grießklöße aus Brötchen, Grieß, Eiern und Butter sind seltener zu haben und auch nicht typisch. Eine Art Kartoffelpuffer sind Backes oder Bagges, die süß oder salzig zubereitet werden.

Gewürze

An erster Stelle stehen die frischen Gewürze, die in fränkischen Gärten in Hülle und Fülle wachsen – allen voran »Peterle«, **Petersilie**. Brunnenkresse findet man häufig an frischen Gerichten, Beifuß am Gänsebraten, Thymian an Lammgerichten. Knoblauch ist ebenfalls ein beliebtes Gewürz, Senfkörner werden gern dem Sellerie beigegeben. Grüne Soße wird mit frisch geerntetem Dill zubereitet.

Weinseminar in Wertheim

LAND DER BOCKSBEUTEL

Der Bocksbeutel ist das typischste Erkennungszeichen für das Weinland Franken. Woher der Name stammt, ist nicht geklärt. Behauptet wird gern, der Name der flachen, bauchigen und kurzhalsigen Flasche, die die fränkischen Winzer seit der ersten Hälfte des 18. Jh.s verwenden und in der heute qualitativ höherwertige Frankenweine abgefüllt werden, leite sich vom Hodensack des Ziegenbocks ab.

Seit 1989 ist der **Bocksbeutel in der EU geschützt** und darf nur noch für fränkische Weine verwendet werden. Lediglich die Winzer in Tauberfranken (Weinbaugebiet Baden) und im Norden Portugals können auf eine genauso lange Tradition verweisen und dürfen ihre Weine ebenfalls in Bocksbeutel füllen.

Einst ein riesiger Weingarten

In Franken gibt es schon seit dem 7. Jh. n. Chr Weinbau. Vor allem Klöster bauten damals Reben zur Herstellung von Messwein an. Um die Jahrtausendwende begann die große Zeit des mainfränkischen Rebbaus, der im 15. und 16. Jh. seine größte Ausdehnung erreichte. Mainfranken war zu jener Zeit, ganz im Gegensatz zu heute, mit all seinen Tälern, Hängen und Höhen ein einziger, riesiger Weingarten. 40 000 Hektar des fränkischen Mainlandes waren mit Rebstöcken bepflanzt – beinahe **siebenmal so viel wie heute**. Doch Kriege, die Auflösung der Klöster, das Auftreten gefährlicher Pflanzenschädlinge und das Aufkommen anderer Genussmittel ließen die Rebfläche enorm schrumpfen. In der ersten Hälfte des 20. Jh.s waren nur noch 2500 Hektar bepflanzt. Einen neuen Aufschwung erlebte der fränkische Weinbau wieder nach dem Zweiten Weltkrieg: Heute gibt es im Weinbaugebiet Franken etwa 6000 Hektar Rebflächen.

Anbaugebiete

Das fränkische Weinbaugebiet, das von Aschaffenburg bis Bamberg reicht, ist in drei Bereiche gegliedert. Der kleinste Bereich ist das **Mainviereck** mit seinen Buntsandsteinböden zwischen Aschaffenburg und Wertheim. Am westlichen Rand des Mainvierecks eignen sich die klimatischen und geologischen Bedingungen hervorragend für den in Franken seltenen Anbau von Rotwein. Der größte Bereich Frankens ist das **Maindreieck**, bis hinauf nach Schweinfurt. Zum

Maindreieck gehören außerdem noch die Rebflächen im Tal der Wern sowie an der Fränkischen Saale bei Hammelburg. An den teilweise steilen Weinbergen des Mains mit ihren Muschelkalkböden werden Silvaner angebaut, die zu den besten der Welt zählen. Auch Rotweine gedeihen hier gut, allerdings ist ihr Anteil noch gering. Der östlichste Bereich des fränkischen Weinlandes sind die Westhänge des **Steigerwaldes**; hierzu zählen auch die Weinorte des oberen Maintals zwischen Haßfurt und Bamberg. Vor allem im Gebiet der Keuperböden um den Schwanberg werden Weine (insbesondere Silvaner) produziert, die oftmals gehaltvoller sind als im restlichen Franken..

Viele Mineralstoffe

Die Böden in Franken – Buntsandstein, Muschelkalk und Gipskeuper – verleihen dem Frankenwein einen unverwechselbaren Charakter, denn die Reben nehmen während der Vegetationsperiode besonders viele Mineralstoffe aus dem Boden auf, konzentrieren diese in den Trauben und geben dem Wein einen würzigen Geschmack. Franken ist daher das einzige Anbaugebiet Deutschlands, wo der Mineralstoffgehalt der Weine bei der Qualitätsprüfung eine Rolle spielt. Weine aus Franken stehen auch im Ruf, trocken zu sein. Dementsprechend wird der **Begriff »trocken« streng ausgelegt**: So dürfen trockene Frankenweine mit max. vier Gramm pro Liter weniger als die Hälfte an Restzucker enthalten als trockene Weine aus allen anderen Anbaugebieten (bis zu neun Gramm).

Gesellig

Der Wein hat die mainfränkische Lebensart mitgeprägt. So hat man bei alljährlich **250 Weinfesten** – vom Hofschoppenfest bis zum Fest in verwinkelten Gassen zwischen alten Stadtmauern – ausreichend Gelegenheit, Frankenwein in geselliger Runde zu probieren. Beliebt sind auch die Häcker- oder **Heckenwirtschaften** (in anderen Anbaubaugebieten Strauß- oder Besenwirtschaft genannt), in denen Winzer ihren eigenen Rebensaft – im Sommer Wein, im Frühherbst überwiegend frischen Bremser (Federweißer) – sowie kleinere Speisen verkaufen dürfen.

Die wichtigsten Rebsorten

Die Traditionssorte Frankens ist der **Silvaner**. Diese Rebsorte, die bodenbetonte und kräftige Weine hervorbringt, beansprucht etwa ein Viertel der Anbauflächen. Laut Überlieferungen sollen im 17. Jh. die ersten Silvaner-Reben Deutschlands in Castell und Obereisenheim angebaut worden sein. Eine Kaufurkunde im

Typisch fränkisch: der Bocksbeutel

Casteller Archiv besagt, dass am 5. April 1659 Graf Wolfgang Georg I. zu CastellCastell 25 Österreicher Fechser (= Silvaner) bei dem Obereisenheimer Wirt Georg Kraus einkaufen ließ, um sie anschließend in die herrschaftlichen Weinberge in Castell einzupflanzen. Gemessen an der Anbaufläche ist die **Müller-Thurgau**-Rebe die Nummer eins unter den fränkischen Rebsorten. Etwa die Hälfte der fränkischen Weinberge sind mit dieser vor über 100 Jahren gezüchteten Rebsorte bestockt. Der Müller-Thurgau reift früh und sollte auch jung getrunken werden; er verbindet die Eigenheiten des Riesling mit der Finesse des Gutedel. Müller-Thurgau-Weine sind leicht und frisch. Der **Bacchus** (Ertragsanteil: ca. 10 %) ist eine Neuzüchtung aus Silvaner, Riesling und Müller-Thurgau. Der **Riesling** gehört zu den edelsten, allerdings auch anspruchsvollsten Rebsorten; heute ist er nur noch mit rund drei Prozent an der Gesamtproduktion der fränkischen Winzer beteiligt. Als **Rieslaner** oder Main-Riesling bezeichnet man eine Neuzüchtung, die in Veitshöchheim das Licht der Welt erblickt hat und in guten Jahren den Riesling sogar noch übertreffen soll. Außerhalb Frankens trifft man fast nie auf diese Rebsorte, die zwischen Riesling und Silvaner liegt. Der Ursprung des **Traminers** liegt in Südtirol, sein Anteil an der fränkischen Rebfläche ist verschwindend gering. Sein Aroma ist würzig mit leichtem Rosenbukett; er eignet sich vor allem als Dessertwein. Die **Scheurebe**, eine Züchtung Georg Scheus aus dem Jahre 1916 aus Silvaner und Riesling, erinnert an den Geschmack der schwarzen Johannisbeere. Die Scheurebe ist neben dem Riesling die prädestinierte Sorte zur Gewinnung von Beerenauslesen sowie Eisweinen und besitzt eine ausgesprochen gute Lagerfähigkeit. Ein ganz junge Neuzüchtung ist der nach dem Dichter Justinus Kerner benannte **Kerner**, eine Kreuzung aus Trollinger und Riesling. Er bringt gute Erträge und entwickelt relativ wenig Säure; er dient u. a. als Basis für den fränkischen Sekt. Der **Schwarzriesling** ergibt rubin- bis dunkelrote Weine, die im Eichenfass ausgebaut werden sollen. Aus ihnen entsteht auch eine fränkische Rarität: der Schwarzriesling-Winzersekt. Der **Spätburgunder**, die bevorzugte Kreszenz in Klingenberg, ist der König unter Frankens Rotweinreben. Der **Portugieser** zählt mit seinem mäßigen Säure- und Gerbstoffgehalt zu den einfachen Rotweinen, der **Domina** ist eine Kreuzung aus Portugieser und Spätburgunder, und der tiefrote **Dornfelder** gilt als der Bordeaux unter den Frankenweinen.

Süßes

Zuerst müssen die **Nürnberger Lebkuchen** erwähnt werden – hergestellt aus Mehl, Honig, Zucker, Mandeln und jeder Menge feinen Gewürzen wie Ingwer, Nelken, Kardamom, Zimt, Muskat, Pfeffer, Orangeat und Zitronenschale. **Hollerküchle** sind Holunderblüten, die im Teigmantel frittiert werden. Ein im Ofen gebackener Auflauf aus eingeweichtem Weißbrot mit Äpfeln, Nüssen, Rosinen und Zucker sowie Eiern ist der **Scheiterhaufen**. Unter **Zwetschenmännla** versteht man eine weihnachtliche Süßigkeit aus Backpflaumen und Nüssen.

Getränke

Weinfranken
Bierfranken

Welche bedeutende Rolle Bier und Wein (► Baedeker Special S. 78) in Franken spielen, ist daran zu erkennen, dass die Region gern nach diesen Getränken benannt wird: **Weinfranken** (westlich) und **Bierfranken** (östlich).

Bier

In Franken werden alle Biere nach dem bayerischen Reinheitsgebot von 1516 gebraut. Aber das ist neben den stets gleich bleibenden Zutaten Hopfen, Malz und Wasser auch fast schon die einzige Gemeinsamkeit der fränkischen Gerstensäfte. Die **Vielfalt** der Biere Frankens ist geradezu legendär Auf dem Land und in den Zentren Nürnberg, Kulmbach, Coburg, Bayreuth, Hof, Spalt und Bamberg gibt es rund 370 Brauereien, was fast die Hälfte aller Braustätten in ganz Bayern ausmacht. Neben den großen Brauereien in Nürnberg, Würzburg, Kulmbach und Bamberg existieren viele Klein- und Kleinstbrauereien, teilweise Familienbetriebe, die eine alte Tradition am Leben erhalten und nach überlieferten, sorgsam geschützten Rezepten brauen. Viele der Kleinen – von denen es die meisten östlich von Bamberg gibt – schenken ihr Bier nur im eigenen Brauereiwirtshaus aus. Beeindruckend ist nicht nur die große Zahl von Brauereien, sondern auch die Menge der verschiedenen **Biersorten**: Hell, Dunkel, Weizen, Alt, Bock, Export, Märzen und Pils. Frankens echte Spezialitäten sind der Kulmbacher Eisbock, Dampfbier aus Bayreuth und Rauchbier (► Baedeker Special S. 162). Auch das angeblich stärkste Bier der Welt, das Kulmbacher »EKU 28» (28 % Stammwürze, also rund 11 – 13 % Alkoholgehalt) wird hier gebraut. Wo immer möglich, sollte man ein »Ung'spundt's« (Kellerbier) probieren – auf den ersten Blick ungewöhnlich, weil mit wenig Schaum und trüb. Das rührt daher, dass die Fässer nicht gespundet werden, die Kohlensäure also entweichen kann.

? WUSSTEN SIE SCHON ...?

- Schorle ist ein beliebtes Mixgetränk vor allem im Sommer: eine Mischung aus Wein (meist Weißwein) und Mineralwasser bzw. Zitronenlimonade oder Fruchtsaft und Mineralwasser. Das Mischungsverhältnis liegt bei etwa eins zu eins. Wein mit Sodawasser zu vermischen war eine Vorliebe der im 19. Jh. in Süddeutschland stationierten französischen Soldaten. Der Name geht wahrscheinlich auf den Trinkspruch »Toujours l'amour« zurück, der in abgeschliffener Form zu Schorle-Morle oder kurz Schorle wurde.

Der Biergarten von Kathi-Bräu in Aufseß mitten in der Fränkischen Schweiz

Obstsäfte, Obstbrände Dank der für Obstanbau günstigen Bedingungen sind in Franken verschiedene Obstsäfte zu bekommen. Viele fränkische Saftkeltereien stellen Säfte aus 100 Prozent Fruchtsaft ohne Zuckerzusatz her. Man erhält sie naturtrüb mit hohem Fruchtfleischanteil oder klar, also gefiltert. Auf etlichen kleineren Bauernhöfen werden Obstbrände aus Zwetschgen, Kirschen, Mirabellen etc. in Eigenregie erzeugt.

Ferienstraßen

SCHÖNE FERIENSTRASSEN

▶ **Romantische Straße**
350 km Romantik– vom Main bis zu den Alpen. Die Route nimmt ihren Ausgangspunkt in Würzburg und begleitet den Reisenden bis nach Füssen ins Allgäu. Fränkische Zwischenstationen sind Tauberbischofsheim, Bad Mergentheim, Weikersheim, Creglingen, Rothenburg ob der Tauber, Schillingsfürst, Feuchtwangen und Dinkelsbühl.
Auskunft: Romantische Straße Touristik-Arbeitsgemeinschaft

Segringer Str. 19
D-91550 Dinkelsbühl
Tel. 0 98 51 / 55 13 87
Fax 55 13 88
www.romantischestrasse.de

Porzellanstraße

Die Porzellanstraße beginnt in Bamberg und endet in Bayreuth. Auf 550 km Länge finden sich traditionsreiche Porzellanmanufakturen und -fabriken, die den Ruf des Weißen Goldes in alle Welt getragen haben.
Auskunft: Verein Porzellanstraße
Porzellanikon
Bahnhofstr. 3
95100 Selb-Plößberg
Tel. 0 92 87 / 9 18 00 34
Fax 9 18 00 35
www.porzellanstrasse.de

Burgenstraße

Die Traditionsroute führt von Mannheim nach Prag. Auf rund 1000 km passiert man 73 Burganlagen. In Franken durchmisst die Route Rothenburg o. T., Ansbach, Lichtenau, Wolframs-Eschenbach, Abenberg, Roth, Nürnberg, Forchheim, Ebermannstadt, Muggendorf / Streitberg, Gößweinstein, Pottenstein, Aufseß, Heiligenstadt, Bamberg, Lichtenfels, Coburg, Kronach, Kulmbach und Bayreuth.
Auskunft: Die Burgenstraße
Allee 28
74072 Heilbronn
Tel. 0 71 31 / 56 40 28, Fax 56 40 29
www.burgenstrasse.de

Deutsche Limesstraße

Die Straße der römischen Zeugnisse führt von Miltenberg am Main bis nach Regensburg an der Donau. Auf der insgesamt 400 km langen Strecke (220 km Baden-Württemberg, 180 km Bayern) folgt die Straße dem äußeren Limes, der jüngsten römischen Grenzziehung in Südwestdeutschland. Zwischenstationen sind u. a. Gunzenhausen, Weißenburg, Eichstätt und Kelheim.
Auskunft: Deutsche Limes-Straße
St.-Johann-Str. 5
73430 Aalen
Tel. 0 73 61 / 52 82 87-23
Fax 52 82 87-10
www.limesstrasse.de

Bier- und Burgenstraße

Eine überwiegend fränkische Angelegenheit ist die Bier- und Burgenstraße, die in Thüringen beginnt und in südlicher Richtung durch den Frankenwald, das Fichtelgebirge, die Fränkische Schweiz und weiter durch Ostbayern bis nach Passau führt.Natürlich zählen Kronach und Kulmbach zu den fränkischen Höhepunkten der Route.
Auskunft: Bier- und Burgenstraße
Sutte 2
95326 Kulmbach
Tel. 0 92 21 / 95 88-0, Fax 95 88 44
www.bierundburgenstrasse.de

Deutsche Spielzeugstraße

Die Deutsche Spielzeugstraße ist eine rund 300 km lange Erlebnisroute von Nürnberg in Franken bis Waltershausen in Thüringen. Fränkische Orte an der Strecke sind u. a. Coburg, Fürth, Gößweinstein, Hof, Neustadt bei Coburg, Nürnberg, Rödental und Zeil am Main.
Auskunft:
Deutsche Spielzeugstraße
c/o Landratsamt Coburg
Lauterer Str. 60, 96450 Coburg
Tel. 0 95 61 / 514-322, Fax 514-368
www.spielzeugstrasse.de

Feste · Festivals · Events

Franken versteht zu feiern

Das Kalendarium der Veranstaltungen reicht über das ganze Jahr. Es beginnt mit stillen Lichterfesten am 6. Januar, an Fasching gibt es viele Umzüge, zu Ostern werden die Brunnen geschmückt, danach lommen die Maibäume, Johannisfeuer und Kirchweihfeste. Im Herbst laden Weinfeste zu Unterhaltung und Verkostung ein. Für romantische Wintertage schließlich sorgen die Christkindl- und Weihnachtsmärkte. **Musikalische Höhepunkte** im Jahresverlauf sind zahlreiche Musikfestivals oder wiederkehrende Konzertfeste im Bereich der U- und E-Musik, die in verschiedenen Orten in Franken veranstaltet werden. Dazu zählen das Mozartfest, die Bachtage und das Barockfest in Würzburg, das Bardentreffen und die Internationale Orgelwoche in Nürnberg, das Collegium Musicum in Pommersfelden, der Kissinger Sommer, die Rokokospiele und alle zwei Jahre die Bachwoche in Ansbach, sowie in Bayreuth neben den Richard-Wagner-Festspielen die Fränkische Festwoche und die Musica Bayreuth. Einen Namen gemacht haben sich auch zwei Internationale **Filmfestivals** – die Internationalen Filmtage Hof und die Internationalen Grenzland-Filmtage in Selb.

FESTKALENDER

JANUAR

▶ **Pottenstein**
Lichterfest am 6. Januar

▶ **Würzburg**
Internationales Filmwochenende

FEBRUAR

▶ **Nürnberg**
Internationale Spielwarenmesse

OSTERN

▶ **Lohr**
Karfreitagsprozession: ▶Baedeker-Tipp, S. 266

▶ **Fränkische Schweiz**
Geschmückte Osterbrunnen in vielen Orten

APRIL

▶ **Selb**
Internationale Grenzland-Filmtage

MAI

▶ **Bayreuth**
Musica Bayreuth; Fränkische Festwoche

▶ **Neustadt bei Coburg**
Internationales Puppen-Festival

▶ **Nürnberg**
Trempelmarkt, großer Flohmarkt in der Altstadt; Kaiserburgkonzerte (Mai-August); Festival Jazz Ost-West (jedes zweite Jahr – gerade Jahreszahl)

▶ **Würzburg**
Würzburger Barockfest mit Barockmusik und fränkischen Weinen; Würzburger Weindorf

PFINGSTEN

▶ **Erlangen**
Bergkirchweih; Comic-Salon

Aufmarsch zu Ehren des Stadtheiligen: Kiliansfest in Würzburg

▶ **Königsberg**
Königsberger Pfingstfest im malerischen Städtchen

▶ **Rothenburg ob der Tauber**
Rothenburger Meistertrunk in Erinnerung an den legendären Trunk zur Errettung der Stadt vor den Schweden

JUNI

▶ **Coburg**
Eckardtsturmfest zum Sommeranfang; Johann-Strauß-Musiktage

▶ **Feuchtwangen**
Kreuzgangspiele, Freilichttheater im romanischen Kreuzgang (Juni – August)

▶ **Fürth**
Grafflmarkt

▶ **Giebelstadt**
Bauernfreiheitsspiel – Laientheater unter freiem Himmel vor der Ruine des Geyerschen Stammschlosses

▶ **Klingenberg am Main**
Theater in der Clingenburg-Ruine über der Stadt

▶ **Nürnberg**
Internationale Orgelwoche, eine der bedeutendsten Kirchenmusik-Veranstaltungen in Europa; Musica Franconia – Tage der alten Musik; Norisring-Rennen

Ein Höhepunkt der Bamberger »Sandkärwa« ist das Fischerstechen.

▶ **Wunsiedel**
Luisenburg-Festspiele auf der alten Natur-Freilichtbühne

▶ **Würzburg**
Mozartfest, internationales Musikfestival in der Residenz und im Hofgarten

JULI

▶ **Ansbach**
Rokoko-Festspiele (Hofgarten vor der Orangerie)

▶ **Bamberg**
Calderón-Festspiele

▶ **Bayreuth**
Richard-Wagner-Festspiele (bis August)

▶ **Coburg**
Samba-Festival

▶ **Dinkelsbühl**
Kinderzeche, historisches Spektakel ▶ Baedeker-Tipp, S. 190

▶ **Kulmbach**
Kulmbacher Bierwoche, in der Altstadt wird 9 Tage lang gefeiert.

▶ **Nürnberg**
Bardentreffen, großes Liedermachertreffen in der Nürnberger Altstadt; Rock im Burggraben

▶ **Pommersfelden**
Collegium Musicum im Schloss, internationales Nachwuchsfestival

► **Roth**
Freilichttheater der Bürgermeister und Stadträte vor Schloss Ratibor

► **Selb**
Wochen des Weißen Goldes – alles rund ums Porzellan

► **Weißenburg**
Bergwaldtheater im Staatsforst von Weißenburg unter freiem Himmel (fünf Wochen ab Ende Juni)

► **Bad Windsheim**
Brauchtumsfeiern im Freilandmuseum

► **Würzburg**
Kilian-Volksfest, 16-Tage-Fest zur Erinnerung an den Würzburger Märtyrer und Schutzpatron

AUGUST

► **Altdorf**
Wallenstein-Festspiele (alle drei Jahre: 2009, 2012 etc.)

► **Ansbach**
Ansbacher Bachwoche (alle zwei Jahre – ungerade Jahreszahl)

► **Aschaffenburg**
Schlossweinfest

► **Bamberg**
Sandkerwa, großes Volksfest mit »Fischerstechen« auf der Regnitz (Ende August)

► **Coburg**
Schlossplatzfest

► **Nürnberg**
Hans-Sachs-Spiele

► **Volkach**
Fränkisches Weinfest

SEPTEMBER

► **Fürth**
Grafflmarkt (Trödelmarkt)

► **Lichtenfels**
Korbmarkt, großer Korbwarenmarkt und Altstadtfest

► **Nürnberg**
Trempelmarkt; zum zweiten Mal im Jahr verwandelt sich die Nürnberger Altstadt in einen großen Flohmarkt.

► **Rothenburg**
Reichsstadt-Festtage

► **Schwabach**
Schwabacher Jazzfest

OKTOBER

► **Fürth**
Kärwa (Kirchweih)

► **Hof**
Internationale Hofer Filmtage

NOVEMBER

► **Ansbach**
Kaspar-Hauser-Woche (alle zwei Jahre – gerade Jahreszahl)

► **Würzburg**
Bachtage

DEZEMBER

► **Bamberg**
Krippenrundweg in der Innenstadt mit 29 Krippen

► **Nürnberg**
Christkindlesmarkt, der berühmte Weihnachtsmarkt mit Lebkuchen, Glühwein u.a.

► **Rothenburg**
Weihnachtsmarkt vor romantischer Kulisse

Höhlen

Höhlenparadies Fränkische Schweiz

Höhlen sind vor allem in der karstigen Fränkischen Schweiz zu finden. Die bekanntesten allgemein zugänglichen Höhlen sind die **Binghöhle**, die **Sophienhöhle** und die **Teufelshöhle**. Generell sollte man Höhlentouren nicht alleine unternehmen; wer sich nicht richtig aus-

SEHENSWERTE HÖHLEN

BETZENSTEIN

► **Klauskirche**
Westlich von Betzenstein, 30 m lange Felshöhle

MUGGENDORF

► **Oswaldhöhle**
Südöstlich von Muggendorf (Richtung Engelhardsberg), 60 m Länge ohne Tropfsteine.

► **Quakenschloss**
Südöstlich von Muggendorf, eindrucksvolle 17 m lange Galeriehöhle.

NEUHAUS / PEGNITZ

► **Maximiliansgrotte**
Bei Krottensee, Nähe Neuhaus / Pegnitz, 120 m Länge, Tropfsteinbildungen, unterirdischer See (Führungen).

POTTENSTEIN

► **Teufelshöhle**
Zweckverband Teufelshöhle
Forchheimer Str. 1
91278 Pottenstein
Tel. 0 92 43 / 2 08
www.teufelshoehle.de
► Reiseziele von A bis Z: Gößweinstein, Umgebung, Pottenstein

STREITBERG

► **Brunnsteinhöhle**
Nordöstlich von Streitberg, Gänge von insgesamt 100 m Länge, Tropfsteinbildungen, Sinterbecken

► **Schönsteinhöhle**
Bei Streitberg (Richtung Neudorf), Gänge von über 700 m Länge, Tropfsteinbildungen.

WAISCHENFELD

► **Sophienhöhle**
Burg Rabenstein 34
95491 Ahorntal
www.sophienhöhle.de
► Reiseziele von A bis Z: Gößweinstein, Umgebung, Waischenfeld

► **Ludwigshöhle**
Bei der Neumühle im Ailsbachtal gegenüber der Sophienhöhle, bis 11 m hoher und 28 m langer, allerdings tropfsteinloser Raum

WIESENTTAL-STREITBERG

► **Binghöhle**
Die Höhle erstreckt sich auf einer Länge von 300 m: Sie kann gefahrlos und ohne Spezialkleidung begangen werden. Besonders eindrucksvoll sind zahlreiche Topfsteingebilde, die mitunter eine Höhe von mehreren Metern erreichen.
Öffnungszeiten: Ende März bis 2. Nov. tgl. 9.00 – 17.00 Uhr
Tel. 0 91 96 / 1 94 33
www.binghoehle.de

kennt, läuft Gefahr, sich in den unbekannten unterirdischen Räumen zu verletzen, zu verirren oder in engen Durchgängen stecken zu bleiben. Auskünfte über die Begehbarkeit der Höhlen, Öffnungszeiten und Führungen erteilen die Tourismuszentrale Fränkische Schweiz (►Auskunft) bzw. die jeweiligen Touristeninformationen vor Ort.

Mit Kindern unterwegs

Kinderfreundliche Region

Für Kinder wird in Franken viel geboten. Action und Spannung versprechen die Sommerrodelbahnen und die Freizeitparks mit ihren Achterbahnen und Fahrgeschäften; mutige Kinder üben sich an steilen Kletterwänden und im Hochseilgarten, Entdecker und Forscher zieht es unter Tage – in die Höhlenwelten (►Höhlen). Es gibt gemütliche Ballonfahrten sowie Bootstouren auf Flüssen und Seen, mit viel Dampf bahnen sich Museumseisenbahnen ihren Weg durch Franken. Im Winter geht es auf Skiern oder mit dem Schlitten talwärts, im Sommer hingegen laden Seen und Flüsse zum Baden ein. Das ganze Jahr über darf sich der Nachwuchs auf Wasserrutschen und in Wildwasserkanälen der Erlebnisbäder austoben, in Wildgehegen, Tier-

Erste Paddelversuche auf dem Main

parks und Falknereien entdeckt man heimische und exotische Tierarten, die Burgen setzen jede Menge Phantasie frei, auch die Spielzeugmuseen sind zu jeder Jahreszeit einen Besuch wert. In vielen Orten nehmen Kinder(stadt)führer ihre kleinen Gäste an die Hand und reisen mit ihnen in die spannende Geschichte der fränkischen Städte und Ferienlandschaften. Bei historischen Stadtfesten, bei Festspielen und Ritterturnieren, bei Nachtwächtertouren, in Freilandmuseen und rund um Burgen und Ruinen erlebt man die Zeit der Kelten und Römer, der mächtigen Frankenkönige des Mittelalters und des Barock und Rokoko. Und als Urlaubsform eignen sich die **Ferien auf dem Bauernhof**, die man in allen ländlichen Gegenden findet. Reichhaltige Informationen zum Urlaub mit Kindern bietet Frankentourismus (►Auskunft).

i Die schönsten Freizeitparks

- Fränkisches Wunderland Plech, ca. 40 km nordöstlich von Nürnberg www.wunderland.de
- Erlebnispark Schloss Thurn bei Forchheim www.schloss-thurn.de
- Freizeitland Geiselwind bei Ebrach www.freizeit-land.de
- Freizeitpark Märchenwald Sambachshof südlich von Bad Königshofen www.maerchenwald-sambachshof.de
- Freizeitpark Schönwald nordwestlich von Selb www.hotel-und-freizeitpark.de

In der Frankentherme von Bad Königshofen fühlen sich Kinder wohl.

Knigge

Zwar gehört Franken seit nunmehr 200 Jahren zu Bayern, doch schätzen es viele Franken überhaupt nicht, als Bayern bezeichnet zu werden. Schließlich herrschten die Franken selbst einmal über ganz Bayern (unter Karl dem Großen) und bei der Eingliederung in den südlichen Nachbarstaat zu Beginn des 19. Jh.s hatte die fränkische Bevölkerung eh kein Wörtchen mitzureden.

Kuren und Gesundheit

Auskunft

Auskünfte erteilen der Deutsche Bäderverband (Schumannstr. 111, D-53113 Bonn; Tel. 02 28 / 20 12 00, Fax 2 01 20 41; www.deutscher-heilbaederverband.de) und die einzelnen Kurverwaltungen in Franken. Beim Tourismusverband Franken (► Auskunft) erhält man eine Broschüre, in der alle Kurorte beschrieben werden.

KURORTE IN FRANKEN

► **Bad Alexandersbad**
Mineral- und Moorheilbad (590 m ü.d.M.; Herz- und Kreislauf- und Stoffwechselstörungen, Rheuma, Gelenkerkrankungen)

► **Bad Berneck**
Kneippheilbad (400 m ü.d.M.; Herz-Kreislauf-, Atemwegserkrankungen, Rheuma, Gelenkerkrankungen, Stoffwechselstörungen, Magen-Darm-Leiden, Nervensystem und Frauenkrankheiten)

► **Bad Bocklet**
Mineral- und Moorheilbad (230 m ü.d.M.; Herz- und Kreislauferkrankungen, Rheuma, Nervensystem und Frauenkrankheiten

► **Bad Brückenau**
Mineral- und Moorheilbad (300 m ü.d.M.; Herz-Kreislauf-, Stoffwechselerkrankungen, Nierenleiden, Frauenkrankheiten, Rheuma, Magen-Darm)

► **Bad Kissingen**
Mineral- und Moorheilbad (201 m ü.d.M.; Herz- und Kreislauf, Frauenkrankheiten, Nervensystem, Rheuma- und Gelenkerkrankungen, Stoffwechsel- und Magen-Darm-Störungen)

► **Bad Königshofen**
Mineral- und Moorheilbad (277 m ü.d.M.; Herz- und Kreislauferkrankungen, Rheuma- und Gelenkerkrankungen, Magen-Darm- und Stoffwechselstörungen

► **Bad Mergentheim**
Mineralheilbad und Heilquellenkurbetrieb (210 m ü.d.M.; Rheuma, Magen-Darm- und Stoffwechselerkrankungen)

- **Bad Neustadt an der Saale**
Mineral- und Moorheilbad (240 m ü.d.M.; Herz-Kreislauf, Rheuma, Frauenkrankheiten, Nervensystem, Magen-Darm-Erkrankungen, Stoffwechselstörungen)

- **Bad Rodach**
Mineralheilbad (300 m ü.d.M.; rheumatische Beschwerden, Gelenkerkrankungen)

- **Bad Staffelstein**
Mineralheilbad (265 m ü.d.M.; Atemwegserkrankungen, Frauenkrankheiten, Nervensystem, Rheuma, Gelenkerkrankungen)

- **Bad Steben**
Mineral- und Moorheilbad, Heilquellenkurbetrieb (600 m ü.d.M.; Herz-Kreislauf-, Rheuma- und Gelenkerkrankungen, Frauenkrankheiten)

- **Bad Windsheim**
Mineralheilbad, Heilquellenkurbetrieb (314 m ü.d.M.; Atemwegserkrankungen, Nervensystem, Frauenkrankheiten, Magen-Darm- und Stoffwechselstörungen, Rheuma- und Gelenkerkrankungen)

- **Bischofsgrün**
Heilklimatischer Kurort (650 m ü.d.M.; Herz-Kreislauf- und Atemwegserkrankungen, Stoffwechselstörungen)

- **Treuchtlingen**
Heilquellenkurbetrieb (406 bis 623 m ü.d.M.; Herz und Kreislaufstörungen, Rheuma- und Gelenkerkrankungen)

Literaturempfehlungen

Bildband

Toma Babovic, Hermann Glaser: Ins Land der Franken fahren. Ellert & Richter 2004
Opulenter Text-Bild-Band, der mit literarischen Dokumenten, historischen Illustrationen und farbigen Fotografien die Geschichte und Gegenwart Frankens präsentiert.

Sachbücher

Gisela Lipsky, Gaby Ullmann: Fundort Sagen und Legenden in Franken. ars vivendi Verlag, Cadolzburg 2004.
30 Sagen und Legenden aus Ober-, Unter- und Mittelfranken mit Wegbeschreibungen zu den entsprechenden Schauplätzen, Gastro- und Kulturtipps.

Horst M. Auer: Fundort Geschichte Franken. ars vivendi Verlag, Cadolzburg 2003.
58 Geschichten aus der fränkischen Geschichte mit Freizeittipps für Ausflüge in die Vergangenheit Frankens.

Michael Harles, Conny Teufl, Werner Teufl: Schlemmerreise Franken. TR-Verlagsunion, München 2005.
Entdeckungsreise durch Frankens Küchen und Backstuben, Weinkel-

ler und Backstuben sowie Rezepte, kulinarische Tipps und Empfehlungen für Kulturfreunde.

Ernst W. Heine: Toppler. Ein Mordfall im Mittelalter. btb Verlag 2002. Eine Rekonstruktion des ungeklärten Falles Heinrich Toppler. Diese historische Figur war Bürgermeister von Rothenburg ob der Tauber und fand im Jahre 1408 unter höchst mysteriösen Umständen im Kerker seiner eigenen Stadt den Tod. Mit kriminalistischem Spürsinn wird der authentische Fall aufgerollt und zugleich das vielschichtige Bild einer ereignisreichen Epoche gezeichnet.

! *Baedeker* TIPP

Fränkische Lebensläufe

Spannend beschreibt Josef-Thomas Göller in seinem Werk »Wer die vergäße, tät mir leide« (Echter Verlag, Würzburg 2000) 30 Persönlichkeiten, die eng mit Franken verbunden sind: von Gailana, die im 7. Jh. den irischen Missionar Kilian und seine Gefährten umbringen ließ, über Julius Echter von Mespelbrunn und Levi Strauss, den Erfinder der Jeans, bis zu Henry Kissinger.

Romane

Gunter Haug: Die Rose von Franken. Bastei Lübbe 2009. In diesem historischen Tatsachenroman beschäftigt sich der Autor mit einem Frauenschicksal in den Wirren des Dreißigjährigen Krieges.

Diverse Autoren: Tatort Franken. ars vivendi Verlag, Cadolzburg 2009. Für diese Anthologie haben 13 Autoren ihre Kommissare überall in Fanken ermitteln lassen.

Friederike Schmöe: Fratzenmond. Katinka Palfys dritter Fall. Gmeiner 2006. Die junge, engagierte und witzige Privatdetektivin Katinka Palfy jagt in den mittelalterlichen Gassen Bambergs einen Mörder.

Tessa Korber: Toter Winkel. Aufbau TB 2000. Kommissarin Jeanette Dürer ermittelt in Nürnberg in einem Mordfall. Im Roman »Tiefe Schatten« (Aufbau TB 2001) lässt die Autorin ihre Heldin den Mord an einem Professor in Erlangen aufklären.

Notdienste

WICHTIGE NOTRUFNUMMERN

- **Polizei**
  Tel. 110
- **Feuerwehr, Rettungsdienst**
  Tel. 112
- **ADAC-Pannenhilfe**
  Tel. 0 18 02 / 22 22 22
- **ACE-Notruf**
  Tel. 0 18 02 / 34 35 36

Preise · Vergünstigungen

Relativ preiswert

Franken ist im Vergleich zu anderen deutschen Ferienregionen wie Bayerische Alpen, Bodensee oder Ostsee **relativ preiswert**. Vor allem in ländlichen Gebieten findet man noch billige Gastronomiebetriebe und Unterkünfte. Mit dem **Bayern-Ticket** fährt man in Nahverkehrszügen der Deutschen Bahn preisgünstig durch Bayern (▶ Baedeker Tipp, S. 68). Im Verkehrsverbund Großraum Nürnberg (VGN) bieten sich für Bahn- und Busausflüge zu günstigen Preisen die familienfreundlichen **VGN-Tickets MobiCard** und **TagesTicket Plus** an. So fahren mit dem TagesTicket Plus für 14,70 € Gruppen und Familien bis zu sechs Personen (davon maximal zwei Personen ab 18 Jahren) einen ganzen Tag oder ein ganzes Wochenende im VGN-Verbundgebiet. Kauft man das Ticket am Samstag, gilt es für das ganze Wochenende. Wer von Montag bis Freitag erst ab 9.00 Uhr fährt, ist mit der MobiCard für 77 € 31 Tage lang im gesamten Verbundgebiet mobil; und am Wochenende gilt das Ticket rund um die Uhr. Für den Kurzurlaub gibt es die MobiCard übrigens auch für sieben Tage ohne Einschränkung. Erhältlich sind die Tickets bei den VGN-Verkaufsstellen und am Fahrkarten-Automaten (www.vgn.de). Bamberg bietet seinen Gästen die **BambergCard** an, mit der man die Bamberger Verkehrsbetriebe billig nutzen und die wichtigsten Museen kostenlos besuchen kann (▶ Baedeker Tipp, S. 163), Bayreuth hält hierfür die **BayreuthCard** bereit (▶ Baedeker Tipp, S. 173).

WAS KOSTET WIE VIEL?

Doppelzimmer
ab 30 €

Einfache Mahlzeit
ab 6 €

3-Gang-Menü
ab 15 €

Glas 0,25 l Wein
ab 3,00 €

Glas 0,5 l Bier
ab 2,40 €

Tasse Kaffee
ab 1,80 €

Reisezeit

Ein Reiseland zu jeder Jahreszeit

Nach Franken kann man beinahe zu jeder Zeit reisen. Zum Sonnenbaden und Baden bzw. für verschiedene Wassersportarten bieten sich natürlich die Hochsommermonate an. Wanderungen im Mittelgebir-

Im Sommer werden zahlreiche Weinfeste, wie hier in Zeil am Main, veranstaltet.

ge kann man ebenfalls im Sommer gut machen, selbst an heißen und schwülen Tagen ist es hier meist sehr angenehm. Für Wanderurlaube sind aber Frühjahr und Herbst noch geeigneter. Zur Zeit der Obstblüte sollte man unbedingt die Obstplantagen aufsuchen, wie die Kirschbaumkulturen in der Fränkischen Schweiz, die sich ab Ende April in ein Blütenmeer verwandeln. Im Herbst wiederum ändern die fränkischen Laubwälder ihr Aussehen und bezaubern für kurze Zeit mit einem gelb-orange-roten Farbenspiel. Zur Weinlese wird es natürlich viele Weinliebhaber nach Franken ziehen. In den Herbstmonaten und in der Vorweihnachtszeit kann man sehr gut Städte- und Kulturreisen machen. In den Wochen vor Weihnachten verwandeln sich die Innenstädte in Weihnachtsmärkte, die in den altehrwürdigen Städtchen vor passender Kulisse aufgebaut werden und allerlei kulinarische Genüsse, die zur kalten Witterung passen, bereit halten. Schließlich gibt es die fränkischen Wintersportgebiete, die in der kältesten Zeit des Jahres ihre Gäste empfangen.

Klima

Ausgeglichenes Klima

Frankens Klima ist recht ausgeglichen. Allerdings herrscht eine große Spannbreite hinsichtlich Temperaturen und Niederschlägen zwischen milden Gestaden Mainfrankens und den rauen Höhen des Fichtelgebirges und des Frankenwaldes. Als **Klimascheide** wirkt die Fränkische Alb. Östlich dieses Gebirgszuges überwiegt der kontinentale Klimacharakter mit warmen Sommern und kalten Wintern.

Temperaturen Die mittleren Jahrestemperaturen liegen im Fichtelgebirge bei ca. 6 °C, auf den Höhen der Rhön bei 5 °C, an geschützten Stellen in Unterfranken dagegen bei rund 8 °C. In Nürnberg ist es in den Monaten Mai bis September über 18 °C warm. Im Juli und August steigt das Thermometer bis auf durchschnittlich 23 °C, im Dezember und Januar liegen die Temperaturen bei 2 °C.

Niederschläge Besonders niederschlagsreich sind der Frankenwald und das Fichtelgebirge, hier werden über das gesamte Jahr zwischen 1000 mm und 1400 mm gemessen, wohingegen es im Maintal nur 500 mm bis 640 mm sind. In Nürnberg sind die Sommermonate besonders niederschlagsreich, im Juli und im August fallen hier mehr als 90 mm. Der Monat September ist normalerweise der trockenste Monat, es gibt durchschnittlich nur 12 Tage mit Regenfällen, an denen insgesamt knapp 50 mm zusammenkommen.

Jahreszeiten In Franken kann man an unterschiedlichen Orten zur gleichen Zeit recht extreme jahreszeitliche Unterschiede erleben. Bekannt ist vor allem das Fränkische Weinland für seinen relativ früh einsetzenden Frühling; hier stehen schon die Obstbäume in Blüte, während es zeitgleich in den oberen Gebirgsregionen – im Fichtelgebirge, im Frankenwald, in der Rhön und auf der Frankenalb – noch schneit.

Schiffsverkehr

Tagesausflüge Es gibt zahlreiche Möglichkeiten, Franken von Ausflugsschiffen aus kennen zu lernen. Reger Tagesausflugsverkehr herrscht auf dem **Main** im Spessart-Main-Odenwald, im Fränkischen Weinland und in den

Gehört auch zum Schiffsverkehr: Mainfähre nach Obereisenheim.

SCHIFFSAUSFLÜGE

MAIN

► **Aschaffenburger Personenschifffahrt**
Ruhlandstr. 5
63741 Aschaffenburg am Main
Tel. 0 60 21 / 8 72 88, Fax 8 90 99
www.aschaffenburger-personenschiffahrt.de

► **Veitshöchheimer Personenschifffahrt GmbH**
Obere Maingasse 8
97209 Veitshöchheim
Tel. 09 31 / 5 56 33, Fax 6 32 99
www.mainschifffahrt.de

► **Main-Spessart-Schifffahrt**
Schiffstouristik Faßnacht
Ostlandstr. 34
97816 Lohr am Main
Tel. 0 93 52 / 80 72 12
www.maintal-bummler.de

► **Schiffstouristik Würzburg Kurth & Schiebe**
St. Norbert Str. 1
97299 Zell
Tel. 09 31 / 5 85 73
Fax 5 13 13
www.schiffstouristik.de

► **Fränkische Personenschifffahrt (FPS)**
Reederei Kontor Volkach
Hauptstr. 42
97332 Volkach am Main
Tel. 0 93 81 / 7 10 88-0
Fax 7 10 88-88
www.mainschifffahrt.info

REGNITZ

► **Personenschifffahrt Kropf GmbH & Co KG**
Kapuzinerstr. 5
96047 Bamberg
Tel. 09 51 / 2 66 79, Fax 20 12 59
www.personenschiffahrt-bamberg.de

MAIN-DONAU-KANAL

► **Altmühltal Personenschifffahrt**
Postfach 1111
93301 Kelheim
Tel. 0 94 41 / 24 87, 2 16 99
www.altmuehltal.de

► **Neptun Personenschifffahrt**
Aischweg
90449 Nürnberg
Tel. 09 11 / 6 00 20 55
www.neptun-personenschifffahrt.de

FRÄNKISCHES SEENLAND

► **Zweckverband Altmühlsee**
Marktplatz 25
91710 Gunzenhausen
Tel. 0 98 31 / 508-191, Fax 508-179
www.altmuehlsee.de

► **Erlebnisschiffahrt Brombachsee, Lux-Werft u. Schifffahrt GmbH**
Am Anger 10
91785 Pleinfeld–Ramsberg
Tel. 0 91 44 / 9 27 05-0
Fax 9 27 05-19
www.erlebnisschiffahrt-brombachsee.de

Haßbergen. Ausflüge werden auch auf dem **Main-Donau-Kanal** zwischen Bamberg und Kelheim angeboten. Und im **Fränkischen Seenland** durchkreuz man den Altmühlsee und den Brombachsee, letzteren mit dem größten Fahrgast-Trimaran Europas.

Übernachten

In Franken stehen überall ausreichend Unterkünfte zur Verfügung. Auf dem Land sind reine Beherbergungsbetriebe selten, zumeist wird auch ein Gasthof betrieben. Neben **Hotels** und **Pensionen** gibt es genügend **Ferienwohnungen** und **Apartments**, die in den aktuellen Verzeichnissen der örtlichen Touristinformationen aufgeführt sind. Für Familien mit Kindern bieten sich **Ferien auf dem Bauernhof** an. Wer am liebsten mit dem Wohnwagen oder Zelt auf Reisen geht, findet zahllose **Campingplätze**.

Jugendherbergen gibt es in Aschaffenburg, Bamberg, Bad Kissingen, Bayreuth, Coburg, Dinkelsbühl, Eichstätt, Erlangen, Feuchtwangen, Forchheim, Gunzenhausen, Hartenstein, Hof, Kelheim, Königsberg, Kronach, Lohr, Marktredwitz, Nürnberg, Ochsenfurt, Pottenstein, Rothenburg ob der Tauber, Schweinfurt, Spalt, Wiesenttal-Streitberg, Wunsiedel und Würzburg. In den bayerischen Jugendherbergen werden Einzelgäste bis zum Alter von 26 Jahren aufgenommen, sofern sie Mitglieder im Deutschen Jugendherbergswerk (DJH) sind.

Der Ausweis kann beim DJH-Hauptverband in Detmold, in allen Jugendherbergen und bei allen DJH-Ausweisausgabestellen erworben werden (DJH Service GmbH, Bismarckstraße 8, D-32756 Detmold, Tel. 0 52 31 / 7 40 10, Fax 74 01 49, www.djh.de).

! *Baedeker* TIPP

Schnelle Info

Über die Unterkunftsmöglichkeiten in Franken (Hotel, Ferienwohnung, Privatpension, Urlaub auf dem Bauernhof, Gasthof, Campingplatz, Urlaub beim Winzer, Jugendherberge) informiert der Tourismusverband Franken e.V. (s. Auskunft S. 69 bzw. www.frankentourismus.de

Urlaub aktiv

Sportlerparadies

Ob auf dem Boden, auf dem Wasser oder in der Luft – Radeln, Reiten und Wandern, Badesport und Wintersport, Gleitschirmfliegen und Klettern, in Franken kommen Sportler auf ihre Kosten.

Angeln

Angeln ist generell nur mit einem **Erlaubnisschein** möglich, den man bei den jeweiligen Tourismusämtern erhält. Hier sind auch Informationen zu den verschiedenen Flüssen und Seen zu beziehen. Als ergiebiges Karpfengebiet gelten die Gewässer bei Ansbach im Rangau.

Golf

Derzeit gibt es in Franken gut drei Dutzend **Golfplätze**. Über Golfplätze – mit detaillierter Beschreibung der Plätze und Pauschalangebote rund ums Thema Golf – informiert der Tourismusverband Franken (►Auskunft).

Klettern

Klettermöglichkeiten bestehen in der **Fränkischen Schweiz** mit ihren typischen steilen Dolomitfelsen, im **Fichtelgebirge** und in der **Frankenalb**. Es gibt viele unterschiedlich schwierige Kletterrouten.

Luftsportarten

Drachenfliegen kann man u. a. in der Ferienregion Romantisches Franken, in der Fränkischen Schweiz und in der Fränkischen Alb, **Gleitschirmfliegen** im Raum Nürnberg und in der Rhön. **Ballonfahrten** werden im Raum Nürnberg und im Romantischen Franken angeboten, mit dem **Segelflugzeug** lässt sich die Bayerische Rhön bei Bad Brückenau oder die Gegend rund um Nürnberg erkunden. Informationen halten die jeweiligen Verkehrsämter bereit.

Radfahren

Franken lässt sich hervorragend per **Fahrrad** auf diversen Radwegen erkunden. Einige der klassischen großen Radwanderrouten verlaufen auf einem Teilabschnitt durch fränkisches Gebiet, wie die »Burgenstraße«, die von Mannheim nach Prag führt und Ansbach, Nürnberg, Bamberg, Coburg, Kulmbach und Bayreuth passiert. Außerdem wurden von den Tourismusverbänden der einzelnen Ferienlandschaften Wegnetze mit kleineren Radtouren zusammengestellt und größtenteils ausgeschildert. Informationen erhält man bei den jeweiligen Touristen-Informationen. Beim Tourismusverband Franken ist eine Liste der über 140 fahrradfreundlichen Hotels in Franken erhältlich. In allen Feriengebieten gibt es eine große Anzahl von Fahrradverleihstationen.

i SCHÖNE FAHRRADROUTEN

- Main-Radweg
  Ca. 500 km Länge. Von den Quellen des Roten bzw. Weißen Mains flussabwärts via Bamberg und Würzburg bis Aschaffenburg
- Main-Tauber-Fränkischer Radachter
  Rund 400 km Länge; von Wertheim über Würzburg, Königshofen und Miltenberg zurück nach Wertheim.
- Regnitz-Radweg
  Rund 70 km; an der Regnitz entlang von Nürnberg über Fürth, Erlangen und Forchheim nach Bamberg
- Touren im Fränkischen Seenland
  Altmühlsee (12 km), Kl. Brombachsee (9 km), Gr. Brombachsee (16 km), Rothsee (11 km)

Reiten

Franken mit seinen weiten Naturparks bietet sich für **Reitferien** geradezu an. Wanderreiten von Quartier zu Quartier ist eine beliebte Urlaubsform. Reitferien für Kinder auf einem Ponyhof oder Reitunterricht für Anfänger und Fortgeschrittene sind möglich, und für diejenigen, die ihr eigenes Pferd mitbringen möchten, werden viele geeignete Gastquartiere angeboten. Wer Reitunterricht nehmen möchte, findet meist in unmittelbarer Nähe eines Reitstalls ein Quartier, da viele Ställe mit Pensionen und Ferienhöfen zusammenarbeiten. Informationen zum Reiturlaub erteilen die einzelnen Fremdenverkehrsämter und der Tourismusverband Franken (►Auskunft).

Tennis

Tennis kann man auf den Plätzen einiger größerer Hotels spielen, außerdem findet man überall Tennisplätze oder -hallen. Auskünfte erteilen die jeweiligen Touristeninformationen vor Ort.

Wandern Die Wandermöglichkeiten in Franken sind geradezu unerschöpflich. Die Gesamtlänge der markierten Wanderwege in Franken beträgt 40 000 km. In den letzten Jahren sind nicht nur Qualitäts-bzw. Premiumwanderwege, sondern auch einige **Themenwanderwege** markiert worden, so beispielsweise der »Burgen- und Schlösser-Wanderweg« im Naturpark Haßberge, der »Fränkische Rotwein-Wanderweg« im Landkreis Miltenberg und der »Schneewittchenwanderweg« im Spessart. Der »Friedrich-Rückert-Wanderweg« folgt über 145 km den Spuren des berühmten Dichters zwischen Schweinfurt und Neuses bei Coburg.

Spezielle **Weinwanderwege** gibt es im Fränkischen Weinland, im Steigerwald und auch im Lieblichen Taubertal. In vielen Gebieten werden »Wanderungen ohne Gepäck« angeboten, bei denen Planung der Tour, Unterbringung und Gepäckbeförderung organisiert werden. Informationen erteilen die jeweiligen Fremdenverkehrsämter und Frankentourismus (►Auskunft).

i QUALITÄTSWANDERWEGE

- Frankenweg
  520 km. Fernwanderweg vom Thüringer Wald über den Frankenwald und die Fränkische Alb bis ins nordschwäbische Harburg.
- Fränkischer Gebirgsweg
  425 km vom Frankenwald über das Fichtelgebirge in die Fränkische Schweiz
- Altmühl-Panoramaweg
  200 km durch den Naturpark Altmühltal mit seiner faszinierenden Juralandschaft
- Spessartweg I + II
  120 km. Von Aschaffenburg über Heigenbrücken nach Stadtprozelten
- Hochrhöner Premiumweg
  180 km. Dieser Pfad führt an einige der schönsten Punkte des Gebirges, inklusive Wasserkuppe.

Badestrand beim Seezentrum Wald am Westufer des Altmühlsees. Im Hintergrund ist Gunzenhausen zu sehen.

Besonders das **Fränkische Seenland** bietet sich für Wassersport an. Auf den neu entstandenen Seen gibt es Surf-, Segel- und Paddelmöglichkeiten. Beliebt sind auch der Fichtelsee bei Fichtelberg und der Untreu-See bei Hof. Für Bootswanderungen sind einige Flüsse sehr gut geeignet, so die Fränkische Saale mit ihren zahlreichen Windungen, der Obermain, die Altmühl, die Wiesenflüsse Regnitz, Pegnitz und Itz, die Wiesent für anspruchsvolle Touren und der leicht zu befahrene Fluss Regen. An allen Flüssen gibt es diverse Bootsverleihstationen. Informationen erteilen die jeweiligen Tourismusbüros. **Wassersport**

Wintersportgebiete sind in erster Linie das Fichtelgebirge, die Rhön und der Frankenwald. Es gibt über 1000 km gespurte Loipen und ca. 70 Lifte. Die örtlichen Tourismus-ämter erteilen Auskunft über Skipisten, Lifte, Sprungschanzen, Rodelbahnen und Skischulen, außerdem über Eislaufmöglichkeiten und Eisstockschießen. In etlichen Orten werden Pferdekutsch- und -schlittenfahrten angeboten. **Wintersport**

Touren

AM MAIN ENTLANG ODER IN DEN STEIGERWALD? INS FRÄNKISCHE SEENLAND, IN DIE RHÖN, IN DIE FRÄNKISCHE SCHWEIZ, IN DEN FRANKENWALD ODER INS FICHTELGEBIRGE? LERNEN SIE DAS VIELSEITIGE FRANKEN KENNEN!

TOUREN DURCH FRANKEN

Franken lockt mit reizvollen Landschaften und idyllischen Orten, mit prachtvollen Schlössern und romantischen Burgen, und es bietet genügend Ziele für Outdoor-Enthusiasten, Naturliebhaber und Kulturinteressierte. Im Folgenden finden Sie Vorschläge für erlebnisreiche Ausflüge.

TOUR 1 **Spessart und unteres Maintal**
Die nordwestliche Route führt ans Mainviereck zwischen Aschaffenburg, Wertheim und Miltenberg. ▸ **Seite 108**

TOUR 2 **Rhön**
Auf der nördlichen Route lernt man idyllische Main- und Winzerorte, berühmte Kurorte in der Rhön und Schweinfurt, die »Stadt der Museen«, kennen. ▸ **Seite 110**

TOUR 3 **Oberes Maintal und Steigerwald**
Die mittlere Route beginnt in Würzburg und endet in Bamberg. Sie passiert bedeutende Weinorte im Maindreieck und die barocken Highlights im Steigerwald. ▸ **Seite 112**

TOUR 4 **Frankenwald und Fränkische Schweiz**
Die Nordostroute streift die Festungsstädte Coburg, Kronach und Kulmbach sowie die Festspielstadt Bayreuth, aber auch Höhepunkte kirchlicher Baukunst wie die imposanten Wallfahrtskirchen von Vierzehnheiligen und Gößweinstein sowie die berühmtesten Höhlen in der Fränkischen Schweiz. ▸ **Seite 114**

TOUR 5 **Fränkisches Seenland und Altmühltal**
Die Südroute nimmt ihren Ausgang in Nürnberg, führt durch die romantischen Städte Ansbach und Wolframs-Eschenbach, durchquert das Fränkische Seenland und passiert den Naturpark Altmühltal mit der Domstadt Eichstätt, die das südlichste Highlight im vorliegenden Reiseband darstellt. ▸ **Seite 116**

Mainfähren
Die meisten Mainfähren – wie die von Obereisenheim – befördern auch Kraftfahrzeuge ans andere Ufer.

Romantik
In vielen Orten Frankens, u. a. in Miltenberg, trifft man auf Fachwerkarchitektur pur.

Geschichte
Zahlreiche Monarchen Europas entstammen dem Coburger Herzoghaus.

Kultur
Zu den bemerkenswerten Museen Frankens zählt das Literaturmuseum in Wolframs-Eschenbach.

Erholung
Franken lädt zum Wandern und Radfahren ein, man kann auch Wintersport treiben und, z. B. am Altmühlsee, Badefreuden frönen.

Unterwegs in Franken

Vielseitige Region

Franken ist eine vielseitige Region. Im Norden und Osten stößt man auf eine faszinierende Mittelgebirgslandschaft, den Westen durchquert das von Weinbergen gesäumte liebliche Maintal, im Süden breitet sich eine wunderschöne Seenlandschaft aus. Man kann wandern, Rad fahren und baden. Es gibt märchenhafte Burgen und Schlösser, geschichtsträchtige Städte und Dörfer sowie reichhaltige Museen. Und das ganze Jahr über wird ein buntes Veranstaltungsprogramm geboten.

> **! *Baedeker* TIPP**
>
> **Zielsicher**
>
> Eine hausnummergenaue Straßensuche ermöglicht das Navigationssystem des Falk-Verlags unter: www.falk.de.

Durch Franken verlaufen zahlreiche unter einem speziellen Motto zusammengestellte **Ferienstraßen** (Auswahl ► Praktische Informationen, Ferienstraßen); die meisten von ihnen führen nicht nur durch fränkisches Gebiet, passieren Franken aber auf großen Strecken. Das Thema einer solchen Tour stellt meist nur eine grobe Orientierungshilfe dar; so sieht man bei der Deutschen Limesstraße nicht nur römische Zeugnisse, sondern auch andere Baudenkmäler, reizvolle Landschaften und bedeutende Städte.

Unterwegs mit öffentlichen Verkehrsmitteln

Franken lässt sich gut mit öffentlichen Verkehrsmitteln erkunden, auch wenn dafür mehr Zeit eingeplant werden muss. Größere Städte sind im Stunden- oder 2-Stunden-Takt durch moderne Züge miteinander verbunden. Ein recht engmaschiges Busliniennetz überzieht die gesamte Region, vor allem im Großraum Nürnberg verkehren Busse, S- und Straßenbahnen in geringen Zeitabständen.

> **? WUSSTEN SIE SCHON ...?**
>
> - ... dass das Reisen 1794 noch nicht sicher war?. So schrieb Hölderlin: »Mittwoch abend reist' ich wieder von Erlangen ab, kam spät nach Mitternacht in Bamberg an, auf einem verdammt kalten und unsicheren Weg, wo man uns wegen den Diebesbanden in den Wäldern einen Husaren entgegenschickte.«

Franken besitzt auch ein gut ausgebautes **Straßennetz**. Neben den überregionalen Autobahnen A 7, A 71, A 9 und A 81 (Nord-Süd-Richtung) und der A 3 und A 6 (West-Ost-Richtung) gibt es noch zwei fränkische Autobahnen. Die A 73 verläuft in Nord-Süd-Richtung von Eisfeld in Thüringen nach Coburg und später von Bamberg nach Nürnberg / Fürth (Franken-Schnellweg) und stellt eine Verbindung zwischen den West-Ost-Autobahnen her. Eine Verbindung zwischen den Nord-Süd-Autobahnen

Pottenstein (hier der Gemeindeteil Tüchersfeld) wird wegen seiner Teufelshöhle und wegen der fantastischen Lage gern besucht. →

A 71, A 73 und A 9 bildet die A 70 von Schweinfurt über Bamberg nach Bayreuth. Darüber hinaus wird Franken von zahlreichen Bundesstraßen durchzogen.

Tour 1 Spessart und unteres Maintal

Länge der Tour: ca. 155 km **Dauer:** 1 Tag

Die Strecke erschließt die prächtigen Wälder des Spessarts sowie das Mainviereck, in dem sich zahlreiche reizvolle Städtchen und Burgruinen aneinander reihen.

Von der am Main gelegenen Stadt ① ✶✶ **Aschaffenburg**, dem Bayerischen Nizza, das vom Schloss Johannisburg beherrscht wird, fährt man entweder auf der A 3 oder auf der Würzburger Straße über den

Schlossromantik
Das Wasserschloss von Mespelbrunn ist der Inbegriff fränkischer Schlossromantik.

Gewaltig
Die Burgruine von Wertheim am Main ist eine der größten in Deutschland.

In Marktheidenfeld wurde die erste steinerne Mainbrücke zwischen Würzburg und Aschaffenburg errichtet.

Ort Hessenthal mitten im Spessart zum malerischen Wasserschloss 2 ** **Mespelbrunn**, das geradezu den Inbegriff fränkischer Schlossromantik darstellt. Weiter geht es über Wintersbach nach Rohrbrunn, dann zu dem mitten im Wald gelegenen Weiler Lichtenau und durch den Fürstlich Löwensteinschen Wildpark wieder in das Maintal nach 3 **Marktheidenfeld** mit seiner Mainbrücke aus dem Jahr 1846, der ersten steinerne Brücke über den Main zwischen Würzburg und Aschaffenburg. Von hier gelangt man im reizvollen Maintal am linken Ufer des Flusses abwärts zu dem altertümlichen Städtchen 4 * **Wertheim**, das von einer der größten deutschen Burgruinen überragt wird. Ab Wertheim schlängelt sich die gut ausgebaute Straße nach Miltenberg am Main entlang. In der von einer Stadtmauer umschlossenen Stadt 5 ** **Miltenberg**, einem der meistbesuchten Orte des Maintals zwischen Aschaffenburg und Würzburg, erwarten den Gast wunderschöne Fachwerkhäuser aus dem 15.–17. Jh. und das Hotel zum Riesen, Deutschlands älteste Fürstenherberge. Von Miltenberg lohnt ein Abstecher ins Mudbachtal zu dem Barockstädtchen 6 * **Amorbach** mit seiner prächtigen Abteikirche. Dann fährt man zurück nach Miltenberg und weiter links des Mains bis zu dem Städtchen Kleinheubach; von hier über den Fluss nach Großheubach und weiter am rechten Ufer nach 7 **Klingenberg**, dem berühmten Rotweinort, dessen hoch gelegene Ruine Clingenburg (mit Terrassen-Café) zu einer Pause einlädt. Über Elsenfeld und dem alten Städtchen Obernburg am linken Ufer des Mains gelangt man wieder zurück nach Aschaffenburg.

Tour 2 Rhön

Länge der Tour: ca. 270 km **Dauer:** 3 Tage

Die Fahrt von Würzburg in die Bergwelt der Rhön bietet zugleich die Möglichkeit, das anmutige Tal der Fränkischen Saale sowie die nordbayerischen Badeorte Bad Kissingen, Bad Brückenau, Bad Neustadt und Bad Bocklet kennen zu lernen.

Von ❶ ✶✶ **Würzburg**, dessen ehemalige fürstbischöfliche Residenz zu den bedeutendsten Profanbauten des deutschen Barock gehört, fährt man zunächst im Maintal flussabwärts über Veitshöchheim mit seinem berühmten Schlosspark bis zum ummauerten Städtchen ❷ **Karlstadt**, das sich mit seinen Straßenzügen im Schachbrettmuster deutlich von anderen mittelalterlich verwinkelten fränkischen Städten unterscheidet. Über ❸ **Gemünden am Main**, wo Fränkische Saale und Sinn in den Main fließen, gelangt man durch das reizvolle Tal der Fränkischen Saale nach ❹ ✶ **Hammelburg**, das sich rühmt, die älteste Weinstadt Frankens zu sein. Weiter geht es über die waldigen Ausläufer der Rhön in die Stadt ❺ **Bad Brückenau**, eines der ältesten Heilbäder Deutschlands, von dem aus im 19. Jh. Bayern zeitweise regiert wurde. Von hier folgt man dem Tal der Sinn aufwärts in die Rhön nach Wildflecken und Oberweißenbrunn, dann zum Wintersportzentrum Bischofsheim mit Abstecher auf den Kreuzberg, einem uralten Wallfahrtsziel mit Kloster, und über die Hochrhönstraße ins ummauerte, von schönen Fachwerkhäusern gesäumte Rhönstädtchens ❻ ✶ **Fladungen**, zu dessen Attraktionen das Fränkische Freilandmuseum zählt. Von Fladungen gelangt man aam schnellsten

Hinter dem Barockschloss von Werneck dehnt sich ein herrlicher Park aus.

Geordnet
Karlstadt am Main unterscheidet sich mit seinen Straßenzügen im Schachbrettmuster von anderen mittelalterlich verwinkelten fränkischen Städten.

Weltkulturerbe
Die Residenz von Würzburg steht auf der UNESCO-Liste

über Mellrichstadt nach ❼ **Bad Neustadt an der Saale** mit seiner herzförmig angelegten Altstadt. Dann fährt man entweder direkt über Münnerstadt, in dessen Kirche St. Maria Magdalena ein Tilman-Riemenschneider-Altar zu bewundern ist, oder – etwas weiter – über das kleine beschauliche Biedermeierbad Bad Bocklet nach ❽ ✶✶ **Bad Kissingen**, dem meistbesuchten bayerischen Staatsbad. Von hier aus sind es rund 30 km zur einstigen Reichsstadt ❾ ✶ **Schweinfurt**, die seit dem 19. Jh. ein bedeutender Industriestandort ist und sich seit kurzem gern als Stadt der Museen präsentiert. Über ❿ ✶ **Werneck** mit seinem mächtigen Barockschloss erreicht man wieder Würzburg.

Tour 3 Oberes Maintal und Steigerwald

Länge der Tour: ca.150 km **Dauer:** 3 Tage

Höhepunkte dieser Tour sind die überaus malerischen altfränkischen Landstädtchen im Maintal zwischen Würzburg und Volkach sowie das mitten im Steigerwald gelegene einstige Kloster Ebrach und das Schloss Weißenstein bei Pommersfelden, beide mit großartigen, berühmten Treppenhäusern.

Von der Universitätsstadt ❶ ✶✶ **Würzburg** mit ihrer beeindruckenden Festung Marienberg gelangt man über die berühmten Main- und Winzerorte Randersacker, Eibelstadt und Sommerhausen in die Bilderbuchstadt ❷ ✶ **Ochsenfurt**, an deren Hauptstraße sich ein hübsches Fachwerkhaus an das andere reiht. Ein ebenso reizvolles Stadtbild hat das 6 km westlich entfernte Städtchen ❸ ✶ **Marktbreit** zu bieten, wo der berühmte Arzt Alois Alzheimer das Licht der Welt erblickte. Rund 10 km nördlich liegt das fränkische Weinzentrum

Einzigartig
In Kitzingen am Main ist das Deutsche Fastnachtmuseum zu Hause.

Herausragend
Schloss Weißenstein bei Pommersfelden zählt zu den bedeutendsten Schöpfungen des fränkischen Barock.

Auch eine Möglichkeit der Fortbewegung: mit 2 PS durch den Steigerwald

4 ✶ **Kitzingen**. Im schiefen Falterturm ist das Deutsche Fastnachtmuseum untergebracht, und die Kreuzkapelle im Ortsteil Etwashausen, deren Grundriss einst den 50-DM-Schein schmückte, entstand nach Plänen von Balthasar Neumann. Über Mainstockheim fährt man dann nach 5 ✶ **Dettelbach**, das ein schönes Rathaus und eine seit Jahrhunderten berühmte Wallfahrtskirche besitzt. Nach einem Besuch des malerischen altfränkischen Weinortes 6 ✶✶ **Volkach** an der Mainschleife sollte man einen Abstecher auf die Hallburg (im Süden) oder Vogelsburg (im Westen) machen und bei schönem Wetter eine Pause in den dortigen Biergärten einlegen. Rund 11 km nordöstlich gelangt man ins über 1200 Jahre alte 7 ✶ **Gerolzhofen** mit seiner sehenswerten historischen Altstadt, in der noch 10 Rundtürme der mittelalterlichen Befestigung erhalten sind. Von hier aus erreicht man über die Höhe des Steigerwaldes das barocke Juwel 8 ✶ **Ebrach** mit der ehemaligen Zisterzienserabtei und weiter über das altertümliche Städtchen Schlüsselfeld schließlich 9 ✶✶ **Pommersfelden**, die letzte Zwischenstation dieser Route, mit dem prächtigen barocken Schloss Weißenstein. Von hier sind es noch ca. 25 km zur Universitätsstadt 10 ✶✶ **Bamberg**, deren Dom zu den herrlichsten Bauten des deutschen Mittelalters zählt.

! *Baedeker* TIPP

Abstecher in den Steigerwald

Von Kitzingen aus lohnen Abstecher zum malerischen Winzerort Iphofen mit dem interessanten Knauf-Museum und zu den Fürsten- bzw. Grafenorten Castell, Rüdenhausen und Wiesentheid mit ihren stattlichen Schlössern.

Tour 4 Frankenwald und Fränkische Schweiz

Länge der Tour: ca. 250 km **Dauer:** 4 Tage

Die Route in den noch immer recht stillen Frankenwald mit seinen schönen Waldtälern und Hochflächen schließt auch den Besuch der Barockkirche Vierzehnheiligen, der mächtigen alten Festungsstädte Coburg, Kronach und Kulmbach, deren Burgen zu den größten in Deutschland zählen, sowie der Festspielstadt Bayreuth mit ein. Die anschließende Fahrt durch die Fränkische Schweiz streift u. a. die Orte Pottenstein, Gößweinstein und Forchheim.

Von der alten Bischofs- und Kaiserstadt 1 ✶✶ **Bamberg** gelangt man auf der B 173 im Maintal aufwärts und über den Kurort Bad Staffelstein zur hoch gelegenen, nach Plänen von Balthasar Neumann errichteten Wallfahrtskirche 2 ✶✶ **Vierzehnheiligen**, einem Glanzstück des fränkischen Barock. Von hier aus lohnt ein Abstecher zum einstigen Benediktinerkloster Banz. Über die alte Korbmacherstadt 3 **Lichtenfels** erreicht man dann die ehemalige Herzogsresidenz 4 ✶ **Coburg**, die von der mächtigen gleichnamigen Veste überragt wird. Von Coburg geht es weiter zum unterhalb der mittelalterlichen

Die Plassenburg wacht über Kulmbach.

arock
ie Wallfahrtskirche von ierzehnheiligen ist ein Glanzpunkt es fränkischen Barock.

Tausend Jahre Baukunst
prägen das Stadtbild von Bamberg.

Festung gelegenen 5 ✶✶ **Kronach**, der Geburtsstadt von Lucas Cranach d. Ä. Die gut erhaltene Plassenburg in 6 ✶ **Kulmbach**, der alten markgräflich-brandenburgischen Residenz und heutigen Biermetropole Frankens, beherbergt die größte Zinnfigurensammlung der Welt. Von Kulmbach fährt man streckenweise durch das Tal des Roten Mains zu der zweiten markgräflichen Residenz 7 ✶ **Bayreuth**, die durch Richard Wagner und die Festspiele weltberühmt geworden ist. Von Bayreuth gelangt man auf der A 9 über Pegnitz zum Städtchen 8 ✶✶ **Pottenstein** mit seiner stattlichen Burg und seiner Teufelshöhle, der bekanntesten Tropfsteinhöhle der Fränkischen Schweiz. Gleich nebenan liegt 9 ✶ **Gößweinstein**, das sich dank sei-

? WUSSTEN SIE SCHON ...?

- ... dass auf dem Haidberg bei Zell im Fichtelgebirge kein Kompass funktioniert? Jeder einzelne Stein besitzt durch den hohen Magnetit-Gehalt einen Süd- bzw. Nordpol, so dass die Kompassnadeln permanent tanzen.

ner prächtigen Wallfahrtsbasilika und der malerischen weißen Burg zum Hauptfremdenverkehrsort der Fränkischen Schweiz entwickelt hat. Über das Wiesenttal erreicht man ⑩ **Waischenfeld**, Burg Rabenstein und die Sophienhöhle, die älteste urkundlich erwähnte Höhle der Frankenalb. Weiter geht es über die viel besuchten Urlaubsorte Muggendorf und Streitberg (mit der Binghöhle) und durch das reizvolle Wiesenttal mitten in die felsen- und burgenreiche Fränkische Schweiz in die Stadt ⑪ * **Forchheim**. Im breiten Regnitztal und am Westrand der Fränkischen Schweiz entlang gelangt man nach Bamberg zurück.

Tour 5 Fränkisches Seenland und Altmühltal

Länge der Tour: ca. 240 km **Dauer:** 3 Tage

Die Route führt über eine Reihe sehenswerter Städte und Städtchen in das tief in die Fränkische Alb eingeschnittene Altmühltal, das mit seinen Kalkfelsen, Burgen und malerischen Ortschaften zu den reizvollsten Strecken in Nordbayern gehört. Glanzpunkte sind Ansbach, Wolframs-Eschenbach und Eichstätt.

Von der alten Freien Reichsstadt ❶ ** **Nürnberg**, die mit ihrem mittelalterlichen Stadtbild und zahlreichen Museen Besucher anlockt, folgt man der B 14 in südwestlicher Richtung nach ❷ ** **Ansbach**, der »Stadt des fränkischen Rokoko«, wo das Markgrafenschloss besucht werden sollte. Südlich jenseits der Autobahn hält man sich in Richtung Gunzenhausen; bei Merkendorf ist der kurze Abstecher nach ❸ ** **Wolframs-Eschenbach**, dem Geburtsort des mittelhochdeutschen Dichters Wolfram, zu empfehlen. Dann kehrt man zur Hauptstrecke (B 13) zurück und erreicht bei ❹ **Gunzenhausen** die Ferienregion »Fränkisches Seenland«. Folgt man der Bundesstraße weiter, kommt man über die malerische kleine Barockresidenz Ellingen nach ❺ * **Weißenburg in Bayern**, das in seinem Stadtkern noch immer reichsstädtischen Bürgerstolz ausstrahlt. Hinter dem Thermalbadstädtchen Treuchtlingen fährt man links nach ❻ **Pappenheim**, das malerisch in einer Altmühltalschleife liegt, und weiter nach ❼ **Solnhofen**, in dessen Plattenkalk versteinerte Exemplare des Urvogels Archaeopteryx gefunden wurden. Nächstes Ziel nach einer herrlichen Fahrt durch das Tal der Altmühl ist die barocke Bischofsstadt ❽ ** **Eichstätt**, die von der

? WUSSTEN SIE SCHON ...?

- ... dass die berühmte Nürnberger Rostbratwurst exakt 25 Gramm auf die Waage bringen darf? Es hat sogar ein Gerichtsurteil darüber gegeben.

Schaufenster
zur modernen Kunst und Fotografie ist das Museum für Kunst und Design in Nürnberg.

Fürstlich
Bei den Rokokofestspielen in Ansbach erwachen längst vergessene Zeiten erneut

mächtigen Willibaldsburg überragt wird. Am Südrand der Eichstätter Alb entlang erreicht man das von einer fast lückenlos erhaltenen Stadtmauer umgebene ❾ ✶ **Greding**, und von hier kehrt man schließlich auf der Autobahn nach Nürnberg zurück.

S. KILIANUS

Reiseziele von A bis Z

IDYLLISCHE LANDSCHAFTEN UND ROMANTISCHE STÄDTE, PRÄCHTIGE SCHLÖSSER UND IMPOSANTE BURGEN, GROSSARTIGE KIRCHEN WIE DER DOM IN BAMBERG MIT DEM BAMBERGER REITER UND INTERESSANTE MUSEEN – IN FRANKEN GIBT ES VIEL ZU ENTDECKEN!

✶ Amorbach

C 7

Landkreis: Miltenberg
Einwohnerzahl: 4400
Höhe: 153 m ü. d. M.

Amorbachs Silhouette wird beherrscht von den aus rötlichem Buntsandstein errichteten Türmen der Gangolfskirche und der einstigen Klosterkirche. Zwischen beiden erstreckt sich die romantische Altstadt mit ihren schönen Fachwerkhäusern.

Barockstadt im Odenwald Hauptattraktion des zwischen dicht bewaldeten Talflanken im südwestlichsten Zipfel Frankens gelegenen Städtchens Amorbach ist die Abteikirche aus dem 18. Jh. mit ihrer grandiosen barocken Innenausstattung. Wegen seines Namens, sagt man, soll der Ort gern von **Liebespaaren** besucht werden, von denen sich manche hier auch trauen lassen. Tatsächlich aber leitet sich der Name vom Ammerbach ab, der durch das Städtchen fließt.

Geschichte Keimzelle von Amorbach war die schon im 8. Jh. gegründete Benediktinerabtei. Beim Kloster entwickelte sich alsbald eine ansehnliche Siedlung, die 1253 mit den Stadtrechten ausgestattet und mit einer wehrhaften Mauer geschützt wurde. Nach dem Aussterben der Herren von Dhürn fiel Amorbach 1272 an das Erzstift Mainz, bei dem es bis 1803 verblieb. Nach einer kurzen Zugehörigkeit zum Fürstentum Leiningen wurde die Stadt 1806 dem Großherzogtum Baden einverleibt, 1816 kam sie schließlich zu Bayern.

Sehenswertes in Amorbach

Pfarrkirche St. Gangolf Die zweitürmige kath. Pfarrkirche St. Gangolf wurde ab 1751 an der Stelle eines im Wesentlichen gotischen Vorgängerbaus errichtet. Auf die langjährige Zugehörigkeit Amorbachs zum geistlichen Kurfürstentum Mainz (bis 1803) weist die Tatsache hin, dass der Kirchenneubau – eine dreischiffige Hallenkirche, deren Gewölbefresken aus dem Jahr 1753 u. a. die Legende des Kirchenpatrons veranschaulichen – dem Muster der kurz zuvor entstandenen Peterskirche in Mainz folgt.

Marktplatz Südlich schließt sich der lang gestreckte, **von schönen Fachwerkbauten eingefasste Marktplatz** an, auf dem eine barocke Mariensäule aus rotem Sandstein steht. Im Alten Rathaus, kenntlich an seiner schieferverkleideten Fassade, ist die Tourist-Information zu finden.

Templerhaus Westlich vom Marktplatz und jenseits der Miltenberger Straße steht das Templerhaus, ein ursprünglich spätromanischer Turmbau mit überkragendem Obergeschoss. Es gilt als **ältestes erhaltenes Fachwerkgebäude Bayerns**.

AMORBACH ERLEBEN

AUSKUNFT

Tourist-Information
Altes Rathaus
Kellereigasse 1
63916 Amorbach
Tel. 0 93 73/209-40, Fax 209-41
www.amorbach.de

ESSEN

► Erschwinglich

Amorstüble
Johannisturmstr. 6
Tel. 0 93 73 / 12 92
Gemütliches Lokal mit deftiger fränkischer Küche, darunter köstliche Wildgerichte.

ÜBERNACHTEN

► Komfortabel

Der Schafhof
Schafhof 1
63916 Amorbach
Tel. 0 93 73 / 9 73 30, Fax 41 20
www.schafhof.de
In einem ehemaligen Klostergut von 1720 nächtigt man entweder im alten Klostergebäude oder – luxuriöser – im Kelterhaus, in dem Zimmer mit Terrasse zur Verfügung stehen.
Von hier kommt man direkt zu den hauseigenen Forellenteichen. Die Fische werden im Restaurant »Abtstube« zubereitet.

Sammlung Berger

Vom Templerhaus gelangt man südlich durch die Steinerne Gasse, am Mudbach entlang, zur Wolkmannstraße, wo die Sammlung Berger ihren Sitz hat. Das Museum umfasst eine Puppensammlung, die **größte deutsche Teekannensammlung**, mit über 2500 teils höchst exzentrischen Stücken, sowie die größte Pepsi-Cola-Sammlung Europas, die alles Mögliche und Unmögliche zu diesem Kultgetränk präsentiert. Die Kunstsammlung schließlich zeigt zeitgenössische Malerei und Plastik, u. a. von HA Schult, Niki de Saint Phalle, Paik und Christo (Öffnungszeiten: April – Okt. Di. – So. 11.00 – 18.00 Uhr).

★ Abteikirche

Die Abteigasse führt zurück ins Zentrum und zum Schlossplatz. Dieser wird beherrscht von den Konventsbauten und der daran anstoßenden einstigen Abteikirche (seit 1803 ev. Pfarrkirche) mit ihrer Barockfassade aus Buntsandstein. Vom romanischen Vorgängerbau sind die Schäfte der beiden Fassadentürme erhalten geblieben. Der **prunkvolle Barockbau** entstand 1742 – 1747 nach Plänen des Mainzer Baumeisters Maximilian Welsch; die Dekoration des lichten Inneren schufen Matthäus Günther (Fresken), Johann Michael Feichtmayr und Johann Georg Üblherr (Stuckaturen). Besonders kunstvoll ist das schmiedeeiserne Gitter, das den Chorraum mit dem monumentalen Hochaltar vom Langhaus trennt. Das Prunkstück der Kirche ist die 1776 – 1782 gebaute große **Orgel der Gebrüder Stumm**. Sie besitzt 5116 Pfeifen, 66 Register und vier Manuale. Das grandiose Instrument steht im Mittelpunkt der weit bekannten Amorbacher Orgelkonzerte. Die **Konventsbauten** sind im 17. und 18. Jh. entstanden. Nach der Säkularisierung dienten sie als fürstliche Residenz. Einen

★ ★ ◄ Orgel

Die barock ausgestattete einstige Abteikirche in Amorbach besitzt eine weltberühmte Orgel.

Besuch lohnt die **Bibliothek**, eine bemerkenswerte klassizistische Raumschöpfung mit Empore, die 30 000 Bände – großenteils aus dem Besitz der Fürsten von Leiningen – umfasst. Das Deckenfresko von 1798 zeigt, noch in der Tradition des Rokoko, Allegorien der Geisteswissenschaften. Der etwa gleichzeitig entstandene Grüne Saal dient auch heute noch seiner ursprünglichen Bestimmung als Fest- und Konzertsaal.

Seegarten Gegenüber dem Konventsbau erstreckt sich der Seegarten, ein Park mit Weiher, Kleingolfanlage und vielen alten Bäumen. Er wurde 1806 – 1842 nach Plänen des Gartenkünstlers **Ludwig von Sckell**, der als Begründer des Landschaftsgartens in Deutschland gilt, als fürstlich Leiningen'scher Garten angelegt.

Amorsbrunn Nordwestlich außerhalb des Zentrums, an der nach Michelstadt führenden B 47, steht die kleine gotische **Kapelle** Amorsbrunn, an deren Standort sich zuvor ein römisches oder germanisches Quellheiligtum befand und angeblich eine Benediktinerabtei gegründet wurde. Der legendäre Kirchenpatron und Klostergründer St. Amor ist höchstwahrscheinlich unhistorisch; seine Statue (1446) steht in der Kapelle, desgleichen ein spätgotischer Flügelaltar.

Umgebung von Amorbach

Ruine Wildenberg

Folgt man der vom Seegarten südlich führenden Kirchzeller Straße, so kommt man zur hoch gelegenen Ruine der Burg Wildenberg, die auf die Stauferzeit zurückgeht. Hier soll **Wolfram von Eschenbach** an seinem Parzival-Epos geschrieben haben. Die Burg wurde in den Bauernkriegen zerstört; die umfangreichen Reste lassen aber auch heute noch das wehrtechnische Konzept erkennen.

Gotthards-Ruine

Nördlich außerhalb der Stadt erhebt sich die Kuppe des Gotthard, die früher eine römische Signalstation getragen haben soll. Von der auf Geheiß Barbarossas zerstörten einstigen Burg sind so gut wie keine Reste geblieben, jedoch existiert die Ruine einer spätgotischen Klosterkirche. Es bietet sich ein **wunderschöner Blick** über den Amorbacher Talkessel in den Spessart.

★★ Ansbach

L 9

Kreisfreie Stadt
Einwohnerzahl: 40 000
Höhe: 409 m ü. d. M.

Ansbach, die »Stadt des fränkischen Rokoko«, konnte sich den Charme einer markgräflichen Residenzstadt bis heute erhalten. Die Bauten entstanden vor allem in der Regierungszeit der kunstsinnigen Markgräfin Christiane Charlotte und ihres Sohnes Markgraf Carl Wilhelm Friedrich (1729–1757).

Stadt des fränkischen Rokoko

Das Rokoko-Städtchen mit der **hübschen Altstadt** liegt am Südrand des Naturparks Frankenhöhe in einer großen, von bewaldeten Höhen umgebenen Talweitung der Fränkischen Rezat. Ansbach ist der bedeutendste Ort des Rangaus und Hauptstadt des Regierungsbezirks Mittelfranken.

Geschichte

15.–20. Jh.	Fränkische Linie der Hohenzollern
1791–1806	Ansbach ist preußisch.
1833	Gewaltsamer Tod von Kaspar Hauser

Ansbach entwickelte sich bei einem im 8. Jh. durch den hl. Gumbertus gegründeten Benediktinerkloster und trat unter dem Namen Onoldsbach 1221 erstmals als Stadt in Erscheinung. Gut hundert Jahre später erwarben die hohenzollerischen Burggrafen von Nürnberg die Stadt, die sie als Markgrafen und Kurfürsten von Brandenburg um die Mitte des 15. Jh.s zur Residenz erhoben. Die fränkische Linie der **Hohenzollern** bestimmte für rund fünf Jahrhunderte die

ANSBACH ERLEBEN

AUSKUNFT

Amt für Kultur und Touristik
Johann-Sebastian-Bach-Platz 1
91522 Ansbach
Tel. 09 81 / 5 12 43, Fax 5 13 65
www.ansbach.de

ESSEN

► Erschwinglich

① ***Schwarzer Bock***
Pfarrstr. 31
Tel. 09 81 / 42 12 40
Beliebtes Traditionsrestaurant im gleichnamigen Hotel. Man sitzt recht gemütlich und rustikal. Serviert wird überwiegend fränkische Küche. Die Gerichte sind fein, teilweise aber auch sehr raffiniert zubereitet.

② ***Zum Lamm***
Endresstr. 23
Tel. 09 81 / 96 99 90
Sonntagabends geschl.
Restaurant im gleichnamigen Hotel. Fränkische und internationale Spezialitäten.

► Preiswert

③ ***Café-Restaurant Orangerie***
Promenade 33 / Im Hofgarten
Tel. 09 81 / 21 70, Mo. geschl.
Fränkische Küche in historischem Ambiente; sonnige Terrasse

Ansbach Orientierung

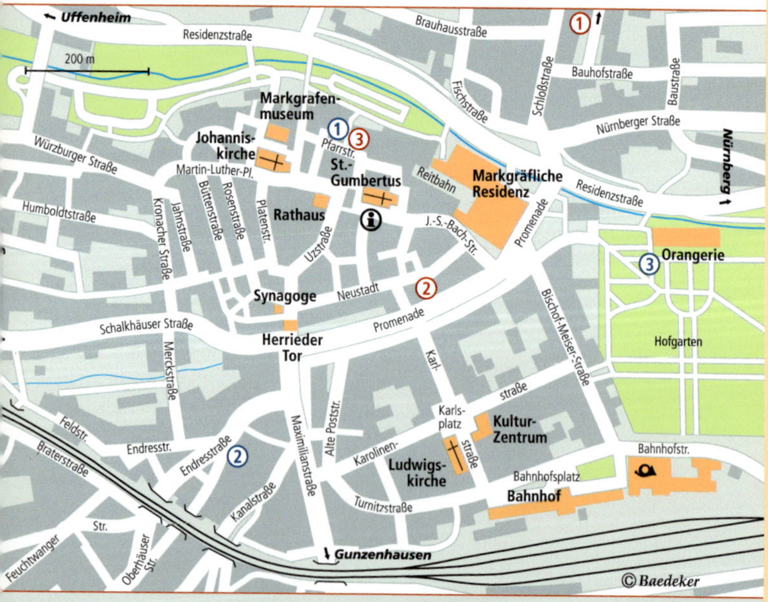

Essen
① Schwarzer Bock
② Zum Lamm
③ Café-Restaurant Orangerie

Übernachten
① Best Western Hotel am Drechselsgarten
② Bürger-Palais
③ Schwarzer Bock

ÜBERNACHTEN

► Komfortabel

① ***Best Western Hotel am Drechselsgarten***
Am Drechselsgarten 1
91522 Ansbach
Tel. 09 81 / 8 90 20, Fax 8 90 26 05
www.drechselsgarten.bestwestern.de
Von dem 50-Zimmer-Hotel in Südhanglage bietet sich ein schöner Blick auf die Stadt. Die Ausstattung ist komfortabel: Terrasse, Sauna, Solarium, Kegelbahn; Restaurant, Terrassencafé und Weinstube.

② ***Bürger-Palais***
Neustadt 48
91522 Ansbach
Tel. 09 81 / 9 51 31, Fax 9 56 00
www.hotel-buerger-palais.com
Die 15 Zimmer und 3 Suiten in diesem schönen Gebäude aus dem 17. Jh. sind in leichtem Rokoko-Stil eingerichtet. Im Sommer sitzt man im kleinen Rosengarten am Haus. Ein Café und das rustikale Bürger-Stüble sind angeschlossen.

③ ***Schwarzer Bock***
Pfarrstr. 31
91522 Ansbach
Tel. 09 81 / 42 12 40, Fax 4 21 24 24
www.schwarzerbock.com
Sympathischer Familienbetrieb in der Fußgängerzone. Die 14 Zimmer sind geschmackvoll gestaltet.

Burg Hotel Colmberg
91598 Colmberg
Tel. 0 98 03 / 9 19 20, Fax 2 62
www.burg-colmberg.de
Die 15 km nordwestlich von Ansbach exponiert gelegene mittelalterliche Burganlage ist zu einem Hotelbetrieb (25 Zi., 2 Suiten) mit Restaurant, Burgstuben und Café umgestaltet worden. Bei der Innenausstattung hat man darauf geachtet, den Burgcharakter zu erhalten. So sind rustikale und teilweise urige Räumlichkeiten entstanden. Ein echtes »Burgerlebnis« eben!

VERANSTALTUNGEN

In weitem Umkreis berühmt sind die ***Rokoko-Festspiele***, die alljährlich im Juli das höfische Leben einer Fürstenresidenz mit all seinen Facetten von Kurzweil und Pläsier wiedererstehen lassen.
Alle zwei Jahre (2011, 2013 usw.) findet Ende Juli/Anfang August eine ***Bach-Woche*** zu Ehren des großen Musikers und Leipziger Thomaskantors statt.
Alle zwei Jahre (2010, 2012 usw.) Ende Juli/Anfang August werden die ***Kaspar-Hauser-Festspiele*** veranstaltet, deren Kern zwei Theaterstücke über den mysteriösen Kriminalfall sind. An historischen Schauplätzen gibt es Theater-, Tanz- und Filmvorführungen sowie Vorträge und Seminare.

Geschicke von Ansbach. Insbesondere war es Albrecht Achilles (Regentschaft 1470–1486), der durch die Verlegung der Hofhaltung und des Landgerichts von Nürnberg hierher einen enormen Aufschwung auslöste. An der Wende vom 17. zum 18. Jh. setzte das ein, was die Stadt besonders nachhaltig geprägt und ihr ihren Beinamen eingetragen hat: die Schaffung der Stadterweiterung »Neue Auslage« südlich der Altstadt und die grundlegende Ausgestaltung zur **barocken Residenz**. Alte Fachwerkbauten wurden im Stil der Zeit modernisiert oder mussten ehrgeizigen Neubauprojekten weichen, und

Bei den Ansbacher Rokokofestspielen im Juli wird im Hofgarten der Orangerie fürstliches Leben nachgestellt.

das Stadtbild änderte sich von Grund auf. Mit der Abdankung von Markgraf Alexander im Jahr 1791 gingen die Fürstentümer Ansbach und Bayreuth in **preußischen Besitz** über, kamen aber auf Veranlassung Napoleons 1806 an das Königreich Bayern.
Noch heute geheimnisumwittert ist die Gestalt des rätselhaften Findelkindes **Kaspar Hauser**, der hier 1833 eines gewaltsamen Todes starb (►Berühmte Persönlichkeiten).

Sehenswertes in Ansbach

★★ **Residenz**

Am nordöstlichen Rand der Altstadt liegt die ehemalige markgräfliche Residenz, eine zwischen 1705 und 1738 erbaute **Vierflügelanlage**, die zu den bedeutendsten Schlössern des 18. Jh.s in Franken zählt. Ursprünglich eine Wasserburg (14. Jh.), wurde sie zunächst zu einem Renaissanceschloss (16. Jh.) umgebaut, bevor man sie im Stil des Barock umgestaltete. Die 27 prunkvollen Rokoko-Staatsräume können besichtigt werden; Höhepunkte sind der Festsaal, das fast ganz in Weiß und Gold prangende und mit Deckengemälden gezierte Spiegelkabinett, der mit einer Unzahl von Fliesen aus der örtlichen

Manufaktur ausgestattete Kachelsaal und das repräsentative Audienzzimmer. Beachtenswert sind auch die Ausstellung **»Ansbacher Fayence und Porzellan«** der Bayerische Staatssammlung und die Staatsgalerie mit bedeutenden Gemälden aus dem 17. und 18. Jahrhundert (Öffnungszeiten: Mai – Sept. tgl. 10.00 – 17.00, Okt. – Apr. Di. – So. 10.00 – 17.00 Uhr).
Vor der Residenz steht das **»Anscavallo«** (1993), eine originelle moderne Pferdeplastik des Bildhauers Jürgen Goertz und ein Wahrzeichen der Stadt.

Hofgarten

Südöstlich vom Schloss erstreckt sich der wunderbare Hofgarten mit der 102 m langen **Orangerie** (1726 – 1734; heute Veranstaltungs- und Kongressräume) und einem Gedenkstein für das 1833 hier erstochene, ebenso berühmte wie rätselhafte Findelkind **Kaspar Hauser** sowie einem Denkmal für den in Ansbach geborenen Lyriker Johann Peter Uz (1720 – 1796).

! *Baedeker* TIPP

Auf den Spuren Kaspar Hausers

Auf einem Stadtrundgang kann nachvollzogen werden, wie Kaspar Hauser seine Jahre in Ansbach verbracht hat. Ein Faltblatt mit zwölf Kaspar-Hauser-Stopps ist im Tourismusamt erhältlich.

In der Altstadt steht westlich der Residenz am Johann-Sebastian-Bach-Platz die **Gumbertuskirche** (11. Jh.) mit ihren »drei Türmen ohne Dach«. Vergrößert und umgebaut wurde die ehemalige Stifts- und Hofkirche im 18. Jahrhundert. Links hinter dem Altar liegt der Eingang zur Schwanenritterkapelle, unter der sich die romanische Krypta und Fürstengruft (25 Sarkophage) verbirgt.

St. Johannis

Am Martin-Luther-Platz, wenige Schritte weiter westlich, ragt die Johanniskirche auf, eine spätgotische **Hallenkirche** aus dem 15. Jahrhundert.

Markgrafenmuseum

An der Schaitbergerstraße, unmittelbar nördlich vom Martin-Luther-Platz und der Johanniskirche, dokumentiert das in einer historischen Gebäudegruppe aus dem 14. – 18. Jh. untergebrachte Markgrafenmuseum die Geschichte der Stadt Ansbach mit einer Keramik-

Highlights Ansbach

Markgräfliche Residenz
Eines der bedeutendsten Schlösser Frankens und wichtiges Zweigmuseum der Bayerischen Staatsgemäldesammlungen.
▸ Seite 126

Markgrafenmuseum
Eine spezielle Sammlung widmet sich dem Findelkind Kaspar Hauser, der in Ansbach ermordet wurde.
▸ Seite 127

sammlung, einem Münzkabinett und Werken der Ansbacher Hofmaler sowie mit einer **Kaspar-Hauser-Sammlung** (Öffnungszeiten: Mai – Sept. tgl. 10.00 – 17.00, Okt. – Apr. Di. – So. 10.00 – 17.00 Uhr).

Synagoge Im südlichen Innenstadtbereich an der Rosenbadstraße erinnert die **barocke Synagoge** (1744 – 1746), eine der wenigen Synagogen in Deutschland, die die Jahre 1933 – 1945 fast unbeschädigt überstanden, an die einst große jüdische Gemeinde der Stadt (Besichtigung nur im Rahmen von Stadtführungen).

Umgebung von Ansbach

Leutershausen Das mauerbewehrte Altmühlstädtchen Leutershausen, 13 km westlich von Ansbach, widmete seinem Sohn, **Gustav Weißkopf** (1874 – 1927), dem 1901 in Connecticut (USA) zwei Jahre vor den Brüdern Wright der erste Motorflug gelang, ein Denkmal und ein Museum (Öffnungszeiten: Di – Fr. 10.00 – 12.00; Mi, So. 14.00 bis 16.00 Uhr).

Heilsbronn Auf der B 14 in Richtung Nürnberg erreicht man nach 17 km das Städtchen Heilsbronn. Von dem 1132 gegründeten und 1578 aufgehobenen Zisterzienserkloster ist noch die romanische Kirche erhalten, die zwischen 1297 und 1625 **Gruftstätte** der fränkischen Linie der Hohenzollern war. Im Katharinenturm befindet sich das kleine Heimatmuseum.

Lichtenau Lichtenau, ca. 10 km östlich von Ansbach, wird von einer **fünfeckigen Festungsanlage** beherrscht. Diese erinnert stark an die Nürnberger Burg, deren Vorposten sie darstellte – Lichtenau war von 1406 bis 1806 im Besitz der Freien Reichsstadt Nürnberg.Sehenswert im Ort sind auch die Dreifaltigkeitskirche, die beiden Toranlagen und die alten Bürgerhäuser rund um den Marktplatz.

Abenberg Abenberg, 32 km östlich von Ansbach, wird von der **Burg** Abenberg überragt, einer imposanten Wehranlage aus dem 11. Jahrhundert. Im Pflegeamtshaus der Burg ist das Haus fränkischer Geschichte untergebracht. Im Jahr 2001 öffnete das **Deutsche Klöppelmuseum** (vorher im Rathaus) seine Pforten auf der Burg mit einer Vielzahl von wertvollen Exponaten – vom Klöppelsack bis zum handgeklöppelten Abendkleid.

★★ Wolframs-Eschenbach Mit den romantischen Gassen und Plätzen, der vollständig erhaltenen Stadtmauer, den imposanten Fachwerkbauten und prächtigen Renaissancehäusern im Schatten des Liebfrauenmünsters hat Wolframs-Eschenbach, ca. 20 km südöstlich von Ansbach, eine **mittelalterlich anmutende Idylle** bewahrt. Geprägt ist die Geschichte der Stadt durch den 1190 in Akkon im Heiligen Land gegründeten Deutschen Orden, der ab dem 13. Jh. fast 600 Jahre die Geschicke des Or-

Im alten Rathaus von Wolframs-Eschenbach bekommt man ein Bild von Leben und Werk des mittelhochdeutschen Dichters vermittelt.

tes lenkte. 1917 wurde das damalige Obereschenbach, der vermutliche Heimatort des Parzival-Dichters **Wolfram von Eschenbach** (um 1170 bis um 1220), durch König Ludwig III. von Bayern in Wolframs-Eschenbach umbenannt.

◄ Stadtkern

Den harmonischen Mittelpunkt des Städtchens bildet der Wolfram-von-Eschenbach Platz mit dem bronzenen Brunnendenkmal von 1861. Die Westseite des Platzes beherrscht das **Hohe Haus** (1440), direkt links vom Durchgang zur Kirche steht das **Deutschordensschloss**, ein schlichter, von zwei Erkern begrenzter Renaissancebau von 1623 aus grauem Naturstein-Mauerwerk, der seine geschweifte Giebelfassade mit dem Deutschordenswappen dem Platz zuwendet. Seit 1859 dient das Schloss als Rathaus und hier ist auch die Tourist-Information zu finden.

★★ ◄ Museum Wolfram von Eschenbach

Auf der anderen Seite des Durchgangs erhebt sich das mächtige, in Rot und Weiß gehaltene **Alte Rathaus**, das 1684 / 1685 als Rat-, Kauf- und Tanzhaus errichtet wurde. Hier ist ein Museum eingerichtet, das in betont moderner Aufmachung – mit Licht- und Klanginszenierungen – ein komplexes Bild des mittelhochdeutschen Dichters und seines Schaffens vermittelt (Öffnungszeiten: Di. – So. 14.00 – 17.00, So. auch 10.30 – 12.00 Uhr).

◄ Liebfrauenmünster

Hinter dem Alten Rathaus steht das Liebfrauenmünster, das ab Mitte des 13. Jh.s erbaut wurde und als **früheste gotische Hallenkirche in Franken** gilt. Die bunte Eindeckung des Turms stammt aus dem Jahr 1956. Wolfram von Eschenbach soll in der Kirche seine letzte Ruhestätte gefunden haben.

Spalt Die teils ummauerte Altstadt von Spalt, 20 km südöstlich von Wolframs-Eschenbach und mitten im Zentrum des fränkischen Hopfenanbaus, wird von hochgiebeligen **»Hopfenspeichern«** geprägt, deren Dachböden dem Trocknen und Lagern des Hopfens dienen.

★★ Aschaffenburg

B 4–5

Kreisfreie Stadt
Einwohnerzahl: 70 000
Höhe: 230 m ü. d. M.

Das Stadtbild der unterfränkischen Stadt Aschaffenburg wird beherrscht vom mächtigen Renaissanceschloss Johannisburg, dessen Staatsgalerie außerhalb der Landeshauptstadt als bedeutendste bayerische Staatsgemäldesammlung gilt. Neben der Altstadt zählen die Grünanlagen zu den Hauptattraktionen der Stadt am Main.

Bayerisches Nizza Die unterfränkische Stadt Aschaffenburg, die schon Bayerns **König Ludwig I.** als »bayerisches Nizza« liebte und lobte, liegt an der Westseite des Spessart. Der Hauptteil des Siedlungsgebiets konzentriert sich auf das sanft ansteigende rechte Flussufer; die Innenstadt wird von einer weit geschwungenen Ringstraße (Hohenzollernring, Wittelsbacher Ring und Kurmainzer Ring) umzogen. Auffallend ist die große Zahl von **»grünen Lungen«** im Innenstadtbereich, so der Schlossgarten, der Park Schöntal, die Großmutterwiese und Park Schönbusch, einer der schönsten englischen Landschaftsgärten auf deutschem Boden. Die nach dem Zweiten Weltkrieg sorgsam wiederhergestellte **Altstadt** mit ihren schmucken Fachwerkhäuschen und typischen Kneipen und Restaurants ist großenteils Fußgängerzone. Der westlich flussabwärts gelegene Staatshafen wurde anlässlich der Main-Kanalisierung 1914 angelegt. Seit der Eröffnung des Main-Donau-Kanals 1992 hat seine wirtschaftliche Bedeutung erheblich zugenommen.
Die Bewohner der westlichsten unterfränkischen Stadt sprechen **hessischen Dialekt** und fühlen sich auch sonst mehr der Rhein-Main-Region um Frankfurt verbunden als dem bayerischen Freistaat. Kein Wunder! Erst 1816 wurde die **»Spessart-Metropole«** bayerisch.

Geschichte

1161	Stadtrechte
1803	Hauptstadt des mainzischen Erzbischofs
2. Weltkrieg	Aschaffenburg erleidet schwere Bombenschäden.

Die Siedlung, die als alemannische Volksburg **»Ascapha«** um 550 von den Franken erobert wurde und die sich später im Schatten des mainzischen Stifts St. Peter entwickeln sollte, wurde im Jahr 974 zum ersten Mal urkundlich genannt. Im 12. Jh. nahm Aschaffenburg einen bemerkenswerten Aufschwung; es entwickelte sich zum Markt (1144) und erhielt 1161 Stadtrecht mitMünzprivileg. Die Errichtung der ersten Mainbrücke beflügelte das Wirtschaftsleben, zudem wurde Aschaffenburg zur zweiten **Residenz der Mainzer Erzbischöfe**. Freilich verlor die Stadt wegen ihrer Teilnahme am Bauernkrieg im 16. Jh. viele Privilegien. Nach der Auflösung des geistlichen Kurfürstentums Mainz (1803) wurde sie zur Hauptstadt des für den ehemaligen mainzischen Erzbischof, Karl Theodor von Dalberg, eigens geschaffenen weltlichen Fürstentums. Nach kurzer Zugehörigkeit zu Österreich (1814 – 1816) kam Aschaffenburg endgültig an Bayern.

Sehenswertes in Aschaffenburg

★ **Schloss Johannisburg**

An der Westseite der Altstadt erhebt sich auf einer hohen Geländeterrasse das weithin sichtbare, aus **rotem Sandstein** errichtete Schloss Johannisburg. Das mächtige, von hohen Ecktürmen auf quadratischem Grundriss eingefasste Gebäudekarree wurde 1605 – 1618 durch den Straßburger Baumeister Georg Ridinger an der Stelle einer 1552 zerstörten Wehrburg errichtet, von der noch der glattflächige, vierkantige Bergfried erhalten ist. Das Schloss gilt als einer der schönsten Profanbauten der deutschen **Spätrenaissance**.

Das Glockenspiel im Ostturm ist dreimal täglich zu hören. Im Torgebäude befinden sich die Schlossweinstuben (Mo. Ruhetag) und der Eingang zu den Museen. Von der Terrasse bietet sich ein schöner Blick auf den Fluss sowie auf den nordwestlich sich ausbreitenden Schlossgarten mit dem Pompejanum (►S. 133).

◄ Museen

Im Schloss sind drei Museen eingerichtet, die auf jeden Fall einen ausführlichen Besuch lohnen. Der Rundgang beginnt im ersten Stock mit der **Staatsgalerie**. Sie zeigt Flamen und Niederländer aus Renaissance und Frühbarock, einen großen Saal mit altdeutschen Meistern (v. a. Lucas Cranach d. Ä. und d. J. sowie ihre Schule). Unter den Gemälden weiterhin bemerkenswert ist das Aschaffenburger Triptychon vom Meister des Wendelin-Altars (tätig um 1500). Von der Paramentenkammer hat man einen hübschen Blick hinunter in die von gotischen Netzrippengewölben überspannte Schlosskirche.

Highlights Aschaffenburg

Schloss Johannisburg
Imposanter Spätrenaissancebau mit drei bedeutenden Museen
► Seite 131

Park Schönbusch
Schönster Landschaftsgarten der Stadt
► Seite 136

Pompejanum
Nachbau einer in Pompeji ausgegrabenen Villa
► Seite 133

Schloss Mespelbrunn
Berühmte Film-Location im Spessart
► Seite 136

ASCHAFFENBURG ERLEBEN

AUSKUNFT

Tourist-Information
Schlossplatz 1
63739 Aschaffenburg
Tel. 0 60 21/39 58 00, Fax 39 58 02
www.info-aschaffenburg.de

ESSEN

► Erschwinglich

① ***Zum Fegerer***
Schlossgasse 14
Tel. 0 60 21 / 1 56 46
Lokal mit fränkischer und saisonaler Küche. Im Sommer kann man im hübschen Innenhof speisen.

► Preiswert

② ***Schlossweinstuben***
Schloss Johannisburg
Tel. 0 60 21 / 1 24 40
Ruhetag: Mo.
Von den Schlossweinstuben im Schloss Johannisburg bietet sich eine herrliche Aussicht, man sitzt entweder drinnen in gemütlicher Einrichtung oder auf der schönen Terrasse. Fränkische Gerichte.

③ ***Omas Kochtopf***
Löherstr. 27
Tel. 0 60 21 / 2 76 25
Auch unter neuer Leitung werden leckere fränkische und bayerische Gerichte geboten.

ÜBERNACHTEN

► Komfortabel

① ***Dalberg***
Pfaffengasse 12–14
63739 Aschaffenburg
Tel. 0 60 21 / 35 60, Fax 21 98 94
www.hotel-dalberg.de
Zentral gelegen in der Nähe des Theaters und des Rathauses. Die 26 Gästezimmer sind behaglich eingerichtet, das Restaurant bietet internationale Küche.

② ***Post***
Goldbacher Str. 19
63739 Aschaffenburg
Tel. 0 60 21 / 334-0, Fax 334-144
www.post-ab.de
Vor kurzem renoviertes Stadthotel mit 61 gut ausgestatteten Zimmern, Hallenbad, Sauna und Solarium, gemütlichem Restaurant »Goldmund« und Bistro »Oscar«.

③ ***Wilder Mann***
Löherstr. 51
63739 Aschaffenburg
Tel. 0 60 21 / 302-0, Fax 302-234
www.hotel-wilder-mann.de
Haus mit über 450-jähriger Tradition und Wohlfühlatmosphäre. 73 gemütliche Zimmer, Wellness-Bereich und Restaurant mit klassischer gehobener Küche.

EINKAUFEN

Die City-Galerie, ein überdachtes Einkaufszentrum mit mehreren Kaufhausfilialen und über 60 Einzelhandelsgeschäften nördlich vom Park Schöntal, lädt zum beschaulichen Einkaufsbummel ein.

Aschaffenburg Orientierung

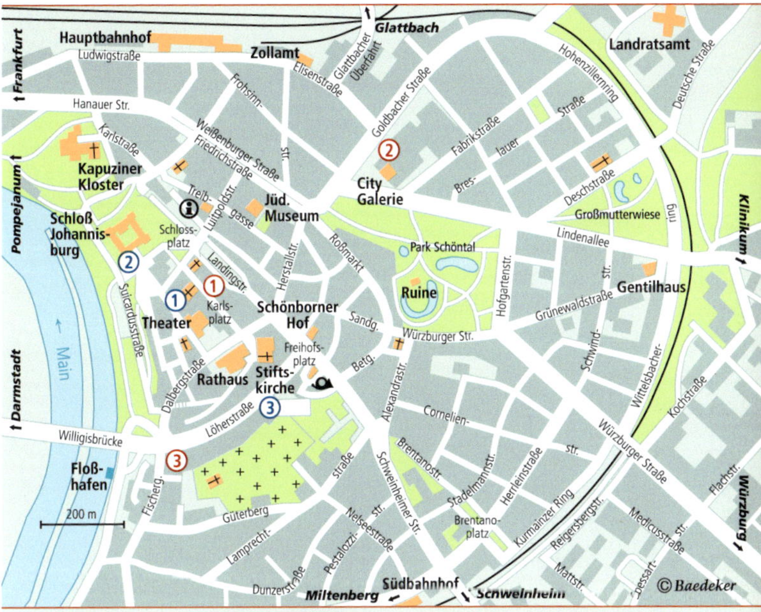

Essen
① Zum Fegerer
② Schlossweinstuben
③ Omas Kochtopf

Übernachten
① Dalberg
② Post
③ Wilder Mann

Eine Treppe höher folgt das **Städtische Schlossmuseum** mit der hochinteressanten Korkmodellsammlung. Diese zeigt kleine, aus Kork gefertigte Modelle antiker römischer Bauwerke, u. a. den Konstantinsbogen, das Pantheon sowie dominierend das Kolosseum. Die lange Zimmerflucht der ehem. fürstlichen Wohnräume ist mit Mobiliar aus Klassizismus und Empire ausgestattet; unvermittelt schließt sich eine Sequenz zeitgenössischer Grafik an. Dann folgen die **Städtischen Sammlungen**, u. a. mit Entwurfszeichnungen zum Pompejanum, einem kleinen Stadtmodell, vielen wuchtigen Renaissanceschränken und einer reichen Zinnsammlung. Auch ein Wahrzeichen der Stadt, der »Maulaff«, dem auf Volksfesten ein Ball ins offene Maul gezielt wurde, ist zu sehen (Öffnungszeiten: April – Sept. Di. bis So. 9.00 – 18.00, Okt. – März 10.00 – 16.00 Uhr).

Stadthalle

Einen starken Kontrast zum Schloss bildet die Stadthalle, ein **hochmoderner Großveranstaltungs-Zweckbau** aus Glas und Leichtmetall.

★ **Pompejanum**

Vom Schloss führt etwas erhöht über dem Mainufer ein meist durch schattige Pergolen ziehender Fußweg zum Pompejanum, dem schön über dem Fluss gelegenen Nachbau der in Pompeji ausgegrabenen

Das Aschaffenburger Schloss Johannisburg ist einer der schönsten Profanbauten der deutschen Spätrenaissance.

Villa des Castor und Pollux. Er wurde 1840–1848 von dem klassizistischen Architekten Friedrich von Gärtner für den bayerischen König Ludwig I. realisiert. Der in Weiß und hellen Ockertönen gehaltene dreistöckige Bau war von Anfang an als idealisierendes Schauobjekt gedacht und gruppiert sich um zwei kleine Innenhöfe. Antiken Vorbildern nachempfunden sind auch die eindrucksvollen Wandgemälde und Mosaiken; der Gesamteindruck wird vervollständigt durch eine Anzahl römischer Originalkunstwerke aus den Beständen der Staatlichen Antikensammlung in München (Öffnungszeiten: Apr.–Mitte Okt. Di.–So. 9.00–18.00 Uhr).

✶ Stiftskirche

Vom Schlossplatz gelangt man durch die Pfaffengasse (Fußgängerzone) zum Stiftsplatz. An seiner Südostseite steht etwas erhöht die einstige Stiftskirche St. Peter und Alexander, heute katholische Stadtpfarrkirche. Eine doppelläufige barocke Freitreppe führt vom Stiftsplatz zur Eingangsebene mit der offenen Vorhalle und der Maria-Schnee-Kapelle von 1516. Das bedeutendste Kunstwerk im Kircheninnern ist die ergreifende **»Beweinung Christi«** von Matthias Grünewald, die Predella eines nicht mehr erhaltenen Altars von 1525.

✶ Stiftsmuseum

Im einstigen Stiftskapitelhaus neben dem Gotteshaus wird der **mittelalterliche Stiftsschatz** gezeigt. Dieser gehört zu den bedeutendsten seiner Art in Deutschland. Ferner sind in dem Museum Relikte aus der Vor- und Frühgeschichte sowie Funde aus den Limeskastellen der Umgebung und aus alemannischen Gräberfeldern zu sehen (Öffnungszeiten: Di.–So. 11.00–17.00 Uhr).

Museum jüdischer Geschichte und Kultur

Östlich vom Schlossplatz beschäftigt sich diese im früheren Rabbinerhaus untergebrachte Ausstellung mit der ehemaligen jüdischen Gemeinde in Aschaffenburg. Bereits im 13. Jh. gab es in der Stadt am Main eine jüdische Schule (Treibgasse 20; Öffnungszeiten: Mi. 10.00 – 12.00, Do. 16.00 – 18.00, 1. So. im Monat 10.00 – 12.00 Uhr).

Löwenapotheke

Gegenüber der Freitreppe steht an der Dalbergstraße der 1995 vollständig restaurierte mittelalterliche **Fachwerkbau** der einstigen Löwenapotheke mit seiner originellen Fassade.

Naturwissenschaftliches Museum

Östlich der Stiftskirche erreicht man den **Schönborner Hof**, der 1673 – 1681 als Stadtresidenz der Reichsfreiherren von Schönborn erbaut wurde und seit 1833 in städtischem Besitz ist. Das hier eingerichtete Naturwissenschaftliche Museum besitzt Sammlungen zur Zoologie (darunter eine besonders reichhaltige Insektensammlung), Botanik und Paläontologie. Der Schwerpunkt der Mineraliensammlung liegt auf der Geologie des Spessart (Öffnungszeiten: Do. – Di. 9.00 – 12.00 und 13.00 – 16.00 Uhr). Außerdem beherbergt das Palais das Stadt- und Stiftsarchiv sowie eine Gedenkstätte für den Erzgebirgsort Graslitz.

Umgebung von Aschaffenburg

Park Schöntal

Der Park Schöntal (nicht zu verwechseln mit dem westlich außerhalb gelegenen Park Schönbusch (► S. 136) begrenzt den historischen Stadtkern im Osten. Es ist ein **Landschaftspark im englischen Stil**, der sich um die von einem Wassergraben umzogene Ruine der Heiliggrabkirche ausbreitet. Im Magnolienhain steht eine Herkulesstatue; es gibt einen Duft- und Tastgarten, und ein schöner Biergarten lädt zum Verweilen ein.

> **! *Baedeker* TIPP**
>
> **Bootsausflüge**
>
> Ausgehend vom rechten Mainufer südlich vom Stadtzentrum werden Hafenrundfahrten, Mainschleifen- und Schleusenfahrten durchgeführt. Weitere Informationen: Aschaffenburger Personenschifffahrt, Tel. 0 60 21/8 72 88, www.aschaffenburger-personenschiffahrt.de.

Eine weitere grüne Lunge der Innenstadt ist die östlich von Park Schöntal gelegene **Großmutterwiese**, die »Spielwiese« der Stadtbevölkerung. Im Sommer finden hier vielerlei Feste und Veranstaltungen unter freiem Himmel statt.

Gentilhaus

Wenige Schritte südlich der Großmutterwiese, neben dem Dalberg-Gymnasium, steht an der Grünewaldstraße das Gentilhaus, ein großes, hochgiebeliges, villenähnliches Gebäude aus den 1920er-Jahren, das der Fabrikant **Anton Gentil** für seine große Sammlung vorwiegend deutscher Kunst vom Mittelalter bis zum frühen 20. Jh. errichten ließ. Die Kunstsammlung kann von Mai bis Oktober nach Voranmeldung (Tel. 0 60 21/3 86 74 14) besichtigt werden.

★ **Park Schönbusch**

Ein besonders schöner Landschaftsgarten ist der 1785 westlich außerhalb der Stadt und jenseits des Mains geschaffene Park Schönbusch. Er ist hervorgegangen aus einem barocken Tiergarten, den die Mainzer Kurfürsten anlegen ließen. Das vielfältige Landschaftsbild wird bestimmt von malerischen Teichen, Wiesen und Gehölzen, zwischen die hübsche Pavillons eingestreut sind. Selbst das größte Gebäude, das einstige **Sommerschloss der Mainzer Kurfürsten**, ist »nur« ein Schlösschen, eine intime Schöpfung des frühen Klassizismus. Von seiner Gartenfront bietet sich ein hübscher Blick auf die Türme des Schlosses Johannisburg.

Mit Irrgarten, Aussichtstürmchen, Ruderbooten, Gastronomie im stattlichen einstigen Wirtschaftsgebäude und herrlichen Spazierwegen ist der Park ein vielbesuchtes Naherholungsziel (Öffnungszeiten: April – Sept. Di. – So. 9.00 – 18.00 Uhr).

Umgebung von Aschaffenburg

Obernburg

Folgt man der linksmainisch nach Süden führenden B 469 oder der parallel verlaufenden Bocksbeutelstraße, so erreicht man das Städtchen Obernburg mit Resten der mittelalterlichen Stadtbefestigung und eines Römerkastells.

★★ **Schloss Mespelbrunn**

Die kleine Spessartgemeinde Mespelbrunn, die 16 km südöstlich von Aschaffenburg im Naturpark Spessart liegt, hat Berühmtheit erlangt durch das gleichnamige Wasserschloss, das geradezu den Inbegriff fränkischer Schlossromantik darstellt. Das von Laubwäldern umgebene Wasserschlösschen, deren Schauseite sich im Wasserbecken spiegelt, liegt sehr malerisch abseits vom Ort am Ende eines kleinen Seitentals.

Das Wasserschloss von Mespelbrunn ist das Stammschloss der Echter, die sich im 15. Jh. im abgelegenen Tal der Elsava niederließen, nachdem sie vom Mainzer Erzbischof »die Wüstung und Hofstätte, genannt der Espelborn« für geleistete Dienste geschenkt bekommen hatten. Bekanntester Abkömmling dieser Familie ist **Julius Echter von Mespelbrunn** (► Berühmte Persönlichkeiten), der, 1545 hier geboren, als Würzburger Bischof den Protestantismus bekämpfte. Sein heutiges Aussehen verdankt das Renaissanceschloss größtenteils Peter Echter von Mespelbrunn und seiner Gemahlin Gertraud von Adelsheim, die den Umbau zwischen 1551 und 1569 durchführten. 1665 gelangte das Anwesen durch Heirat an die Grafen von Ingelheim aus dem Rheingau. Diese Familie, deren Name heute »Grafen von Ingelheim genannt Echter von und zu Mespelbrunn« lautet, ist noch heute im Besitz des Schlosses und bewohnt den Südflügel des Hauses, während der Nordflügel kurz nach Beendigung des Zweiten Weltkriegs teilweise für die Öffentlichkeit zugänglich gemacht wurde. 1957 diente das Schloss als **Drehort für »Das Wirtshaus im Spessart«**, die Verfilmung der gleichnamigen Novelle von Wilhelm Hauff mit Liselotte Pulver in der Hauptrolle.

Schloss Mespelbrunn ist die Heimat der Echter-Dynastie

Im Rittersaal werden Rüstungen und Waffen, zumeist aus dem Dreißigjährigen Krieg, gezeigt. Die kleine gotische Hauskapelle daneben besitzt ein Sterngewölbe und Wandmalereien aus dem 18. Jh. Über das in der Ecke des Innenhofs befindliche kunstvolle Renaissanceportal gelangt man ins Obergeschoss u. a. mit dem Gobelinsaal, wo ein Schwert mit dem Wappen des Fürstbischofs Julius Echter von Mespelbrunn zu bewundern ist, und dem Chinesischen Zimmer mit wunderschönen ostasiatischen Porzellanen (Führungen: Karfreitag bis Allerheiligen tgl. 9.00 – 17.00 Uhr; www.schloss-mespelbrunn.de). ◀ Inneres

Bad Brückenau

F 3

Landkreis: Bad Kissingen
Einwohnerzahl: 7000
Höhe: 360 m ü. d. M.

Bad Brückenau, das sich am Südrand der Hohen Rhön idyllisch zu beiden Seiten des Flüsschens Sinn erstreckt, zeigt eine deutliche Zweiteilung: Das Staatsbad, westlich vom Zentrum gelegen, verrät die planmäßige Anlage nach Prinzipien des Rokoko, des Klassizismus und der Gründerzeit, während die inzwischen 700 Jahre alte Stadt Brückenau etwas provinziell wirkt.

BAD BRÜCKENAU ERLEBEN

AUSKUNFT

Tourist-Information
Alter Rathausplatz 1
97769 Bad Brückenau
Tel. 0 97 41 / 804-11
Fax 69 04
www.bad-brueckenau.info

ESSEN

► **Preiswert**

Gasthaus zum Biber
Hauptstr. 15-19
97786 Speicherz
Tel. 0 97 48 / 91 22-0
5 km nordwestlichich von Bad Brückenau gibt es deftige fränkische Küche, auch gute Wild- und Fischspezialitäten.

ÜBERNACHTEN

► **Komfortabel**

Badhotel Bad Brückenau
Amand-von Buseck-Str. 10
97769 Bad Brückenau
Tel. 0 97 41 / 93 76 00, Fax 93 76 04 44
http://badhotel-badbrueckenau.de
25 Zimmer und 3 Apartments
Mitten im idyllischen Kurpark kann man sich wie zu Zeiten von König Ludwig I. fühlen und sich vom Stress des Alltags erholen und selbstverständlich auch gut speisen.

Lieblingsbad von König Ludwig I.

Heilquellen gibt es in beiden Bezirken der Stadt. Gegründet wurde das Staatsbad 1747 durch den Fuldaer Fürstabt Amand von Buseck als eines der ersten deutschen Heilbäder. Viele Bauten entstanden unter Fürstbischof Heinrich von Bibra. Seine Blüte erlebte der Ort im frühen und mittleren 19. Jh. als Treffpunkt der oberen Gesellschaftsschichten. König Ludwig I. von Bayern weilte zwischen 1818 und 1862 so oft hier – bisweilen in Begleitung seiner Geliebten, der Tänzerin **Lola Montez** –, dass Bayern zeitweise von Bad Brückenau aus regiert wurde. Und gegen Ende des 19. Jh.s war die österreichische Kaiserin Elisabeth (Sisi) zweimal hier zu Gast.

Sehenswertes in Bad Brückenau

Bad Brückenau Staatsbad

Im Bild des Staatsbades dominieren die Kurhäuser und der große, sehr gepflegte **Kurpark** zu beiden Seiten der Sinn mit der Wandelhalle, die den Wasserlauf überbrückt. Die Hauptachse des Kurbezirks bildet ein schnurgerader Promenadenweg, der das traditionsreiche Schlosshotel Fürstenhof (einst Sommerresidenz König Ludwigs I.) mit dem jenseits der Sinn stehenden klassizistischen Bellevue (heute Hotel und Restaurant) verbindet. Im **Kursaal** (1833) beeindrucken die aufwändigen Wand- und Deckenmalereien; davor steht ein großes Denkmal für Ludwig I., dessen insgesamt 26 Aufenthalte für eine rege Bautätigkeit sorgten.
In der **Villa Füglein** (Heinrich-von-Bibra-Str. 24), einem im Jugendstil gebauten ehemaligen Hotel, befindet sich das **Deutsche Fahrradmuseum** mit rund 200 teils recht kuriosen Oldtimern.

Bad Brückenau Stadt

Aus dem Jahr 1294 stammt die erste urkundliche Nennung der Siedlung Brückenau (seit 1310 Stadt), die heute knapp 3 km östlich vom Staatsbad liegt. Die alte Bausubstanz des Ortes wurde bei einem Großbrand 1876 fast ganz vernichtet. Die Stadt stand seit der Gründung des Staatsbades etwas in dessen Schatten, wurde aber 1906 **gleichfalls als Heilbad anerkannt**, nachdem hier zu Beginn des 20. Jh.s zwei Heilquellen entdeckt worden waren.

★★ Bad Kissingen

H 3

Landkreis: Bad Kissingen
Einwohnerzahl: 21 000
Höhe: 201 m ü. d. M.

Die kohlensäurereichen und eisenhaltigen Kochsalzquellen von Bad Kissingen dienten bereits im 9. Jh. der Salzgewinnung. Seit rund 400 Jahren wird das Kurleben gepflegt. Vor allem im 19. Jh. war das mondäne Bad Treffpunkt der Prominenz aus ganz Europa. Im Jahr 1883 wurde mit Erlaubnis des bayerischen Königs Ludwig II. aus Kissingen »Bad Kissingen«.

Kurort von Weltrang

Bad Kissingen, der meistbesuchte Kurort Bayerns, liegt in dem von bewaldeten Höhen umrahmten anmutigen Tal der Fränkischen Saale. Der Kurbezirk, in dem hauptsächlich ältere Jahrgänge das Bild bestimmen, ist eine gelungene Mischung aus edler Nostalgie und moderner Funktionalität. Er konzentriert sich im Wesentlichen auf den weitläufigen, bestens gepflegten **Luitpoldpark**, der sich an beide Ufer der Saaleschleife schmiegt. Von den Kuranlagen des 18. Jh.s, die Balthasar Neumann schuf, ist nichts erhalten. Sein heutiges Aussehen erhielt Bad Kissingen im späten 19. Jahrhundert.

Der berühmteste Sohn von Bad Kissingen, das als »chizzicha« erstmals 801 urkundlich erwähnt wurde, ist der Minnesänger **Otto von Bodenlauben** (1180 – 1244), dessen im Bauernkrieg ruinierte Burg über der Stadt thront.

Im Dreißigjährigen Krieg soll sich die Bevölkerung gegen die Schweden dadurch gewehrt haben, dass sie alle in der Stadt greifbaren Bienenkörbe über die Mauer warf. Diesem massiven »Chemiewaffenangriff« waren die Belagerer nicht gewachsen.

Sehenswertes in Bad Kissingen

★ Kurbezirk östlich der Saale

Den baulichen Hauptakzent des Kurbezirks bildet der großzügige, rundbogige **Regentenbau** (1911 – 1913) mit Festsaal und Gesellschaftsräumen am östlichen Flussufer. Südlich erstrecken sich die große Wandelhalle (1910 – 1911) und das Brunnenhaus; alle drei Gebäude sowie das nordöstlich gelegene Kurhausbad (1927) stammen von Max Littmann. In der **Brunnen- und Wandelhalle** treten die

BAD KISSINGEN ERLEBEN

AUSKUNFT

Bayerisches Staatsbad Bad Kissingen GmbH
Am Kurgarten 1
97688 Bad Kissingen
Tel. 09 71/80 48-211, Fax 80 48-239
www.badkissingen.de

Staatsbad & Touristik GmbH Bad Bocklet
Haus des Gastes
Kurhausstraße 2
97708 Bad Bocklet
Tel. 0 97 08 / 70 70 30, Fax 70 70 39
www.badbocklet.de

ESSEN

► Fein & teuer

① ***Laudensack***
Kurhausstr. 28
Tel. 09 71 / 72 24-0
Ruhetage: Mo., Di.
Das Gourmet-Abendrestaurant in Laudensacks Parkhotel bietet ausgezeichnete mehrgängige Menüs und erlesene Weine.

► Erschwinglich

② ***Hofmann***
Weingasse 4
Tel. 09 71 / 26 19
Ruhetage: Mi., Do.
In dieser beliebten fränkischen Weinstube werden auch leckere Gerichte der Region serviert.

ÜBERNACHTEN

► Luxus

① ***Steigenberger Kurhaushotel***
Am Kurgarten 3
97688 Bad Kissingen
Tel. 09 71 / 80 41-0, Fax 80 41-597
www.steigenberger.com/Bad_Kissingen
102 Zimmer, 6 Suiten
In schönster Lage direkt am Kurpark findet man Bad Kissingens erste Adresse. Die stilvoll eingerichteten geräumigen Zimmer haben teilweise Balkon und Blick in den Kurpark. Entspannung bieten Hallen- und Freibad, außerdem Fitnessraum, Sauna und Solarium. Ausgezeichnet ist das Kurhaus-Restaurant.

► Komfortabel

② ***Laudensacks Parkhotel***
Kurhausstr. 28
97688 Bad Kissingen
Tel. 09 71 / 72 24-0, Fax 72 24 44
www.laudensacks-parkhotel.de
21 Zimmer und Suiten
Frisches, freundlich eingerichtetes Hotel in einem wunderschönen Park mit Wellness-Bereich, Fitnessraum, Sauna, Solarium und speziellen Beauty-Arrangements. Angeschlossen ist ein ausgezeichnetes Abendrestaurant (s. oben).

③ ***Kissinger Hof***
Bismarckstr. 14 – 16
D-97688 Bad Kissingen
Tel. 09 71 / 927-0, Fax 927-555
www.kissingerhof.de
99 Zimmer und Minisuiten
Kürzlich renoviertes Komforthotel mit Health-Center, Sauna, Solarium, Whirlpool und Dachterrasse

TOURISTISCHE VERKEHRSMITTEL

Postkutsche
Von Mai bis Oktober fährt eine von vier Apfelschimmeln gezogene Biedermeier-Postkutsche von Bad Kissingen nach Schloss Aschach und nach Bad Bocklet (s. S. 143). Sie ist die letzte Postkutschenlinie der Deutschen Post und seit dem Jahre 1950 ununterbrochen im Einsatz (Tel. 09 71/71 57-452).

Bad Kissingen Orientierung

Essen
1. Laudensack
2. Hofmann

Übernachten
1. Steigenberger Kurhaushotel
2. Laudensacks Parkhotel
3. Kissinger Hof

Kurbähnle
Das Kurbähnle fährt von April bis Oktober vom Rondell am Maxbrunnen zur KissSalis-Therme und zum Wildpark Klaushof (s. S. 142).

Dampferle
Auf der Saale verkehren die »Dampferle«, kleine Passagierboote (ab Rosengarten bzw. ab Saline; vormittags meist im 40-Min.-Takt, nachmittags im 20-Min.-Takt).

kochsalzhaltigen Zwillingsquellen Rakoczy und Pandur zutage, die zu Trinkkuren bei Verdauungsbeschwerden angewandt werden. Am **Kurgarten** entspringt in einem hübschen klassizistischen Pavillon der Maxbrunnen, die älteste Heilquelle der Stadt.

★ **Luitpoldpark**

Jenseits der Saale dehnt sich der weite Luitpoldpark mit dem gleichnamigen Badehaus aus, der von herrlichen Spazierwegen durchzogen ist. Im Luitpoldbad, vor dem ein Standbild von König Max II. steht, sind ein Mineral-Bewegungsbad und die **Bayerische Spielbank Bad Kissingen** zu finden.

Innenstadt

In der Innenstadt, am Theaterplatz, steht das gleichfalls von Max Littmann errichtete **Kurtheater** mit Jugendstil-Ausstattung. Das **Alte Rathaus** ist 1709 nach den Plänen des Barockbaumeisters Johann

Blütenpracht im Kurpark von Bad Kissingen

Dientzenhofer entstanden; im Innern lohnen die reichen Stuckdecken einen Blick. Daneben steht der Füllbachsche Hof, ein einstiger Adelssitz mit mittelalterlicher Fachwerkfassade.

Bismarck-Museum An der Oberen Saline 20 kann man die in ein Museum umgewandelten Räume besichtigen, die der **Reichskanzler Otto von Bismarck** bei seinen Kuraufenthalten bewohnt hat (Öffungszeiten: Di. – So. 14.00 bis 17.00 Uhr; www.bismarck-museum.de).

★ **KissSalis Therne** Südwestlich vom Luitpoldpark wurde 2004 diese tolle Wellness- und Badelandschaft eröffnet, die mit heilkräftigem Thermalwasser aus der Schönbornquelle gespeist wird (Öffnungszeiten: tgl. 9.00 – 22.00, Fr. bis 24.00 Uhr).

Burgruine Bodenlauben Vom Südende der Prinzregentenstraße führt ein hübscher halbstündiger Spaziergang zu der in 334 m Höhe gelegenen Ruine der Burg Bodenlauben, der Stammburg des Minnesängers **Otto von Bodenlauben**. Vom Nordturm hat man einen schönen Rundblick.

Gradierbau Knapp 3 km nördlich vom Kurbezirk steht der Gradierbau, in dem die Sole des Runden Brunnens über hoch aufgeschichtete Reisigbündel geleitet wird, wodurch die Luft einen Salzgehalt ähnlich dem an der Nordsee erhält. Der **Schönbornsprudel** befindet sich im Stadtteil Hausen, der **Luitpoldsprudel** in Kleinbrach.

Wildpark Klaushof Der 30 ha große Wildpark Klaushof liegt im Stadtwald; er zeigt Wildtierarten, die in Franken heimisch sind oder waren, und besitzt einen Streichelzoo (Öffnungszeiten: tägl. 9.00 – 17.00 Uhr).

Umgebung von Bad Kissingen

✶ **Bad Bocklet**

8 km nördlich von Bad Kissingen liegt das wesentlich kleinere, idyllische und beschauliche **Biedermeierbad** Bocklet im landschaftlich reizvollen im Tal der Fränkischen Saale. Die Bade- und Kuranlagen sind im 18. Jahrhundert nach Plänen von Balthasar Neumann angelegt worden. Südlich von Bad Bocklet ist das **Schloss Aschach** mit seinem romantischen Park ein beliebtes Ausflugsziel. Das **Graf-Luxburg-Museum** im Schloss zeigt den Lebensstil einer Adelsfamilie im 19. Jahrhundert. Angegliedert ist das **Volkskunde- und Schulmuseum**, das sich mit der bürgerlichen Welt und dem Bildungswesen des 19. Jahrhunderts befasst (Öffnungszeiten: Mai – Sept. Di. – So. 14.00 bis 18.00 Uhr).

Von Mai bis Oktober verkehrt eine vierspännige **Biedermeier-Postkutsche** mit Kutscher und Postillon im Saaletal zwischen Bad Kissingen und Bad Bocklet (Mo., Mi., Fr., So.) bzw. Schloss Aschach (Di., Do., Sa.). Die Kutsche fährt an den genannten Tagen um 14.00 Uhr am Bad Kissinger Telekom-Gebäude (Münchner Str. 5) ab. Die Rückfahrt von Bad Bocklet bzw. Schloss Aschach nach Bad Kissingen erfolgt um 16.15 Uhr.

? WUSSTEN SIE SCHON ...?

- ... dass Otto von Bismarck im Sommer 1874 erstmals zu einem Kuraufenthalt nach Bad Kissingen kam? Als er im offenen Wagen durch den Ort fuhr, streifte ihn ein schlecht gezielter Schuss an der Hand, die er gerade zum Grüßen erhoben hatte. Der Attentäter war der junge Eduard Kullmann, Böttchergeselle von Beruf, der einem katholischen Sängerverein angehörte und der Meinung war, die Existenz der Kirche sei unter Bismarck gefährdet. Bismarck nahm das Attentat relativ gelassen und ließ sich auch nicht davon abschrecken, Bad Kissingen wieder aufzusuchen – 14 mal kam er nach dem aufregenden ersten Kuraufenthalt noch hierher.

✶✶ Bad Mergentheim

F 8

Landkreis: Main–Tauber–Kreis
Höhe: 206 – 435 m ü. d. M.
Einwohnerzahl: 22 500

Jahrhundertelang war das tauberfränkische Mergentheim Residenzstadt des Deutschen Ordens, wovon das mächtige Deutschordensschloss zeugt. Ab dem 19. Jh. entwickelte der Ort sich zum bedeutenden Heilbad mit elegantem Kurpark. Da die letzten Kriegszerstörungen im 16. Jh. stattfanden, hat Bad Mergentheim sein mittelalterliches bis barockes Stadtbild bewahrt.

Deutschordensstädtchen und Heilbad

Das an der Romantischen Straße im wald- und rebenreichen Taubertal gelegene Bad Mergentheim ist ein bedeutendes Heilbad, dessen vier Solequellen zu Trinkkuren vor allem bei Stoffwechselstörungen angewandt werden. Schon 1058 urkundlich erwähnt, wurde es 1219

BAD MERGENTHEIM ERLEBEN

AUSKUNFT

Tourist-Information
Marktplatz 1
97980 Bad Mergentheim
Tel. 0 79 31 / 57 48 15, Fax 57 49 01
www.bad-mergentheim.de

ESSEN

► Fein & teuer

Zirbelstube
Poststr. 2 – 4
Tel. 0 79 31 / 59 36 07
Holzvertäfelung, Gemälde und aufwändig gedeckte Tische bieten den Rahmen für die ausgezeichneten Gerichte der regionalen Küche. Hervorragende Weinkarte.

► Erschwinglich

Zur Rose
Grünewaldstr. 8
Tel. 0 79 31 / 33 04
Gemütliches Lokal im Ortsteil Stuppach mit schönem Biergarten. Die gut bürgerliche Küche bietet leckere regionale Gerichte, darunter auch Wildspezialitäten. Gästezimmer werden vermietet.

ÜBERNACHTEN

► Komfortabel

Bundschu
Milchlingstr. 24
97980 Bad Mergentheim
Tel. 0 79 31 / 93 30
Fax 93 36 33
www.hotel-bundschu.de
Familiengeführtes Hotel mit 60 nett eingerichteten Zimmern. Restaurant mit regionalen Gerichten. Gartenterrasse.

► Günstig

Hotel Deutschmeister
Ochsengasse 7
97980 Bad Mergentheim
Tel. 0 79 31 / 96 20, Fax 96 21 51
www.hotel-deutschmeister.de
Hotel im Zentrum der Stadt, aber in einer stillen Seitenstraße. Die 48 Zimmer liegen zum größten Teil um einen schön gestalteten, ruhigen Innenhof. Die Küche des zum Hotel gehörenden Restaurants bietet leckere Wild- und Fischspezialitäten sowie internationale Gerichte.

Niederlassung des Deutschen Ordens – 1190 während der Kreuzzüge als Spitalorden vor Akkon im Heiligen Land gegründet – und war von 1525 bis zur 1809 erfolgten Aufhebung des Ordens in Deutschland durch Napoleon **Residenz des Deutschordens-Hochmeisters**. Im selben Jahr wurde das Ordensgebiet Mergentheim mit der Krone Württembergs vereint. 1826 entdeckte der Schäfer Franz Gehrig die Heilquellen, 1926 erhielt Mergentheim zur Hundertjahrfeier der Quellenentdeckung das amtliche Prädikat »Bad«.

Sehenswertes in Bad Mergentheim

Marktplatz Das markanteste Gebäude an dem von hübschen Fachwerkfassaden umgebenen Marktplatz ist das **Rathaus**, das Wahrzeichen der Stadt, 1564 erbaut und an seinem Staffelgiebel erkennbar.

Hinter den **»Zwillingshäusern«** am Marktplatz erhebt sich das im 13. Jh. erbaute Münster St. Johannes der Täufer mit der angefügten Martinskapelle. Bemerkenswert sind die aus Spätrenaissance und Barock stammenden Grabmäler und die Wandmalereien (um 1500). **St. Johannes**

Das Gotteshaus südlich vom Markt ist im 14. Jh. von Dominikanern errichtet worden. Es birgt Fresken von 1308 sowie das prächtige **Bronzedenkmal** für den Hochmeister Walther von Cronberg (1479 bis 1543), wahrscheinlich von dem Nürnberger Hans Vischer noch zu Lebzeiten des Dargestellten geschaffen. **Marienkirche**

✶ **Deutschordensschloss**

Die Hauptsehenswürdigkeit von Bad Mergentheim ist der am östlichen Stadtrand gelegene weite Komplex des Deutschordensschlosses mit seiner mächtigen barocken Kirche. Im 12. Jh. bauten die Herren von Hohenlohe hier eine Wasserburg, die 1219 als Schenkung an den Deutschen Orden gelangte; große Teile des weißen Hauptschlosses lassen noch die ursprüngliche Konzeption als Wasserburg erkennen. Von der Bürgerstadt ist das Schloss durch einen Graben getrennt.

◄ Deutschordensmuseum

Breiten Raum nimmt die Präsentation der **Geschichte des Deutschen Ordens** von 1190 bis zur Gegenwart ein, wobei dessen Wirken im Heiligen Land und bei der Ostkolonisation ausführlich dargestellt wird. Ferner sind im Schloss **Kunstwerke aus Mittelalter, Renaissance und Barock** ausgestellt, darunter Skulpturen, Tafelmalerei, Fayencen und Marmorreliefs sowie die »Curiosa« des Freiherrn Carl Joseph von Adelsheim. Vielerlei Objekte und Dokumente vermitteln Einblicke in die **Geschichte der Kurstadt** und der Region. Dazu gehören auch ein **Mörike-Kabinett** (der Dichter hat 7 Jahre lang in Bad Mergentheim gelebt) sowie eine Puppenstuben- und Kaufläden-sammlung. (Öffnungszeiten: Apr. – Okt. Di. bis So. 10.30 – 17.00, Nov. – März Di. – Sa. 14.00 – 17.00, So., Fei. 10.30 – 17.00 Uhr

◄ Schlosskirche

Zum Hauptshloss gehört auch die zweitürmige barocke Schlosskirche St. Maria, Georg und Elisabeth, die 1730 – 1735 über früheren Gruftkapellen errichtet wurde. Das Innere wurde 1731 von **Nikolaus Stuber** ausgemalt. In der unter dem Chor gelegenen Gruft befinden sich die Grabdenkmäler mehrerer Ordensritter.

✶ **Schlosspark Kurbezirk**

Durch den im englischen Stil angelegten Schlosspark gelangt man zum Tauberufer und zum jenseits gelegenen Kurbezirk mit Kursaal, Trinkhalle und Kurpark, zu dessen schönsten Teilen der Rosengarten und der japanische Garten zählen.

Östlich des Kurparks liegt der **Erholungs- und Freizeitpark** Solymar; er verfügt u. a. über Wellenbad, Wasserrutsche, Mineralbewegungsbad, einen Kinder-Wasserspielplatz und ein Restaurant. **Solymar**

✶ **Stuppacher Madonna**

In der Kirche des 6 km südlich gelegenen Stadtteils Stuppach befindet sich die »Stuppacher Madonna«, ein hervorragendes **Tafelgemälde** (1517 – 1519) von Matthias Grünewald.

Das Deutschordensschloss in Bad Mergentheim entstammt unterschiedlichen Epochen von der Romanik bis zur Renaissance.

Ottmar-Mergenthaler-Gedenkstätte

Im etwas weiter südöstlich gelegenen Stadtteil Hachtel erinnert ein kleines Museum an **Ottmar Mergenthaler** (1854 – 1899), der die Linotype, die erste brauchbare Zeilenguss-Setzmaschine, erfunden hat.

Wildpark Bad Mergentheim

Südlich vom Stadtzentrum liegt der große Wildpark, in dem Reh-, Rot- und Schwarzwild, allerlei Alpentiere sowie Reiher und Störche sowie ein großes Wolfsrudel gehalten werden (Öffnungszeiten: Sommer tgl. 9.00 – 18.00, Winter 10 30 Uhr bis Eintritt der Dunkelheit).

Umgebung von Bad Mergentheim

Weikersheim

Gut 10 km östlich von Bad Mergentheim liegt das malerische Städtchen Weikersheim, **Paradebeispiel einer kleinfürstlichen Residenz** des 16. bis 18. Jh.s. Am barocken, durch seine Geschlossenheit beeindruckenden **Marktplatz** mit seinen Straßencafés findet man die spätgotische **Stadtkirche** und das **Tauberländer Dorfmuseum**, die größte Sammlung fränkischer Dorfkultur des Tauberlandes.

★ Schloss ▶

Das Renaissanceschloss ist aus einer mittelalterlichen Wasserburg hervorgegangen und vermittelt mit seinem eindrucksvollen Bestand an historischem Mobiliar und Gemälden sowie einer großartigen Porzellansammlung ein umfassendes Bild fürstlichen Lebensstils im 16. bis 18. Jahrhundert. Besonders sehenswert ist der **Rittersaal** mit seiner kunstvollen Kassettendecke (Öffnungszeiten: Apr. – Okt. tgl. 9.00 – 18.00, Nov. – März tgl. 10.00 – 12.00, 13.30 – 16.30 Uhr).
Der barocke **Schlosspark** mit Wasserspielen, Figurenschmuck und Orangerie wurde (1708 – 1710) angelegt.

Seit 1956 ist Schloss Weikersheim Sitz der **Jeunesses Musicales Deutschland** (JMD; Musikalische Bildungsstätte). Regelmäßig finden hier Konzerte, Opernaufführungen, Liederabende etc. statt. 1979 wurde im Schloss Weikersheim die umstrittene christlich-konservative Denkfabrik **Studienzentrum Weikersheim e. V.** ins Leben gerufen.

Tauberbischofsheim

18 km nordwestlich von Bad Mergentheim liegt die 13 000 Einwohner zählende **Hochburg des Fechtsports** im rebenreichen Taubertal. Hübsche Fachwerkbauten aus dem 18. Jh. zieren die Altstadt. Das **Tauberfränkische Landschaftsmuseum** im ehem. kurmainzischen Schloss präsentiert sakrale Kunst, Möbel und eine Pfeifensammlung.

Bad Neustadt an der Saale

J 3

Landkreis: Rhön–Grabfeld
Einwohnerzahl: 16 000
Höhe: 234 m ü. d. M.

Es gibt eine hübsche lokale Anekdote über die Stelle, wo sich heute die Salzburg befindet. Kaiser Karl der Große soll hier zu seiner Gemahlin Fastrada die Worte gesprochen habe: »Als Zeichen unserer Liebe will ich dort drunten eine Stadt in Herzform erbauen«.

Kurort mit »Herz«

Tatsächlich ist die Altstadt am rechten Ufer der Saale von einem im 13. – 16. Jh. angelegten herzförmigen, noch **intakten Mauergürtel** umgeben, dessen Grundriss man zum werbewirksamen Signet der

Im Kurviertel von Bad Neustadt an der Saale

BAD NEUSTADT UND UMGEBUNG ERLEBEN

AUSKUNFT

Tourismus- und Stadtmarketing Bad Neustadt GmbH
Löhriether Straße 2
97616 Bad Neustadt
Tel. 0 97 71 / 13 84, Fax 99 11 58
www.tourismus-nes.de

Kurverwaltung Bad Königshofen
Am Kurzentrum 1
97631 Bad Königshofen
Tel. 0 97 61 / 91 20-0, Fax 91 20-40
www.badkoenigshofen.de

Kultourismus im Schloss Münnerstadt
Deutschherrnstr. 18
97702 Münnerstadt
Tel. 0 97 33 / 78 74 82, Fax 78 74 83
www.muennerstadt.de

ESSEN

► Erschwinglich

Hotel Fränkischer Hof
Spörleinstrasse 3
97616 Bad Neustadt
Tel. 0 97 71 / 6 10 70
www.hotelfraenkischerhof.de
Restaurant in historischem Gasthof mit fränkischer Küche.; Biergarten, Weinkeller, 11 Gästezimmer.

ÜBERNACHTEN

► Komfortabel

Hotel Schwan & Post
Hohnstr. 35
97616 Bad Neustadt an der Saale
Tel. 0 97 71 / 91 07-0, Fax 91 07 67
www.schwan-und-post.de
Schöner Barockbau, 1772 errichtet, gediegenes Ambiente; die Küche des Hauses bietet fränkische Spezialitäten. Beheizte Gartenterrasse.

Bayerischer Hof
Marktplatz 9
97702 Münnerstadt
Tel. 0 97 33 / 78 78-0, Fax 78 78-79
www.bayerischerhof-muennerstadt.de
21 hübsche Gästezimmer und gemütliches Restaurant in einem alten Fachwerkhaus; Sauna, Solarium.

Stadt gemacht hat. Bad Neustadt an der (Fränkischen) Saale liegt an der Grenze zwischen Rhön und **Grabfeld** in einer weiten, offenen Landschaft. Sie ist urkundlich seit 1232 belegt und schon lange wegen ihrer kohlensäurehaltigen Natriumchloridquellen bekannt, die seit 1853 therapeutisch genutzt werden.

Sehenswertes in Bad Neustadt an der Saale

Altstadt Am Nordrand der Altstadt erhebt sich die kath. **Pfarrkirche Mariä Himmelfahrt** (1794 – 1836), ein Bau in reinstem klassizistischem Stil. Östlich vom Marktplatz lohnt die einstige **Karmeliterklosterkirche St. Petrus und Paulus** einen Besuch, besonders wegen der prachtvollen Barock- und Rokokoausstattung. Die »Herzspitze« markiert das Wahrzeichen der Stadt, das 36 m hohe **Hohntor** (um 1578).

Triamare ► Südlich außerhalb der Stadtmauer liegt das in weitem Umkreis sehr beliebte Sport- und Wellness-Bad Triamare.

Kurbezirk

Östlich der Saale erstreckt sich der Kurbezirk mit Kurpark, Wandelhalle und Kliniken. In diesem Bereich liegt auch das **Rokokoschloss Neuhaus**, das der lothringische Adlige Egid Felix Freiherr von Borié, Gesandter am Wiener Kaiserhof, sich 1767 – 1773 erbauen ließ.

Salzburg

Die Salzburg oberhalb des Kurparks, mit 450 m Mauerumlauf **eine der ältesten und größten Burgruinen Deutschlands**, wurde im 12. Jh. an Stelle eines alten Königshofes erbaut. Im Hof der Burg ist das älteste technische Denkmal der Rhön zu sehen: ein breites Rad, das, von vier Männern bewegt, Wasser in die Burg hinaufförderte.

Im Vorort **Brendlorenzen**, 3 km in Richtung Bischofsheim, steht die romanische Pfarrkirche Johannes der Täufer, **eines der ältesten Gotteshäuser Deutschlands**, mit Grundmauern von 741 / 742. Im 18. Jh. wurde das Kircheninnere barockisiert.

! *Baedeker* TIPP

Hoch hinaus

... geht es im Hochseilgarten beim Sportplatz von Leutershausen (nördl. von Bad Neustadt). Doch keine Angst! Ausgebildete Trainer erklären die Sicherheitsregeln, legen Sicherheitsgurte und Helme an und stehen in jeder Situation zur Seite. Weitere Informationen: Point Aktiv GmbH, Tel. 0 800 0 99 64 04; www.point-aktiv.de

Umgebung von Bad Neustadt an der Saale

Bad Königshofen

22 km nordöstlich von Münnerstadt, zwischen den Haßbergen und der Fränkischen Saale im fruchtbaren Grabfeld, liegt der idyllische Kurort Bad Königshofen. Noch heute bildet das **Rathaus** (16. Jh.) auf dem Marktplatz den Mittelpunkt der 741 erstmals urkundlich erwähnten Stadt. 1896 wurde sie Heilbad. Beachtenswert im Rathaus ist die Gemäldegalerie mit den Bildnissen der Fürstbischofe, die der Stadt zu ihrem Ansehen verholfen haben. Eine Perle spätgotischer Architektur ist die **Pfarrkirche** Mariä Himmelfahrt mit einem 62 m hohen Turm, einer bemerkenswerten Empore von 1520 und barocken Deckengemälden. In der noch mittelalterlichen **Schranne** (Martin-Reinhard-Str. 9), einem barocken Giebelbau von 1693, befindet sich eine Zweigstelle der Prähistorischen Staatssammlung München, die Funde aus vorgeschichtlicher Zeit, aus den Tagen der Römer und aus dem Mittelalter präsentiert. Das moderne **Kurzentrum** samt **Franken-Therme** mit Heilwassersee liegt östlich vom Ortskern.

? WUSSTEN SIE SCHON ...?

- ... dass die erste Sauna im süddeutschen Raum in Königshofen gebaut wurde, und zwar von finnischen Soldaten des schwedischen Regiments, das den Ort 1631 – 1634, während des Dreißigjährigen Krieges, besetzt hielt?

★ Münnerstadt

Innerhalb der alten Ummauerung von Münnerstadt, 12 km südlich von Bad Neustadt an der Saale, haben Mittelalter, Renaissance und Barock ihre Zeugnisse hinterlassen. Im östlichen Teil der Altstadt

Deutschordensschloss ► liegt das ehemalige Deutschordensschloss als die mehrflügelige geschlossene Gebäudegruppe (17. Jh.), in dem sich das 2007 neu konzipierte **Henneberg-Museum** befindet. Anhand von Handwerkszeug, Mobiliar, Glasmalerei und vielem mehr veranschaulicht es die Geschichte und Kultur der Stadt sehr lebendig.

St. Maria Magdalena ► Wenige Schritte weiter südlich erhebt sich die katholische Pfarrkirche , mit deren Bau um die Mitte des 13. Jh.s begonnen wurde. Im gotischen Chor (1428 – 1446) befinden sich prächtige farbige Glasfenster aus dem frühen 15. Jh., davor der hervorragende gotische, wieder hergestellte Schnitzaltar (1492) von **Tilman Riemenschneider** und vier Gemälde der Kilianslegende von Veit Stoß auf der Rückseite des Altars. Dass Riemenschneider auf eine farbige Fassung seiner Schnitzwerke verzichtet hatte, missfiel den Bürgern, und sie beauftragten den Nürnberger Veit Stoß mit deren Bemalung (die heute wieder entfernt ist).

Ehem. Augustinerkloster ► Auch die Kirche des 1279 gegründeten Augustinerklosters lohnt einen Abstecher, denn im Innern birgt das äußerlich schlichte Gotteshaus eine reiche Rokokoausstattung von 1752.

Maria Bildhausen Sehenswert ist im 10 km nordöstlich gelegenen Flecken Maria Bildhausen das gleichnamige 1158 gegründete ehemalige **Zisterzienserkloster**, dessen erhaltene Bausubstanz mit schönen Treppengiebeln aus der Zeit um 1615 stammt.

Michelsberg Westlich von Münnerstadt erhebt sich der Michelsberg, der in frühgeschichtlicher Zeit wohl ein Machtzentrum im Grabfeld gewsen ist. Dies lassen jedenfalls Wallanlagen und Ruinen erahnen.

Bad Staffelstein

N-O 4

Landkreis: Lichtenfels
Einwohnerzahl: 11 000
Höhe: 274 m ü. d. M.

1975 wurde in Staffelstein erstmals nach heilbringendem Wasser gebohrt. Kurze Zeit später entdeckte man Bayerns wärmste und stärkste Sole. 1986 entstand im Westen der Stadt die Obermain-Therme, die Staffelstein 2001 die Anerkennung als Bad einbrachte.

Geburtsort von Adam Ries Das im Maintal gelegene alte Städtchen Bad Staffelstein, Geburtsort des »Rechenmeisters« **Adam Ries** (►Berühmte Persönlichkeiten) und bekannt durch das »Wanderlied« Viktor von Scheffels (1826 – 1888), konnte sich dank seiner zahlreichen Fachwerkhäuser ein altfränkisches Flair bewahren.

*** Staffelberg** Südöstlich über dem Ort erhebt sich der 539 m hohe Staffelberg, den man in gut einer Stunde zu Fuß ersteigen kann. Auf der Höhe stehen

eine Kapelle und die einstige Einsiedlerklause, heute eine Ausflugsgaststätte. Die herrliche Aussicht – nach Meinung vieler **der schönste Panoramablick in ganz Franken** – ist berühmt durch das Wanderlied Viktor von Scheffels: »Zum heil'gen Veit von Staffelstein komm ich emporgestiegen«. Von hier oben genießt man insbesondere den berühmten barocken Doppelblick: im Nordwesten auf das Kloster Banz, im Nordosten auf die Wallfahrtskirche Vierzehnheiligen.
Der Staffelberg liegt als **Weißjura-Zeugenberg** vor der Hochfläche der Frankenalb. Wie neuere Funde belegen, wurde sein flächenhaftes und leicht zu verteidigendes Plateau seit der jüngeren Steinzeit immer wieder besiedelt, auch in der frühen Bronzezeit und in der späteren Hallstattzeit (4. bis 1. Jahrtausend v. Chr.). Die Ptolemaeus (85 – 160 n. Chr.) erwähnte **keltische Stadt Menosgada** ist hier oben zu verorten.

Sehenswertes in Staffelstein

Rathaus

Das bemerkenswerteste Gebäude der Stadt ist das historische Rathaus (Ende des 17. Jh.s) – das Wahrzeichen Bad Staffelsteins. Am ersten Obergeschoss sieht man das Stadtwappen: St. Georg über gestaffeltem Stein. Den Marktplatz säumen noch weitere schöne Fachwerkhäuser.

Museum

Im einstigen Schulhaus (Kirchgasse 14) ist das städtische Museum eingerichtet. Ausgestellt sind einige Originalbücher des Rechenmeisters **Adam Ries**, ferner gibt es Sammlungen zur Vor- und Frühgeschichte sowie zur Entstehung des Thermalsolebades, eine interes-

▶ BAD STAFFELSTEIN ERLEBEN

AUSKUNFT

Kurverwaltung Bad Staffelstein
Bahnhofstr. 1
96231 Bad Staffelstein
Tel. 0 95 73 / 33 12-0, Fax 33 12-33
www.bad staffelstein.de

Tourist-Information Lichtenfels
Marktplatz 1
96215 Lichtenfels
Tel. 0 95 71 / 79 51 01, Fax 79 51 94
www.lichtenfels-city.de

ÜBERNACHTEN

▸ Komfortabel

Kurhotel an der Obermaintherme
Am Kurpark 7
96231 Staffelstein
Tel. 0 95 73 / 33 30, Fax 33 32 99
www.kurhotel-bad-staffelstein.de
Funktional eingerichtetes Hotel mit Schwimmbad, Fitnessraum, Sauna, Solarium und Beauty-Farm.

Hotel Krone
Robert-Koch-Str. 11
96215 Lichtenfels
Tel. 0 95 71 / 78 50, Fax 7 00 65
www.krone-lichtenfels.de
Familiengeführtes Haus mit 67 geschmackvoll eingerichteten Gästezimmern, 2 Saunen, Dampfbad und Solarium. Fürs leibliche Wohl sorgen 2 Restaurants.

Wallfahrtskirche Vierzehnheiligen

sante Kollektion von Pfeifenköpfen, ein Stadtmodell sowie eine Mineralien- und Fossilienabteilung (Öffnungszeiten: April – Okt. Di. bis Fr. 10.00 – 12.00 u. 14.00 bis 17.00, Sa., So. 14.00 – 17.00; Nov. bis März 14.00 – 16.00 Uhr).

Bayerns wärmste und stärkste Thermalsole speist die **Obermain-Therme**, eine gern besuchte Wellness-Oase mit Badelandschaft, Saunabereich und diversen Kureinrichtungen.

Zum Entspannen und Spazierengehen lädt der **Kurpark** mit den Gradierwerken, den Wasserspielen und der Seebühne ein.

Umgebung von Bad Staffelstein

In Unnersdorf, nördlich von Bad Staffelstein, beginnt der **Planetenweg**, Deutschlands erster astronomischer Lehrpfad. Auf der 10 km langen Strecke durch den Banzer Wald bis zum nördlich gelegenen Ort Untersiemau geben die Stationen am Wegesrand in Form maßstabsgerechter Darstellungen der Himmelskörper Informationen über die Planeten.

★★ Vierzehnheiligen

Auf landschaftlich schöner Strecke kommt man über Grundfeld zur Wallfahrtskirche Vierzehnheiligen, die auf halber Höhe östlich über dem Maintal steht. Der weithin sichtbare zweitürmige Bau aus goldbraunem Sandstein, ein **Glanzpunkt des fränkischen Barock**, wurde 1743 – 1772 von Balthasar Neumann errichtet und ist der Himmelfahrt Mariä geweiht. Beachtenswert ist der Grundriss mit ineinander greifenden Kreisen und Ovalen; fantasievoll ist auch der von Johann Michael Feichtmayr und Johann Georg Übelherr ausgestattete Innenraum, dessen schöne Deckenfresken Giuseppe Appiani schuf. Dominant erhebt sich im Langhaus der prächtige Gnadenaltar. Er steht an der Stelle, wo im Jahr 1445 die **Vierzehn Nothelfer** dem Schäfer von Kloster Langheim erschienen sein sollen – eine Gruppe von 14 Heiligen hat die christliche Volksfrömmigkeit zu Helfern in allen Fährnissen des Lebens zusammengestellt; der Ursprung dieses Glaubens wird im Deutschland des 14. Jh.s angesiedelt.

Vierzehnheiligen Orientierung

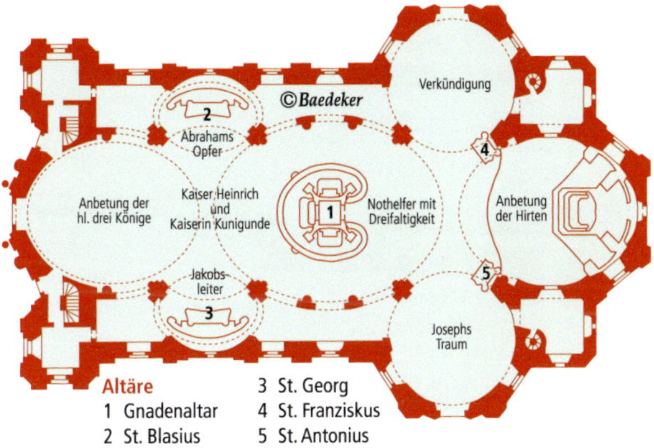

In Sichtweite von Vierzehnheiligen thront hoch über dem rechten Mainufer das ehemalige **Benediktinerkloster Banz**, das schon 1071 gegründet wurde, aber seine heutige Gestalt gleichfalls im Barock erhielt. In jener Zeit war der Konvent wegen seiner gelehrten Mönche als Bildungsstätte berühmt, die Säkularisierung ab 1803 brachte jedoch das klösterliche Leben zum Erliegen. Heute gehört der große, monumentale Bautenkomplex der CSU-nahen Hanns-Seidel-Stiftung, die hier Seminare abhält. 1695 begann Hofbaumeister Johann Leonard Dientzenhofer mit dem Neubau der Benediktinerabtei, den nach dessen Tod sein Bruder Johann fortführte. Die Klosterkirche mit der imposanten Doppelturmfassade (1710 – 1718) enthält im Inneren reiche Stuckierungen und Deckenfresken, der Hochaltar stammt von Balthasar Esterbauer (1714). Im ehemaligen Kloster sind Abtskapelle und Kaisersaal sehenswert, ferner die ägyptische Sammlung und die Petrefaktensammlung mit Versteinerungen aus dem Juragestein der Umgebung. Prunkstück der Versteinerungen ist der 2,10 m lange Schädel eines Fischsauriers (Ichthyosaurus).

★ **Banz**

> ! *Baedeker* TIPP
>
> **Banzer Kammermusik**
>
> Die alljährlich veranstaltete Kammermusikreihe im Kloster Banz, meist mit Ensembles der Bamberger Symphoniker, genießt einen hervorragenden Ruf (www.kammerkonzerte-banz.de).

Lichtenfels

Lichtenfels, 8 km nordöstlich von Bad Staffelstein und die größte Stadt im Oberen Maintal, ist als **»Deutsche Korbstadt«** bekannt: Traditioneller Korbmarkt, Korbstadtkönigin, Deutschlands einzige Fachschule für Korbflechterei, Innovations- und Designzentrum des Deutschen Flechthandwerks, größter und kleinster Korb der Welt sind hier zu Hause. Der Name des Ortes geht auf eine Burg zurück, die um das Jahr 1000 auf einem »lichten Fels« stand. Das markantes-

Banz Orientierung

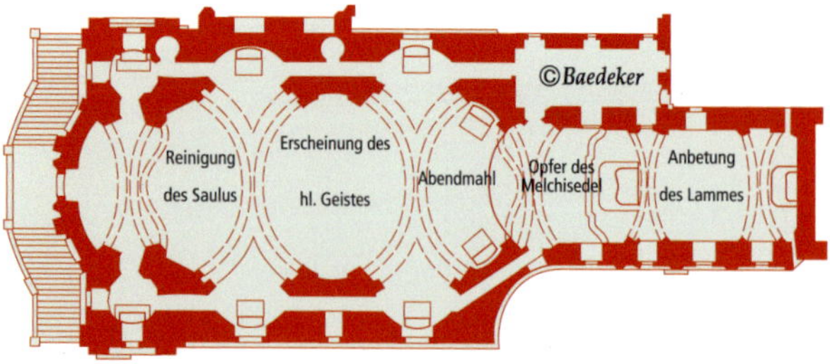

te Gebäude der Stadt ist das 1740–1745 nach Plänen von Justus Heinrich Dientzenhofer errichtete barocke Rathaus. Überragt wird der Ort von dem im Renaissance-Stil erbauten Stadtschloss (1555), wegen seiner einstigen Funktion als Kornspeicher auch »Kastenboden« genannt; die Silhouette der Stadt prägt der spitze, schiefergedeckte Turm der Pfarrkirche Mariä Himmelfahrt (14./15. Jh.) östlich vom Marktplatz.

Michelau Der kleine Ort Michelau, 3 km nordöstlich von Lichtenfels, gilt als die Wiege der Korbmacherei. Hier zeigt das **Deutsche Korbmuseum** mit Exponaten aus allen Erdteilen die ganze Welt des Flechtens: Kinder- und Puppenwagen, Miniaturen, Designermöbel, Gebrauchskorbwaren und Kuriositäten (April–Okt. Di.–So. 10.00–16.30, Nov.–März Mo.–Do. 10.00–16.30, Fr. 10.00–12.00 Uhr)

★ Bad Windsheim

K 7–8

Landkreis: Neustadt an der Aisch – Bad Windsheim
Einwohnerzahl: 12 000
Höhe: 315 m ü. d. M.

Windsheim gehörte einst zum erlesenen Kreis der Reichsstädte. In der Altstadt sind noch zahlreiche Fachwerkhäuser aus dem 15. und 16. Jh. zu bewundern, von der einstigen Stadtmauer ist jedoch nichts mehr erhalten. Lediglich der um den Stadtkern verlaufende Grüngürtel erinnert an die einstige Ummauerung. Zu einer wirklichen Reise durch die Zeit lädt das Fränkische Freilandmuseum ein.

Einziges Heilbad Mittelfrankens Die Heil- und Solequellen von Bad Windsheim, das auf eine über 1200-jährige Geschichte zurückblickt, wurden zu Beginn des 20. Jh.s entdeckt. Seit 1961 darf sich der Ort als einziger in Mittelfranken »Bad« nennen. Jüngste Errungenschaft der modernen Kuranlagen, die sich nördlich jenseits des Bahnhofs erstrecken und zu denen ein schöner Kurpark gehört, ist die im Jahre 2005 eröffnete **Franken-Therme Bad Windsheim** mit einem europaweit einzigartigen und ganzjährig beheizten Salzsee (Natursole).

Sehenswertes in Bad Windsheim

Marktplatz

Die westliche Begrenzung des Marktplatzes bildet die ev. Pfarrkirche **St. Kilian**. Der ursprüngliche Bau wurde durch einen Brand nahezu völlig vernichtet, und so ist der heutige Bau, ab 1730 neu errichtet, eine reine Schöpfung des Barock. Der niedere Südturm der Kilianskirche stellt die Verbindung zum schlossähnlichen barocken **Rathaus** her, das gleichfalls nach dem Stadtbrand wiederaufgebaut wurde und zwar in den originalen Formen des Vorgängerbaus von 1713.

◄ Archäologische Fenster

Durch drei Schaufenster kann man einen Blick in die Gründungszeit der Stadt werfen, denn bei der Neugestaltung des Marktplatzes in den Jahren 1999/2000 haben Archäologen historische Gipskeller und Baureste aus dem 10. bis 14. Jh. aufgedeckt.

Seekapelle

Südlich vom Rathaus erhebt sich die gotische Seekapelle. Im barock ausgestatteten Innern steht eine Kopie des von Tilman Riemenschneider gefertigten Zwölf-Boten-Altars, dessen Original sich heute im Kurpfälzischen Museum in Heidelberg befindet.

BAD WINDSHEIM ERLEBEN

AUSKUNFT

Kur-, Kongress- u. Touristik GmbH Bad Windsheim
Erkenbrechtallee 2
91438 Bad Windsheim
Tel. 0 98 41 / 402-0, Fax 402-99
www.tourismus.bad-windsheim.de

Tourist-Information der Stadt Neustadt an der Aisch
Marktplatz 5
91413 Neustadt a.d. Aisch
Tel. 0 91 61 / 666-14, Fax 666-15
www.neustadt-aisch.de

ESSEN

► **Preiswert**

Braugaststätte Döbler
Kornmarkt 6
94138 Bad Windsheim
Tel. 0 98 41 / 20 02
Ruhetage: Di., So.
Traditionsreiches Lokal in der Altstadt, seit 250 Jahren von der Brauereiinhaberfamilie geführt. Fränkische Brotzeiten.

ÜBERNACHTEN

► **Komfortabel**

Hotel Reichsstadt
Pastoriusstraße 5
91438 Bad Windsheim
Tel. 0 98 41 / 907-0, Fax 907-2 00
www.arvenareichsstadt.de
Der gut geführte Hotelbetrieb liegt mitten in der Altstadt. Die 122 komfortablen Gästezimmer verteilen sich auf das Haupthaus (urspr. im 14. Jh. erbaut) und das moderne Tagungszentrum im ehemaligen Amtsgericht am Marktplatz.

Den Brunnen auf dem Weinmarkt von Bad Windsheim ziert die Figur Karls VI.

Reichsstadtmuseum

Die Seegasse führt südöstlich aus der Altstadt hinaus; an ihr steht der historische **Ochsenhof**, ein stattlicher Fachwerkbau von 1537 mit dem Reichsstadtmuseum. Mehrere Tausend Exponate veranschaulichen hier die bürgerliche und bäuerliche Kultur und die Geschichte des Handwerks.

Alter Bauhof

Der Alte Bauhof am Rand der südlichen Altstadt ist ein herausragendes Beispiel der Holzbaukunst des 15. Jahrhunderts. Er ist bedeckt von einem hohen, ziegelgedeckten Vollwalmdach. Das historische Bauwerk gehört zum Fränkischen Freilandmuseum.

**** Fränkisches Freilandmuseum**

Unmittelbar südlich der Altstadt erstreckt sich das große Gelände des Fränkischen Freilandmuseums, das das **Alltagsleben der ländlichen Bevölkerung in Franken** zeigt. Aus allen fränkischen Regionen wurden historische ländliche Gebäude hier neu aufgestellt – entstanden in der Zeit vom Spätmittelalter bis 1900. Durch das 45 ha große Gelände, das wie in alten Zeiten bäuerlich bewirtschaftet wird, führt ein Rundweg, der drei Miniaturdörfer und die Sonderbaugruppen »Mittelalter«, »Technik und Gewerbe« und »Stadt« berührt. In den meisten der rund 100 Gebäude findet man originales Mobiliar und Handwerksgerät, andere laden als historische Gastwirtschaften – eine davon mit echtem »Museumsbier« – zum Verweilen ein (Öffnungszeiten: Mitte März – Mitte Okt. Di. – So. 9.00 – 18.00, Mitte Okt. bis Anfang Nov. Di. – So. 10.00 – 17.00, Anfang Nov. – Mitte Dez. Di. – So. 10.00 – 16.00 Uhr; www.freilandmuseum.de).

Umgebung von Bad Windsheim

Uffenheim

Rund 15 km nordwestlich von Bad Windsheim erreicht man den 6200 Einwohner zählenden Hauptort des Gollachgaus. Die Mauer der im 14. Jh. errichteten Stadtbefestigung ist bis auf wenige Durchlässe erhalten, aber stark in Wohnhäuser verbaut worden. In der verwinkelten Altstadt, vor allem am Marktplatz, stehen noch viele Barockhäuser. Eins der schönsten Fachwerkhäuser ist der **Scherenhof** (1571) in der Würzburger Straße nahe dem gleichnamigen Tor.

Neustadt an der Aisch

Die 12 600-Einwohner-Stadt mit ihrer von Mauern, Türmen, engen Gassen und Fachwerkhäusern geprägten Alststadt liegt 20 km nordöstlich von Bad Windsheim. Hervorgegangen ist der Ort aus einem fränkischen Königshof, erstmals urkundlich erwähnt wurde er im Jahr 1285 als »Nivenstat«. Der **Marktplatz** wird vom Neptunbrunnen und dem **Rathaus**, einem stattlichen Barockbau, beherrscht.

◄ Altes Schloss

An der nördlichen Ecke der Stadtbefestigung steht das einst von Wassergräben umzogene Alte Schloss (15. Jh.), in dem über die Wohn- und Arbeitswelt der Stadt und des Umlandes sowie über die Geschichte der einstigen markgräflichen Nebenresidenz berichtet wird. Hier untergebracht sind u.a. das **Stadtmuseum**, das Stadtarchiv, das **Aischgründer Karpfenmuseum** sowie die Ausstellung **KinderSpielWelten** (Öffnungszeiten: Di. 19.00 – 21.00, Sa. 10.30 – 13.00, So. 14.00 – 17.00 Uhr)..

◄ Schloss Brunn

Östlich von Neustadt ist im Schloss Brunn das **Erste Bayerische Rundfunkmuseum** zu finden, das rund 350 Geräte vom Grammophon bis zum Fernseher der 1960er-Jahre zeigt (Mai – Okt. So., Fei. 14.00 – 17.00 Uhr).

★★ Bamberg

N 5

Kreisfreie Stadt
Einwohnerzahl: 72 000
Höhe: 250 – 389 m ü. d. M.

Über tausend Jahre Baukunst prägen das unverwechselbare Stadtbild des wie das antike Rom auf sieben Hügeln erbauten Bamberg. Seine vom Krieg verschont gebliebene Altstadt, überragt vom einzigartigen Kaiserdom, gehört zum Weltkulturerbe der UNESCO und ist ein denkmalgeschütztes Gesamtkunstwerk zwischen Gotik und bürgerlichem Barock.

Dom- und Universitätsstadt

Die alte fränkische Kaiser- und Bischofsstadt Bamberg erstreckt sich in und über der fruchtbaren Talaue der hier in zwei Arme geteilten Regnitz, die 7 km flussabwärts in den Main mündet. Aber nicht nur die Bau-, sondern auch die Braukunst ist in Bamberg zu Hause; die Erzeugnisse mehrerer Brauereien laben die durstigen Kehlen. Eine

BAMBERG ERLEBEN

AUSKUNFT

Bamberg Tourismus & Kongress Service
Geyerswörthstr. 3
96047 Bamberg
Tel. 09 51 / 29 76-200, Fax 29 76-222
www.bamberg.info

Beim Rauchbier im »Spezial«

ESSEN

► Fein & teuer

① ***St. Nepomuk***
Obere Mühlbrücke 9
Tel. 09 51 / 9 84 20
Hotel mit vorzüglichem Restaurant in einmalig schöner Lage auf einer kleinen Insel in der Regnitz, eingerichtet in einer alten Mühle. Vom zweistöckigen Restaurant aus bieten sich wundervolle Blicke über den Fluss und auf die Stadt.

► Erschwinglich

② ***Bolero***
Judenstr. 7
Tel. 09 51 / 50 90-290
Liebhaber der spanischen und vor allem der andalusischen Küche kommen mitten in der Altstadt auf ihre Kosten.

► Preiswert

③ ***Brauereiausschank Schlenkerla***
Dominikanerstr. 6
Tel. 09 51 / 5 60 60
Eine Bamberger Berühmtheit und sehenswert dazu. Man sitzt in vier Gasträumen unter gotischen Gewölben und genießt das dunkel-würzige »Aecht Schlenkerla«-Rauchbier. Dazu kann man deftige Gerichte bestellen, z. B. Bamberger Zwiebel oder Bamberger Bratwürste.

④ ***Brauerei Spezial***
Obere Königsstr. 10
Tel. 09 51 / 2 43 04
Sa. ab 14.00 Uhr geschl.
Alter Brauereigasthof mit Rauchbier-Spezialitäten und fränkischer Hausmannskost. Gemütliche Fremdenzimmer.

ÜBERNACHTEN

► Luxus

① ***Residenzschloss***
Untere Sandstr. 32
96049 Bamberg
Tel. 09 51 / 60 91-0, Fax 60 91-7 01
www.residenzschloss.com
Dieses Hotel für gehobene Ansprüche befindet sich im alten Bamberger Residenzschloss eingerichtet. Die 184 Zimmer und Suiten sind geschmackvoll eingerichtet, es gibt großes Angebot zum Entspannen (»Residenz-Spa« mit Dampfbad, Sauna, Whirlpool und Solarium), 2 Restaurants und eine Pianobar.

► Komfortabel

② ***Romantik-Hotel Messerschmitt***
Lange Str. 41
96047 Bamberg
Tel. 09 51 / 2 97 80-0, Fax 2 97 80-29
www.hotel-messerschmitt.de
Das Traditionshotel – Geburtshaus

des Flugzeugkonstrukteurs Willy Messerschmitt – bietet neben 67 gediegen eingerichteten Zimmern ein Restaurant mit feiner fränkischer Küche und die rustikale Hubertusstube.

③ ***Barock-Hotel am Dom***
Vorderer Bach 4
96049 Bamberg
Tel. 09 51 / 5 40 31, Fax 5 40 21
www.barockhotel.de
Der Hotelbetrieb mit 19 kürzlich renovierten Zimmern ist in einem eleganten Barockgebäude zu Füßen des Doms untergebracht. Die Inneneinrichtung ist geschmackvoll-gediegen. Das Haus liegt zentral und dennoch ruhig.

④ ***Wohnbar***
Stangsstr. 3
96047 Bamberg
Tel. 09 51 / 50 99 88 44, Fax 50 99 88 43
www.wohnbar-bamberg.de
Das kleine, aber feine Hotel mit Café und Lounge liegt mitten in der Altstadt von Bamberg. Die 4 in den Farbtönen Violett, Orange, Rot und Blau gehaltenen Zimmer sind sehr geschmackvoll eingerichtet. Der Service ist hervorragend.

Bamberg Orientierung

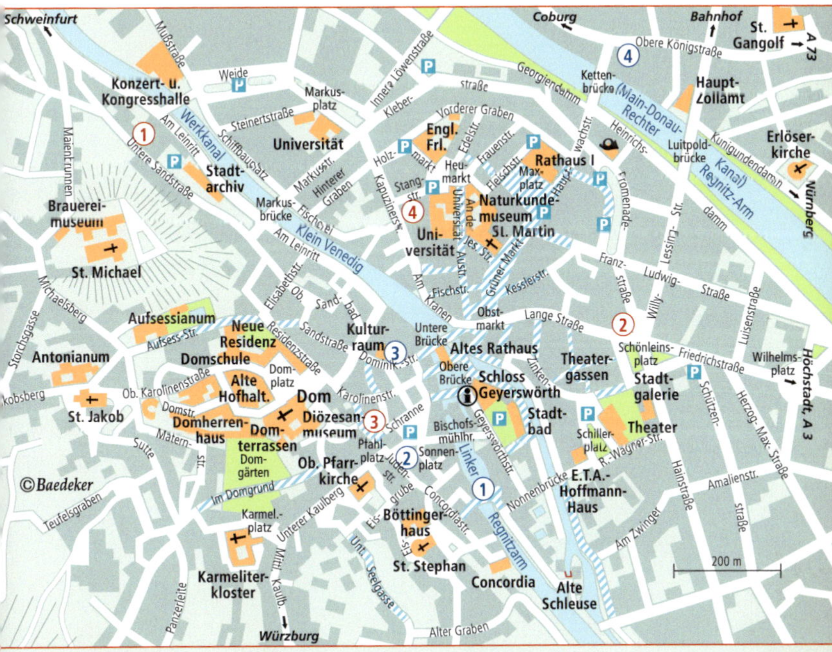

Übernachten
① Residenzschloss
② Romantik-Hotel Messerschmitt
③ Barock-Hotel am Dom
④ Wohnbar

Essen
① St. Nepomuk
② Bolero
③ Brauereiausschank Schlenkerla
④ Brauerei Spezial

Panorama von Bamberg mit Altem Rathaus, Dom, Neuer Residenz und St. Michael

wirtschaftlich bedeutende Rolle spielt auch der Hafen am Main-Donau-Kanal, schließlich ist Bamberg die einzige **Hafenstadt** in Oberfranken. Darüber hinaus besitzt die Domstadt seit 1972 wieder eine **Universität** mit den Schwerpunkten Geistes- und Sozialwissenschaften sowie Wirtschaftswissenschaften und Informatik, an der über 8000 Studierende eingeschrieben sind.

Geschichte

Bamberg wurde im Jahr 902 als Sitz des Geschlechts der Babenberger (castrum Babenberch) erstmals genannt. 1007 gründete **Kaiser Heinrich II.** das Bistum, errichtete eine Kaiserpfalz und ließ den 1012 vollendeten ersten Dom erbauen. Dieser brannte allerdings zweimal nieder und wurde von 1211 an durch den heutigen Dom mit dem berühmten Bamberger Reiter ersetzt. Im 16. Jh. probten die Bürger den Aufstand, doch behielten die katholischen Fürstbischöfe die Oberhand. Folgerichtig stand die Stadt im Dreißigjährigen Krieg auf Seiten der Katholischen Liga; nach dessen Ende (1648) erlangte Bamberg unter den Fürstbischöfen Lothar Franz und Friedrich Karl von **Schönborn** eine hohe kulturelle Blüte: Der Barock hielt Einzug. Im Jahr 1818 wurde das Bistum zum Erzbistum erhoben.

1077	Gründung des Bistums Bamberg
17./18. Jh.	Kulturelle Blüte unter den Schöborns
1818	Bamberg wird Erzbistum
1993	Die Altstadt von Bamberg wird UNESCO-Weltkulturerbe.

Bürgerstadt von Bamberg

Grüner Markt

Mittelpunkt der zwischen den beiden Armen der Regnitz gelegenen Bürgerstadt ist der lange, vom Barock geprägte Grüne Markt. Diesen Stil verkörpern höchst repräsentativ die imposante, 1686 – 1691 von den Brüdern Dientzenhofer erbaute **St.-Martins-Kirche** (ehem. Jesuitenkirche) mit ihrem Hochaltar von Giovanni Battista Brenno sowie das großbürgerliche **Raulinohaus** (Nr. 14).

Naturkundemuseum

An die Martinskirche schließt sich rückseitig das ehemalige Jesuitenkolleg an, in dem das Naturkundemuseum eingerichtet ist. Ende des 18. Jh.s aus dem Naturalienkabinett des Fürstbischofs **Franz Ludwig von Erthal** hervorgegangen, vermittelt es Einblicke in naturkundliche Themen wie Mineralogie, Geologie, Paläontologie und Zoologie (Öffnungszeiten: April – Sept. Di. – So. 9.00 – 17.00, Okt. – März Di. – So. 10.00 – 16.00 Uhr; www.naturkundemuseum-bamberg.de).

Maximiliansplatz

Auf den Grünen Markt folgt der Maximiliansplatz, der größte Platz in der Innenstadt, mit dem **Katharinenspital** und dem einstigen Priesterseminar, heute **Rathaus**. Beide Barockgebäude hat Balthasar Neumann entworfen.

★★ Altes Rathaus

Vom Grünen Markt gelangt man über den Obstmarkt Richtung Domberg zur 1453 – 1456 erbauten Oberen Brücke. Hier, inmitten der Regnitz und genau auf der Grenze zwischen Bürger- und Bischofsstadt, präsentiert sich in einzigartiger Lage das mit farbenfrohen, großflächigen Außenfresken gezierte Alte Rathaus, auch Insel- oder Brückenrathaus genannt. Es zeigt sich heute im barocken Ge-

Highlights *Bamberg*

Ein Rauchbier
... im Schlenkerla oder beim Spezial
▶ Seite 162

Dom
Großartiges Architekturdenkmal
▶ Seite 163

Altes Rathaus
Rathaus mitten in der Regnitz
▶ Seite 161

Klein-Venedig
Idyllische Fischer-Fachwerkhäuschen an der Regnitz
▶ Seite 163

Staatsgalerie
Altdeutsche, flämische, fränkische und barocke Gemälde werden in der Neuen Residenz präsentiert
▶ Seite 166

Früher sehr begehrt: Bamberger Süßholz

Von Slowfood geadelt: Bamberger Hörnla

ZWIEBEL, SÜSSHOLZ UND HÖRNLA

Dass die fränkische Bischofsstadt seit eh' und je auch eine Stadt der Gärtner ist, wird man spätestens im Jahre 2012 erleben, wenn hier eine Landesgartenschau des Freistaates Bayern durchgeführt wird.

Bereits im 14. Jahrhundert erkannten man in Bamberg die hohe Fruchtbarkeit der Böden beiderseits der Regnitz. So ließ beispielsweise das Katharinenspital große Ländereien bewirtschaften und bearbeiten. Und schon damals wurden ganze Felder als Freilandgärten bebaut. Seit 1368 ist ein erster Gärtner bezeugt. 1416 gab es den ersten Keimgarten und zehn Jahre später den ersten Pflanzgarten.

Obst und Gemüse

Die Zahl der Gärtnerfamilien wuchs binnen 50 Jahren von 30 (um das Jahr 1400) auf über 70 (um 1450). Bereits damals äußerten sich Bamberger Domherren und Besucher der Stadt geradezu enthusiastisch über den hiesigen Obst- und Gartenbau. Nicht nur Äpfel, Birnen, Quitten, Weintrauben und Melonen konnten in beachtlichen Mengen geerntet werden, sondern auch Kräuter, Blumen und vor allem **Zwiebel**, was den Bambergern alsbald den Spitznamen »Zwiebeltreter« einbrachte. Kurz nach 1500 schrieb der Chronist Johannes Boemus: »Keine Landschaft Deutschlands erzeugt mehr und größere Zwiebeln, keine größeren Rüben und Kohlköpfe. Die Süßholzwurzel wird im Bamberger Land in solchen Mengen ausgegraben, dass man hochgetürmte Wagen damit beladen sieht.«

Süßholz

Das Süßholz war über Jahrhunderte und bis zum Siegeszug des Zuckerrohrs ein Bamberger **Exportschlager**. Man verwendete es zum Süßen von Wein und Speisen, zur Herstellung von Lakritze und auch zur Zubereitung von Arzneien.

Bamberger Hörnla

Ebenfalls sehr begehrt waren in der Vergangenheit die Bamberger Hörnla, jene länglich-krummen, vorwiegend festkochenden Kartoffeln, die sich hervorragend für Kartoffelsalat eignen. Da ihr Anbau und ihre Ernte jedoch mit viel Handarbeit verbunden ist, war sie vom Aussterben bedroht. Doch »Slowfood« und Feinschmeckern sei Dank: Sie sorgten dafür, dass das Hörnla zur **Kartoffel des Jahres 2008** erhoben wurde und so Eingang in die Küchen von Gourmets fand.

wand, das ihm 1744 – 1756 J. M. Küchel anpasste, ist im Kern aber das gotische Gebäude von 1463 geblieben. Der Fachwerkbau des **Rottmeisterhauses** wurde 1688 davorgesetzt. Heute werden im Alten Rathaus Fayencen und Porzellan des 18. Jh.s aus der **Sammlung Ludwig** ausgestellt (Öffnungszeiten: Di. – So. 9.30 – 16.30 Uhr). Den schönsten Blick auf das Ensemble hat man vom wenig oberhalb über das Regnitzwehr führenden Steg. Dieser führt zum **Wasserschloss Geyerswörth**, 1585 als fürstbischöfliches Stadtschloss erbaut.

Von der Unteren Brücke genießt man regnitzabwärts einen schönen Blick auf **»Klein-Venedig«**, putzige ehemalige Fachwerk-Fischerhäuschen, die direkt am Wasser stehen. »Klein-Venedig« bildet die malerische Kulisse für die **»Sandkerwa«** mit dem Fischerstechen und anderen Veranstaltungen. Die Sandkerwa ist das größte Volksfest der Region und verwandelt im August die Sandstraße in eine kilometerlange Theke.

! *Baedeker* TIPP

BambergCard

Mit der BambergCard (9 € pro Person; Gültigkeitsdauer 48 Stunden) kann man das gesamte Liniennetz der Verkehrsbetriebe Bamberg beliebig oft benutzen und die wichtigsten Museen und Sammlungen kostenlos besichtigen. Sie beinhaltet auch ein Exemplar der örtlichen Tageszeitung »Fränkischer Tag« und eine Stadtführung »Faszination Weltkulturerbe«.

E. T. A.-Hoffmann-Haus

Am Schillerplatz Nr. 26, direkt gegenüber dem Hoffmann-Theater, lebte von 1809 bis 1813 der Dichter und Kapellmeister E. T. A. Hoffmann. Heute ist das spätbarocke Haus, dessen obere Geschosse der Dichter bewohnt hat, als **Museum** eingerichtet (Öffnungszeiten: Mai – Okt. Di. – Fr. 15.00 – 17.00, Sa., So., Fei. 10.00 – 12.00 Uhr; www.etahg.de).

Bischofsstadt von Bamberg

**** Dom**

Hoch über der Stadt – die Bischofsstadt liegt auf dem hohen Westufer des linken Regnitz-Armes – ragen am Domplatz die vier Türme des Bamberger Doms (13. Jh.) auf, eines der **herrlichsten Bauten des deutschen Mittelalters** (► 3 D, S. 164). Am nördlichen Seitenschiff zeigt das Fürstentor die auf den Schultern der Propheten stehenden Apostel und im Bogenfeld das Jüngste Gericht; die Adamspforte an der Südseite des Ostchors ist das älteste Domportal (um 1220).
Im Georgen- bzw. Ostchor sind in einem 1499 – 1513 von Tilman Riemenschneider gearbeiteten Hochgrab Kaiser Heinrich II. (gest. 1024) und seine Gemahlin Kunigunde (gest. 1033 ► Berühmte Persönlichkeiten) beigesetzt. Am linken Chorpfeiler thront auf einer Akanthuskonsole der berühmte **Bamberger Reiter**. Diese um 1235 geschaffene Skulptur ist einer der Höhepunkte mittelalterlicher deutscher Bildhauerkunst und soll König Stephan den Heiligen von Ungarn, Schwager Kaiser Heinrichs II., verkörpern – es gibt allerdings

◄ weiter auf S. 166

BAMBERGER DOM

★★ Er gehört zu den großen deutschen Kaiser- und Reichsdomen des hohen Mittelalters. Bau- und kunstgeschichtlich gilt er als Meisterwerk der späten Romanik und frühen Gotik. Der Dom hatte zwei Vorgängerbauten; der erste, 1012 geweihte wurde ebenso durch Feuer zerstört wie sein Nachfolger. Unter Bischof Ekbert von Andechs-Meran (1203 – 1237) begann man um 1215 mit dem Bau eines dritten Domes, der am 6. Mai 1237 feierlich geweiht wurde.

Öffnungszeiten:
Apr. – Okt. tgl. 9.30 – 18.00, Nov. – März 9.30 – 17.00 Uhr. Eine Besichtigung während der Gottesdienste ist nicht möglich.

① Türme

Prägnant sind die vier 81 m hohen Türme des Doms, die paarweise die gegenüberliegenden Chöre umschließen. Beim Bau der Westtürme (links) orientierte man sich an den frühgotischen Kirchen der Champagne, besonders an der Kathedrale von Laon. Die Osttürme waren ursprünglich niedriger, wurden aber im 18. Jh. durch spitzgiebelige rheinische Rautenhelme auf die Höhe der Westtürme gebracht, der Einheitlichkeit wegen.

② Ecclesia und Synagoge

Im südlichen Seitenschiff stehen die beiden Statuen Ecclesia und Synagoge. Letztere stellt mit verbundenen Augen und gebrochenem Stab die Vorläuferin der Kirche Christi dar, die als Siegerin (Ecclesia) die Krone des Glaubens zeigt. Nicht bekannt ist, wer die Statuen schuf; namentlich bekannte Künstler – Tilman Riemenschneider, Veit Stoß, Lucas Cranach – traten erst gegen Ende des Mittelalters auf.

③ Papstgrab

Das Grab Clemens II. im Westchor ist das einzige Papstgrab in Deutschland seit der Zerstörung des Grabes von Benedikt V. († 964) im Hamburger Dom (Anfang 19. Jh.). Clemens II. war vor seiner Ernennung zum Papst Bischof von Bamberg. Er wurde am 25. Dezember 1046 inthronisiert, am selben Tag krönte er auch Heinrich III. zum Kaiser. Clemens herrschte nur ein knappes Jahr. Da er weiterhin Bischof von Bamberg geblieben war, wurde er nach Deutschland überführt und in seiner Domkirche beigesetzt.

④ Domerneuerungen

Nach dem Dreißgjährigen Krieg ließ Fürstbischof Melchior Otto Voit von Salzburg den Dom vollständig barockisieren. Aber um 1830 wurde auf Anordnung König Ludwigs I. die barocke Innenausstattung zugunsten einer neuromanischen Einrichtung entfernt. Der Dom sollte wieder in seiner ursprünglichen Gestalt erscheinen.

Kreuz
auf de
Hocha

Wen st
Reiter

auch genügend andere Deutungen. An den Außenseiten der steinernen Chorschranken stellen je zwölf Reliefgestalten die Apostel und die Propheten dar, zwischen den Propheten am Pfeiler sind die Figuren von Maria und Elisabeth und auf der Apostelseite die Allegorien der Kirche und der Synagoge. In der Ostkrypta sieht man den neuzeitlichen Sandsteinsarkophag König Konrads III. (gest. 1152 in Bamberg), im Peters- oder Westchor befindet sich das Marmorgrab des Papstes Clemens II. (gest. 1047) und vormaligen Bischofs von Bamberg, das einzige Papstgrab in Deutschland (um 1235). An der Westwand des südlichen Querschiffs steht der sog. **Bamberger Altar** (1520 – 1523) von Veit Stoß.

Diözesanmuseum

Im Diözesanmuseum im Domkapitelhaus werden der reiche Domschatz, wertvolle Gewänder – u. a. die **Kaisermäntel** Heinrichs II. und der Grabornat von Clemens II. – aufbewahrt (Öffnungszeiten: Di. – So. 10.00 – 17.00 Uhr; www.eo-bamberg.de).

★ Alte Hofhaltung

An der Westseite des Domplatzes zeigt ein herrliches Renaissanceportal – **»Schöne Pforte«** – den Eingang zur Alten Hofhaltung (Alte Residenz) an, die 1571 – 1576 als bischöflicher Sitz erbaut wurde. Auf dem Portal sieht man Heinrich II. und Kunigunde mit einem Modell des Doms. Schönster Teil dieses Gebäudes ist der Renaissancebau der Ratsstube, im Hauptbau befindet sich das **Historische Museum**, das Kunst- und Kulturhistorisches aus Bamberg und Oberfranken sowie eine Sammlung zur Bürgerkultur des 19. Jh.s zeigt (Öffnungszeiten: Mai – 2. Nov. Di. – So. 9.00 – 17.00, Krippenausstellung Ende Nov. – 7. Jan. tgl. 9.00 – 17.00 Uhr).

★ Neue Residenz

Quer über den weiten Domplatz geht man nun zur Neuen Residenz (1695 bis 1704), Hauptwerk von Johann Leonhard Dientzenhofer. Die historischen Räume, u. a. der Kaisersaal, das Chinesische Kabinett und das Zimmer, in dem Napoleon am 6. Oktober 1806 die Kriegserklärung an Preußen unterzeichnete, sind zu besichtigen. Ferner wartet in der Residenz die **Staatsgalerie** mit altdeutschen, flämischen, fränkischen und barocken Gemälden auf (Öffnungszeiten: April – Sept. tgl. 9.00 – 18.00, Okt. – März tgl. 10.00 bis 16.00 Uhr; www.schloesser.bayern.de).

★ Michaelsberg

Zwischen Neuer Residenz und Hofhaltung hindurch erreicht man den Jakobsplatz. Dort geht es rechts bergab und dann hinauf zur ehemaligen **Benediktinerabtei** Michaelsberg (1015 gestiftet, 1803 aufgehoben) mit der St.-Michaels-Kirche (12. – 15. Jh.), deren Gewölbe Darstellungen von Heilkräutern aufweist. Die Abteigebäude sind in den Jahren 1696 bis 1702 von J. L. Dientzenhofer bzw. 1742 von Balthasar Neumann neu errichtet worden. In der ehemaligen Klosterbrauerei ist ein sehenswertes Brauereimuseum mit einem Eiskeller eingerichtet (Öffnungszeiten: Apr. – Okt. Mi. – So. 13.00 – 17.00 Uhr; www.brauereimuseum.org).

Fränkisches Brauereimuseum ►

Dom *Orientierung*

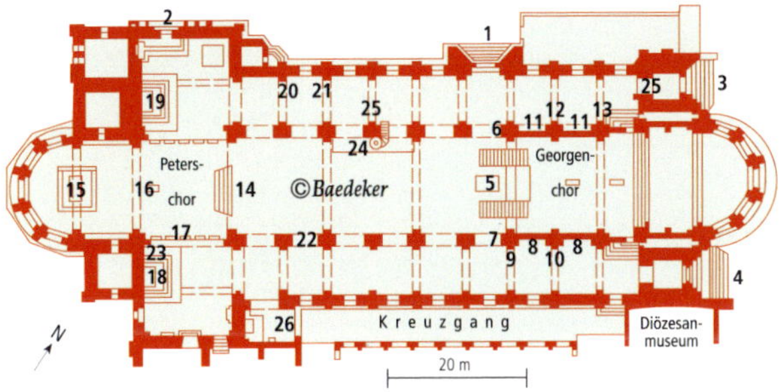

1 Fürstenportal (vor 1228)	11 Prophetenreliefs (um 1220)	20 Grab Albert v. Wertheim (†1421)
2 Veitspforte (um 1230)	12 Heimsuchungsgruppe (um 1225)	21 Grab Friedrich v. Truhendingen (†1366)
3 Gnadenpforte (um 1220)	13 Grabdeckel von Papst Clemens II. (um 1235)	22 Grab Friedrich v. Hohenlohe (†1352)
4 Adamspforte (um 1230)	14 Altarmensa (modern)	23 Grab Philipp v. Henneberg (†1487)
5 Grabmal Kaiser Heinrichs II. (1499–1513)	15 Petersaltar (1652)	24 Kanzel
6 Der Reiter (um 1230)	16 Grab des Papstes Clemens II. (†1047), 13. Jh.	25 Orgel
7 Verkündigung (um 1225)	17 Chorgestühl (1300/1370)	26 Antoniuskapelle
8 Apostelreliefs (um 1220)	18 Marienaltar (1523)	
9 Ecclesia (um 1225)	19 Mühlhauser Altar (um 1510)	
10 Synagoge (um 1225)		

Domgrund

Vom Jakobsplatz geht es links hinab durch verwinkelte, stimmungsvolle Sträßchen zum grünen und stillen Domgrund. Man kommt am Pfahlplatz heraus, von wo einerseits der Untere Kaulberg zur **Oberen Pfarrkirche** abzweigt, dem bedeutendsten gotischen Bauwerk der Stadt (14./15. Jh.), andererseits die Judenstraße zum barocken **Böttingerhaus** (1706 – 1713) und weiter zur barocken **Villa Concordia** (1716 – 1722) führt, die seit einiger Zeit als Internationales Künstlerhaus fungiert.

Umgebung von Bamberg

Schloss Seehof

Rund 5 km östlich von Bamberg steht das etwas abseits gelegene viertürmige Schloss Seehof, eine von 1687 bis 1695 von Antonio Petrini und ab 1730 von **Balthasar Neumann** ausgestattete einstige Residenz (Öffnungszeiten: Apr. – Okt. Di. – So. 9.00 – 18.00 Uhr).

Schesslitz

Knapp 15 km von Bamberg in Richtung Bayreuth liegt Schesslitz mit hübschen **alten Fachwerkhäusern** und einer gotischen Hallenkirche aus dem 15. Jahrhundert.

Buttenheim

In dem kleinen Buttenheim, etwa 14 km südöstlich von Bamberg, ist seit 2000 im Geburtshaus von Levi Strauss, dem Erfinder der Jeans (► Berühmte Persönlichkeiten), das **Levi-Strauss-Museum** unterge-

Schloss Weißenstein bei Pommersfelden zählt zu den herausragenden Schöpfungen des fränkischen Barock.

bracht, das sich mit ihm und der Welt der Jeans beschäftigt. Öffnungszeiten: Di., Do. 14.00 – 18.00 (im Winter nur bis 17.00), Sa., So., Fei. 11.00 – 17.00 Uhr; www.levi-strauss-museum.de).

** **Schloss Weißenstein**

Das prunkvolle Barockschloss Weißenstein bei dem kleinen Ort **Pommersfelden**, 20 km südwestlich von Bamberg, wurde in den Jahren 1711 bis 1718 vom Bamberger Hofarchitekten Johann Dientzenhofer, Erbauer des Fuldaer Doms und der Banzer Klosterkirche, für den Fürstbischof Lothar Franz von Schönborn geschaffen und gehört zu den glanzvollsten Anlagen jener Zeit in Franken. Das Resultat war eine Dreiflügelanlage, deren Kernstück das grandiose, unter Mitwirkung von Johann Lukas v. Hildebrandt entstandene Treppenhaus im Mittelbau bildet, eines der **berühmtesten Treppenhäuser der Barockarchitektur**. Im prunkvollen Marmorsaal im ersten Stock finden im Juli und August die Konzerte des Collegium Musicum Pommersfelden statt. Daneben liegen die Kurfürstenzimmer an mit erlesenen Möbeln und einer Gemäldegalerie, die u. a. Werke von Rubens, Tizian und van Dyck umfasst. Unter dem Marmorsaal stellt ein als Muschelgrotte gestalteter Gartensaal die Verbindung zum hübschen, im englischen Stil angelegten Schlosspark her, in dem Damwild gehalten wird. Sehenswert sind auch das Spiegelkabinett und der weitläufige, von Maximilian von Welsch entworfene Marstallbau rund um den Ehrenhof. Das Schloss befand sich bis 1996 im Privatbesitz der Gra-

? WUSSTEN SIE SCHON ...?

- ...dass die Standbilder von Adam und Eva von der Adamspforte des Bamberger Doms die ersten nackten Gestalten der deutschen Kunst sind? Sie werden im Diözesanmuseum im Domkapitelhaus aufbewahrt

***Weißenstein** Hauptgeschoss*

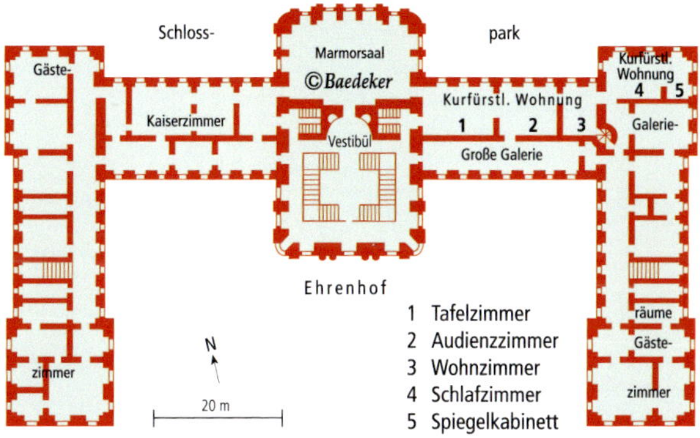

fen von Schönborn-Wiesentheid; im Jahr 1997 ging es in die Gemeinnützige Stiftung Schloss Weißenstein in Pommersfelden über und wird nun durch Graf Paul von Schönborn-Wiesentheid verwaltet. Besichtigt werden kann es nur im Rahmen von Führungen: April bis 1. Nov. tgl. 10.00, 11.00, 12.00, 13.00, 14.00, 15.00, 16.00 Uhr, www.schoenborn.de/weissenstein.html

★★ Bayreuth

R 5

Kreisfreie Stadt
Einwohnerzahl: 73 000
Höhe: 345 m ü. d. M.

Als dem Werk Richard Wagners verpflichtete Festspielstadt genießt Bayreuth bis heute Weltruf. Beeindruckend ist auch das Stadtbild mit seinen zahlreichen Barockbauten und Rokokopalästen.

Richard-Wagner-Festspielort

Die Bayreuther Festspiele wurden 1872 von Richard Wagner gegründet und dienen ausschließlich der Aufführung seiner Musikdramen. Nach Wagners Tod leiteten zunächst seine Witwe Cosima, dann sein Sohn Siegfried bzw. dessen Witwe Winifred die Spiele. Auch seit der Neueröffnung 1951 liegt die **Leitung in den Händen von Familienmitgliedern**. Die alljährlich stattfindenden Festspiele, für die von Anfang an ein eigenes Opernhaus zur Verfügung stand, beginnen im letzten Drittel des Juli und dauern bis Ende August. Mit wechselndem Spielplan bringen sie Musiker, Sänger und Regisseure von internationalem Rang nach Bayreuth. Von Beginn an waren die Bayreuther Festspiele eher ein Ereignis der Elite – um die etwa 57 000 Eintrittskarten, die pro Jahr zur Verfügung stehen, gibt es über 500 000 bis 600 000 Bewerbungen.

BAYREUTH ERLEBEN

AUSKUNFT

Kongress- und Tourismuszentrale Bayreuth
Luitpoldplatz 9
95444 Bayreuth
Tel. 09 21 / 8 85 88, Fax 8 85 55
www.bayreuth.de

Kur- und Tourismus GmbH Bad Berneck
Bahnhofstr. 77
95460 Bad Berneck
Tel. 0 92 73 / 57 43 74, Fax 57 43 76
www.badberneck.de

ESSEN

► Erschwinglich

① ***Zur Lohmühle***
Badstr. 37
95444 Bayreuth
Tel. 09 21 / 53 06-0
In einem hübschen, typisch fränkischen Fachwerkhaus werden u. a. vorzügliche Fischgerichte serviert. In die Lohmühle zog es schon diverse Wagner-Sänger und deren Fans sowie einige bekannte Größen aus der Politik. Zum Haus gehört auch ein Hotelbetrieb.

② ***Zur Sudpfanne***
Oberkonnersreuther Str. 6
95447 Bayreuth
Tel. 09 21 / 5 28 83
Küchenchef Bernhard Raab ist für seine Kreativität bekannt. Leckere fränkische Spezialitäten werden hier ebenso serviert wie internationale Gerichte.

► Preiswert

③ ***Oskar***
Maximilianstr. 33
95444 Bayreuth
Tel. 09 21 / 51 60-533
In den urigen Gasträumen werden herzhafte fränkische Gerichte mit Pfiff serviert. Herrliche Terrasse am Markt.

Schwarzes Roß
Goldmühler Str. 10
95460 Bad Berneck-Goldmühl
Tel. 0 92 73 / 3 64
Ländliche Gaststube, bodenständige Kost, viele Spezialitäten aus eigener Hausmetzgerei. Auch Zimmervermietung.

ÜBERNACHTEN

► Luxus

① ***Schlosshotel Thiergarten***
Oberthiergärtner Str. 36
95448 Bayreuth
Tel. 0 92 09 / 984-0, Fax 984-29
www.schlosshotel-thiergarten.de
Das Hotel (8 Zi.) im wunderschönen barocken Jagdschloss Thiergarten liegt ca. 1 km außerhalb von Bayreuth. Man hat von hier aus einen schönen Blick über den Ort zum Festspielhügel. Die Zimmer sind geschmackvoll eingerichtet. Freibad, Fitnessraum, Sauna, Solarium; gutes Restaurant.

► Komfortabel

② ***Bayerischer Hof***
Bahnhofstr. 14
95444 Bayreuth
Tel. 09 21 / 78 60-0, Fax 78 60-560
www.bayerischer-hof.de
Die 48 Zimmer sind individuell ausgestattet. Schwimmbad, Sauna, Dachterrasse und Bistro-Restaurant.

③ ***Hotel Eremitage***
Eremitage 6
95448 Bayreuth
Tel. 09 21 / 7 99 97-0, Fax 7 99 97-30
www.eremitage-bayreuth.de
Dieses zwar kleine, aber recht außergewöhnliche Familienhotel (6 Zi.)

liegt wunderschön am Stadtrand von Bayreuth im großen Park der markgräflichen Eremitage. Die Zimmer sind allesamt sehr hübsch eingerichtet. Angeschlossen ist ein hervorragendes Restaurant.

④ ***Ramada Hotel Residenzschloss***
Erlanger Str. 37
95444 Bayreuth
Tel. 09 21 / 75 85-0, Fax 75 85-601
www.ramada.de
Modern ausgestattetes Hotel mit stilvoll eingerichteten 101 Zimmern und 3 Suiten; Fitnessraum, Sauna, Solarium und Restaurant.

Hartl's Lindenmühle
Kolonnadenweg 1
95460 Bad Berneck
Tel. 0 92 73 / 50 06 50, Fax 5 00 65 15
www.lindenmuehle.de
Charmantes Hotel (40 Zi.) mit mediterranem Flair in einer ehemaligen Mühle am Ortsrand. Helle Zimmer, wohnlich eingerichtet. Bistro-Restaurant »Atrium« und Gourmet-Restaurant »feindein«; schöner Gartenterrasse.

EINKAUFEN

Einkaufsmeilen mit Geschäften für den gehobenen Bedarf sind die Hofgarten-Passage und die Passage am Marktplatz.

Geschichte

Die schon im 12. Jh. angelegte Stadt Bayreuth, im weiten Tal des Roten Mains zwischen Fichtelgebirge und Fränkischer Schweiz gelegen, erlebte ihre glänzendsten Jahre erst unter den Markgrafen von Brandenburg-Bayreuth im 17. und 18. Jahrhundert., insbesondere unter **Prinzessin Wilhelmine** (► Berühmte Persönlichkeiten), der Gemahlin des Markgrafen Friedrich und Lieblingsschwester Friedrichs des Großen. Ihr ist die hohe bauliche Blüte der Stadt und die Durchsetzung des »Bayreuther Rokoko« zu verdanken. Im Jahr 1874 bezog **Richard Wagner** mit seiner Frau Cosima das Haus Wahnfried, 1872 – 1876 wurde das Richard-Wagner-Festspielhaus errichtet. Zu den bedeutenden Persönlichkeiten der Stadt zählen außerdem der Dichter Jean Paul (► Berühmte Persönlichkeiten) und der Komponist Franz Liszt. Seit 1975 ist Bayreuth Sitz einer Universität.

17. / 18. Jh.	Hohe bauliche Blüte
1872 – 1876	Das Richard-Wagner-Festspielhaus wird erbaut.
1975	Gründung der Universität
2009	Das Markgräfliche Opernhaus wird als UNESCO-Weltkulturerbe nominiert.

Bayreuth *Orientierung*

Essen
① Zur Lohmühle
② Zur Sudpfanne
③ Oskar

Übernachten
① Schlosshotel Thiergarten
② Bayerischer Hof
③ Hotel Eremitage
④ Ramada Hotel Residenzschloss

Sehenswertes in Bayreuth

Im Zentrum steht das 1745 – 1748 auf Geheiß von Prinzessin Wilhelmine erbaute Markgräfliche Opernhaus mit einer prächtigen Ausstattung. Es ist das **einzige ursprünglich erhaltene Barocktheater** und wurde 2009 als UNESCO-Weltkulturerbe nominiert (Öffnungszeiten: April – Sept. tgl. 9.00 – 18.00, Okt. – März tgl. 10.00 – 16.00 Uhr).

★★ **Markgräfliches Opernhaus**

Nahebei in der Münzgasse (Nr. 9) zeigt das **Afrikazentrum** der Universität im Iwalewa-Haus zeitgenössische Kunst aus der Dritten Welt (Öffnungszeiten: Di. – So. 14.00 – 18.00 Uhr).

Iwalewa-Haus

Das Alte Schloss in der Maximilianstraße wurde im 13. Jh. als Vierflügelanlage errichtet, im 17. Jh. umgebaut und nach seiner Zerstörung im Zweiten Weltkrieg in den 1950er-Jahren wiederaufgebaut. In der anschließenden ehemaligen **Schlosskirche** (1753/1754) fallen die reiche Stuckverzierung des Kirchenschiffs und die Grabmäler des Markgrafen Friedrich und seiner Gemahlin Wilhelmine auf. Südwestlich von hier befindet sich die **Stadtkirche** (15. Jh.) mit der Fürstengruft. An der Friedrichstraße Nr. 5 steht das **Wohn- und Sterbehaus des Dichters Jean Paul**.

Altes Schloss

Das 1753 / 1754 nach Plänen von Baumeister Saint-Pierre errichtete **Neue Schloss** ist ebenfalls Markgräfin Wilhelmine zu verdanken. Im Innern sind Stuckarbeiten von Antonio Pedrozzi und Bayreuther Fayencen zu bewundern. Die Bayerische Staatsgemäldesammlung präsentiert **europäische Malerei des Spätbarock** (Öffnungszeiten: Mai – Sept. tgl. 9.00 – 18.00, Okt. bis März Di. – So. 10.00 – 16.00 Uhr).

! *Baedeker* TIPP

Wellness pur

bietet die »Lohengrin Therme« in unmittelbarer Nähe der Eremitage. Sie wird mit heilkräftigem Thermalwasser gespeist und umfasst auch eine Saunalandschaft, eine Wellness-Oase und diverse Kureinrichtungen. Öffnungszeiten: tgl. 9.00 bis 22.00 Uhr; www.lohengrin-therme.de

Highlights *Bayreuth*

Markgräfliches Opernhaus
Urspünglich erhaltenes Barocktheater
▸ Seite 173

Richard-Wagner-Festspielhaus
Eine der größten Opernbühnen der Welt
▸ Seite 176

Urweltmuseum Oberfranken
Imposante Saurierskelette
▸ Seite 176

Neues Schloss
Unter Markgräfin Wilhelmine entstandener Bau mit einzigartigen Stuckarbeiten und drei Museen
▸ Seite 173

Eremitage
Lustschloss der Markgrafen, u. a. mit großem Landschaftspark
▸ Seite 177

RICHARD-WAGNER-FESTSPIELHAUS

★★ Richard Wagner ließ 1872 »sein« Festspielhaus errichten, weil seine Werke im Markgräflichen Opernhaus in Bayreuth nicht aufgeführt werden konnten. Architekt war Otto Brückwald (1841 – 1917), Sächsisch-Altenburgischer Hofbaumeister aus Leipzig. Die Gesamtkosten des Theaterbaus beliefen sich auf eine Gesamtsumme von 428 384,09 Mark (ca. 3,3 Mio. Euro). Das privat organisierte Theater wird traditionell von einem Mitglied der Familie Wagner geleitet. Derzeit sind es die Töchter des 2010 verstorbenen Wolfgang Wagner, Katharina Wagner und Eva Wagner-Pasquier.
Die Vorstellungen sind immer ausverkauft. Interessenten müssen oft jahrelang warten, bis sie beim Kartenkauf berücksichtigt werden.

Führungen:
Di. – So. 10.00, 11.00, 14.00 und 15.00 Uhr
Im November und während der Festspiel- und Probenzeit keine Führungen. Tel. 09 21 / 7 87 80

① Sitzplätze
Die knapp 2000 Sitzplätze im Theater sind eher einfach und aus Holz – »damit in den fünf Stunden niemand einschläft«, erfährt der Besucher bei einer Führung.

② Zuschauerraum
Der Zuschauerraum wurde in Anlehnung an das antike Amphitheater gestaltet. In der Anordnung der Sitzreihen drückt er einen bürgerlich-demokratischen Charakter aus – im Gegensatz zum höfischen Theater mit seinen Logen und Rängen. So befinden sich die Logen nur hinten im Saal, nicht an den Seiten. Der Holzboden hat einen großen Schallraum, der die ohnehin gute Akustik fördert. An den Wänden ragen mit Stuck verzierte, korinthische Säulen empor. Ansonsten wurde dem Wunsch Richard Wagners entsprochen und auf übermäßigen Pomp verzichtet.

③ Orchestergraben
Im Orchestergraben sitzen bis zu 124 Musiker auf engem Raum beieinander, ohne dabei die Bühne oder gar die Zuschauer zu sehen. Der Orchestergraben ist terrassenartig angelegt. Die Aufstellung der Instrumente weicht aufgrund der akustischen Bedingungen von der gewohnten Anordnung in anderen Theatern ab.

④ Bühne
Im Jahr 2000 wurde nach drei Jahrzehnten auch die Bühne ausgewechselt. Es gibt übrigens nicht nur die Hauptbühne (Bühnenfläche: 736 m²), sondern acht weitere Proberäume.

Das Festspielhaus steht auf dem »Grünen Hügel« nördlich vor der Stadt.

Freimaurer-Museum

Dahinter dehnt sich der großzügige **Hofgarten** aus, an dessen Nordostseite sich das Deutsche Freimaurer-Museum befindet (Öffnungszeiten: Di. – Fr. 10.00 – 12.00 u. 14.00 – 16.00, Sa. 10.00 bis 12.00 Uhr; www.freimaurer.org/museum).

Haus Wahnfried

An der Richard-Wagner-Straße 48, am Nordostrand des Hofgartens, dokumentiert das **Richard-Wagner-Museum** im 1873 erbauten Haus Wahnfried, in dem Richard Wagner ab 1874 wohnte, Leben und Werk des Komponisten und die Geschichte der Festspiele (Öffnungszeiten: April – Okt. tgl. 9.00 – 17.00, Di. u. Do. bis 20.00, Nov. – März tgl. 10.00 – 17.00 Uhr; wagnermuseum.de). Hinter dem Haus liegen die **Gräber** Wagners und seiner Gattin Cosima, der Tochter von Franz Liszt.

Liszt-Museum

In der Nähe befindet sich Ecke Wahnfried- und Lisztstraße das **Sterbehaus von Franz Liszt** (1811 – 1886), das zum Liszt-Museum umgebaut wurde (Öffnungszeiten: tgl. 10.00 – 12.00 u. 14.00 bis 17.00 Uhr, Juli/Aug. durchgehend).

Jean-Paul-Museum

Das Jean-Paul-Museum nahebei (Wahnfriedstr. 1) ist dem Dichter Jean Paul Friedrich Richter (► Berühmte Persönlichkeiten) gewidmet (Öffnungszeiten: tgl. 10.00 – 12.00 u. 14.00 – 17.00, Juli/Aug. durchgehend).

Kunstmuseum Bayreuth, Tabakhistorische Sammlung

Im **Alten Rathaus**, westlich vom Alten Schloss, ist das Kunstmuseum Bayreuth mit Sammlungen vorwiegend aus dem 20. Jh. untergebracht. Im selben Haus befindet sich auch die Tabakhistorische Sammlung der British American Tobacco Germany (Öffnungszeiten: Di. – So. 10.00 – 17.00 Uhr, Juli/Aug. auch Mo.).

★ Urweltmuseum Oberfranken

Gegenüber der Schlosskirche werden 500 Millionen Jahre oberfränkischer Erdgeschichte spannend dargestellt. Highlights sind Skelette von Saurieren, die im Muschekalkmeer gejagt haben sowie Versteinerungen von Pflanzen aus der Jurazeit. Im Museumsgarten sind furchterregende Urweltriesen aufgebaut (Öffnungszeiten: Di. – So. 10.00 – 17.00 Uhr, Juli/Aug. auch Mo.).

Historisches Museum

Wenige Schreiter weiter westlich kann man sich über die Geschichte der Stadt Bayreuth und der ganzen Region informieren. Das Historische Museum ist untergebracht in der Alten Lateinschule am Kirchplatz bei der Stadtkirche (Öffnungszeiten: Di. – So. 10.00 bis 17.00, im Juli u. Aug. täglich).

★★ Richard-Wagner-Festspielhaus

Auf einer Anhöhe (»Grüner Hügel«) nördlich vor der Stadt (1 km vom Bahnhof) erhebt sich das 1872 – 1876 nach den Vorstellungen von Richard Wagner errichtete Festspielhaus (1800 Sitzplätze), eine der **größten Opernbühnen der Welt**, für die alljährlich im Sommer stattfindenden Richard-Wagner-Festspiele (► 3 D, S. 174).

Das Neue Schloss der Eremitage, das Markgräfin Wilhelmine errichten ließ.

Maisel's Brauerei- und Büttnereimuseum

Nordwestlich außerhalb des Zentrums (Kulmbacher Str. 40), unterhält die **Brauerei Maisel** ihr Museum, in dem man viel Interessantes über die handwerkliche Kunst des Bierbrauens erfährt und zum Abschluss ein frisch gezapftes Bier genießen kann (Führungen: tgl. 14.00 Uhr u. n. V., Tel. 0921 / 40 12 34, www.maisel.com/museum).

✶ Eremitage

Im 18. Jh. war die 5 km östlich des Stadtzentrums gelegene Eremitage das **Lustschloss der Markgrafen**. Prachtvoll ist nicht nur der große, unter Anleitung von Markgräfin Wilhelmine entstandene Landschaftspark mit seinen künstlichen Ruinen – bis dato ein Novum in Deutschland –, sondern auch das dortige Alte Schloss (1715 – 1718) mit einer Inneren Grotte und das Neue Schloss (1749 – 1753) mit Sonnentempel und Wasserspielen.

Im südlichen Stadtbereich befindet sich das Naherholungsgebiet **Röhrensee**, wo es einen Bootsverleih und einen Streichelzoo gibt.

! *Baedeker* TIPP

Lesestoff

Wer sich für Wagner interessiert, dem sei Herbert Rosendorfers »Bayreuth für Anfänger« (dtv) empfohlen. Humorvoll und mit Leichtigkeit erzählt der Autor vom Wagner-Clan, auch die Geschichte der Stadt wird kurz umrissen.

Umgebung von Bayreuth

Donndorf

Die B 22 verlässt die Stadt in westlicher Richtung und berührt zunächst den Ort Donndorf mit dem einstigen markgräflichen **Lustschloss Fantaisie**, wo im Jahr 2000 das **Museum für Gartenkunst** eröffnet wurde, das die Geschichte der Gartenkunst vom 17. bis zum 19. Jh. anschaulich darstellt.

Therme Obernsees 10 km südwestlich von Donndorf, am Eingang zum Naturpark Fränkische Schweiz, lockt das von einer heilkräftigen Mineraltherme gespeiste Erlebnisbad von Mistelgau-Obernsees Erholungssuchende aus nah und fern an (Öffnungszeiten: tgl. 9.00 – 22.00 Uhr).

Hollfeld Das malerische 5000-Einwohner-Städtchen mit seinem historischen Marktplatz und seinen hübschen Terrassengärten liegt ca. 7 km nordwestlich von Obernsees. Es ist als Erholungsort staatlich anerkannt und macht neuerdings als Nordic-Walking-Zentrum von sich reden.

✶ Sanspareil 6 km nördlich von Hollfeld erreicht man das Dorf Sanspareil mit seinem nach den Vorstellungen von Markgräfin Wilhelmine gestalteten romantischen **Felsengarten**, in dem die sonst üblichen Hecken, Blumenrabatten und Wasserspiele fehlen. Dafür gibt es eine Grottenanlage, ein Felsentheater und einen **Morgenländischen Bau**. Und neben dem Felsengarten erhebt sich die mittelalterliche **Burg Zwernitz**, die von 1338 bis 1810 den Hohenzollern gehört hat (Öffnungszeiten: April – Sept. Di. – So. 9.00 – 18.00, 1. – 15. Okt. 10.00 – 16.00 Uhr).

✶ Bad Berneck Der knapp 5000 Einwohner zählende **Kneipp- und Luftkurort** Bad Berneck im Fichtelgebirge, 20 km nördlich von Bayreuth, liegt umschlossen von Bergen mit herrlichen Mischwäldern im malerischen engen Tal der Ölschnitz, die hier in den Weißen Main mündet. Zu Bad Bernecks Sehenswürdigkeiten zählen der romantische **Marktplatz**, der Kurpark, die **Kolonnaden**, die mit ihren großflächigen Wandgemälden nostalgisches Flair aus Kaisers Zeiten ausstrahlen, und der **Dendrologische Garten** mit über 50 verschiedenen exotischen Bäumen. Überragt wird der Ort vom vierkantigen **Schlossturm**, dem Wahrzeichen der Stadt. Als Bergfried gehörte er zur Walpotenburg, die Ulrich Walpoto um 1150 errichten ließ; ab dem 16. Jh. verfiel die Burg, nur der mächtige Turm blieb erhalten. Hinter dem Schlossturm gibt es eine Freilichtbühne, die von Juni bis September bespielt wird (Komödien, Operette, Oper, Kinderstücke). Oberhalb des Schlossturms stehen die verwitterten Mauerreste der Burg Wallenrode, deren Verfall ebenfalls im 16. Jh. begann.

Goldkronach 5 km südöstlich von Bad Berneck ist dieses alte Goldbergbaustädtchen ein beliebtes Ausflugsziel. Am dortigen Goldberg hat man bereits um 1400 das begehrte Edelmetall zutage gefördert. Und von 1793 bis 1796 wirkte hier der große Naturforscher Alexander von Humboldt als preußischer Bergbeamter, der dem hiesigen Goldbergbau zu einem nochmaligen Aufschwung verhalf. Viel Interessantes erfährt man im **Goldbergbaumuseum** (Öffnungszeiten: April – 1. Advent So. 13.00 – 17.00 Uhr), im **Besucherstollen »Schmutzlerzeche«** (Öffnungszeiten: Mai Sept. So. 10.00 16.00 Uhr), im **Besucherbergwerk »Mittlerer Name Gottes«** (Öffnungszeiten: n. V., Tel. 0 92 73/ 98 40) sowie auf dem bergbaugeschichtlichen **Humboldt-Lehrpfad**.

★ Coburg

N 3

Kreisfreie Stadt
Einwohnerzahl: 41 500
Höhe: 290 – 464 m ü. d. M.

Die ehemalige Herzogsresidenz Coburg an der Itz wird von der stattlichen Veste überragt – einer der größten Festungsanlagen Deutschlands. In der historischen Innenstadt sind stilvoll restaurierte zinnenbekrönte Häuser, mittelalterliche Gassen und der Schlossplatz mit der Ehrenburg zu bewundern.

Einstige große Dynastie

Das »Haus Coburg« entwickelte sich vom kleinen, unbedeutenden, total verschuldeten Herzogtum zu einer der einflussreichsten Dynastien der Welt. Coburger Prinzen und Prinzessinnen heirateten in fast alle europäischen Königs- und Fürstenhäuser ein.

Geschichte

1231	Coburg erhält Stadtrechte.
1826 – 1918	Residenzstadt des Hauses Sachsen-Coburg-Gotha
1920	Coburg wird bayerisch.

Schon im späten 12. Jh. bestand hier ein fester Burgplatz; die Siedlung fiel um 1230 an die thüringischen Grafen von Henneberg, die sie 1231 mit den Stadtrechten ausstatteten. Nach 1353 gelangten die Grafen von Wettin und Markgrafen von Meißen in den Besitz der Stadt und bauten sie zu einem ihrer Hauptplätze aus. Die Renaissance brachte eine Zeit hoher kultureller Blüte, vor allem die Bautätigkeit Herzog Johann Casimirs setzte städtebauliche Akzente. Seit dem 16. Jh. war Coburg mehrfach Residenz, zuletzt (1826 – 1918) diejenige des **Hauses Sachsen-Coburg-Gotha**, dem Prinz Albert (1819 – 1861), Gemahl der englischen Königin Viktoria, entstammte (►Baedeker Special, S. 184). Erst 1920 kam Coburg zu Bayern.

Sehenswertes in Coburg

Marktplatz

Das historische Stadtzentrum ist zu einem großen Teil Fußgängerzone. An deren südlichem Ende steht das 1579 erbaute **Rathaus** mit einem sehenswerten Renaissancesaal und dem kunsthistorisch bedeutenden sog. Coburger Erker an der Ecke zur Ketschengasse. Mitten auf dem großen, quadratischen Marktplatz steht das **Denkmal für den englischen Prinzgemahl Albert**. Auf der dem Rathaus gegenüber liegenden Seite des Platzes steht das imposante **Stadthaus**, das einstige herzogliche Regierungsgebäude von 1597, mit einer prächtigen Spätrenaissancefassade. Wenige Schritte östlich gelangt man an der Herrngasse zum einstigen **Zeughaus**, in dem heute das Staatsarchiv untergebracht ist und wechselnde Ausstellungen stattfinden.

COBURG ERLEBEN

AUSKUNFT

Tourismus Coburg
Herrngasse 4
96450 Coburg
Tel. 0 95 61 / 89-80 00, Fax 89-80 29
www.coburg-tourist.de

ESSEN

► Erschwinglich

① ***Kräutergarten & Die Petersilie***
Rosenauer Str. 30 c
Tel. 0 95 61 / 42 60 80
Bereits mehrfach ausgezeichnetes und beliebte Feinschmecker-Restaurant mit umfangreicher Speisekarte.

► Preiswert

② ***Münchner Hofbräu***
Kleine Johannisgasse 8
Tell. 0 95 61 / 23 49 23
Lokal mitten in der Altstadt mit regionalen Gerichten und Fischspezialitäten.

③ ***Braugasthof Grosch***
Oeslauer Str. 115
96472 Rödental
Tel. 0 95 63 / 750-0
Altbekannter Gasthof (seit 1425) etwa 7 km nordöstlich von Coburg mit einfallsreicher und bodenständiger fränkischer Küche. Es gibt auch einige Gästezimmer.

ÜBERNACHTEN

► Komfortabel

① ***Romantik-Hotel Goldene Traube***
Am Viktoriabrunnen 2
96450 Coburg
Tel. 0 95 61 / 876-0, Fax 876-222
www.romantikhotels.com/coburg
Mitten im Herzen der Stadt. 72 hell und freundlich eingerichtete komfortable Zimmer. Finnische Sauna, römisches Dampfbad, Whirlpool, Solarium, Fitnessraum und Beautysalon.

② ***Best Western Blankenburg***
Rosenauer Str. 30
96450 Coburg
Tel. 0 95 61 / 644-0, Fax 644-199
www.blankenburg.bestwestern.de
Freundliches Hotel mit 34 recht individuell eingerichteten Zimmern und 2 Suiten.

③ ***Festungshof***
Festungshof 1
96450 Coburg
Tel. 0 95 61 / 80 29-0, Fax 80 29-33.
www.hotel-festungshof.de
Ruhige Unterkunft (14 Zi.) in einem ehemaligen Gutshof aus dem 14. Jh. am Fuß der Veste. In den rustikalen Stuben wird hauptsächlich gutbürgerliche Kost serviert.

Morizkirche Südöstlich abseits vom Marktplatz erhebt sich an der Pfarrgasse die Hauptkirche St. Moriz, ein im 14.–16. Jh. entstandener Bau mit zwei ungleichen Türmen. Sie ist dem Stadtpatron St. Mauritius geweiht, dessen schwarzer Kopf auch das Wappen von Coburg bildet. Das dreischiffige Innere wurde mit Ausnahme des Chors um 1740 barockisiert. Dominierender Blickfang ist das 12 m hohe **prunkvolle Grabmal**, das Herzog Johann Casimir 1595 für seinen Vater Johann Friedrich II. von Sachsen-Weimar aufstellen ließ. Martin Luther hat hier mehrmals gepredigt.

Coburg *Orientierung*

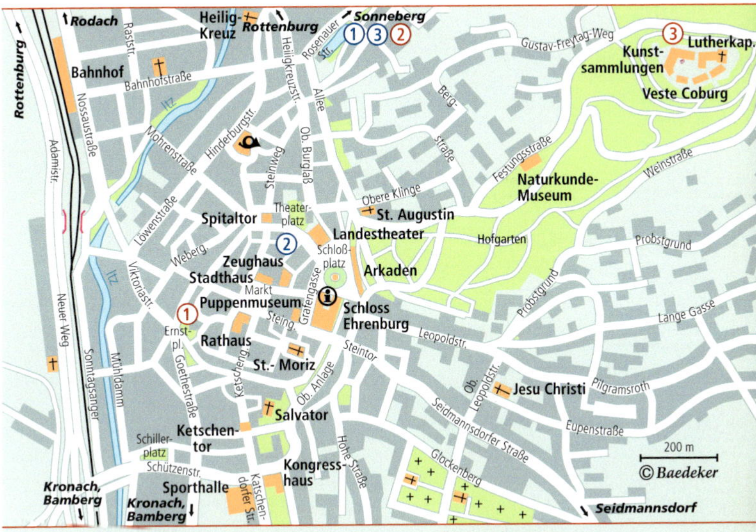

Essen

1. Kräutergarten & Die Petersilie
2. Münchner Hofbräu
3. Braugasthof Grosch

Übernachten

1. Romantik-Hotel Goldene Traube
2. Best Western Blankenburg
3. Festungshof

Gymnasium Casimirianum

Gegenüber steht das 1605 von Herzogs Johann Casimir gestiftete, von einem achtkantigen Treppenturm überragte Gymnasium Casimirianum, der **schönste profane Renaissancebau** der Stadt.

Grabungsmuseum

Am Kirchhof sind Grundmauern einer ehemaligen Benediktinerpropstei (13. Jh.) sowie mittelalterliche Gräber freigelegt (Öffnungszeiten: Sommer So. 14.00 – 16.00 Uhr).

★ Ehrenburg

Von der Morizkirche geht man nördlich zum Schlossplatz (19. Jh.), dessen Südseite in den Haupthof des Schlosses Ehrenburg übergeht. Dieses wurde 1816 – 1838 nach Plänen des klassizistischen Architekten **Karl Friedrich Schinkel** umgebaut. In den Westflügel ist die barocke Hofkirche integriert. Neben historischen Gemächern (17. – 19. Jh.) wie dem **Schlafzimmer der Queen Victoria** beherbergt die Ehrenburg eine umfangreiche Gemäldesammlung u. a. mit Werken holländischer und flämischer Meister (Führungen: Apr. – Sept. Di. – So. 9.00 bis 17.00, Okt. – März Di. – So. 10.00 – 15.00 Uhr).

Landestheater

Gegenüber steht das klassizistische Landestheater, das als Hoftheater 1840 eingeweiht wurde und heute ein eigenes Ensemble unterhält (Oper, Operette, Schauspiel, Ballett u. a.).

Highlights Coburg

Ehrenburg
Ehemaliges, nach Plänen von Karl Friedrich Schinkel erbautes Residenzschloss
► Seite 181

Veste Coburg
Eine der größten Burgen Deutschlands mit überaus wertvollen Kunstsammlungen
► Seite 182

Puppenmuseum

An der Rückertstraße steht das Haus, das der spätromantische Dichter Friedrich Rückert 1820 – 1826 bewohnte. Die 32 Räume beherbergen das Coburger Puppenmuseum, das in chronologischer Folge ca. 900 historische Puppen, viele Puppenstuben und -häuser sowie altes Spielzeug seit der Zeit um 1800 zeigt (Öffnungszeiten: April bis Okt. tgl. 10.00 – 16.00 Uhr; Nov. – März Di. – So. 11.00 – 16.00 Uhr).

Rosengarten

Die vom Ketschentor nach Süden führende Ketschendorfer Straße berührt den Rosengarten. Im **Palmenhaus** gedeihen Orchideen, Bromelien und andere tropische Pflanzen, auch gibt es eine Dschungellandschaft und Aquarien (Öffnungszeiten: tgl. 9.00 bis 16.00 bzw. 18.00 Uhr).

Hofgarten

Östlich vom Schlossplatz (s. zuvor) betritt man durch die Arkaden des einstigen Ballhauses den schönen Hofgarten, einen **Landschaftspark im englischen Stil**, der sich bis zur Veste hinanzieht und von dem sich hübsche Blicke auf Morizkirche und Schloss öffnen.

Naturkunde-Museum

An der Festungsstraße, die den Hofgarten nördlich begrenzt, steht das Naturkunde-Museum, das aus dem herzoglichen Naturalienkabinett hervorgegangen ist. Die Schausammlungen zeigen einheimische und exotische Tierpräparate (darunter eine beachtenswerte Vogelsammlung), Mineralien und Fossilien sowie eine völkerkundliche Abteilung (Öffnungszeiten: tgl. 9.00 – 17.00 Uhr).

★ Veste Coburg

Hoch über der Stadt thront die Veste Coburg, auch **»Krone Frankens«** genannt, eine der größten Burgen Deutschlands. Vom Schlossplatz erreicht man sie zu Fuß durch den Hofgarten in einer halben Stunde; in der Saison verkehrt ab Stadtmitte der »Veste-Express«.

Geschichte ►
Nach Lage der Urkunden gab es spätestens im frühen 12. Jh. auf dem 464 m hohen Berg einen Wehrbau. Seit der Mitte des 13. Jh.s hennebergisch, dann wettinisch, bot die Burg während des Augsburger Reichstags von 1530 dem Reformator **Martin Luther** Zuflucht. Zur gleichen Zeit begann man mit dem umfassenden Ausbau der Festungsanlagen, der insbesondere unter dem baufreudigen Herzog Johann Casimir intensivst fortgesetzt wurde, so dass 1632 selbst der kaiserliche Feldherr Wallenstein sie nicht einnehmen konnte. Nennenswerte Umbauten brachte erst wieder die Romantik, der die Veste

zum großen Teil ihr heutiges Aussehen verdankt.

Im **Fürstenbau** können die einstigen Wohnräume der herzoglichen Familie besichtigt werden; außerdem ist die Festung eine **Luther-Gedenkstätte**. Die bedeutende **Kunst- und Altertümersammlung** umfasst Arbeiten von Dürer, Cranach d. Ä., Grünewald, Kunstgewerbe aus dem 16.–19. Jh., Schmuck- und Gebrauchsglas sowie die ältesten erhaltenen Kutschen der Welt (Öffnungszeiten: April–Okt. tgl. 9.30–17.00, Nov.–März Di.–So. 13.00.–16.00 Uhr). Von der **Hohen Bastei** genießt man einen herrlichen Ausblick.

Coburg - Veste

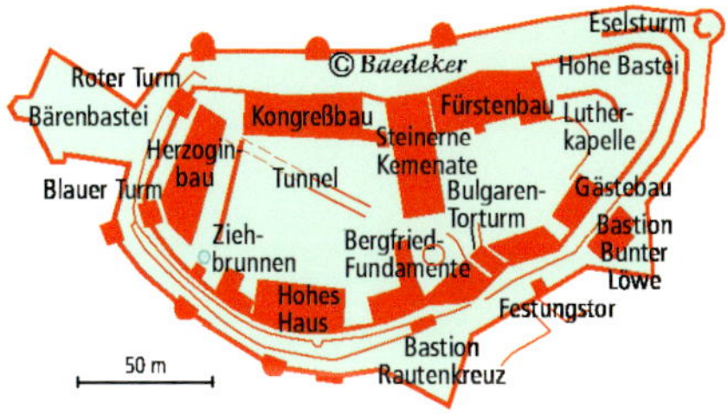

★ Schloss Callenberg

Nordwestlich der Stadt steht das Schloss Callenberg auf einem Bergkegel. Vorgängerbau war bis 1231 Stammsitz der Ritter von Callenberg. Ab 1842 war es Sommersitz des späteren Herzogs Ernst II. von Sachsen-Coburg-Gotha, der es im englisch-gotischen Stil erneuern

Die Veste Coburg, eine der größten mittelalterlichen Burganlagen Deutschlands, gilt als die »Krone Frankens«.

MIT HEIRATSPOLITIK

»Andere mögen Kriege führen, du, glückliches Coburg, heirate!« könnte man in Anlehnung an Corvinus' »tu felix austria« sagen. Viele Herrscherhäuser stiegen mit Gewalt zu europäischen Dynastien auf, das Herzogtum Coburg jedoch gelangte mit friedlichen Mitteln zu Macht. Auch heute noch sind zahlreiche Königshäupter Europas Abkömmlinge des Hauses Coburg.

Die Coburger Herzöge entstammen dem einst mächtigen Herrscherhaus der Wettiner. Die Herrschaft der Wettiner, die 1423 Kurfürsten von Sachsen wurden (der Name ging dann auf alle wettinischen Länder über), begann 1353 und dauerte bis 1918. Im Jahr 1586 entstand unter Herzog Johann Casimir das selbstständige **Herzogtum Sachsen-Coburg**, 1735 wurde daraus das **Herzogtum Sachsen-Coburg-Saalfeld**. 1826 kam das Fürstentum Saalfeld an das Herzogtum Sachsen-Meiningen, dafür erhielt das Herzogtum Sachsen-Coburg das Herzogtum Sachsen-Gotha. Die beiden Herzogtümer wurden nun zum **Doppelherzogtum Sachsen-Coburg und Gotha** in Personalunion (d. h. unter einem Regenten) zusammengefasst.

Heiratsoffensive

In den ersten beiden Jahrhunderten nach seiner Gründung spielte das Herzogtm nur eine unbedeutende Rolle auf der europäischen Bühne. Das änderte sich aber gegen Ende des 18. Jh.s. Den Grundstein zur Heiratsoffensive und damit zum dynastischen Aufstieg des Herzogtums Coburg legte die spätere Herzogin Auguste von Sachsen-Coburg-Saalfeld, als sie 1795 ihre Tochter Juliane mit einem Enkel der russischen Zarin Katharina II. verheiratete. Nachdem das kleine Herzogtum am **Zarenhof** in Russland Fuß gefasst hatte, fanden die Coburger mit der Heirat von Prinz Leopold von Coburg und der englischen Thronfolgerin Charlotte 1816 auch Zugang zum **englischen Königshof**. Leopolds Schwester Viktoria heiratete 1818 Herzog Eduard von Kent, deren einziges Kind als Queen Victoria die britische Thronfolge übernahm. Zum wohl geschicktesten coburgischen »Eheanbahner« im 19. Jh. avancierte Leopold von Coburg, dessen Gattin Charlotte schon 1817 starb. Nachdem er sich 1831 zum König der Belgier hatte wählen lassen, vermit-

telte er seinen Neffen Ferdinand aus der katholischen Seitenlinie Coburg-Koháry als Ehemann an Maria II. da Gloria, die portugiesische Königin (1836). Auch betrieb er die Verbindung zwischen seiner Nichte, der britischen Königin Victoria und seinem Neffen, dem coburgischen Prinzen Albert (1840).

21 Herrscherhäuser

Mit den Kindern und Kindeskindern, die dieser Ehe entstammten, stellte das Haus Coburg Angehörige von 21 Herrscherhäusern, darunter **15 Königshäuser**. Über die älteste Tochter von Queen Victoria wurde eine Verbindung zum deutschen Kaiserhaus geschaffen; ihr ältester Sohn regierte ab 1888 als Kaiser Wilhelm II. Dessen Schwester Sophie wurde Königin von Griechenland (1889), eine weitere Enkelin von Queen Victoria, Maud, Königin von Norwegen (1896). Eine Enkelin der Queen von ihrer zweiten Tochter Alice bestieg 1894 als Gattin von Nikolaus II. den russischen Zarenthron. Durch die Heiraten weiterer Enkel Victorias, der **»Großmutter Europas«**, ergaben sich auch Familienverbindungen zum rumänischen (1893), schwedischen (1905), spanischen (1906), jugoslawischen (1922) und dänischen Königshaus (1935). Über die belgische Linie entstanden Verbindungen zum habsburgischen Kaiserhaus (1881) und zum italienischen Königshaus (1930); aus der Linie Coburg-Koháry wurde ein Mitglied 1887 bulgarischer Fürst, 1908 sogar Zar von Bulgarien.

Zeitgenössische Abkömmlinge des Hauses Coburg

Zahlreiche zeitgenössische gekrönte Häupter sind Abkömmlinge des Hauses Coburg: Königin Elisabeth II. von Großbritannien und Nordirland, Königin Margrethe II. von Dänemark, König Albert II. von Belgien, König Harald V. von Norwegen, König Carl XVI. Gustav von Schweden sowie König Juan Carlos I. von Spanien. Übrigens: Der **letzte regierende Coburger** Herzog war von Geburt kein Deutscher, sondern Engländer. Im Jahr 1900 trat der britische Duke Charles Edward of Albany (1884 bis 1954), ein Enkel von Queen Victoria, als Herzog Carl Eduard die Erbfolge in Coburg an und blieb dort bis zum Ende der Monarchie 1918. Sein Enkel Andreas ist das derzeitige Oberhaupt des Hauses Sachsen-Coburg und Gotha; der Prinz lebt in Coburg und bewirtschaftet hier Schloss und Forst Callenberg.

Grabmal Johann Friedrichs II. in Coburgs Morizkirche

ließ. Auch heute noch befindet es sich im Besitz der herzoglichen Familie und präsentiert wertvolle Stücke aus dem herzoglichen Kunstbesitz (Führungen: Sa., So., Fei. 14.00, 15.00, 16.00 Uhr u. n. V., Tel. 0 95 61 / 55 15-0, www.schloss-callenberg.de).

Deutsches Schützenmuseum ▶

Im Westflügel des Schlosses wird das Schützenwesen von den Ursprüngen in grauer Vorzeit bis zum Sportschießen der Gegenwart lebendig veranschaulicht (Öffnungszeiten: tgl. 11.00 – 17.00 Uhr, Führungen n. V., Tel. 06 11 / 4 68 07 39).

Umgebung von Coburg

Bad Rodach

Ca. 33 km nordwestlich von Coburg liegt Bad Rodach, das eine noch gut erhaltene Stadtbefestigung mit vier Türmen aus dem 16. Jh. besitzt. Am Schlossplatz steht das einstige **Jagdschloss** (18. Jh.) der Coburger Herzöge. 1972 hat man am Stadtrand eine **heilkräftige Mineraltherme** erschlossen, die heute ein modernes Bad speist.

Rödental

Ca. 7 km nordöstlich von Coburg erreicht man zunächst die Puppen- und Keramikstadt Rödental. Hier steht das neugotische **Schloss Rosenau**, Sommerschloss der Coburger Herzöge, Geburtsort des

Prinzgemahls Albert und Lieblingsaufenthalt von dessen Gemahlin, der englischen Queen Victoria (Öffnungszeiten: Apr. – Sept. Di. – So. 9.00 – 18.00, Okt. – März Di. – So. 10.00 – 16.00 Uhr).
Die Orangerie im weitläufigen Schlosspark beherbergt heute das **Museum für Modernes Glas**. Gezeigt wird Glaskunst aus aller Welt seit der Zeit um 1960 (Öffnungszeiten: Di. – So. 10.00 – 13.00 u. 13.30 bis 17.00 Uhr).
Die Keramikproduktion in Rödental ist weltberühmt. Seit 1935 werden in der Porzellanfabrik W. Goebel nach den Entwürfen der Nonne **Maria Innocentia Hummel** die gleichnamigen Figuren in Handarbeit hergestellt. Man kann bei der Produktion zusehen. Das **Goebel Porzellanmuseum** zeigt Thüringer Porzellan des 18. u. 19. Jh.s (Öffnungszeiten: Mo. – Fr. 9.00 – 17.00, Sa. 9.00 – 12.00 Uhr).

Neustadt bei Coburg

Neustadt liegt 13 km nordöstlich von Coburg nahe der thüringischen Grenze. Die »bayerische Puppenstadt« ist ein Paradies für Kinder, denn im **Museum der Deutschen Spielzeugindustrie** sind gleich drei Museen unter einem Dach vereint: eine Puppensammlung klassischer musealer Art, eine kindgerechte Abteilung »zum Anfassen« und schließlich die mit über 1500 Einzelstücken weltweit größte Sammlung von Trachtenpuppen (Öffnungszeiten: tgl. 10.00 – 17.00, letzter Einlass 16.15 Uhr).
An die Tatsache, dass während der Zeit der deutschen Teilung das Neustädter Gebiet an drei Seiten vom »Eisernen Vorhang« umgeben war, erinnert die Ausstellung in der **Thüringisch-Fränkischen Begegnungsstätte** am Schützenplatz (Öffnungszeiten: Mi., Sa., So. 14.00 bis 16.00 Uhr).

Weitramsdorf

Etwa 6 km westlich von Coburg liegt Weitramsdorf mit dem in einem großen Park stehenden **Schloss Tambach**. Das Deutsche Jagd- und Fischereimuseum München unterhält hier ein Zweigmuseum zur Entwicklung von Jagd und Fischerei im Lauf der Jahrhunderte (Öffungszeiten: tgl. 10.00 – 17.00 Uhr).
Im Park befindet sich der **größte Wildpark Nordbayerns** mit rund 200 Tieren. Viel besucht sind die Greifvogel-Flugvorführungen im Bayerischen Jagdfalkenhof (tgl. 11.00 und 15.00, im Sommer auch 17.00 Uhr).

Ahorn

In Ahorn, rund 4 km südlich von Coburg, zeigt das in einer Gruppe historischer Bauernhäuser eingerichtete **Gerätemuseum des Coburger Landes** (»Alte Schäferei«; Öffnungszeiten: Ostern – Okt. Di. – Fr., So. 14.00 – 17.00 Uhr) bäuerliches Arbeitsgerät sowie Wohnkultur im einstigen Herzogtum Sachsen-Coburg-Gotha.

★ Seßlach

Wer nach Seßlach, 14 km südwestlich von Coburg, kommt, wähnt sich im Mittelalter, denn der Altstadtkern des **»Oberfränkischen Rothenburg«** ist unversehrt erhalten und hat schon diverse Male als Filmkulisse gedient – zuletzt für »Der Räuber Hotzenplotz« (2005).

★ Creglingen

H 8

Landkreis: Main–Tauber–Kreis
Einwohnerzahl: 5000
Höhe: 270 – 460 m ü. d. M.

Das hohenlohische Städtchen Creglingen, berühmt wegen seines herrlichen Schnitzaltars von Tilman Riemenschneider, liegt malerisch an der Romantischen Straße im Taubergrund, der hier auch als »Herrgottsländle« bezeichnet wird.

Malerisches Städtchen im Taubertal

Rund 300 Jahre war Tilman Riemenschneiders Altar hinter einer Bretterwand verborgen. Als die Reformation Creglingen erreichte, wurde die Herrgottskirche mit dem berühmten Marienaltar geschlossen; erst nach der Wiedereröffnung des Gotteshauses entdeckte ein Kirchenpfleger im Jahr 1832 das Meisterwerk hinter der Wand, an der die Totenkränze aufgehängt wurden. Doch auch Creglingen selbst lohnt einen Besuch. Das Städtchen, das an einem Talhang gebaut wurde, besitzt noch Reste einer Stadtmauer, drei Wehrtürme und eine Altstadt mit verwinkelten Gassen und Fachwerkhäusern. Seine historische Zugehörigkeit zu Franken rührt daher, dass der Besitz der Herren von Hohenlohe-Brauneck nach dem Aussterben der Dynastie an Ansbach fiel. Württembergisch ist Creglingen seit 1810.

Sehenswertes in Creglingen

Herrgottskirche

★ ★

Marienaltar ►

Die Herrgottskirche (1384) liegt 1 km südlich außerhalb der Stadt. Sie birgt eines der besten Werke gotischer Bildschnitzkunst: den mitten im Kirchenschiff stehenden weltberühmten Marienaltar, den Tilman Riemenschneider 1502 bis 1505 schuf. Dargestellt sind im Zentrum die Himmelfahrt Mariä und die zwölf Apostel; die Altarflügel aus der Werkstatt Riemenschneiders zeigen Szenen aus dem Marienleben. Das Fehlen jeglicher farbigen Fassung verstärkt im Spiel von Licht und Schatten auf den rötlichbraunen Holztönen die plastische Wirkung der Figuren, die sich nach oben im Rankenwerk fortsetzt. Der im Chor stehende Hauptaltar (um 1500) wird der Schule des Nürnbergers **Veit Stoß** oder dem in München tätigen Erasmus Grasser zugeschrieben.

Die an der Außenseite der Kirche angebrachte **»Tetzelkanzel«** verdankt ihren Namen der Überlieferung, nach der hier der berühmte Dominikanermönch seine Ablasspredigten gehalten haben soll (Öffnungszeiten: April – Okt. tgl. 9.15 – 18.00, Nov. – März Di. – So. 13.00 – 16.00 Uhr).

! *Baedeker* TIPP

Alljährliches »Lichtwunder«

In der Herrgottskirche kann man alljährlich ein »Lichtwunder« beobachten: Um den 15. August fällt durch die Westrosette das Licht der untergehenden Sonne so auf den Mittelteil von Riemenschneiders Altar, dass die dargestellte Himmelfahrt der Maria mit eigenen Augen nachvollzogen werden kann.

CREGLINGEN ERLEBEN

AUSKUNFT

Tourist Information
Bad Mergentheimer Str. 14
97993 Creglingen
Tel. 0 79 33 / 6 31, Fax 20 31 61
www.creglingen.de

ESSEN

▶ **Erschwinglich**

Zum Schloßbäck
Kirchenstaffel 1
Tel. 0 79 33 / 70 06 65
Ruhetag: Mi.
In den Räumen der historischen Schlossbäckerei werden heute ausgezeichnete Hohenloher bzw. tauberfränkische Spezialitäten serviert.

ÜBERNACHTEN

▶ **Günstig**

Jugendherberge Creglingen
Erdbacher Str. 30
97993 Creglingen
Tel. 0 79 33 / 336, Fax 13 26
http://creglingen.
jugendherberge-bw.de
Die bestens geführte und familienfreundliche Herberge bietet auch maßgeschneiderte Programme (u.a. Wellness) für Einzelreisende.

Fingerhut-Museum

Gegenüber der Herrgottskirche sind Nähutensilien und vor allem Fingerhüte ausgestellt, vom reinen Zweckmodell bis zu eleganten Schmuckstücken (Öffnungszeiten: April – Okt. Di. – So. 10.00 – 12.30 u. 14.00 – 17.00, Nov. – März Di. – So. 13.00 – 16.00 Uhr).

Jüdisches Museum

In der Badgasse 3 schildert das Jüdische Museum das Schicksal der Creglinger bzw. tauberfränkischen Juden, die vom 17. Jh. bis 1939 in dieser Gegend gelebt haben (Öffnungszeiten: So. 14.00 – 17.00 Uhr).

★★ Dinkelsbühl

J – K 10

Landkreis: Ansbach
Einwohnerzahl: 11 500
Höhe: 444 m ü. d. M.

In einer Talmulde der Wörnitz liegt die malerische, noch bestens erhaltene spätmittelalterliche Altstadt von Dinkelsbühl mit ihrer vollständig erhaltenen Stadtmauer aus dem 14. / 15. Jh. und ihren imposanten historischen Giebelhäusern.

Alte fränkische Reichsstadt

Ein fränkischer Königshof an einer Furt im Wörnitztal (um 730) gilt als Keimzelle von Dinkelsbühl. Schon 1188, zum Zeitpunkt ihrer ersten heute bekannten urkundlichen Nennung, entwickelte sich die Stadt dank ihrer vorzüglichen Lage am Schnittpunkt zweier wichtiger Handelswege zu einem berühmten Marktort, der vor allem durch Tuchweberei und Schmiedekunst zu Reichtum kam. Im Jahr 1806

Dinkelsbühl *Orientierung*

wurde die **von 1274 bis 1802 reichsunmittelbare Stadt** bayerisch. Vom Bombenkrieg im Zweiten Weltkrieg blieb Dinkelsbühl glücklicherweise verschont.

Sehenswertes in Dinkelsbühl

★★ **Stadtmauer**

Vier Stadttore öffnen sich in der Ummauerung der Stadt: das Wörnitztor im Osten, das Nördlinger Tor (1495) im Süden, das Segringer Tor (1655) bergauf im Westen und das Rothenburger Tor (um 1380) im Norden. Dazwischen stehen mehrere Wehrtürme. An der Innenseite des Mauergürtels führen schmale Gassen entlang; außen befinden sich Parkanlagen und (im Osten) der von der Wörnitz abgeleitete Mühlgraben. Nahe beim Wörnitztor und dem Alten Rathaus liegt die **Freilichtbühne**, auf der im Sommer Aufführungen stattfinden.

! *Baedeker* TIPP

Kinderzeche

Dinkelsbühls größtes jährliches Ereignis ist – seit 1897 – die Kinderzeche Mitte Juli. Dieses Fest erinnert mit Umzug, Festspiel und Heerlager an die Belagerung durch die Schweden 1632 im Dreißigjährigen Krieg. Die Kinder von Dinkelsbühl, so die Sage, zogen damals vor die Stadt und konnten den schwedischen Obristen von Sperreuth erweichen, ihre Stadt zu verschonen.

★ **Münster St. Georg**

Eine der schönsten Hallenkirchen Deutschlands, das 1448 – 1499 in spätgotischem Stil erbaute Münster St. Georg am Marktplatz, trägt entscheidend zum romantischen Stadtbild Dinkelsbühls bei. Beachtenswert sind eine **Kreuzigungsgruppe** am Hochaltar und das **Sakramentshäuschen** von 1480 am nordwestlichen Chorpfeiler. Vom 65 m hohen **Turm** (220 Stufen) blickt man auf das Dächergewirr der Altstadt und bekommt beim Aufstieg einen Eindruck von der Arbeit der Steinmetze.

DINKELSBÜHL UND UMGEBUNG ERLEBEN

AUSKUNFT

Touristik Service Dinkelsbühl
Altrathausplatz 14
91550 Dinkelsbühl
Tel. 0 98 51 / 90 24 70, Fax 90 24 19
www.dinkelsbuehl.de

Tourist-Information Feuchtwangen
Marktplatz 1
91555 Feuchtwangen
Tel. 0 98 52 / 9 04 55, Fax 90 42 50
www.feuchtwangen.de

ESSEN

▶ Erschwinglich

① ***Goldner Hirsch***
Weinmarkt 6
91550 Dinkelsbühl
Tel. 0 98 51 / 23 47
Der Gasthof ist bekannt für seine schmackhaften fränkischen Spezialitäten und leckeren Fischgerichte.

② ***Goldener Anker***
Untere Schmiedgasse 22
91550 Dinkelsbühl
Tel. 0 98 51 / 57 80-0
Holzdecken und Fachwerk sorgen für ein rustikales Ambiente. Karpfen- und Forellengerichte aus eigener Zucht.

▶ Preiswert

③ ***Bräustüberl Zum Braunen Hirsch***
Turmgasse 3
91550 Dinkelsbühl
Tel. 0 98 51 / 57 75 77
In dem urgemütlichen fränkischen Wirtshaus gibt es deftig-herzhafte Hausmannskost.

ÜBERNACHTEN

▶ Komfortabel

① ***Blauer Hecht***
Schweinemarkt 1
91550 Dinkelsbühl
Tel. 0 98 51 / 58 10, Fax 58 11 70
www.blauer-hecht.de
Das gediegen eingerichtete, in einem geschmackvoll renovierten Barockgebäude – einst Brauerei-Gasthof – untergebrachte Hotel bietet 44 helle und freundliche Zimmer. Restaurant, Schwimmbad, Sauna, Dampfbad, Solarium, Fitnessraum.

② ***Deutsches Haus***
Weinmarkt 3
91550 Dinkelsbühl
Tel. 0 98 51 / 60 58, Fax 79 11
www.deutsches-haus-dkb.de
Schönes Fachwerkhaus von 1440 mit individuell gestalteten Zimmern und einem Restaurant, das eine leichte bis deftige, aber auch raffinierte fränkische Küche bietet.

Romantik Hotel Greifen Post
Marktplatz 8
91555 Feuchtwangen
Tel. 0 98 52 / 68 00, Fax 68 0 68
www.hotel-greifen.de
Die 35 Gästezimmer befinden sich in zwei Gebäuden aus dem 14. und 15. Jh. und sind in unterschiedlichen Stilen eingerichtet: 17. Jh. (Himmelbett im Renaissancestil), 18. Jh. (Louis-XVI-Stil), 19. Jh. (Biedermeier), 20. Jh. (Landhausstil von Laura Ashley), Wellness-Angebote, gutes Restaurant.

▶ Günstig

③ ***Palmengarten***
Untere Schmiedgasse 14
91550 Dinkelsbühl
Tel. 0 98 51 / 57 67-0, Fax 75 48
www.sonne-palmengarten.de
Gemütliches Hotel garni mit viel Blumenschmuck im Nordwesten der Altstadt. Die Zimmer sind hell und freundlich eingerichtet.

Die Kinderzeche – Dinkelsbühls größtes jährliches Ereignis

Marktplatz und Weinmarkt

Zu Füßen des Münsters liegen Marktplatz und Weinmarkt mit eindrucksvollen Bürgerhäusern und öffentlichen Gebäuden, die ihr heutiges Ausehen nahezu alle in der Renaissance erhielten. Herausragend ist am Weinmarkt die Fassade des **Deutschen Hauses**, eines der schönsten Fachwerkhäuser Frankens (16. Jh.). Rechts daneben, in der **Schranne**, wurde einst das Korn gespeichert; heute wird hier das alljährliche **Festspiel »Die Kinderzeche«** aufgeführt. Die vom Markt nach Westen führende Segringer Straße ist in der Geschlossenheit ihrer alten Giebelfronten von besonderem Reiz.

Altes Rathaus, Haus der Geschichte

Südöstlich vom Marktplatz steht das Alte Rathaus. Es wurde 2008 als Haus der Geschichte Dinkelsbühl wiedereröffnet und zeigt u. a. ein Stadtmodell, Waffen, Möbel sowie Gegenstände aus Handwerk und Zunftwesen. Man erfährt auch etwa über den in Dinkelsbühl geborenen Schriftsteller **Christoph von Schmid** (1768 – 1854), der ein viel gelesener Jugendschriftsteller war. Von ihm stammt auch der Text zu dem Weihnachtslied »Ihr Kinderlein, kommet« (Öffnungszeiten: Mai – Okt. tgl. 9.00 – 18.00, Nov. – April tgl. 10.00 – 17.00 Uhr).

Deutschordensschloss

Nahe der südlichen Stadtmauer kommt man zum einstigen Deutschordensschloss. Der stattliche **Barockbau**, 1761 – 1774 entstanden, bildet einen architektonischen Gegenpol zu den hochgiebeligen mittelalterlichen Bürgerhäusern. Der Nordflügel birgt eine sehenswerte, reich mit Stuckaturen gezierte Rokokokapelle.

Ein höchst interessantes Kontrastprogramm zur Historie bildet das Museum 3. Dimension, eingerichtet in der historischen Stadtmühle beim Nördlinger Tor am Südzipfel der Stadtmauer. Es präsentiert die Verfahren und Techniken, mit denen man die Tiefe des realen Raums künstlich nachzubilden versucht. Pop-Up-Bücher (Bücher mit aufklappbaren Staffagen) und Vexierbilder gehören ebenso dazu wie 3D-Fotografie, Fotogrammetrie, Holografie, Magic Eyes, Licht und Laser (Öffnungszeiten: April – Sept. tgl. 10.00 – 18.00, Okt. – Anfang Nov. tgl. 11.00 – 16.00, Nov. – März Sa., So. 11.00 – 16.00 Uhr).

✶ **Museum 3. Dimension**

! *Baedeker* TIPP

Rundgang mit dem Nachtwächter

In Dinkelsbühl dreht ein Nachtwächter seine Runden, den man gern begleiten darf. Beginn des Rundgangs: vor dem Münster St. Georg, Apr. – Okt. tgl., sonst nur Sa. 21.00 Uhr

Umgebung von Dinkelsbühl

✶ **Feuchtwangen**

Kulturfans schätzen die kleine Stadt Feuchtwangen, 11 km nördlich von Dinkelsbühl, insbesondere wegen der **Kreuzgangsfestspiele**, die von Juni bis August im idyllischen Klostergarten der ehemaligen Benediktinerabtei stattfinden und Freilichtaufführunegn von Klassikern der Weltliteratur bieten. Doch Feuchtwangen, das sich um ein schon 818 urkundlich erwähntes Benediktinerkloster entwickelte, hat mehr zu bieten. **»Festsaal Frankens«** nennt man den Marktplatz, der mit seinen Fachwerkbauten eine ungewöhnliche Geschlossenheit aufweist. Schmuckstück des Platzes ist der Röhrenbrunnen von 1727, den die Statue der Minerva als Beschützerin von Handwerk und Gewerbe krönt. Vom Marktplatz führt eine Treppe in den romanischen Kreuzgang der Abtei. Im Westteil des Kreuzgangs sind die Handwerkerstuben sehenswert, die zeigen, wie früher die Schuhmacher, Konditoren, Töpfer u. a. gearbeitet haben. Wahrzeichen der Stadt ist die Kirche des ehemaligen Benediktinerstifts, dessen sehenswerten Marienaltar der Nürnberger Michael Wolgemut, der Lehrmeister von Albrecht Dürer, 1484 schuf. Auch ein Besuch der direkt neben der Stiftskirche stehenden, im Wesentlichen gotischen Johanniskirche lohnt sich, insbesondere wegen der Gewölbemalereien im Chor (um 1400) und des ganzfigurigen Grabsteins des Schwanenritters Jörg von Ehenheim († 1499).

Zwei interessante **Museen** sind das Fränkische Museum und das Chormuseum. Die Museumsstraße führt vom Marktplatz nördlich zum Fränkischen Museum, einem der besten Volkskunstmuseen Bayerns. Es zeigt neben einer reichen Sammlung bäuerlicher und bürgerlicher Kultur- und Gebrauchsgegenstände komplett eingerichtete Wohnräume aus Barock, Biedermeier und Jugendstil sowie eine außergewöhnliche Fayencensammlung. Östlich vom Fränkischen Museum liegt das Chormuseum, eingerichtet vom Fränkischen Sängerbund und nach eigenem Bekunden das einzige Chormuseum seiner Art in Deutschland. Es dokumentiert die Entwicklung des Chor-

Im Hof des Kreuzgangs von Feuchtwangen finden jedes Jahr im Sommer Freilichtaufführungen statt.

gesangs in Franken seit dem 19. Jahrhundert. In der an der A 7 (Würzburg – Ulm) gelegenen **Bayerischen Spielbank Feuchtwangen** kann man sein Glück herausfordern.

Bechhofen

Knapp 20 km nordöstlich in Richtung Ansbach liegt der kleine Ort Bechhofen mit dem einzigen **Pinsel- und Bürstenmuseum** Europas (Öffnungszeiten: April – Okt. Mi. u. Sa. 14.00 – 17.00, So. u. Fei. 13.30 – 17.00 Uhr).

★ Ebrach

K 5

Landkreis: Bamberg
Einwohnerzahl: 1900
Höhe: 324 m ü. d. M.

Hervorgegangen ist Ebrach aus einer 1127 gegründeten und 1803 säkularisierten Zisterzienserabtei im Tal der Mittelebrach. Viele Gebäude im Innenortsbereich sind vom Barock geprägt.

»Perle des Steigerwaldes«

Der Markt Ebrach, wegen seiner barocken Bauten »Perle des Steigerwaldes« genannt, liegt etwa auf halber Strecke zwischen ►Würzburg und ►Bamberg an der B 22 in einem sanften Waldtal des Naturparks Steigerwald. Unter der Leitung des ersten Abtes Adam († 1167) blühte das Kloster auf und gründete sechs Tochterklöster, darunter die

EBRACH ERLEBEN

AUSKUNFT

Verkehrsamt
Rathausplatz 2
96157 Ebrach
Tel. 0 95 53 / 92 20-0, Fax 92 20-20
www.ebrach.de

ÜBERNACHTEN

▸ **Komfortabel**
Landidyll Historikhotel Klosterbräu
Marktplatz 4
96157 Ebrach
Tel. 0 95 53 / 1 8-0, Fax 18-88
www.landidyll.com/klosterbraeu
Untergebracht ist der Hotelbetrieb im ehemaligen Gästehaus der Zisterzienser aus dem 18. Jh. direkt neben dem Kloster. Das Haus ist behindertengerecht und familienfreundlich eingerichtet. Gutes Restaurant, Außengastronomie im ehemaligen Abteigarten.

fränkischen Klöster Langheim und Heilsbronn. 1851 wurde ein Großteil des ehemaligen Klosterkomplexes in ein »Strafarbeitshaus« und 1958 in eine **Jugendstrafanstalt** umgewandelt.

Ehemaliges Zisterzienserkloster

★ Klosterkirche

Die 1127 gegründete Abtei Ebrach war die **erste rechtsrheinische Zisterziensergründung**. In ihrer ursprünglichen Form war die aus dem 13. Jh. stammende Klosterkirche (heute kath. Pfarrkirche) mit ihrer farbenprächtigen Fensterrosette (Kopie; Original im Bayer. Nationalmuseum in München) einer der schönsten frühgotischen Sakralbauten Süddeutschlands. In der Barockzeit entstand die gegenwärtige Innenausstattung der Kirche; Höhepunkt ist die Ausgestaltung durch den Würzburger Hofstuckateur Materno Bossi (1773 – 1793).

Konventsbauten

Die Konventsbauten tragen in erster Linie die künstlerische Handschrift Balthasar Neumanns, Josef Greisings und Johann Leonhard Dientzenhofers, die 1688 bis 1740, barockem Repräsentationsanspruch folgend, diese aus fünf Höfen bestehende geistliche Residenz errichteten. Das beeindruckende **Treppenhaus** – nach dem Vorbild des Schlosses Pommersfelden erbaut, nach dem auch die Würzburger Residenz geschaffen wurde – und der herrliche **Kaisersaal** befinden sich im Bereich der Justizvollzugsanstalt und können nur im Rahmen einer Führung (Apr. – Okt. 10.30 u. 14.30 Uhr) besichtigt werden In der ehemaligen Abtswohnung zwischen Kirche und Treppenhaus ist das **Museum der Geschichte Ebrachs** untergebracht (Öffnungszeiten: April – Okt. 14.00 – 16.00 Uhr).

Ebracher Musiksommer

In der Klosterkirche und im Kaisersaal der ehemaligen Abtei werden alljährlich musikalische Meisterwerke aus Barock, Klassik und Romantik unter Beteiligung namhafter Interpreten geboten.

Ebrachs Abteikirche mit ihrer riesigen Fensterrose

Umgebung von Ebrach

Über die auf die Hochfläche führende Steigerwald-Höhenstraße erreicht man den an der A 3 gelegenen kleinen Marktort **Geiselwind**. Das Fachwerk-Rathaus ist im 15./16. Jh. entstanden. Die Pfarrkirche St. Burkart geht in ihren ältesten erhaltenen Teilen auf das 10./11. Jh. zurück. Auf dem Marktplatz steht das Murmann-Denkmal, das an eine Episode aus dem Dreißigjährigen Krieg erinnert: Der schwedische General Murmann soll mit theatralischer Geste eine Wurst emporgehoben haben, wobei er sagte: »So wahr ich diese Wurst essen werde, so wahr werde ich Geiselwind zerstören!« Doch unversehens sprang ihm eine Katze auf die Schulter, schnappte sich die Wurst und suchte das Weite. Der Offizier nahm dies als böses Omen und ließ den Ort in Frieden.

Außerhalb von Geiselwind, an der A 3 (Würzburg – Nürnberg), liegt das riesige **Freizeitland Geiselwind**, Bayerns größter Freizeitpark. Rund 100 Attraktionen, Shows und Vorführungen mit Tieren warten auf die Besucher: u. a. eine Looping-Achterbahn mit Vorwärts- und Rückwärtsfahrt oder »Top of the World«, der mit einer Höhe von 95 m größte transportable Aussichtsturm der Welt (Öffnungszeiten: Mitte April – Mitte Okt. tgl. 9.00 – 17.00, im Sommer bis 18.00 Uhr. Tel. 0 95 56 / 92 11 92; www.freizeitland geiselwind.de).

Schlüsselfeld Rund 20 km südöstlich von Ebrach liegt das altertümliche, teils noch ummauerte Städtchen Schlüsselfeld. Es besitzt einen sehr hübschen lang gestreckten Marktplatz mit schmucken Häusern; lohnenswert ist der Besuch der barocken **Marienkirche**, die 1724 / 1725 wahrscheinlich nach Plänen von Balthasar Neumann gebaut wurde.

★★ Eichstätt

O–P 11

Landkreis: Eichstätt
Einwohnerzahl: 14 000
Höhe: 391 – 534 m ü. d. M.

Die heute noch vom Barock geprägte ehemals fürstbischöfliche Residenzstadt im Naturpark Altmühltal am Fuß der Fränkischen Alb gehört zwar verwaltungstechnisch schon zum Regierungsbezirk Oberbayern, touristisch aber eher zu Franken.

Barocke Bischofsstadt

Der hl. Willibald, ein Angelsachse und Gehilfe des hl. Bonifatius, gründete 741 in »Eihstat« ein Missionskloster. Mit dem Wirken seiner Schwester Walburga entfaltete sich Eichstätt zu einem Wallfahrtsort. Im Jahre 908 erhielt der Ort das Markt-, Münz-, Zoll- und Befestigungsrecht; 1042 folgte die Erhebung zur Stadt. Seit 1305 lenkten die Bischöfe die Geschicke von Eichstätt, das sich dann im 15. Jh. zu einem Zentrum des deutschen Humanismus entwickelte. Im Dreißigjährigen Krieg wurde die Stadt bis auf den Dom und einige wenige Häuser zerstört. So konnte die nachfolgende barocke Erneuerung ungehindert erfolgen, und der kirchliche Macht- und Repräsentationsanspruch ließ eine prunkvolle geistliche Fürstenresidenz entstehen, die ihr heiteres, geradezu italienisch anmutendes Flair bis heute bewahrt hat. Noch immer ist die Zweiteilung in die **weiträumige Domstadt** und die nördlich anschließende, **engere und ummauerte Bürgerstadt** deutlich. Eichstätt, das seit der Gebietsreform 1972 zum Regierungsbezirk Oberbayern gehört, ist Sitz der einzigen **katholischen Universität** im deutschsprachigen Raum.

Sehenswertes in Eichstätt

★ Marktplatz

Der annähernd dreieckige Marktplatz im nördlichen Teil des Stadtkerns ist Mittelpunkt der Bürgerstadt. Sein barockes Erscheinungsbild wird vom **Rathaus** mit 34 m hohem Turm und vom **Willibaldsbrunnen** (1695) bestimmt. Die barocke einstige **Stadtpropstei** (1738) entwarf der aus dem Trentino stammenden Gabriel Gabrieli, der von 1714 bis 1747 Hofbaudirektor in Eichstätt war.

★★ Dom

Der doppeltürmige Dom »St. Salvator, Unsere Liebe Frau und St. Willibald« bildet zusammen mit der Residenz den baulichen Hauptakzent der großzügig angelegten Bischofsstadt. Die dreischiffige Hallenkirche (1350 – 1396) vereint **alle Baustile** von den romanischen Anfängen bis zum ausgehenden Barock, wobei insgesamt die Frühgotik dominiert. Die barocke Westfassade ist ein Werk von Gabrieli. Im Hauptchor befinden sich am Hochaltar einige vorzügliche Holzbildwerke von einem einheimischen Meister (Hl. Maria, Willibald, Walburga, Wunibald und Richard; um 1470). Im Willibaldschor steht ein frühbarockes Denkmal des hl. Willibald mit Mitra und

Krummstab, wahrscheinlich das Werk des seit 1513 hier ansässigen Bildhauers Loy Hering, das die Rückseite des Altars bildet; in diesem Chor ist der Bistumsgründer auch bestattet. In der Seitenkapelle rechts neben dem Willibaldschor befindet sich die moderne Grablege der Eichstätter Bischöfe.

★ Domschatz- und Diözesanmuseum ►

Das in die historische Bausubstanz integrierte Museum zeigt u. a. Porträts von Kirchenfürsten, Messgewänder und bedeutende mittelalterliche Tapisserien zur Walburgis-Legende (Öffnungszeiten: Mi. – Fr. 10.30 – 17.00, Sa., So., Fei. 10.00 – 17.00 Uhr).

★★ **Residenzplatz**

Glanzpunkt von Eichstätt ist der Residenzplatz, wo prachtvolle Häuser im Halbrund um die bischöfliche Residenz stehen; er zählt durch seine barocke Einheitlichkeit zu den **schönsten Stadtpätzen Deutsch-**

Eichstätt Orientierung

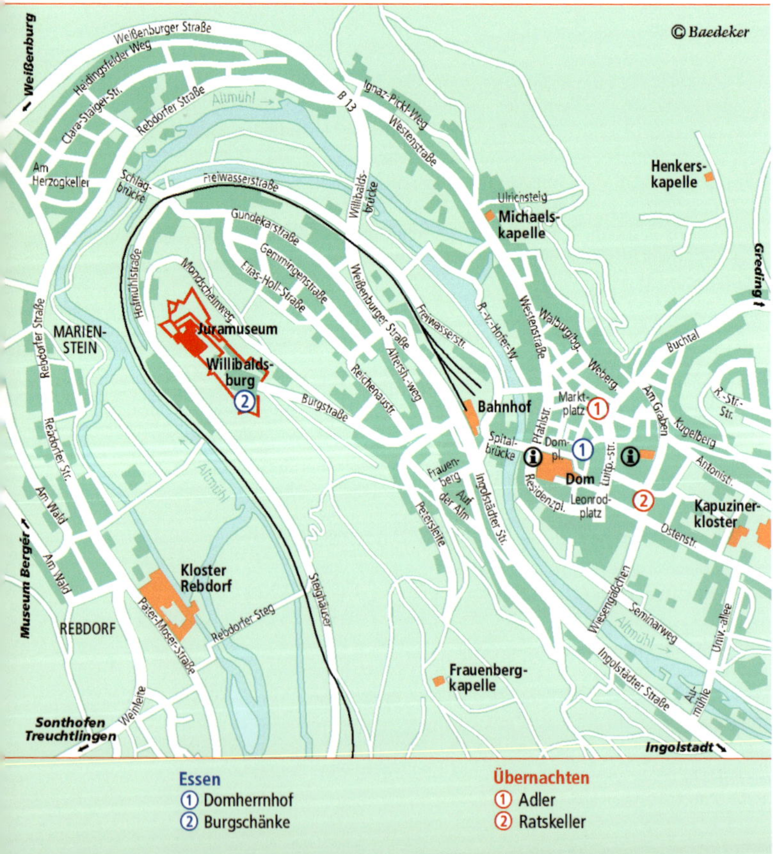

EICHSTÄTT ERLEBEN

AUSKUNFT

Tourist-Information Eichstätt
Domplatz 8
85072 Eichstätt
Tel. 0 84 21 / 60 01-400
Fax 60 01-408
www.eichstaett.info

ESSEN

► Erschwinglich

① ***Domherrnhof***
Domplatz 5
Tel. 0 84 21 / 61 26
Ruhetag: Mo.
Weinfreunde werden sich besonders über das historische Kellergewölbe freuen, wo erlesene Tropfen aus aller Welt lagern.

② ***Burgschänke***
Burgstr. 19
Tel. 0 84 21 / 8 04 44
Ruhetag: Mo.
Café-Restaurant auf der Willibaldsburg mit gutbürgerlicher Küche. Großer Biergarten mit rund 400 Plätzen.

ÜBERNACHTEN

► Komfortabel

① ***Adler***
Marktplatz 22
85072 Eichstätt
Tel. 0 84 21 / 67 67
Fax 82 83
www.adler-eichstaett.de
In einem herrlichen Barockbau aus dem 17. Jh. ist dieses moderne Hotel untergebracht. Großzügig ausgestattete Zimmer, reichhaltiges Frühstück, Sauna im Haus.

► Günstig

② ***Ratskeller***
Kardinal-Preysing-Platz 8
85072 Eichstätt
Tel. 0 84 21 / 90 12 58, Fax 24 17
www.ratskeller-eichstaett.de
Familienbetrieb im ehem. Kloster Notre-Dame. Ruhiges Gästehaus und gemütlicher Biergarten.

lands. Blickfang ist die einem Brunnenbecken entwachsende, 16 m hohe Mariensäule von 1777. Den nördlichen Platzabschluss bildet die ehemalige fürstbischöfliche **Residenz** mit imposantem Treppenhaus und prunkvollem Spiegelsaal.

✶ **Leonrodplatz**

✶ ◄ Schutzengelkirche

Südöstlich von Dom und Residenz erstreckt sich der Leonrodplatz, eine der reizvollsten Platzanlagen der Innenstadt. An seiner nördlichen Ecke steht das einstige **Bischöfliche Palais**, das auf Wunsch des Domherrn Marquard Wilhelm von Schönborn um 1720 durch Gabriel Gabrieli erbaut wurde. An der Ostseite des Leonrodplatzes erhebt sich die Schutzengelkirche (ehemalige Jesuitenkirche), deren Inneres den schönsten Barockraum der Stadt darstellt. Auch diese Kirche verdankt ihr heutiges Aussehen weitgehend der Wiederherstellung nach den Zerstörungen des Dreißigjährigen Kriegs. Die prächtigen Stuckaturen sind ein Werk von Franz Gabrieli, dem Bruder des damaligen Hofbaudirektors.

Highlights Eichstätt

Dom
Das Gotteshaus vereint alle Baustile.
▸ Seite 197

Residenzplatz
Einer der schönsten Plätze Deutschlands
▸ Seite 198

Willibaldsburg
Wahrzeichen der Stadt mit zwei interessanten Museen (Jura-Museum, Museum für Ur- und Frühgeschichte) und einem sehenswerten Garten
▸ Seite 201

Info-Zentrum Naturpark Altmühltal

Unweit nördlich, an der Straße Am Graben östlich des Doms, steht das einstige **Kloster Notre-Dame de Sacré-Cœur**. Gabriel Gabrieli nahm den Bau 1719 in Angriff; 1803 wurde der Konvent säkularisiert. Heute hat hier das Informationszentrum des Naturparks Altmühltal seinen Sitz. Die **Ausstellung »Natur«** zeigt in Dioramen, Schauvitrinen und Filmen die ökologischen Systeme, die für den Naturpark Altmühltal bestimmend sind (Öffnungszeiten: April – Okt. Mo. – Sa. 9.00 – 17.00; So. 10.00 – 17.00; Nov. – März Mo. – Do. 9.00 bis 12.00, 14.00 – 16.00, Fr. 9.00 – 12.00 Uhr).

St. Walburg

Nordwestlich vom Markt erreicht man das um 880 gegründete und der hl. Walburg geweihte Benediktinerinnenstift. Die Klosterkirche (1631) ist ein einschiffiger frühbarocker Bau von Martin Barbieri, die anmutigen Stuckaturen des Innenraums wurden von Künstlern der Wessobrunner Schule gestaltet. Hinter dem großen Hochaltar (1664) liegt das auf das 11. Jh. zurückgehende **Grab der hl. Walburga**. Ihre Reliquien ruhen im Gruftaltar; die Flüssigkeitstropfen, welche die Grabplatte manchmal absondert, gelten als heilkräftig.

**** Willibaldsburg**

Nordwestlich über der Stadt steht auf einer Anhöhe die von einem Befestigungsgürtel umgebene Willibaldsburg, das architektonische **Wahrzeichen von Eichstätt**. Sie war von 1335 bis 1725 Residenz der Eichstätter Fürstbischöfe.

Heute sind in der Burg, von deren Südturm man einen herrlichen Blick auf die Stadt und in das Altmühltal genießt, zwei Museen untergebracht. Das Jura-Museum zeigt die erdgeschichtliche Entwicklung der Südlichen Frankenalb. Den Schwerpunkt bilden die rund 150 Millionen Jahre alten Fossilien aus den Solnhofener Plattenkalken, darunter der **Urvogel Archaeopteryx** (Öffnungszeiten: Apr. bis Sept. Di. – So. 9.00 – 18.00, Okt. – März Di. – So. 10.00 – 16.00 Uhr).

* ◂ Jura-Museum

Das Museum für Ur- und Frühgeschichte (Öffnungszeiten wie Jura-Museum) veranschaulicht die regionale Entwicklung von der Steinzeit bis zum frühen Mittelalter. Glanzstücke der Sammlung sind ein

* ◂ Museum für Ur- und Frühgeschichte

← *Die Willibaldsburg beherrscht das Altmühltal bei Eichstätt.*

60 000 Jahre altes Mammutskelett, eine merowingische Grabanlage und Funde aus den Römerkastellen der Region.

✶ Hortus Eystettensis ► Auf der östlich gelegenen Schmiedebastion breitet sich der »Hortus Eystettensis« aus, ein Prunkgarten mit exotischen Blumen, Bäumen und Kakteen, den Fürstbischof Konrad von Gemmingen im 16. Jh. auf der Burg anlegen ließ.

Umgebung von Eichstätt

Figurenfeld Eichstätt Östlich von Eichstätt, an der Jura-Hochstraße nach Kinding, kommt man zum »Figurenfeld Eichstätt«. Der Eichstätter Bildhauer Alois Wünsche-Mitterecker (1903 – 1975) stellte 78 große Plastiken als **Mahnmal gegen Krieg** und Gewalt in die karge Juralandschaft.

Pfünz Besuchenswert ist auch das einstige Römerkastell in Pfünz, östlich von Eichstätt. Es wurde im 1. Jh. n.Chr. als Bollwerk gegen die Germanen angelegt; das Nordtor und ein Eckturm sind heute originalgetreu rekonstruiert, und hier beginnt auch ein Lehrpfad, auf dem Anlage und Funktion des Kastells erklärt werden.

✶ **Greding** Das von einer fast lückenlos erhaltenen Stadtmauer umgebene Greding (7000 Einw.), knapp 30 km nordöstlich von Eichstätt und nahe der Autobahn Nürnberg – München gelegen, besitzt noch ein altertümliches Stadtbild.

Der leicht ansteigende, mit Naturstein gepflasterte und von stattlichen Häusern gesäumte **Marktplatz** bildet das Zentrum des Städtchens. An seiner Nordseite steht das 1699 erbaute Rathaus mit einem spitzen Glockenturm. Weiter links erhebt sich das mit einem eleganten Eckturm versehene ehemalige Schloss (17. Jh.), das den Eichstätter Fürstbischöfen, den einstigen Herren über Greding, als Jagdschloss diente.

An der Südseite des Marktplatzes ist in dem stattlichen Gebäude der einstigen Posthalterei das **Museum Natur und Mensch** eingerichtet. Es zeigt Fossilien aus dem Jura (ca. 135 bis 170 Millionen Jahre alt), Funde aus der höhlenreichen Region und eine heimatkundliche Sammlung mit bäuerlichem Mobiliar und Gerät (Öffnungszeiten: Sa. 13.00 – 16.00, So. 14.00 – 17.00 Uhr).

An der höchsten Stelle der Altstadt, in der nördlichen Ecke der Stadtmauer, steht in einem kleinen Friedhof die Kirche **St. Martin**, die größte romanische Basilika im ehemaligen Hochstift Eichstätt und das kunsthistorisch bedeutendste Monument des Städtchens. Der schlichte romanische Bau (12. Jh.) ist auch im Innern weitgehend schmucklos; er birgt einen einfachen, teilweise barockisierten spätgotischen Schnitzaltar mit dem gekreuzigten Christus. Beachtenswert sind die romanischen Fresken. In der Hauptapsis ist Christus, umgeben von den Evangelistensymbolen, zu sehen; die Fresken im Hauptschiff links zeigen den hl. Christophorus und den hl. Martin. Der **Karner**, vermutlich im 14. Jh. aus Platzmangel im Untergeschoss der

Greding: der historische Marktplatz mit modernem Brunnen

direkt benachbarten Michaelskapelle angelegt, birgt die Gebeine von 2500 Menschen; damit stellt der Gredinger Karner unter den insgesamt nur drei in Bayern erhaltenen romanischen Beinhäusern die zweitgrößte Anlage dar.

✶ **Beilngries**

12 km östlich von Greding liegt Beilngries im Altmühltal, das 2007 sein 1000-jähriges Stadtjubiläum feiern konnte. Besonders sehenswert sind hier die Stadtpfarrkirche St. Walburga, das wunderschöne barocke Rathaus, die Rokoko-Frauenkirche und das Schloss Hirschberg der Fürstbischöfe von Eichstätt über der Stadt.

✶ Erlangen

N-07

Kreisfreie Stadt
Einwohnerzahl: 106 000
Höhe: 279 m ü. d. M.

Was für Franken so typisch ist – Fachwerk und heimelige Winkel – wird man in Erlangen vergeblich suchen. Im Kern der Hugenottenstadt herrscht die planmäßige Geradlinigkeit einer barocken Residenz- und Universitätsstadt vor.

Residenz- und Universitätsstadt

Die lebhafte Industrie-, Hafen- und Universitätsstadt Erlangen, Teil des Wirtschaftsraums Nürnberg – Erlangen – Fürth, liegt am flachen östlichen Ufer der Regnitz, in die hier die Schwabach mündet. Die einstige Residenzstadt mit ihrem barocken Zentrum präsentiert sich heute als ausgesprochene Studentenstadt mit entsprechend jugendlichem Flair, das sich nicht zuletzt in der Kultur- und Kneipenszene spiegelt. Das vorherrschende Verkehrsmittel ist konsequenterweise das Fahrrad.

Geschichte Die Siedlung gehörte seit 1017 zum Hochstift Bamberg, wurde 1361 von Kaiser Karl IV. erworben und erhielt 1398 die Stadtrechte. Vier Jahre später fiel Erlangen an die Burggrafen von Nürnberg und in der Konsequenz unter kulmbach-bayreuthische Oberhoheit. Ein Ereignis von enormer Tragweite war die Ansiedlung von aus Frankreich emigrierten **Hugenotten**, für die Markgraf Christian Ernst ab 1686 südlich vom Stadtkern die Neustadt auf schachbrettförmigem Grundriss anlegen ließ. Schon bald spielten die Refugiés im Wirt-

Erlangen Orientierung

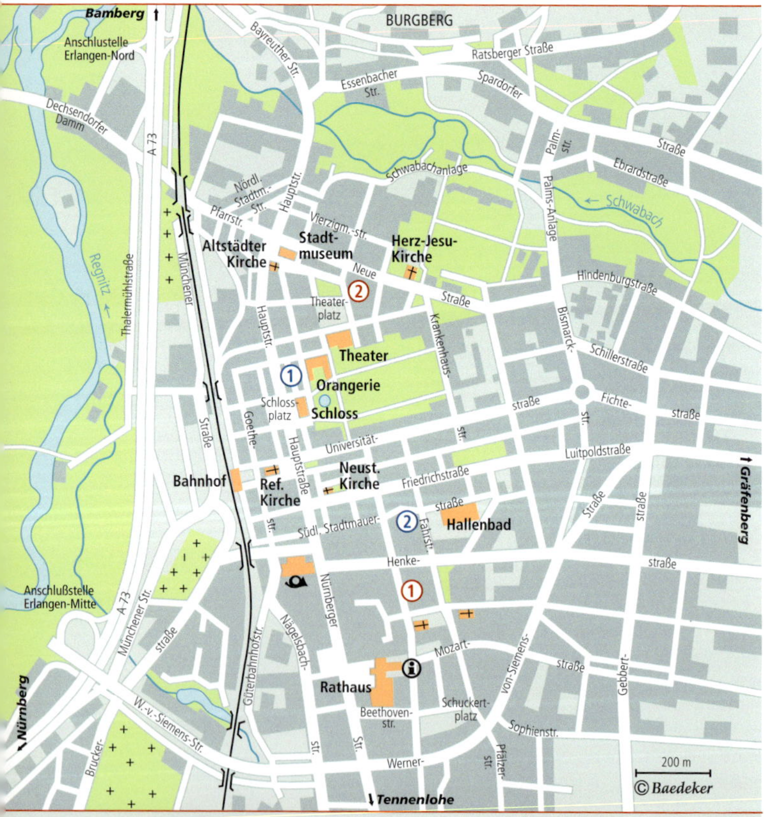

Essen
① 3 Husaren
② Kitzmann Bräuschänke

Übernachten
① Bayerischer Hof
② Rokokohaus

ERLANGEN ERLEBEN

AUSKUNFT

Tourist-Information
Carée am Rathausplatz
(Rathausplatz 3)
91052 Erlangen
Tel. 0 91 31 / 89 51-0, Fax 89 51-51
www.erlangen.de

ESSEN

► Fein & teuer

① ***3 Husaren***
Apfelstr. 8
Tel. 0 91 31 / 2 17 50
Ruhetag: Mo.
Spezialitäten des Restaurants sind Süßwasser- und Meeresfische sowie regionale Gerichte – alles mit leicht mediterranem Touch.

► Preiswert

② ***Kitzmann Bräuschänke***
Südl. Stadtmauerstr. 25
Tel. 0 91 31 / 81 08 33
Fränkische Lebensfreude erlebt man in diesem beliebten Erlanger Lokal. Hier gibt es nicht nur süffiges Bier, sondern auch allerlei Schmackhaftes der regionalen Küche, so auch Braten und Schäufele, aber auch fränkische Brotsuppe, Stadtwurst mit Musik und eine tolle Brotzeitplatte.

ÜBERNACHTEN

► Komfortabel

① ***Bayerischer Hof***
Schuhstr. 31
91052 Erlangen
Tel. 0 91 31 / 78 50, Fax 2 58 00
www.bayerischer-hof-erlangen.de
Gediegenes Stadthotel mit 159 bestens ausgestatteten Zimmern und Suiten, Sauna, Dampfbad und Solarium; Restaurant mit exzellenter fränkischer Küche.

② ***Rokokohaus***
Theaterplatz 13
91054 Erlangen
Tel. 0 91 31 / 783-0, Fax 783-199
www.rokokohaus.de
Die 12 hübsch eingerichteten befinden sich im »Rokokoschlösschen« von 1760 und in einer Dependance am Theaterplatz 19.

schaftsleben der Region eine ganz entscheidende Rolle. Nach dem Großbrand von 1706 wurden Alt- und Neustadt vereinigt. Die meist zweigeschossigen Häuser mit Mansardendächern verleihen Erlangen einen schlicht barocken Charakter.

Sehenswertes in Erlangen

Marktplatz
Schlossplatz
◄ Palais Stutternheim

Der Marktplatz mit dem figurengeschmückten Paulibrunnen (1886) und der angrenzende Schlossplatz bilden als Fußgängerzone das weiträumige Zentrum der Innenstadt. Das **markanteste Gebäude am Marktplatz** ist an dessen Südseite das ehemalige Palais Stutternheim, ein dreieinhalbstöckiger Barockbau mit Mansarddach. Der Amtshauptmann Christian Hieronymus von Stutternheim ließ es 1728–1730 errichten. Heute sind hier die Stadtbücherei und die Städtische Galerie untergebracht.

Der im Historismus errichtete Paulibrunnen und das barocke Schloss von Erlangen

Schloss Das Pendant zum Paulibrunnen bildet das Denkmal des Markgrafen Friedrich, das 1843 aus Anlass des hundertjährigen Universitätsjubiläums auf dem Schlossplatz aufgestellt wurde. Es steht vor dem ehem. markgräflichen Schloss, einem 1700–1704 entstandenen, etwas nüchternen, ausladenden Barockbau. Von der originalen Innenausstattung ist nichts erhalten, denn das Schloss brannte 1814 vollständig aus. Seit 1825 hat hier die 1743 in Bayreuth gegründete und noch im selben Jahr nach Erlangen verlegte **Friedrich-Alexander-Universität** ihren Sitz – heute die zweitgrößte Universität Bayerns.

Schlossgarten Östlich hinter dem Schloss erstreckt sich der große Schlossgarten, wo in einem Wasserbecken der eigenartige **Hugenottenbrunnen** steht. Die Brunnenplastik von 1706 zeigt ganz unten Mitglieder der vornehmsten Hugenottenfamilien, darüber antike Götter und oben

Orangerie ▶ den Markgrafen Christian Ernst, den Förderer der Refugiés. Das auffälligste Bauwerk im Park ist die 1705 angelegte einstöckige Orangerie. In dem heiteren, geschwungenen Bau sind Institute der Universi-

Botanischer Garten ▶ tät untergebracht. Den nördlichsten Teil des Parks bildet der Botanische Garten der Universität, der in erster Linie der Forschung und Lehre dient, aber auch für die Allgemeinheit zugänglich ist. Hier gedeihen u. a. tropische Nutzpflanzen, Gewürzkräuter und Arznei-

Markgrafentheater ▶ pflanzen. Direkt an den Botanischen Garten grenzt das einstige Markgrafentheater (1715–1719), die **älteste noch bespielte Barockbühne** Süddeutschlands. Das elegante Innere wurde im Jahr 1743 durch den Theatermaler Giovanni Paolo Gaspari im Stil des Rokoko umgestaltet.

Hugenottenkirche

Südlich vom Marktplatz und nahe beim Bahnhof öffnet sich der Hugenottenplatz mit der Evangelisch-Reformierten Kirche, allgemein »Hugenottenkirche« genannt, dem **ersten Gotteshaus**, das die Hugenotten **außerhalb Frankreichs** errichtet haben. Der recht nüchterne Bau entstand in den Jahren 1686 bis 1693; der 52 m hohe Turm wurde rund vierzig Jahre später angefügt. Im Innern setzen die frei stehende Kanzel und die Richter-Orgel (1755 – 1766) recht sparsame Akzente.

> **! Baedeker TIPP**
>
> **Bergkirchweih**
>
> Jedes Jahr zu Pfingsten ruft in Erlangen der Berg! Denn dann ist Kirchweih auf den ehemaligen Eis- und Lagerkellern der Erlanger Brauereien. Und dabei schwitzt man nicht in Bierzelten, sondern unter freiem Himmel an den Hängen des Burgbergs. Der einzige Wermutstropfen dabei: Das Fest ist nichts für Menschen mit Hang zur Klaustrophobie, denn es geht wirklich jede/r Erlanger/in hin, und das gleich mehrmals.

Auch die unweit südöstlich ins Auge fallende **Neustädter Kirche**, die 1720 – 1737 erbaut wurde, verdankt ihre Existenz einer Gruppe von protestantischen Zuwanderern. Beachtenswert sind die Deckenfresken von Christian Leimberger. Im Untergeschoss befindet sich die Gruft von Sophie Karoline, der letzten Erlanger Markgräfin.

Altstädter Kirche

Nördlich vom Schloss und jenseits des Theaterplatzes liegt die Altstadt. Da sie nach dem Großbrand von 1706 völlig erneuert werden musste, unterscheidet sie sich in der Bausubstanz nur wenig von der barocken Neustadt. Am Martin-Luther-Platz erhebt sich die Altstädter Kirche (Dreifaltigkeitskirche; 1709 – 1721), die als eines der besten Werke des sog. **Markgrafenstils** gilt. Auf den Giebelseiten rechts und links vom Turm sind die Sandsteinstatuen der Markgrafen Christian Ernst und Georg Wilhelm zu sehen.

Altstädter Rathaus

Bis zur verwaltungspolitischen Vereinigung von Alt- und Neustadt im Jahr 1812 war das barocke Altstädter Rathaus Sitz des Magistrats; heute beherbergt der repräsentative Bau das Stadtarchiv und das **Stadtmuseum** mit Exponaten zu Erlangens Geschichte.

Skulpturengarten

Nördlich außerhalb der Innenstadt erhebt sich der Burgberg, an dem der Skulpturengarten liegt. In ihm sind 17 Plastiken des 1902 in Erlangen geborenen Bildhauers **Heinrich Kirchner** aufgestellt.

Umgebung von Erlangen

Dechsendorfer Weiher

Ca. 6 km nordwestlich vom Zentrum liegt das viel besuchte **Naherholungsgebiet** Dechsendorfer Weiher mit rund 40 ha Wasserfläche und vielen Spazierwegen durch die schönen Auenwälder. Man kann segeln, surfen, paddeln oder einfach nur am Wasser faulenzen; es gibt ausreichend Grill- und Campingplätze und abwechslungsreiche Gastronomie.

Die elegante Orangerie ziert den Schlosspark von Erlangen.

Herzogenaurach

Das Städtchen Herzogenaurach, 6 km westlich der Regnitz und des Main-Donau-Kanals gelegen, besitzt ein ausgezeichnet erhaltenes Barockschloss (1712 – 1720) des Grafen Lothar Franz von Schönborn, außerdem prägen Fachwerkhäuser das altertümliche Ortsbild. In Herzogenaurach sind die beiden Sportausrüster Adidas und Puma (► Baedeker Special, S. 26), die größten Sportartikelhersteller Deutschlands, ansässig.

★ Fladungen

H 1

Landkreis: Rhön–Grabfeld
Einwohnerzahl: 2500
Höhe: 414 m ü. d. M.

Das Bild des noch fast vollständig ummauerten Rhönstädtchens im Dreiländereck Hessen, Bayern und Thüringen wird geprägt von schmucken Fachwerkhäusern mit reichen Schnitzereien und Fassaden in Weiß und Rotbraun.

Nördlichste Stadt Bayerns

Fladungen, die nördlichste Stadt des Freistaats Bayern, liegt in flachwelligem Hügelland zwischen der Hohen Rhön und der Kuppigen Rhön am nördlichen Ende der Hochrhönstraße. Die annähernd quadratische **Altstadt** des Ortes, der 1335 die Stadtrechte erhielt, wird von einer gut erhaltenen Stadtmauer aus dem 14. Jh. mit Wehrgang, fünf Türmen und Mauerreitern umzogen. Der bekannteste

FLADUNGEN ERLEBEN

AUSKUNFT

Tourist-Information Fladungen
Bahnhofstraße 19
97650 Fladungen
Tel. 0 97 78 / 91 23 25
Fax 91 23 26
www.fladungen-rhoen.de

Tourist-Information Bischofsheim
Kirchplatz 7
97653 Bischofsheim
Tel. 0 97 72 / 91 01 50
Fax 91 01 59
www.bischofsheim.info

ESSEN

► Erschwinglich

Gasthof Goldener Adler
Obere Pforte 1
97650 Fladungen
Tel. 0 97 78 / 71 28
Ruhetag: Mi.
Gasthof mit einem reichhaltigen Angebot aus der eigenen Metzgerei. Den Gästen stehen auch 10 Hotelzimmer zur Verfügung.

ÜBERNACHTEN

► Komfortabel

Hotel Sonnentau
Wurmberg 1 – 3
97650 Fladungen
Tel. 0 97 78 / 9 12 20
Fax 91 22 55
www.sonnentau.com
Am Hang gelegenes Hotel mit 51 sehr gut ausgestatteten Gästezimmern und herrlichem Blick auf die Stadt und die Hochrhön; Restaurant, Gartenterrasse, Wellness-Einrichtungen.

Turm ist der »Maulaff«, benannt nach einer kleinen Steinfigur, die dem Betrachter seine übergroße Sitzfläche entgegenstreckt – ein uralter Abwehrzauber, der im Dreißigjährigen Krieg an den Schweden seine Wirkung gezeigt haben soll. Ähnliche Symbole finden sich auch an den geschnitzten Fachwerkbalken der alten Häuser.

Sehenswertes in Fladungen

Rhön-Museum

Die Silhouette der Altstadt wird beherrscht vom geschwungenen Barockgiebel des stattlichen **Amtshauses** (1628 – 1630). Das hier eingerichtete Rhön-Museum veranschaulicht die Lebens- und Arbeitsbedingungen, die früher in der kargen und rauen Landschaft herrschten. Handwerkszeug und bäuerliches Gerät, Möbel, eiserne Ofenplatten und sakrale Kunst lassen vergangene Zeiten wieder lebendig werden (Öffnungszeiten: Apr. – Okt. tgl. 10.00 – 17.00 Uhr).

★ Freilandmuseum Fladungen

Wer das dörfliche Leben in Unterfranken hautnah erleben möchte, dem sei der Besuch des Fränkischen Freilandmuseums empfohlen. In zwei Baugruppen wurden hier **historische Bauernhäuser** aus der Region wiedererrichtet und mit originalem Mobiliar und Gerät ausgestattet; selbst das Wirtshaus zum Schwarzen Adler hat eine fast

! Baedeker TIPP

Schwarzes Moor

Zwischen Fladungen und Bischofsheim dehnt sich das Schwarze Moor aus, eines der bedeutendsten Hochmoore Mitteleuropas. Im nördlichen Teil des 60 ha großen Moores (Parkplatz Schwarzes Moor), westlich von Fladungen, gibt es einen 2,2 km langen Naturlehrpfad, wo dem Besucher die Vielzahl der hier lebenden Tier- und Pflanzenarten nahe gebracht wird.

vierhundertjährige Tradition. Auch altes Handwerk, z. B. die in der armen Region früher weitverbreitete Korbflechterei, wird zu neuem Leben erweckt. Der Rhöner Bauernladen schließlich verkauft frische Naturprodukte von nahen Höfen (Öffnungszeiten: Apr. – Okt. Di. bis So. 9.00 – 18.00 Uhr; www.freiland museum-fladungen.de).

Zum Museum gehört auch der 1898 erbaute Bahnhof für die Regionalbahn Fladungen – Mellrichstadt, die 1979 den Betrieb eingestellt hat. Heute verkehren wieder an Sonn- und Feiertagen (Mai bis Okt.) historische Dampf- und Dieselzüge – **Rhön-Zügle** – von Fladungen über Ostheim vor der Rhön nach Mellrichstadt.

Umgebung von Fladungen

Bischofsheim

Über die Hochrhönstraße erreicht man – 25 km südwestlich – Bischofsheim vor der Rhön. Das **Wintersportzentrum** liegt hübsch in einem Talkessel zwischen der Hohen Rhön und der Waldreichen Rhön und wird als Ausgangspunkt für den Aufstieg zum Kreuzberg viel besucht. Im Ort sind der Zentturm mit seinem Fachwerkobergeschoss, die Pfarrkirche aus dem Jahr 1610 und die Reste der einstigen Befestigung sehenswert. Bischofsheim besitzt die **älteste Holzschnitzerschule** Deutschlands.

Vierzehn Kreuzwegstationen führen auf den Gipfel des Kreuzbergs.

Südwestlich von Bischofsheim erhebt sich der **Kreuzberg**, ein uraltes Wallfahrtsziel, von dem aus man einen prachtvollen Ausblick genießen kann. Zur weithin sichtbaren Kreuzigungsgruppe auf dem Gipfel führen 14 Kreuzwegstationen aus dem 18. Jh. hinauf. Unterhalb des Gipfels des »heiligen Berges der Franken« liegt das Kloster Kreuzberg (seit 1731) mit der **Klosterschänke** (mit Biergarten) und der Wallfahrtskirche (um 1690). Das köstliche Dunkelbier, das hier oben ausgeschenkt wird, stellen die Mönche selbst her.

Ostheim

Südöstlich von Fladungen erreicht man Ostheim vor der Rhön, das mit seinen Bürger- und Fachwerkhäusern, seinen Adelshöfen und einer mächtigen, in Deutschland wohl einmaligen **Kirchenburg** aus dem 15. Jh. noch viel mittelalterliches Ambiente zu bieten hat. Im Renaissanceschloss Hanstein ist ein interessantes **Orgelbaumuseum** mit über 600 Ausstellungsstücken zu finden.

Mellrichstadt

Dahinter folgt das alte Städtchen Mellrichstadt, das teilweise noch von alten Mauern umgeben ist. Das **Heimatmuseum** im alten Salzhaus, einem imposanten Fachwerkbau, zeigt Handwerk, ländliche Wohnkultur, ein altes Schulzimmer und einen Krämerladen aus der Zeit um 1900.

Ehemalige innerdeutsche Grenze

Im Raum Fladungen – Mellrichstadt ist der Verlauf der ehemaligen innerdeutschen Grenze auch noch über 20 Jahre nach dem Fall des Eisernen Vorhangs (1989) gut zu erkennen. Die Brachflächen entlang des einstigen »Todesstreifens« wurden zum Refugium seltener oder in ihrem Bestand gefährdeter Pflanzen und Tiere. Hier kann man noch Birkhuhn, Bekassine, Uhu und auch die scheue Wildkatze beobachten. Der frühere innerdeutsche Grenzstreifen ist heute **Teil des Grünen Bandes**, eines Biotopverbundes, der Deutschland von der Ostsee bis zum Frankenwald durchzieht.

◄ Deutsch-Deutsches Freilandmuseum

Ca. 10 km östlich von Mellrichstadt, bei der auf bayerischem Gebiet gelegenen Ortschaft **Rappershausen** und den auf Thüringer Gebiet liegenden Ortschaften **Behrungen** und **Berkach**, sind noch Reste der ehemaligen Grenzbefestigungsanlagen zu sehen, so auch die komplett erhaltene Grenzstaffelung der DDR mit Grenzsignalzaun, Erdbunker, Schutzstreifen und Grenzturm (Führungsstelle). Dieses Ensemble ist heute Mahn- und Gedenkstätte zur Deutschen Teilung. Auch zahlreiche Relikte der westlichen Grenzkontrollanlagen sind noch erhalten. Weitere Infos: Deutsches Kuratorium zur Förderung von Wissenschaft, Bildung und Kultur e. V. (www.deutsches-kuratorium.de)

★ Forchheim

06

Landkreis: Forchheim
Einwohnerzahl: 31 000
Höhe: 265 m ü. d. M.

Forchheim mit seinem von schönen Fachwerkhäusern gesäumten Marktplatz und der sehenswerten Pfalz ist eine der ältesten Städte Frankens. Bereits Kaiser Karl der Große machte im Forchheimer Königshof Station. Später spielte die Stadt eine viel bedeutendere Rolle: Zwischen 900 und 1077 fanden hier dreimal Königswahlen statt, in der Folgezeit bildete Forchheim die wichtigste Festung des Bistums Bamberg.

FORCHHEIM ERLEBEN

AUSKUNFT

Tourist-Information
Hauptstr. 24
91301 Forchheim
Tel. 0 91 91 / 714-337
Fax 714-206
www.forchheim.de

ÜBERNACHTEN

► **Komfortabel**

Plaza
Nürnberger Str. 13
91301 Forchheim
Tel. 0 91 91 / 97 77 90
Fax 9 77 79 99
www.hotels-forchheim.de
Erst vor wenigen Jahren eröffnetes Haus mit 36 hellen und modern ausgestatteten Zimmern, Café-Bar und Lounge, Tagungsräume

► **Günstig**

Hotel Am Kronengarten
Bamberger Str. 6 a
91301 Forchheim
Tel. 0 91 91 / 7 25 00
Fax 6 63 31
www.hotel-am-kronengarten.de
Neues und behindertenfreundlich ausgestattetes Hotel in der historischen Altstadt, aber dennoch ruhig gelegen

Bierstadt und Tor zur Fränkischen Schweiz

Das an der Mündung der Wiesent in die Regnitz und am Main-Donau-Kanal gelegene Forchheim am Rand der westlichen Fränkischen Schweiz ist eine traditionelle Bierstadt. Im Jahr 1852 gab es 33 Brauereien in der Stadt. Seit 1840 wird der Forchheimer Gerstensaft alljährlich beim Annafest im nahen Kellerwald (►S. 214) genossen.

Sehenswertes in Forchheim

*** Rathausplatz**

Um den Rathausplatz gruppieren sich historische Fachwerkbauten, deren eindrucksvollster das stattliche **Rathaus** mit dem schlanken Turmerker ist. Sehenswert ist der große Rathaussaal, eine 1865 – 1867 neugotisch umgestaltete Halle. Der hinter dem Rathaus aufragende vierkantige Turm mit seiner geschweiften Haube gehört zur kath. Pfarrkirche **St. Martin**. Geringe Teile des dreischiffigen Sandsteinbaus stammen noch aus der Romanik; der überwiegende Teil der Bausubstanz ist gotisch. Das Innere wurde 1720 mit barocken Stuckaturen versehen.

! *Baedeker* TIPP

Schönster Adventskalender der Welt

Berühmt ist Forchheims idyllischer Weihnachtsmarkt, auf dem sich das Rathaus zum »Schönsten Adventskalender der Welt« wandelt. Allabendlich sind die vielen Zuschauer verzaubert, wenn der Weihnachtsengel eine Tür des Kalenders öffnet.

Nordwestlich des Rathausplatzes erhebt sich das imposante einstige **Schloss der Bamberger Fürstbischöfe**, im Volksmund **Kaiserpfalz** genannt. Die vierflügelige Anlage wurde im 14. Jh. errichtet und im 16. / 17. Jh. erweitert. Zubauten sind der Westflügel (16. Jh.) und der Treppenturm (17. Jh.) im Innenhof. Die Nordseite des Ostflügels ziert ein moderner verglaster Treppenturm.

★ **Pfalzmuseum**

Der fürstbischöfliche Gebäudekomplex beherbergt das reichhaltige Pfalzmuseum. Im Ostflügel (Kaisersaal, Hauskapelle 1. OG, 2. OG) sieht man die **ältesten Wandgemälde Frankens in einem Profanbau**, die im 14. Jh. entstanden sind. Besonders hervorzuheben sind eine Anbetung der Könige und ein Kranichmensch.

Das Zweigmuseum der Archäologischen Staatssammlung München zeigt **Funde zur Vor- und Frühgeschichte** aus der Region, vor allem vom altbesiedelten Ehrenbürg (volkstümlich »Walberla«), dem Hausberg von Forchheim.

Im 3. OG des Ostflügels ist das **Stadtmuseum** als multimedialer Rundgang vom Mittelalter bis in die Moderne inszeniert. Dazu gehört auch eine Sammlung von Gemälden des Forchheimer Malers Georg Mayer-Franken (1870 – 1926).

Im 1. OG des Südflügels ist ein **Trachtenmuseum** eingerichtet mit wunderschönen Festtagstrachten sowie schlichten Werktags- und Trauertrachten.

Öffnungszeiten: Mai – Okt. Di. – So. 10.00 – 17.00; Nov. – Apr. Mi. u. Do. 10.00 – 13.00, So. 13.00 – 17.00 Uhr).

Die sog. Kaiserpfalz in Forchheim war einst Sitz der Bamberger Fürstbischöfe.

Festung Von seiner imposanten Festung im nordwestlichen Teil der Altstadt hat Forchheim etwa ein Drittel erhalten können: Das schöne, barocke Nürnberger Tor (1698) hat ebenso überlebt wie der westliche und nördliche Teil der Stadtmauer. Mit dem Festungsbau wurde ca. 1560 begonnen, vollendet war die Burg erst Mitte des 18. Jahrhunderts. Noch nicht voll ausgebaut, bewährte sich die Festung im »Schwedenkrieg« (1632 – 1634).

Kellerwald Nordöstlich der Stadt bildet der Kellerwald ein im Sommer viel besuchtes Ziel. Sein Name rührt daher, dass hier in unterirdischen Kellergängen das Bier zur Reifung gelagert wurde. Über 20 oberirdische und unterirdische Bierkeller laden zu Speis und Trank unter hohen Bäumen ein. Weit bekannt ist das **Annafest**, das von Ende Juli bis Anfang August rund um die Keller stattfindet.

Umgebung von Forchheim

Walberla Das seit der Jungsteinzeit besiedele Walberla (eigentlich Ehrenbürg, 532 m), ein seit alter Zeit der hl. Walburga (Walpurgis) geweihter **Tafelberg**, ist ein Wahrzeichen von Forchheim. Auf dem Hochplateau gibt es spärliche Ausgrabungen und eine Walpurgis-Kapelle. Vom Walberla bietet sich ein schöner Blick auf das Unterland.

Heroldsbach Ungefähr 6 km südwestlich erreicht man Heroldsbach mit dem aus einer mittelalterlichen Wasserburg hervorgegangenen Schloss Thurn. Das Ensemble von Schloss und Park zeigt spätbarocke Züge. Die Hauptattraktion des Schlosses ist der **Erlebnispark** mit Fahrgeschäften, Wasserbobbahn, Bootsverleih, Tierpark, Ritterspielen und einer kompletten Wildweststadt.

Fürth

N 8

Kreisfreie Stadt
Einwohnerzahl: 114 000
Höhe: 297 m ü. d. M.

Trotz der gut erhaltenen Altstadt mit ihren altfränkischen Sandstein- und Fachwerkhäusern aus dem 17. und 18. Jh. zeigt Fürth, die eng mit Nürnberg verbundene Stadt, ein überwiegend gründerzeitliches, aber auch modernes Gesicht.

Kleeblattstadt Fürth, dessen Wappen ein dreiblättriges grünes Kleeblatt zeigt, liegt am Zusammenfluss von Pegnitz und Rednitz zur Regnitz gegründet. Verkehrsgeschichte machte die Stadt im Jahre 1835 als Zielpunkt der von Nürnberg ausgehenden ersten Eisenbahnlinie in Deutschland. Fürth ist aber auch die Stadt berühmter Personen: Henry Kissinger (►Berühmte Persönlichkeiten) und Ludwig Erhard (►Berühmte Persönlichkeiten) wurden hier geboren, und am wirtschaftlichen Aufschwung nach dem Zweiten Weltkrieg hatten Max Grundig und Gustav Schickedanz (Quelle) bedeutenden Anteil. 2007 konnte Fürth sein 1000-jähriges Stadtjubiläum begehen. 2010 feierte man ganz groß 175 Jahre Eisenbahn.

Sehenswertes in Fürth

Innenstadt

Wahrzeichen der Stadt ist das **Rathaus** von 1850, das samt Turm dem Rathaus der oberitalienischen Stadt Florenz, dem Palazzo Vecchio, nachempfunden ist. Auch das **Stadttheater**, unweit südöstlich, ist ein Stilzitat, denn es lehnt sich an barocke Vorbilder an. Auf dem Bahnhofsplatz steht der große **Centaurenbrunnen**, der im Jahr 1890 ausdrücklich als Eisenbahndenkmal konzipiert worden ist. Die schlichte **Michaelskirche**, der älteste Bau der Stadt, steht weiter nördlich. Sie stammt im Wesentlichen aus dem 16. Jh. und besitzt ein schönes Sakramentshaus aus grauem Sandstein, das der Schule von Adam Krafft zugeschrieben wird. Lohnenswert ist auch ein Abstecher in die **Gustavstraße**, ein gemütliches Altstadt-Viertel mit urigen Kneipen und Gasthäusern. In Fürth entstand im 17. Jh. das größte jüdische städtische Gemeinwesen in Süddeutschland (► Baedeker Special, S. 218) – das **Jüdische Museum Franken** (Königstr. 89), das bedeutendste Museum zu jüdischem Leben in Franken, thematisiert die Geschichte und Kultur der Juden in Fürth und Franken (Öffnungszeiten: Di. – So. 10.00 – 17.00 Uhr). Hinweis: Im nordöstlich von Nürnberg gelegenen Ort Schnaittach gibt es eine Dependance des Fürther Museums, die dem Besucher das Leben einer jüdischen Landgemeinde (Synagoge, Mikwa, Rabbinerhaus) zeigt.

Südlich vom Rathaus, im alten Ottoschulhaus (Ottostr. 2), erwartet das neue **Stadtmuseum Ludwig Erhard** interessierte Besucher (Öffnungszeiten: Di., Do., Fr., So., Fei. 11.00 – 17.00, Mi. 9.00 – 12.00, Sa. 13.00 – 17.00 Uhr).

Südostwärts erreicht man über die belebte **Schwabacher Straße** (Fußgängerzone) die **Fürther Freiheit**, wo 1835 der erste Dampfzug aus Nürnberg eintraf.

In den Pegnitzauen östlich der City liegt der **Stadtpark** mit Heilquelle, Weihern und Freilichtbühne.

Fürths Wahrzeichen: der Rathausturm

Fürth Orientierung

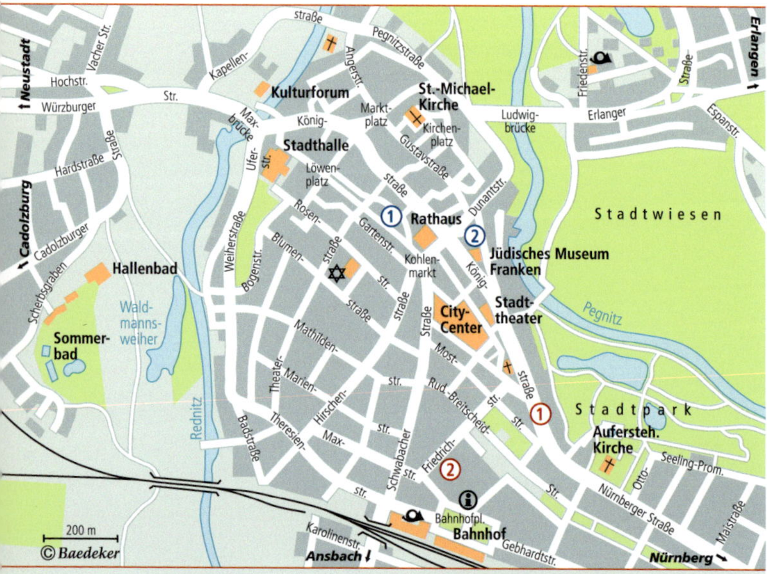

Essen
① Walhalla
② Kupferpfanne

Übernachten
① NH Nürnberg-Fürth
② Werners Apartment Hotel

Rundfunk-museum Im Rundfunkmuseum, Kurgartenstraße 37 (im Osten von Fürth, an der Stadtgrenze zu Nürnberg), erwarten den Besucher Exponate zur Entwicklungsgeschichte von Tonaufzeichnung, Rundfunk und Fernsehen. Aber auch der Alltag, die Politik und Kultur in diesen Jahrzehnten werden wieder ins Gedächtnis gerufen (Öffnungszeiten: Di. – Fr. 12.00 – 17.00, Sa. und So. 10.00 – 17.00 Uhr).

Schloss Burgfarrnbach Im nordwestlichen Stadtteil Burgfarrnbach steht das ehem. Schloss der Grafen von Pückler-Limpurg mit einer imposanten Kunstsammlung (Führungen n. V., Tel. 09 11 / 97 53 43).

! *Baedeker* TIPP

Abenteuer für Groß und Klein

Im »playmobil FunPark« an der Brandstätterstraße in Zirndorf südlich von Fürth können Groß und Klein ihre Fantasie ausleben, in fremde Welten eintauchen (Piratenschiff, Ritterburg, Indianerdorf) und sich dort richtig austoben (www.playmobil.de).

Umgebung von Fürth

Ca. 12 km südwestlich von Fürth liegt der malerische im Jahre 1157 gegründete Ort **Cadolzburg** mit schönen Fachwerkhäusern aus dem 17. / 18. Jh. rund um den lang gestreckten Marktplatz. Überragt wird das Städtchen von einer mächtigen Burg mit dreifachem

FÜRTH ERLEBEN

AUSKUNFT

Tourist-Information
Bahnhofplatz 2
90762 Fürth
Tel. 09 11 / 23 95 87-0
www.fuerth.de

EINKAUFEN

Direkt an der U-Bahn-Haltestelle »Fürth-Rathaus« befindet sich das City-Center-Fürth mit über 60 Geschäften sowie etlichen Restaurants und Cafés.

ESSEN

► Erschwinglich

① ***Walhalla***
Obstmarkt 3
Tel. 09 11 / 77 22 66
Ruhetag: Do.
Gemütliches Restaurant mit traditionellen fränkischen Gerichten, große Fischauswahl. Schöner kleiner Biergarten.

② ***Kupferpfanne***
Königstr. 85
Tel. 09 11 / 77 12 77
Ruhetage: So., Fei.
Gemütliches Lokal mit holzvertäfelten Wänden und saisonalen Gerichten.

ÜBERNACHTEN

► Luxus

① ***NH Nürnberg-Fürth***
Königstr. 140
90762 Fürth
Tel. 09 11 / 7 40 40
Fax 7 40 44 00
www.nh-hotels.com
118 Suiten. Nüchternes Hotel, in dem ausschließlich Zwei-Raum-Suiten angeboten werden. Da hier in erster Linie Geschäftsleute absteigen, gibt es am Wochenende vergünstigte Tarife. Den Gästen stehen Sauna und Solarium zur Verfügung.

► Komfortabel

② ***Werners Apartment Hotel***
Friedrichstr. 20 – 22
90762 Fürth
Tel. 09 11 / 7 40 56-0
Fax 7 40 56 30
www.werners-hotel.de
Das kürzlich renovierte Haus (33 Zi.) hat seinen Gästen nicht nur ein nettes Ambiente und zwei gute Restaurants zu bieten, sondern auch ein sehr gutes Preis-Leistungs-Verhältnis.

Mauerring, die sich die Nürnberger Burggrafen im 15./16. Jh. erbauen ließen. Mit seinen ausgedehnten Wäldern und zahlreichen Wandermöglichkeiten ist Cadolzburg heute ein beliebter Ausflugsort der Nürnberger und Fürther.

Langenzenn

Zwischen Fürth und Neustadt an der Aisch liegt das noch immer deutlich vom Barock geprägte Städtchen Langenzenn, in dessen reich ausgestatteter Stadtkirche sich ein Verkündigungsrelief von Veit Stoß befindet. Der Kreuzgang des nördlich anstoßenden einstigen Augustiner-Chorherrnstifts dient als Freilichtbühne für die alljährlichen **Klosterfestspiele**.

DIE JUDEN VON FÜRTH

Wegen seiner großen jüdischen Gemeinde galt Fürth einst als das »fränkische Jerusalem« und war im 18. Jh. eine der spirituellen Hauptstädte des europäischen Judentums. Im 19. Jh. bestimmten die jüdischen Bürger maßgeblich das wirtschaftliche Leben in der Kleeblattstadt.

Im 15. Jh. gehörte Fürth drei Herren, die sich durch endlose Streitigkeiten gegenseitig das Leben erschwerten. Die Dompropstei Bamberg, die Markgrafen von Ansbach, die benachbarte Reichsstadt Nürnberg – sie alle reklamierten Grundbesitz in Fürth für sich.

Diener dreier Herren

Nachdem im Jahr 1499 die Reichsstadt Nürnberg ihre jüdische Bevölkerung ausgewiesen hatte, siedelte Ansbach jüdische Familien in Fürth an. Für die Markgrafen war dieser Schritt eine willkommene Gelegenheit, die Nürnberger Nachbarn, mit denen es damals heftigen Streit gab, zu provozieren. In erster Linie aber ging es um Geld, denn die Juden mussten vergleichsweise **hohe Abgaben** leisten, um sich in der Stadt niederlassen zu können. Nürnberg protestierte aufs Schärfste (letztendlich jedoch erfolglos), Bamberg hingegen, das dem lukrativen Geschäft mit den Juden nicht widerstehen konnte, ließ ebenfalls Niederlassungen zu. Während anfangs nur der Zuzug vermögender Juden erlaubt war, durften sich dank einer großzügigen Aufnahmepolitik bald auch weniger begüterte Familien in Fürth niederlassen.

Geistiges Zentrum

Zu Beginn des 17. Jh.s lebten so viele Juden in Fürth, dass jüdische Einrichtungen geschaffen werden mussten. 1617 wurde eine Synagoge errichtet, 1653 sogar ein eigenes Krankenhaus, das erste jüdische Krankenhaus Deutschlands, und 1657 die Jeschiwa, eine der bedeutendsten Hochschulen zum Studium des Talmud in Europa neben den wichtigen Lehrstätten in Frankfurt und Prag. Absolventen der Fürther **Talmudhochschule,** die in Glanzzeiten bis zu 400 Studenten unterrichtete, erhielten Rabbinatsstellen in ganz Europa. 1719 wurden im **»Reglement für die gemeine Judenschaft in Fürth«** die Rechte der Juden in einheitlicher Form zusammengefasst. Danach durften sie uneingeschränkt nach ihren Traditionen leben, Synagogen und Schulen einrichten, ein eigenes Rab-

binatsgericht berufen und über die Aufnahme fremder Juden in die Gemeinde selbstständig entscheiden. Zu diesem Zeitpunkt lebten etwa 400 jüdische Familien in der Stadt; im Jahr 1807 betrug der Anteil der Juden an der Gesamtbevölkerung knapp 20 %, die höchste Zahl jüdischer Mitbürger wurde 1880 mit ca. 3300 erreicht.

Wirtschaftsaufschwung

Jahrhundertelang lebten Juden und Christen in Fürth einträchtig nebeneinander; die jüdische Gemeinde war sogar gleichberechtigt neben der christlichen Gemeinde der Stadt. Es exisitierte nie ein Ghetto, auch blieben die Juden nicht nur unter sich. Im Gegenteil. Im Lauf der Zeit **emanzipierten sich die Fürther Juden**. Jüdisch-religiöse Werte wurden immer mehr vernachlässigt, 1827 entschloss sich die Gemeinde zur Auflösung der Talmudhochschule. Von nun an bestimmten die jüdischen Bürger maßgeblich das wirtschaftliche Leben in der Stadt. Sie gründeten Industriebetriebe, Handelsgeschäfte und Stiftungen und beteiligten sich durch Spenden am Bau eines katholischen und eines protestantischen Gotteshauses; aus Fürth kamen die ersten Mitglieder bisher verbotener Berufe: Rechtsanwälte, Politiker, Richter und Schulrektoren.

NS-Zeit

Wie überall in Deutschland wurde auch die jüdische Gemeinde von Fürth während der NS-Herrschaft ausgemerzt. In der sog. Reichskristallnacht 1938 brannten die Synagogen nieder, wurden Hab und Gut der jüdischen Mitbürger geschändet. Von 2000 Juden flohen rund Dreiviertel (darunter Henry Kissinger), ca. **500 starben in Konzentrationslagern**.

Neubeginn

Dass nach dem Krieg wieder eine jüdische Gemeinde in Fürth entstand, ist zwei Männern zu verdanken, die bereits 1945 in das einstige »fränkische Jerusalem« kamen: **Jean Mandel**, Sohn polnischer Einwanderer, verstand es als Leiter der jüdischen Kultusgemeinde, Konflikte zwischen deutschen Juden und Osteuropäern, wie sie in anderen Gemeinden eskalierten, geschickt zu verhindern; und mit dem Rabbiner **David Spiro**, dem einzigen akademisch gebildeten Rabbiner im Nachkriegsdeutschland, wurde Fürth, wie einst, wieder zum Zentrum der Orthodoxie in Deutschland. Nach dem Tod der beiden verließen immer mehr Juden die Stadt, so dass zu Beginn der 1990er-Jahre die Gemeinde fast vor dem Aus stand. Heute sind Einwanderer aus den Gebieten der ehemaligen Sowjetunion die Hoffnungsträger.

★ Gerolzhofen

K 5

Landkreis: Schweinfurt
Einwohnerzahl: 7000
Höhe: 235 m ü. d. M.

Das am westlichen Steigerwald gelegene Gerolzhofen ist das wirtschaftliche Zentrum der nördlichen Steigerwaldregion. Die historische Altstadt bietet den Besuchern reizvolle Sehenswürdigkeiten.

Größte Verwaltungsgemeinschaft in Bayern

Gerolzhofen ist mit 8 Gemeinden und 29 Orten sowie ca. 16 000 Einwohnern die größte Verwaltungsgemeinschaft in Bayern. Die 1225 Jahre alte Stadt hatte einmal zwei Mauergürtel, von denen noch einige Reste erhalten sind, u. a. 10 Rundtürme der einst 26 Außentürme. In der Geschichte der Stadt sind zwei Ereignisse bemerkenswert: Zwischen 1616 und 1619 wurden nach **Hexenprozessen** 261 Personen auf dem Schießwasen oder Henkerwasen verbrannt, stranguliert oder mit dem Schwert hingerichtet, nicht gerechnet diejenigen, die im Hexenturm und Zehntgefängnis starben; und am **6. April 1945** wagten Gerolzhöfer Frauen es, die weiße Fahne am Rathaus zu hissen, und sorgten so dafür, dass die Stadt kampflos an die Amerikaner übergeben wurde.

Sehenswertes in Gerolzhofen

Marktplatz

Am weiten Marktplatz erhebt sich die katholische **Stadtpfarrkirche** Maria vom Rosenkranz, ein 1479 geweihter gotischer, dreischiffiger Pfeilerbau aus ockerfarbenem Naturstein. Im linken Seitenschiff des

GEROLZHOFEN ERLEBEN

AUSKUNFT

Tourist-Information
(im Alten Rathaus)
Marktplatz 20
97447 Gerolzhofen
Tel. 0 93 82 / 90 35 12
Fax 90 35 13
www.gerolzhofen.de

ESSEN

► **Preiswert**

Brauerei-Gasthof Weinig
Rügshöfer Straße 5
Tel. 0 93 82 / 10 24
Wild- und Fischgerichte sowie Brotzeiten. Eigene Schlachtung und eigene Biere. Montags gibt es Schlachtschüssel.

ÜBERNACHTEN

► **Günstig**

Gasthof Wilder Mann
Marktplatz
97447 Gerolzhofen
Tel.: 0 93 82 / 44 44, Fax 222
www.wildermann-geo.de
Familiär geführter Gasthof am historischen Marktplatz mit vier geschmackvoll eingerichteten Zimmern. In der rustikalen Gaststube werden fränkisch-bodenständige Gerichte serviert.

Beim Steigerwälder Gebietsweinfest im Juli herrscht auf dem Marktplatz von Gerolzhofen stets Trubel.

auch »Steigerwald Dom« genannten Gotteshauses befindet sich die große, um 1650 entstandene Rosenkranz-Madonna. Hinter der Kirche steht die zweistöckige **Johanniskapelle**, die einst als Friedhofskapelle diente. Größte Kostbarkeit im Innern ist das Riemenschneider-Kruzifix von 1510. Die Kapelle und das angrenzende Küsterhaus dienen heute als **Museum »Kunst und Geist der Gotik«** (Öffnungszeiten: Sa., So. Fei. 14.00 – 17.00 Uhr).

Altes Rathaus, Stadtmuseum

Schräg gegenüber der Kirche und jenseits des Marktplatzes erhebt sich das Alte Rathaus von 1464, ein markanter dreigeschossiger Bau mit gotischen Treppengiebeln. Im Innern befinden sich das Fremdenverkehrsamt und das Stadtmuseum.
Im Museum gibt es verschiedene Abteilungen, die sich mit der Stadt- und Heimatgeschichte befassen, so das **»Erste Bayerische Schulmuseum«** mit dem rekonstruierten Klassenzimmer einer einklassigen Dorfschule des ausgehenden 19. Jh.s und die Abteilung »Volksfrömmigkeit und Haus- und Hofgeräte«. Beachtung verdient auch die Dauerausstellung **»Vom armen Schneiderlein zur Kleiderfabrik«** über die Entwicklungsgeschichte der Nähmaschine (Öffnungszeiten: Mo. bis Fr. 9.00 – 12.00 u. 14.00 – 17.00, Sa. 9.00 – 12.00, April – Okt auch 14.00 – 17.00, So. 14.00 – 17.00 Uhr).

Spital Die Spitalstraße führt zum 1600 von Julius Echter neu gestifteten einstigen Bürgerspital, einem hübschen kleinen Gebäudekarree aus Spätgotik und Renaissance. Im historischen Spitalkeller werden von Zeit zu Zeit Weinproben veranstaltet. Die Spitalkirche wurde 1710 in barockem Stil erneuert.

Ehem. Amtshaus Südwestlich vom Marktplatz, nahe dem Altstadtrand, steht das ehemalige Amtshaus, ein stattlicher dreigeschossiger Renaissancebau (1580) mit Volutengiebeln. Es geht auf Fürstbischof Julius Echter von Mespelbrunn zurück und ist heute Sitz des Staatlichen Forstamtes. Direkt daneben erhebt sich der wuchtige **Eulen- oder Hexenturm** mit welscher Haube, der einst Teil der Stadtummauerung war.

Geomaris Nördlich etwas außerhalb bietet das **Bade- und Freizeitzentrum** Geomaris mit beheiztem Salzwasserbecken, Riesenrutsche, Sprungturm, Sauna, Hallenbad, Gastronomie u. a. zu jeder Jahreszeit Badespaß für die ganze Familie.

Umgebung von Gerolzhofen

*** Prichsenstadt** 10 km südlich von Gerolzhofen, bereits im Landkreis Kitzingen, liegt Prichsenstadt , ein noch von Mauern und Teichen umgebenes, **äußerst malerisches Landstädtchen** mit zahlreichen Fachwerk- und Barockhäusern an der Hauptstraße. »Klein-Rothenburg«, wie man Prichsenstadt gerne nennt, hat heute nur noch knapp 1000 Einwohner. Der Ort hat bereits anno 1367 die Stadtrechte erhalten. Das aus dem 15. und 16. Jh. stammende Vorstadttor mit seinen beiden stämmigen Rundtürmen ist eine der reizvollsten Toranlagen in Franken. Übrigens: Aus Prichsenstadt stammt der CSU-Politiker Michael Glos (geb. 1944), seit 22. November 2005 Bundesminister für Wirtschaft und Technologie.

> **!** *Baedeker* TIPP
>
> **Friedrichsberg**
>
> Eines der schönsten Ausflugsziele des westlichen Steigerwalds ist der 463 m hohe Friedrichsberg oberhalb von Abtswind (südöstlich von Wiesentheid). Neben dem Jagdschlösschen von 1735 / 36, das Johann Friedrich Graf und Herr zu Castell errichten ließ, gibt es eine Waldschänke. Allerdings ist zu befürchten, dass diese demnächst geschlossen wird. Eine gute Alternative ist das Weingut und Restaurant Behringer am Fuß des Friedrichsberges (in Richtung Abtswind), das ausgezeichnete und preiswerte fränkische Spezialitäten serviert.

Noch etwas weiter südlich erreicht man den gern als **»Barock-Residenz am Steigerwald«** gerühmten Ort **Wiesentheid**. Das dominierende Gebäude ist das heute noch von den Grafen von Schönborn-Wiesentheid bewohnte Schloss, das ab 1704 auf älteren Fundamenten neu errichtet wurde. Gegenüber dem Hauptportal der Vierflügelanlage steht die hochbarocke kath. Pfarrkirche St. Mauritius, ein Werk von Balthasar Neumann. Besonders sehenswert ist im Innern die Architekturmalerei des italienischen

Freskomalers Giovanni Francesco Marchini (†1716), der hier mit seinem Deckengemälde die Illusion eines hohen Kuppelbaues schuf. Die ganze Straßenfront, zu der die Kirche gehört, ist von Barockbauten gesäumt. Neben dem Schloss, das nicht besichtigt werden kann, erstreckt sich ein schöner Landschaftspark im englischen Stil, der zugänglich ist.

★ Gößweinstein

P–Q 6

Landkreis: Forchheim
Einwohnerzahl: 4100
Höhe: 500 m ü. d. M.

Gößweinstein besteht aus zwei Teilen: Unten im Tal, wo Wiesent, Ailsbach und Püttlach zusammenfließen, liegt der Ferienort Behringersmühle, und darüber erhebt sich Gößweinstein mit seiner markanten Burg und der berühmten Wallfahrtskirche.

Hauptfremdenverkehrsort der Fränkischen Schweiz

Dank seiner prächtigen, von Baltahasar Neumann errichteten Wallfahrtsbasilika und der malerischen weißen Burg hat sich Gößweinstein-Behringersmühle zum Hauptfremdenverkehrsort der Fränkischen Schweiz entwickelt. Zu den Besuchern zahlen nicht nur kunsthistorisch Interessierte, sondern auch zahllose Pilgergruppen. Über 150 feste **Wallfahrten** im Jahr kommen alljährlich zwischen Mai und Oktober nach Gößweinstein, pro Wallfahrt bis zu 150 singende und betende Teilnehmer.

Blick auf Burg und Wallfahrtskirche von Gößweinstein

GÖSSWEINSTEIN ERLEBEN

AUSKUNFT

Haus des Gastes Gößweinstein
Burgstr. 6
91327 Gößweinstein
Tel. 0 92 42 / 456, Fax 18 63
www.ferienzentrum-goessweinstein.de

Stadt Pottenstein
Forchheimer Str. 1
91278 Pottenstein
Tel. 0 92 43 / 708-0, Fax 708-10
www.pottenstein.de

Tourist-Information Waischenfeld
Marktplatz 51
91344 Waischenfeld
Tel. 0 92 02 / 96 01 17, Fax 96 01 29
www.waischenfeld.de

ÜBERNACHTEN

► Komfortabel

Ferienhotel Schwan
Am Kurzentrum 6
91278 Pottenstein
Tel. 0 92 43 / 98 10, Fax 73 51
www.hotel-bruckmayer.de
Das Garni-Hotel (25 Zi.) mit Café-Bistro ist solide und funktional eingerichtet. Attraktionen sind das Schwimmbad mit Wasserrutsche sowie das Dampfbad.

► Günstig

Gasthof Schönblick
August-Sieghardt-Str. 8
91327 Gößweinstein
Tel. 0 92 42 / 377, Fax 847
www.schoenblick-web.de
Freundlicher moderner Gasthof mit 8 behaglichen Zimmern und gutem Restaurant in sonniger Hanglage

Scheffel-Gasthof
Balthasar-Neumann-Str. 6
91327 Gößweinstein
Tel. 0 92 42 / 2 01, Fax 73 18
www.scheffel-gasthof.de
Traditionsreicher Gasthof (20 Zi.) und gutbürgerlichem Restaurant in unmittelbarer Nähe der Wallfahrtskirche. Hier weilte schon der Dichter Joseph Victor von Scheffel mehrmals.

Sonne
Hauptstr. 4
91344 Waischenfeld
Tel. 0 92 02 / 8 18, Fax 97 22 54
www.sonne-waischenfeld.de
Altfränkischer Gasthof in zentraler Lage. Gutbürgerliche Küche mit heimischen Gerichten. Im Gästehaus gibt es einige freundlich eingerichtete Zimmer respektive Apartments.

Sehenswertes in Gößweinstein

✶ **Wallfahrtskirche**

Das weithin beherrschende Bauwerk in Gößweinstein ist die berühmte Wallfahrtskirche zur Heiligen Dreifaltigkeit, der Papst Pius XII. im Jahr 1948 den Ehrentitel »Basilica minor« verlieh. Der mächtige Bau aus ockerfarbenem Sandstein entstand 1730 – 1736 nach Plänen des berühmten Barockbaumeisters **Balthasar Neumann**. Vor der doppeltürmigen Fassade breitet sich eine Terrasse aus, über die man ins Kircheninnere gelangt. In dem von Wandpfeilerkapellen flankierten Langhaus verdienen die feinen Stuckaturen (1733) von Franz Jakob Vogel Beachtung. Der große, prächtig verzierte Gnadenaltar von Johann Jakob Michael Küchel bildet den Hauptakzent des Raumes; er birgt als Gnadenbild die spätgotische Holzplastik der Marienkrönung. Die Deckenmalerei wurde erst 1929 von Prof. Kolmsperger ausgeführt. In der Votivkammer neben dem Gotteshaus sind Wachsfiguren und naive Gemälde zu bewundern, die von Gläubigen als Dankesgaben gestiftet wurden.

Wallfahrtsmuseum

Im ehemaligen Mesner- und Schulhaus, das 1748/1749 von Johann Jakob Michael Küchel errichtet wurde, sind heute allerhand Exponate zusammengetragen, die Geschichte und Bedeutung der hiesigen Wallfahrt näher erläutern (Öffnungszeiten: Ostern – 1. Nov. u. 1. Advent – So. nach Dreikönig Di. – So. 10.00 – 18.00, sonst nur Sa., So. 10.00 – 17.00 Uhr).

Burg

Hoch über der Talsohle erhebt sich die weithin sichtbare weiße Burg. Nach jüngsten Erkenntnissen wurde die Burg Gößweinstein wohl um das Jahr 1000 erbaut. Die Burg, und damit auch der Ort, erhielten ihren Namen von ihrem Erbauer **Graf Goswin**. Seit 1890 befindet sich die Burg in Privatbesitz; Edgar Freiherr von Sohlern kaufte damals die Burg und baute sie im neugotischen Stil um. Die Burg kann teilweise besichtigt werden, wobei sich der Besucher einen Eindruck von der kärglichen Lebensweise des damaligen Landadels machen kann (Öffnungszeiten: Ostern – Okt. tgl. 10.00 – 18.00 Uhr).

Die Fränkische Schweiz ist Höhlenland: Teufelshöhle bei Pottenstein (s. S. 227)

Wehrhaft bis heute: Burg Rabenstein (s. S. 228)

Fränkisches Spielzeugmuseum

Das »Fränkische Spielzeugmuseum Gößweinstein« im Ortskern (Balthasar-Neumann-Str. 15) zeigt auf über drei Etagen unzählige alte Ausstellungsstücke, die bis in die 1960er-Jahre hineinreichen und ermöglicht so einen umfassenden Überblick über fränkische Spielzeugproduktionen (Öffnungszeiten: Mai – Okt. Di., Mi, Sa, So 11.00 – 18.00, Nov. – Apr. Sa, So., Fei. 11.00 – 18.00 Uhr).

Umgebung von Gößweinstein

Tüchersfeld

Im engen, romantischen Waldtal der Püttlach fährt man östlich zum 2 km entfernten Tüchersfeld, das sich am steilen Hang zu Füßen zweier imposanter Dolomitfelsen ausbreitet. Im oberen Ortsteil liegt die große Gebäudegruppe des Judenhofs, der im 18. Jh. gebaut worden ist und das **Fränkische-Schweiz-Museum** beherbergt. In 43 Räumen erfährt man Wissenswertes über Geologie, Vor- und Frühgeschichte und Archäologie der Gegend; darüber hinaus können originalgetreu eingerichtete Wohnräume und Werkstätten sowie Brauchtums- und Trachtensammlungen besichtigt werden (Öffnungszeiten: Apr. – Okt. Di. – So. 10.00 – 17.00, Nov. – März So. 13.30 – 17.00 Uhr).

! *Baedeker* TIPP

Rußorden inbegriffen

Ab Behringersmühle verkehrt in der Zeit von Mai bis Oktober eine Museumsbahn mit Dampf- oder Dieselbetrieb. Allsonntäglich kann man dann dreimal im idyllischen Tal der Wiesent abwärts bis Ebermannstadt fahren. Die einfache Fahrt dauert 45 Minuten. Bei Fahrten mit den Dampfloks muss man besonders auf der ersten Plattform schon mit einigen »Rußorden« rechnen (Dampfbahn Fränkische Schweiz, Tel. 0 91 94 / 79 45 41; www.dfs.ebermannstadt.de).

★★ Pottenstein

Das 7 km östlich von Gößweinstein herrlich über dem waldigen Tal der Püttlach gelegene Fachwerkstädtchen ist ein touristischer Brennpunkt der Region. Es gruppiert sich um einen steil aufragenden Dolomitfelsen, auf dem eine **Burg** thront. Diese wurde bereits im 10. Jh. angelegt. 1228 war sie Zufluchtsstätte für die hl. Elisabeth von Thüringen und ihre drei Kinder. Die Burg hat ihr heutiges Aussehen im 16. Jh. erhalten. Auf der Burg gibt es einige Schauräume sowie Funde aus der Vor- und Frühgeschichte, Waffen und Militaria aus dem 19. Jh. zu besichtigen (Öffnungszeiten: Mai – Okt. Di. bis So. u. Fei. 10.00 bis 17.00 Uhr).

! *Baedeker* TIPP

Romantisches Felsenbad

Am südlichen Ortsrand von Pottenstein befindet sich eines der landschaftlich reizvollsten Freibäder Deutschlands. Das romantische Felsenbad wurde um 1920 zwischen den Dolomitfelsen im Weihersbachtal angelegt. Allerdings ist das Bad nicht beheizt.

★ Teufelshöhle

Etwa 2 km talaufwärts von Pottenstein erreicht man die bekannteste Höhle der Fränkischen Schweiz mit ihren eindrucksvollen Tropfsteinbildungen. Mehrere Hallen – in einer von ihnen ist ein Höhlenbärenskelett zu sehen, was besonders Kinder fasziniert – können besichtigt werden. Ein Teil dient als Therapiestollen, der bei Atemwegserkrankungen aufgesucht wird. Im Sommer ist die Höhle auch Schauplatz diverser kultureller Veranstaltungen, u. a. Konzerte, Theater, Kleinkunst (Öffnungszeiten: April – Okt. 9.00 – 17.00, Nov. bis März Di., Sa., So. 10.00 – 15.00 Uhr).

Hundshaupten

15 km südwestlich von Gößweinstein befindet sich auf einem vorspringenden Sporn der Hochfläche das **Schloss** Hundshaupten. Der mehrgliedrige weiße Bau geht wohl auf das 14. Jh. zurück, wurde nach den Bauernkriegen im 16. Jh. großenteils erneuert und im Barock umgestaltet. Einen Eindruck von der romantischen Anlage (seit 2005 Privatbesitz) kann man während der Sommerveranstaltungen des Kuratoriums Schloss Hundshaupten e. V. gewinnen.

In der Nähe des Schlosses gibt es ein großes **Wildgehege**, wo man in freier Natur Wisente, Rot- und Damwild, Wildschweine, Steinböcke und Gämsen oder auch den andernorts fast ausgestorbenen Uhu beobachten kann (Öffnungszeiten: tgl. 9.00 – 18.00 Uhr).

★ Waischenfeld

Das freundliche, als Luftkurort staatlich anerkannte Städtchen Waischenfeld liegt 11 km nördlich von Gößweinstein im romantisch waldigen Felsental der Wiesent. Dank der schönen Umgebung wird es von Wanderern viel besucht. Das Wahrzeichen von Waischenfeld ist der hoch über dem Städtchen gelegene **»Steinerne Beutel«**, ein Rundturm der 650 Jahre alten Burganlage. Die Burg wurde zum Haus des Gastes umgebaut und beherbergt eine Burgschänke mit Biergarten. Ganzjährig finden hier interessante Kunstausstellungen statt.

★ Sophienhöhle Etwa 3 km südöstlich von Waischenfeld öffnet sich in einer Flanke des Ahorntals die Sophienhöhle, die auf knapp 500 m Länge für Besucher erschlossen ist. Zu sehen sind vielfältige **Tropfsteinbildungen** sowie das Skelett eines Höhlenbären (Öffnungszeiten: Apr. bis Okt. tägl. 10.30 – 17.00 Uhr). Übrigens: In der Höhle hat man Gegenstände gefunden, die belegen, dass die Höhle schon in vorgeschichtlicher Zeit als Wohnplatz gedient hat.

Rabenstein Die in der näheren Umgebung der Höhle auf exponiertem Fels stehende **Burg Rabenstein** (Bild ►S. 226), deren älteste Bauteile aus dem 12. Jh. stammen, besitzt einen **Greifvogel- und Eulenpark**, in dem über 70 Tag- und Nachtgreifvögel beobachtet werden können (Flugvorführungen: Apr. – Okt. Di. – So. 15.00 Uhr).

★ Gunzenhausen

M 10

Landkreis: Weißenburg–Gunzenhausen **Höhe:** 422 m ü. d. M.
Einwohnerzahl: 17 000

Das am Altmühlsee gelegene Gunzenhausen, ein freundliches Städtchen mit alten Bürgerhäusern, gilt als Zentrum des Fränkischen Seenlandes und als Pforte zum Naturpark Altmühltal.

Zentrum des Fränkischen Seenlandes Dass sich Gunzenhausen als Zentrum des Fränkischen Seenlandes betrachtet, versteht sich durch seine Lage: Vor den Stadttoren wurde die Altmühl im Zuge der Bauarbeiten am Main-Donau-Kanal (seit 1960) zu einem 450 ha großen See aufgestaut, nur ein paar Kilometer östlich liegen die beiden Brombachseen und der Igelsbachsee.

Stadt mit Geschichte Gunzenhausen selbst ist ein alter Siedlungsplatz. Wo sich heute das Stadtgebiet ausbreitet, wurde im 2./3. Jh. n. Chr. ein römisches Kastell am nördlichsten Punkt des Raetischen Limes angelegt. Erster schriftlicher Hinweis auf Gunzenhausen liefert eine Urkunde aus dem Jahr 823, mit der Kaiser Ludwig der Fromme das Kloster Gunzinhusir dem Reichskloster Ellwangen übereignete.

Sehenswertes in Gunzenhausen

Marktplatz Das Zentrum der Altstadt bildet der lang gestreckte Marktplatz, im Grunde eine großzügige Verbreiterung der alten Durchgangsstraße. In einen modernen, frei stehenden Turm aus Metall und Glas ist ein **Glockenspiel** eingebaut, das um 9.00, 11.00, 15.00 und 17.00 Uhr erklingt. Einen starken städtebaulichen Akzent setzt das **Ehemalige Amtshaus** (Nr. 37), ein herausragendes Beispiel von Barockarchitektur. 1726 wurde es von einem Major als Ruhesitz erstellt, seit 1805 befindet sich hier eine Apotheke.

GUNZENHAUSEN ERLEBEN

AUSKUNFT

Touristik-Information
Marktplatz 25
91710 Gunzenhausen
Tel. 0 98 31 / 508-300, Fax 508-179
www.gunzenhausen.de

ESSEN

▶ Preiswert

Gasthof Adlerbräu
Marktplatz 10-12
Tel. 0 98 31 / 88 67-0
Im Herzen der Altstadt gelegenes Lokal mit fränkischen und internationalen Gerichten. Straßenterrasse. Es gibt auch Gästezimmer.

ÜBERNACHTEN

▶ Komfortabel

Hotel zur Post
Bahnhofstr. 7
91710 Gunzenhausen
Tel. 0 98 31 / 67 47-0, Fax 67 47-222
www.hotelzurpost-gunzenhausen.de
26 freundliche Zimmer in der bereits 1633 erwähnten ehemaligen Posthalterei von Thurn & Taxis; Restaurant und Biergarten.

Stadtbefestigung

Vom Marktplatz südlich führt die Weißenburger Straße zum 31,50 m hohen **Färber- oder Diebsturm**, einem um 1300 erbauten Teil des ehem. Weißenburger Tors. Ein weiteres Relikt der Stadtbefestigung ist der zur selben Zeit erbaute **Blasturm** am östlichen Altstadtrand. Die historische Türmerwohnung mit schönem Blick auf Stadt und Altmühlsee ist im Rahmen einer Führung zu besichtigen.

Städtisches Museum

In einem 1706 beim Blasturm von Hofbaumeister Zocha errichteten Adelspalais sind zahlreiche Exponate zur Geschichte von Stadt und Region zu sehen. Bemerkenswert sind Fayencefliesen aus dem Jagdschloss Falkenlust (Rathausstr. 12; Öffnungszeiten: Mai – Mitte Okt. Di. – So. 10.00 – 12.00 u. 13.00 – 17.00, Mitte Okt. – April Di. – Fr. 13.00 – 17.00, So. 10.00 – 12.00 u. 13.00 – 17.00 Uhr).

★ Archäologisches Museum

Eine Zeitreise durch rund fünf Jahrtausende Kultur- und Siedlungsgeschichte kann man im historischen Faulstich-Haus beim Blasturm unternehmen, wo neben Relikten aus der Jungsteinzeit, der Bronze- und der Hallstattzeit vor allem Funde aus der römischen Epoche aus dem hiesigen Kastell bzw. vom Limes zu sehen sind. Auch Funde aus frühmittelalterlichen Reihengräbern werden wirkungsvoll präsentiert (Brunnenstr. 1; Öffnungszeiten: Mai – Mitte Okt. Di. – So. 10.00 bis 12.00 u. 13.00 – 17.00, Mitte Okt. – April Di. – Fr. 13.00 – 17.00, So. 10.00 – 12.00 u. 13.00 – 17.00 Uhr

★ Fossilien- und Steindruck-Museum

Das Museum dokumentiert insbesondere die paläontologische Bedeutung der Solnhofer Plattenkalke. Zu bestaunen sind etwa 150 Mio. Jahre alte **Versteinerungen** von Urvögeln, Fischen und Insekten. Diesen sind Fossilien aus etlichen berühmten Fundstätten rund

Im Zentrum des Fränkischen Seenlandes: Gunzenhausen

um den Globus gegenübergestellt. Dass die Plattenkalke schon seit langem als **Baumaterial** geschätzt werden, zeigen Auskleidungen und Bodenplatten aus der Römerzeit.

Ein weiterer Schwerpunkt des Museums ist der 1798 von Alois Senefelder erfundene **Steindruck** (Lithographie). Arbeitsgeräte, Pressen und Originale bekannter Künstler zeigen die Entwicklung dieses Druckverfahrens (Sonnenstr. 4; Öffnungszeiten: April – Okt. tgl. 8.30 bis 12.00 u. 13.00 – 16.45, Nov. – März So., Fei. 10.00 – 16.00 Uhr).

Fachwerkstadel Zwischen Altstadt und Altmühl ist in einem Gerbergebäude von 1753 eine heimatkundliche Sammlung aus der böhmisch-sächsischen Bergstadt Weipert zu sehen.

Limes Östlich des Stadtkerns dehnt sich das Waldgebiet **»Burgstall«** aus, in dem an verschiedenen Stellen Überreste der römischen Grenzbefestigung (Limes-Wachttürme) und einer Ringwallanlage aus der Merowingerzeit zu sehen sind.

Umgebung von Gunzenhausen

Altmühlsee Der nördliche Stadtteil Schlungenhof liegt unmittelbar am Südostzipfel des Altmühlsees, an dem seit 1987 eine gute touristische Infrastruktur aufgebaut wurde mit Restaurant, Fahrradverleih, Kiosk und Sanitäranlagen. Außerdem gibt es Sport- und Spielplätze und einen recht schönen feinsandigen Badestrand mit Bootsverleih. Ein bequemer, 12 km langer Radwanderweg schlängelt sich um den bei Seglern und Surfern beliebten See herum. Von der nach Norden führenden B 13 gibt es noch weitere Stichstraßen zum See, in dessen nördlichem Teil, querab von Muhr, die Vogelinsel mit ornithologischem Lehrpfad liegt.

! *Baedeker* TIPP

Entdeckungsreise mit dem Schiff

Den besten Überblick über den Altmühlsee erhält man vom Wasser aus. Von Mai bis Oktober finden täglich einstündige Rundfahrten ab Seezentrum Schlungenhof statt. Angelaufen werden das Seezentrum Muhr am See und das Seezentrum Wald. Weitere Infos: Tel. 0 98 31 / 508-191, www.altmuehlsee-schifffahrt.de

★ Hammelburg

G 4

Landkreis: Bad Kissingen
Einwohnerzahl: 12 000
Höhe: 188 m ü. d. M.

Das Städtchen Hammelburg besitzt noch Reste einer alten Stadtmauer, ein beachtenswertes Schloss und eine schöne spätgotische Pfarrkirche. Der Ort nimmt für sich in Anspruch, die älteste Weinstadt Frankens zu sein.

Älteste Weinstadt Frankens

Vermutlich ist das am Fuß der Rhön und an der Fränkischen Saale gelegene Hammelburg tatsächlich die älteste Weinstadt Frankens; denn der Weinbau lässt sich hier bis ins 8. Jh. zurück nachweisen
Im Jahr 777 kam der Ort als Schenkung Karls des Großen an das einflussreiche Benediktinerkloster Fulda und war danach beständiger Zankapfel zwischen den Kirchenfürsten von Fulda und Würzburg, was ab dem 13. Jh. zum Ausbau als Festung führte – zur türmereichsten und **südlichsten Festung Fuldas**. Beachtlicher Wohlstand stellte sich 1240 mit der Erlangung des Münz- und Marktrechts ein, und die Prosperität der späten Gotik, der Renaissance und des Barocks spiegelt sich noch heute in Teilen des Stadtbildes wider.
In Militärkreisen ist Hammelburg ein bekannter Name, denn seit 1956 gibt es südlich der Stadt eine Infanterieschule und einen **Truppenübungsplatz der Bundeswehr**.

HAMMELBURG ERLEBEN

AUSKUNFT

Tourist-Information
Kirchgasse 4
97762 Hammelburg
Tel. 0 97 32 / 902-430
Fax 902-54 30
www.hammelburg.de

ÜBERNACHTEN / ESSEN

▸ Komfortabel

Schloss Saaleck
Saaleckstr. 1
Tel. 0 97 32 / 20 20, Fax 20 23
www.burgsaaleck.de
Von hier oben genießt man einen wunderschönen Blick auf das Städtchen und ins Tal der Fränkischen Saale. Es gibt 14 hübsch eingerichtete Gästezimmer. Das Restaurant bietet ausgezeichnete saisonale Küche. Im Angebot sind ferner die Weine des städtischen Weingutes.

Zum Engel
Am Marktplatz 12
97762 Hammelburg
Tel. 0 97 32 / 78 77-0
Fax 78 77 49
www.hotel-zum-engel.de
Seit 1615 übernachtet man hier in gemütlichen Zimmern, die heute natürlich modern ausgestattet sind. Im Restaurant des Hauses werden leckere regionale Gerichte serviert. Auch Liebhaber von Frankenwein kommen hier voll auf ihre Kosten, insbesondere bei Aktionen wie »Wild und Wein « oder »Fisch und Wein«.

Sehenswertes in Hammelburg

Marktplatz Das Zentrum der noch von bedeutenden Mauerresten umschlossenen Altstadt bildet der Marktplatz mit dem 1541 errichteten Marktbrunnen, einem schönen baldachinartigen Pavillon, der das **Wahrzeichen der Stadt** bildet. Hier erhebt sich das 1524–1529 von Johannes Schoner im Stil der Frührenaissance gebaute **Rathaus**, das allerdings nach dem Stadtbrand von 1854 zum allergrößten Teil erneuert werden musste und daher überwiegend Züge des Historismus trägt.

Rotes Schloss Das Kellereischloss, allgemein »Rotes Schloss« genannt, ist ein stattlicher Barockbau. Der italienische Baumeister Andrea Gallasini wandelte zwischen 1726 und 1731 im Auftrag des fuldischen Fürstabts Adolf von Dalberg eine Gruppe bereits bestehender Kellereigebäude in eine heitere barocke Sommerresidenz um. Auf den Ursprung des Gebäudes weist die Tatsache hin, dass sich unter dem Gebäudekarree **Frankens zweitgrößter Weinkeller** befindet; in ihm hat die Hammelburger Winzergenossenschaft ihren Sitz.

Hammelburgs Rotes Schloss

In der Nähe steht die Johannes dem Täufer geweihte kath. **Stadtpfarrkirche**, deren Ursprung auf das späte 14. Jh. zurückgeht und die um 1960 erheblich vergrößert wurde. Die **Madonnenstatue** im Innern gilt als Werk des Würzburger Hofbildhauers Johann Wolfgang von der Auvera (1708–1756), der auch die heiteren Figuren des Schlossparks von Veitshöchheim (►Würzburg) geschaffen hat.

Im Nordwesten der Altstadt beherbergt die stattliche, in der Barockzeit an der Saale erbaute Herrenmühle das **Stadtmuseum**, das sich mit dem Themenkreis **Brot und Wein** befasst. Im Erdgeschoss wird die 1200jährige Weinbautradition der Stadt deutlich; in den beiden Obergeschossen kann man die kulturellen, wirtschaftlichen und sozialen Entwicklungen verfolgen, die mit dem Weg vom Korn zum Brot verbunden sind (Öffnungszeiten: Di. – Do. 10.00 – 12.00 u. 14.00 – 16.00, Fr. – So. 14.00 – 16.00 Uhr).

Kloster Altstadt

Südwestlich jenseits der Saale steht am Fuß des Schlosshügels das Franziskanerkloster Altstadt. Die um 1700 entstandene Gebäudegruppe gilt als das **schönste Beispiel barocker Baukunst** aus Hammelburgs fuldischer Zeit. Ein hübscher steinerner Stationenweg führt zur Kreuzigungsgruppe auf dem Saalecker Berg.

Schloss Saaleck

Auf dem Saalecker Berg wurde im 11. / 12. Jh. eine Burg der Zentgrafen erbaut, wo zur Zeit der Weinlese meist der Fürstabt residierte. Heute ist das Schloss in städtischem Besitz und beherbergt ein **Hotel-Restaurant** mit Aussichtsterrasse. Die Rebhänge des zugehörigen Weinguts bestehen angeblich seit dem Jahr 777.

Haßfurt

L 4

Landkreis: Haßberge
Einwohnerzahl: 14 100
Höhe: 224 m ü. d. M.

Haßfurt am Main besitzt einen Altstadtkern mit verwinkelten, von Staffelgiebel- und Fachwerkhäusern gesäumten Gassen und prächtigen Kirchen. Die Altstadt, in ihrer ursprünglichen Anlage als lang gezogenes Rechteck erkennbar, wird von der breiten Hauptstraße durchzogen und von zwei großen Stadttürmen begrenzt.

Bindeglied am Main zwischen Haßbergen und Steigerwald

Das alte Städtchen Haßfurt, Kreisstadt der Haßberge, liegt im flachen oberen Maintal zwischen Haßbergen und Steigerwald. 1230 wurde die Stadt zum ersten Mal urkundlich erwähnt, bereits fünf Jahre später, 1235, verlieh der Würzburger Fürstbischof Hermann von Lobdeburg Haßfurt Stadtrechte. Die Grenzlage zwischen zwei geistlichen Territorien, den Hochstiften Würzburg und Bamberg, war der Grund für die starke Befestigung; Mauern, Türme und Gräben umgaben die Stadt. Abgesehen vom Würzburger Tor (Osten) und Bamberger Tor (Westen), die die breite Haupstraße abschließen, ist von der Stadtummauerung nur wenig geblieben.

Sehenswertes in Haßfurt

Marktplatz

Im Altstadtkern erweitert sich die Hauptstraße zum Marktplatz. Das frei stehende einstige **Rathaus** aus dem 16. Jh., ein Symbol bürgerlichen Selbstbewusstseins, ist ein dreistöckiger Bau mit Staffelgiebeln; rechts am Eingang erkennt man die »Haßfurter Elle« von 83 cm Länge, die damals im Hoheitsbereich der Stadt das verbindliche Längenmaß war. Gegenüber dem repräsentativen alten Rathaus tritt die den

HASSFURT UND UMGEBUNG ERLEBEN

AUSKUNFT

Verkehrsamt
Hauptstr. 5
97437 Haßfurt
Tel. 0 95 21 / 68 82 27
Fax 68 82 80
www.hassfurt.de

ESSEN

► Preiswert

Gasthof Mainaussicht
Fischerrain 8
97437 Haßfurt
Tel. 0 95 21 / 14 09
Zwischen historischer Altstadt und dem Main gelegener Gasthof mit bodenständiger Küche.

ÜBERNACHTEN

► Komfortabel

Meister Bär Hotel
Pfarrgasse 2
97437 Haßfurt
Tel. 0 95 21 / 92 80, Fax 92 88 88,
www.MB-Hotel.de
Gut geführtes Haus mit Terrassen-Café im Innenhof.

► Günstig

Goldner Stern
Markt 6, 97486 Königsberg
Tel. 0 95 25 / 9 22 10, Fax 92 21 33
www.goldnerstern.de
Kleines Hotel in altem Fachwerkhaus; hübsche Räumlichkeiten.

Frankenaposteln Kilian, Kolonat und Totnan geweihte katholische **Stadtpfarrkirche St. Kilian** weniger stark hervor. Der wuchtige spätgotische Hallenbau bildet den nördlichen Abschluss des Marktplatzes; im Innern stehen Statuen links und rechts des Altars, die Johannes den Täufer und Maria mit dem Kind (um 1490) zeigen, wohl Werke von Tilman Riemenschneider.

Amtshaus Östlich vom Markt erhebt sich an der rechten Seite der Hauptstraße das einstige fürstbischöfliche Amtshaus. Der 1719 entstandene Barockbau dient heute als Rathaus.

Zehntscheuer Östlich gegenüber fällt die fürstbischöfliche Zehntscheuer ins Auge, ein **mächtiger Staffelgiebelbau** (Ende des 15. Jh.s., 1627 aufgestockt). Sie dient heute als Stadthalle.

Ritterkapelle Bekanntestes Bauwerk von Haßfurt und **Wahrzeichen der Stadt** ist die 1455 vollendete Ritterkapelle am Floriansplatz nahe am östlichen Altstadtrand, eine spätgotische dreischiffige Hallenkirche. An dieser Stelle befand sich einst die erste Pfarrkirche von Haßfurt. Das Marienheiligtum, zeitweise Wallfahrtsziel, wurde unter Fürstbischof Julius Echter von Mespelbrunn um 1605 erweitert und zur Zeit des Historismus neugotisch restauriert. Anlass für die Namengebung »Ritterkapelle« waren vermutlich die 276 Wappenschilde des vorwiegend fränkischen Adels, die sich an der Außenseite des Chors und in den Netzgewölben befinden.

Umgebung von Haßfurt

Rund 8 km mainaufwärts liegt das mittelalterliche Städtchen **Zeil**. Sein von schönen Fachwerkfassaden eingerahmter Marktplatz mit dem Rathaus zählt zu den schönsten in Mainfranken. In der Stadtpfarrkirche St. Michael (1712 – 1732) beeindrucken Deckengemälde von Johann Peter Herrlein. Über der Stadt erhebt sich die neugotische Wallfahrtskapelle »Käppele«, die im Jahr 1871 von unversehrt aus dem Deutsch-Französischen Krieg heimgekehrten Soldaten zum Dank errichtet wurde. Im sehenswerten Foto- und Filmmuseum kann man anhand von über 3000 Sammlungsstücken, darunter die 7 m lange »Urzeitkamera«, die Entwicklung der Fototechnik verfolgen.

Haßfurts Bamberger Tor

Direkt von Haßfurt oder auch von Zeil aus gelangt man zu dem rund 10 km nördlich gelegenen Städtchen **Königsberg in Bayern**, dessen Altstadt ein geschlossenes Fachwerkensemble bietet. Im Haus Salzmarkt Nr. 6 kam Johannes Müller (1436 – 1476) zur Welt, der unter dem Namen **Regiomontanus** (latinisierte Form von Königsberg) zu einem der größten Mathematiker und Astronomen seiner Zeit wurde. Auf dem Schlossberg gibt es Reste einer Stauferburg.

Acht Türme schützen einst die Altstadt von **Ebern**, 27 km nordöstlich von Haßfurt. Mit dem Turm der Stadtpfarrkirche in der Mitte waren es neun. So entstand der Name »Eberner Kegelspiel«. Drei Kegel haben die vergangenen Jahrhunderte abgeräumt, sechs sind noch erhalten. Größter und schönster »Kegel« ist der 41 m hohe Grauturm. Sehenswert ist auch das Rathaus in der Nähe des Marktplatzes,

! *Baedeker* TIPP

Burgen- und Schlösser-Wanderweg

Zum Schutz der Handelswege wurden in den Haßbergen viele Burgen gebaut. So ist diese Gegend heute das Gebiet mit den meisten Wehrbauten in Unterfranken. Der Burgen- und Schlösser-Wanderweg ist ein ca. 180 km langer Lehrpfad, den man zu Fuß oder mit dem Fahrrad in Angriff nehmen kann. Sein Ausgangspunkt ist die Burg Lichtenstein, die man auf der Straße der Fachwerk-Romantik über den Ort Ebern erreicht. Info: www.hassberge-tourismus.de

ein dreistöckiger Fachwerkbau aus dem 17. Jh., mit einer der schönsten Fassaden im Ort. Im Ortsteil Eyrichshof steht eine Renaissance-Wasserburg, die im 18. Jh. zur Dreiflügelanlage umgebaut wurde.

★ Hersbruck

Q 7

Landkreis: Nürnberger Land
Höhe: 345 m ü. d. M.
Einwohnerzahl: 12 000

Das über tausendjährige, mittelalterliche Hersbruck gab der »Hersbrucker Schweiz« ihren Namen. Das malerische Städtchen wurde 2001 dank seiner Bemühungen um mehr Lebensqualität als erste deutsche Stadt mit dem Prädikat »Città slow« der in Italien ins Leben gerufenen Slowfood-Bewegung ausgezeichnet.

Hauptort der Hersbrucker Schweiz

Hersbruck gab der »Hersbrucker Schweiz« nicht nur ihren Namen, sondern ist auch deren Hauptort. Die Hersbrucker Schweiz, das weniger bekannte Pendant zur Fränkischen Schweiz, liegt im Nordosten der Ferienlandschaft Frankenalb östlich von Nürnberg. Die Stadt liegt in der Talsohle der Pegnitz und inmitten eines seit dem 18. Jh. bestehenden Hopfenanbaugebietes.

Am Ufer der Pegnitz erhebt sich das Hersbrucker Wassertor (1601 / 1602).

HERSBRUCK ERLEBEN

AUSKUNFT

Touristinformation
Unterer Markt 1
91217 Hersbruck
Tel. 0 91 51 / 735-150
Fax 735-91 50
www.hersbruck.de

ÜBERNACHTEN

▸ **Günstig**

Grüner Baum
Kühnhofen 3
91217 Hersbruck
Tel. 0 91 51 / 9 44 47, Fax 9 68 38
www.gruener-baum-hersbruck.de
Wohnen im Grünen vor den Toren Hersbrucks. In der Gaststube werden regionale Gerichte serviert.

Roter Hahn
Unterer Markt 3-5
91217 Hersbruck
Tel. 0 91 51 / 22 73, Fax 7 13 15
www.roterhahn-heb.de
Hotel mitten in der Altstadt. Die internationalen und gut bürgerlichen Gerichte kann man im Sommer auch im Biergarten genießen.

Sehenswertes in Hersbruck

Schloss

Im Süden der Altstadt steht das einstige Schloss, ein dreiflügeliger, nicht sonderlich großer, aber recht imposanter Renaissancebau. Den Zugang bildet eine Brücke, die den ehemaligen Wehrgraben überspannt. Schon vor dem Jahr 1000 stand hier eine Burg zum Schutz der Pegnitzbrücke; das heutige Aussehen verdankt das Schloss der Umgestaltung durch den Nürnberger Stadtbaumeister Jakob Wolf d. J. in den Jahren 1616 – 1621. Das Schloss kann nicht besichtigt werden, da im Innern das **Amtsgericht** untergebracht ist.

Marktplatz

Nordwestlich vom Schloss liegt der Untere Markt. Er ist nicht sonderlich groß, aber von hübsch restaurierten Häusern gesäumt; am Haus Nr. 18 erinnert eine Gedenktafel an den hier geborenen **Johannes Scharrer**, der als Initiator zum Bau der ersten deutschen Eisenbahn 1835 gilt. Das frei stehende **Rathaus** trennt den Unteren vom Oberen Markt. Im Kern stammt es aus dem beginnenden 14. Jh.; 1945 brannte es aus und wurde 1948 – 1952 wiederhergestellt. Hochgiebelige Häuser mit ehemaligen Hopfentrockenböden und Aufzugsgauben schmücken den Oberen Markt.

Deutsches Hirtenmuseum

An der vom Oberen Markt nach rechts führenden Straße, steht ein stattliches hochgiebeliges Fachwerkhaus von 1524 mit zweistöckigem Erker, das zusammen mit den gleichfalls historischen Rückgebäuden eine Ausstellung beherbergt, die sich mit der traditionsreichen **Hirtenkultur des Hersbrucker Landes** befasst. Gezeigt werden Kleidung, Gerätschaften, Musikinstrumente und Kunsthandwerk von Hirten, darunter 200 farbig bemalte hölzerne Schellenbögen; auch Hirtenkulturen ferner Länder sind berücksichtigt. Zum Museum gehören eine heimatkundliche Sammlung und eine Handwerksabteilung (Öffnungszeiten: Di. – So. 10.00 – 12.00, 14.00 – 16.00 Uhr).

Bürgerspital An das Spitaltor (15. Jh.), weiter östlich, schließt sich der zweistöckige, breite Bau des einstigen Bürgerspitals St. Elisabeth (um 1440) an. Zu diesem Gebäudekomplex gehört auch die Spitalkirche, die schon um 1400 erbaut wurde und über deren Portal sich die Statuette der Kirchenpatronin St. Elisabeth befindet. Der spätgotische **Kreuzigungsaltar** mit der hl. Elisabeth und dem hl. Martin im schlichten Innenraum stammt aus der Schule des Nürnbergers Veit Stoß.

Frankenalb-Therme Ein modernes Thermalbad mit Saunalandschaft, Wellness-Bereich und Physiotherapie-Abteilung lockt viele Erholungssuchende aus nah und fern an (Öffnungszeiten: Mo. – Sa. 10.00 bis 22.00, So., Fei. 9.00 – 20.00 Uhr).

Umgebung von Hersbruck

★ **Lauf an der Pegnitz** Das altertümliche Städtchenlliegt wenige Kilometer westlich von Hersbruck an der Pegnitz. Der mittelalterlich anmutende Marktplatz mit dem frei stehenden Rathaus ist von fränkischen Bürgerhäusern umgeben. Auf einer Pegnitzinsel errichtete man zum Schutz des Ortes eine Burg, die im 14. Jh. von Kaiser Karl IV. zum sog. Wenzelschloss ausgebaut wurde. Seit 1985 beherbergt das Schloss eine Außenstelle der Akademie der Bildenden Künste Nürnberg. Entscheidend für die wirtschaftliche Entwicklung von Lauf war die Wasserkraft der Pegnitz.

Industriemuseum Lauf ► In dem Museum direkt an der Pegnitz werden das Hammerwerk, eine Mahlmühle und ein Elektrizitätswerk noch heute mit Wasserkraft betrieben. Das Museum dokumentiert das Leben und Arbeiten von der frühen Industrialisierung bis zur Wirtschaftswunderzeit der 1950er- und 1960er-Jahre (Öffnungszeiten: April – Nov. Mi. – So. 11.00 – 17.00 Uhr; www.industriemuseum.lauf.de).

Hof

T 3

Kreisfreie Stadt
Einwohnerzahl: 47 000
Höhe: 470 – 614 m ü. d. M.

Hof sieht jünger aus, als es ist. Zwar blickt die Stadt auf eine mehr als achthundertjährige Geschichte zurück, doch im September 1823 vernichtete ein verheerender Großbrand neunzig Prozent der Bausubstanz, so dass bei den historischen Bauten Stilelemente des 19. Jh.s vorherrschen: Klassizismus, Biedermeier und Jugendstil.

Das Rathaus mit seinem achtkantigen Turm ist das Wahrzeichen von Hof.

Stadt internationaler Filmtage

Seit 1967 finden in der Saale-Stadt Hof die Internationalen Hofer Filmtage statt. Bei dem bedeutendsten Festival für den Deutschen Nachwuchsfilm geben sich Regisseure, Schauspieler, Filmschaffende, Produzenten, Filmverleiher, Kinobetreiber und Journalisten aus dem In- und Ausland ein Stelldichein. Alljährlich im Oktober wird die nordöstlichste fränkische Stadt fünf Tage lang Zentrum und Spiegel der herbstlichen Filmsaison.

Sehenswertes in Hof

Rathaus

Zumindest im Grundriss läßt die Altstadt, in Hof »Neustadt« genannt, noch die mittelalterliche Planung erkennen. Die breite **Ludwigstraße** bildet die Hauptachse; in ihrem unteren Teil stehen viele biedermeierlich-klassizistische Häuser; einen besonderen Akzent setzt das Rathaus mit seinem hohen achtkantigen Turm. Das Gebäude wurde von dem Hallenser Architekten Nikolaus Hofmann 1563–1566 erbaut und zeigt im Wesentlichen auch heute noch Renaissanceformen. Vom 32 m hohen **Rathausturm** hat man einen schönen Rundblick über Stadt und Umland.

HOF UND UMGEBUNG ERLEBEN

AUSKUNFT

Tourist Information Stadt Hof
Ludwigstraße 24, am Rathaus
95028 Hof
Tel. 0 92 81 / 81 56 66, Fax 81 56 69
www.stadt-hof.de

Tourist Information Bad Steben
Badstraße 31
95138 Bad Steben
Tel. 0 92 88 / 96 00, Fax 9 60 10
www.bad-steben.de

Tourist Information Selb
Ludwigstr. 6
95100 Selb
Tel. 0 92 87 / 883-0, Fax 883-190
www.selb.de

ESSEN

► Preiswert

Bürgerbräu
Alsenberger Str. 2
95030 Hof
Tel. 0 92 81 / 39 01
Ruhetag: Mi.
Zentral gelegenes Lokal, in dem zu vertretbaren Preisen fränkische Hausmannskost angeboten wird.

ÜBERNACHTEN

► Komfortabel

Central
Kulmbacher Str. 4
(an der Freiheitshalle)
95030 Hof
Tel. 0 92 81 / 60 50, Fax 6 24 40
www.hotel-central-hof.de
102 modisch-rustikal eingerichtete Zimmer, Sauna, Dampfbad und Solarium; angeschlossen ist das gepflegte Restaurant »Kastaniengarten« mit Biergarten und Terrasse.

Hotel Gut Haid
Plauener Str. 123
95030 Hof
Tel. 0 92 81 / 73 10, Fax 73 11 00
www.hotel-gut-haidt.de
Vor den Toren der Stadt gelegenes, ruhiges Hotel. Bei der Einrichtung der 41 Zimmer verwendete man möglichst Naturstoffe. Sauna, Solarium und hauseigene Fahrräder stehen den Gästen zur Verfügung, außerdem eine Beautyfarm. Angeschlossen ist ein Restaurant, in dem u. a. Naturkost serviert wird.

Rosenthal Casino
Kasinostr. 3
95100 Selb
Tel. 0 92 87 / 80 50, Fax 8 05 48
www.rosenthal-casino.de
Alle 20 Zimmer des Hotels in der Porzellanstadt Selb wurden von namhaften Künstlern und Designern gestaltet. Im geschmackvoll eingerichteten Restaurant werden vornehmlich saisonale Gerichte mit internationalen Akzenten serviert.

St. Michaeliskirche

Wenige Schritte östlich vom Rathaus erreicht man die am Altstadtrand stehende St. Michaeliskirche mit ihren mächtigen Doppeltürmen. Der Hallenbau wurde im späten 14. Jh. begonnen; bis 1570 schlossen sich zwei weitere Bauphasen an. Freilich blieb auch dieses Gebäude nicht vom Stadtbrand verschont, und so zeigt das Innere die historisierenden Formen der Neugotik.

Teddymuseum

Eine der größten Sammlungen von Teddybären (ca. 5000 Exponate) hat die Kunsthistorikerin und Buchautorin Florentine C. Bredow zusammengetragen (Öffnungszeiten: Di. – Fr., So. 14.00 – 18.00, Sa. 14.00 – 17.00 Uhr).

Hospitalkirche

Beim Unteren Tor am Nordrand des historischen Stadtkerns steht das im 13. Jh. gegründete einstige Hospital mit seiner Kirche. Äußerlich präsentiert sich das Gotteshaus in gotischem Stil. Sein Inneres ist reich im Stil des Barock ausgestattet. Die flache Kassettendecke zeigt in ihren neunzig bemalten Feldern wichtige Szenen aus dem Alten und Neuen Testament.

Museum Bayerisches Vogtland

In den einstigen Stallgebäuden des **Hospitals** informiert das Museum Bayerisches Vogtland über Geschichte, Volks- und Naturkunde der Region. Verschiedene Stadtmodelle verdeutlichen die Entwicklung Hofs zur Industriestadt; eine Spezialabteilung ist der traditionsreichen vogtländischen Textilindustrie gewidmet; Grabkreuze, Votivtafeln u. a. illustrieren die Volksfrömmigkeit; Dioramen mit präparierten Vögeln und Säugetieren sowie eine Insektensammlung vergegenwärtigen die ökologische Vielfalt der Gegend (Öffnungszeiten: Do. 8.00 – 14.00, Sa., So. 10.00 – 16.00 Uhr).

Brauereimuseum

Südöstlich vom Stadtkern und jenseits der Saale lohnt das Museum der Firma **Bürgerbräu Hof** (Ascher Str. 3) einen Besuch. Das historische Braugewölbe besitzt eine eigene Quelle, und ringsum sieht man allerlei Braugerät (Öffnungszeiten: Mo. – Fr. 9.00 – 17.00 Uhr).

★ Park Theresienstein

Nördlich der Saaleschleife, die die Innenstadt umschließt, breitet sich dieser 70 ha große Park aus. Er ist einer der ältesten und größten Bürgerparks des Freistaates Bayern. Der im frühen 19. Jh. angelegte weitläufige Landschaftspark, den man im Jahre 1836 nach **Königin Therese Charlotte**, der Gemahlin Ludwigs I. von Bayern benannte, wurde 2003 zum schönsten deutschen Park gewählt. Zwischen hohen Bäumen und kleinen Teichen gibt es viele Brunnen, Pavillons und Gedenksteine; bei der romantisierend gestalteten Burgruine liegt auch ein Labyrinth. Im unteren Teil des Parks steht das 1903 erbaute **Haus Theresienstein**, ein bemerkenswertes Jugendstil-Gebäude, dessen vierkantiger Turm ein hübsches Fachwerk-Obergeschoss vorweist. Den nördlichen Teil des Parks nehmen der **Zoologi-**

! *Baedeker* TIPP

Schilderwald

Im Hofer Fernweh-Park findet man Schilder aller Art aus der ganzen Welt: Ortsschilder, Nummernschilder und eine Reihe von Schildern mit Grüßen von Stars aus ihren jeweiligen Heimatorten. Jeder kann hier zur Erweiterung beitragen (Michaelisbrücke, Am Graben; ganztägig zu besichtigen, Eintritt frei; www.fernweh-park.de). Begründer des Fernwehparks in Hof war 1999 der Filmemacher und Buchautor Klaus Beer, der die Idee aus dem kanadischen Watson Lake mitgebracht hatte, wo das »Sign Post Forest« über 50 000 Schilder zeigt.

sche, Botanische und Geologische Garten ein. Hauptanziehungspunkte sind das Aquarien- und Terrarienhaus, eine große Vogelvolière sowie das Geländemodell der Stadt Hof im Geologischen Garten.

Untreusee Südlich vor den Toren der Stadt bildet der künstlich aufgestaute Untreusee ein attraktives und viel besuchtes **Naherholungsgebiet**. Neben der 60 ha großen und für den Wassersport offenen Seefläche wurde auch ein Biotop für seltene Vogelarten geschaffen. Der See ist nicht nur Ziel für Schwimmer, Surfer, Segler, Tretbootfahrer und Kanuten, auch Jogger und Radfahrer kommen gern hierher. Darüber hinaus gibt es ausreichend Möglichkeiten für Tennis- und Squashbegeisterte, einen Sportpark mit Fitnesszentrum, Saunen und Solarien, Spielplätze für Kinder und ein Sommerrestaurant.

Umgebung von Hof

Mödlareuth Mitten durch den rund 12 km nördlich von Hof, direkt an der einstigen Grenze zur DDR gelegenen Ort Mödlareuth verlief bis 1989 die Mauer – ein **»Little Berlin«**, wie die Amerikaner es nannten, mit Todesstreifen, aber ohne Check-Point. Der Grund für die Teilung liegt im Jahr 1810: Damals wurde ein Teil des Dorfes bayerisch, der andere gehörte zum Fürstentum Reuß und wurde später thüringisch; bei

König Ludwig I. und Prinzregent Luitpold von Bayern haben im 19. Jh. die Entwicklung von Bad Steben gefördert.

der deutsch-deutschen Grenzziehung orientierten sich die Besatzungsmächte an den alten Demarkationslinien. Heute dokumentiert das **Deutsch-Deutsche Museum** Hintergründe und Realität der deutsch-deutschen Trennung; im Freigelände sind im Rahmen eines Geschichtslehrpfades große Teile der Sperranlagen im Original erhalten (Öffnungszeiten: Sommer tägl. 9.00 – 18.00, Winter tgl. 10.00 bis 17.00 Uhr; www.moedlareuth.de).

★ Bad Steben

Das bayerische Staatsbad liegt 26 km nordwestlich von Hof liegt in einer flachen Talmulde auf den welligen Höhen des Frankenwaldes. Die Heilkraft der Mineralquellen von Steben war schon im 15. Jh. bekannt. Im Jahre 1792 lobte Alexander von Humboldt, damals Oberbergmeister in den zu Preußen gehörenden Fürstentümern Ansbach und Bayreuth, die reine Luft und das gute Klima des heutigen Kurortes. Dass Steben 1832 viertes bayerisches Staatsbad wurde, ist König Ludwig I. von Bayern zu verdanken, der 1837 die Kuranlagen ausbauen ließ und Hofbaumeister Leo von Klenze mit dem Bau eines Badehauses beauftragte. Immer noch strahlen die Kuranlagen das nostalgische Flair des 19. Jh.s aus, doch die Zeit steht auch hoch im Frankenwald nicht still: 2001 eröffnete die **Bayerische Spielbank Bad Steben** in einem imposanten Neubau am Casinoplatz, und seit 2004 können die Gäste in der architektonisch gelungenen **Therme Bad Steben** mit »Saunaland« und »Wellness Dome« entspannen (Öffnungszeiten: tgl. 9.00 – 22.00 Uhr). Im hübsch hergerichteten großen Kurpark steht das repräsentative **Kurhaus**, das ein auf der Stiftung Schreiner basieren-des **Grafik-Museum** beherbergt.

Lichtenberg

Nordöstlich von Bad Steben, nahe der bayerisch-thüringischen Grenze, liegt das Städtchen Lichtenberg, in dessen Umgebung einstmals Eisen- und Kupferez sowie Flussspat abgebuat worden ist. Den **Friedrich-Wilhelm-Stollen** ließ Alexander von Humboldt 1793 anlegen (Führungen: April – Okt. Sa., So. 11.00 – 17.00 Uhr).

★ Selb

28 km südöstlich von Hof und nahe an der Grenze zur Tschechischen Republik liegt die **»Stadt des Porzellans«** bzw. die Hauptstadt der der deutschen Porzellanindustrie (Hutschenreuther, Rosenthal, Heinrich, Villeroy & Boch u. a.), für die hier auch eine Fachschule eingerichtet ist. Der wichtigste Werkstoff von Selb und Umgebung ist fast überall im neuzeitlichen und etwas nüchternen Stadtbild gegenwärtig. Dazu gehören u. a. das **Rathaus mit Porzellan-Glockenspiel**, das **Porzellangässchen**, der **Porzellanbrunnen** auf dem Martin-Luther-Platz und die **Porzellanuhr** am Gebäude der Sparkasse. Sogar die Amtskette des Bürgermeisters besteht aus Porzellan.

★ ◄ Porzellanwelt Selb

Unter den Dächern einer ehemaligen Porzellanfabrik (Werner-Schürer-Platz 1) befinden sich das Europäische Industriemuseum für Porzellan, das Europäische Museum für Technische Keramik und das Rosenthal-Museum. Im Europäischen Industriemuseum für Porzellan wird die Wirtschafts-, Sozial- und Technikgeschichte der europä-

In Selb sprudelt das Wasser aus dem Porzellanbrunnen.

ischen Porzellanindustrie veranschaulicht. Zu sehen ist u.a. eine Massenmühle, d.h. eine komplette Fertigungseinrichtung für die Porzellanmasse, aus der Zeit um 1920. Das Europäische Museum für Technische Keramik beschreibt die Anwendungsgebiete der technischen Keramik in den Bereichen Elektronik, Medizin und Automobilbau; das Rosenthal-Museum im Alten Brennhaus zeigt Höhepunkte aus 125 Jahren Firmen- und Produktionsgeschichte (Öffnungszeiten: Di.–So. 10.00–17.00 Uhr; www.porzellanwelten. org).

Das **Deutsche Porzellanmuseum**, das Teil der Porzellanwelt Selb ist, befindet sich rund 10 km südöstlich von Selb in **Hohenberg an der Eger**. Hier wird man mit der Geschichte dieses Wirtschaftszweiges ebenso vertraut gemacht wie mit der Entwicklung von Porzellankunst und Porzellandesign. Man bekommt auch Einblick in die Kulturgeschichte des Zier- und Gebrauchsporzellans namhafter deutscher Hersteller (Öffnungszeiten: Di.–So. 10.00–17.00 Uhr).

✶✶ Iphofen

J 6

Landkreis: Kitzingen
Einwohnerzahl: 4500
Höhe: 255 m ü. d. M.

Auch der englische Hof wusste den Iphöfer Wein schon zu schätzen. So wurden bei der Krönungsfeier von Königin Elisabeth II. im Jahr 1952 unter anderem Bocksbeutel aus dem Bilderbuchstädtchen am westlichen Steigerwald kredenzt.

Malerisches Wein- und Gipsstädtchen am Steigerwald

Iphofen hat seinen Gästen einiges zu bieten. Das 741 erstmals urkundlich erwähnte Städtchen besitzt zahlreiche alte Bauten im Stadtkern und eine mittelalterliche Befestigungsanlage, die zu den besterhaltenen und imposantesten in Mainfranken gehört. Die Weinlagen des am **Schwanberg** (474 m), dem Wahrzeichen des westlichen Steigerwaldes, gelegenen Winzerortes – Julius-Echter-Berg, Domherr, Kalb und Kronsberg – zählen zu den bekanntesten in Franken. Und für den kulturinteressierten Gast hält das Knauf-Museum – Iphofen

IPHOFEN ERLEBEN

AUSKUNFT

Tourist Information
Kirchplatz 7
97346 Iphofen
Tel. 0 93 23 / 87 03 06
Fax 87 03 08
www.iphofen.de

ESSEN

▶ Erschwinglich
Weinstall Castell
Schlossplatz 3
97355 Castell
Tel. 0 93 25 / 90 25 61
Ruhetage: Mo., Di.
Im ehemaligen Pferdestall des Schlosses werden die Weine des Fürstlich Castell'schen Domänenamtes ausgeschenkt und hervorragende regionale Gerichte serviert.

▶ Preiswert
Goldene Krone
Marktplatz 2
97346 Iphofen
Tel: 0 93 23 / 8 72 40
Ruhetag: Di.
Traditioneller Hotel-Gasthof mit fränkischen Spezialitäten und Weinen aus eigenem Weingut. Sonnenterrasse und Schoppenhöfle.

ÜBERNACHTEN

▶ Komfortabel
Romantik-Hotel Zehntkeller
Bahnhofstr. 12
97343 Iphofen
Tel. 0 93 23 / 84 40, Fax 84 41 23
www.zehntkeller.de
53 Zi., 5 Suiten
Im ehemaligen fürstbischöflichen Amtshaus sind komfortable Fremdenzimmer sowie ein stimmungsvolles Restaurant eingerichtet. Hier und im hübschen Gartenlokal werden nicht nur feine Speisen, sondern auch Weine aus der eigenen Kellerei serviert.

lebt nicht nur vom Wein, sondern auch von der Gipsindustrie und ist Sitz der weltweit agierenden Firma Knauf – eine Reliefsammlung großer Kulturepochen bereit.

Sehenswertes in Iphofen

Marktplatz

An der Nordseite des lang gestreckten, teils von Fachwerkhäusern gesäumten Marktplatzes steht, etwas zurückversetzt, das barocke **Rathaus**, ein stattlicher und repräsentativer Bau in Hellgrau und Weiß, 1716 – 1718 von dem Würzburger Baumeister Joseph Greising errichtet. Hinter dem Rathaus erhebt sich die katholische Pfarrkirche **St. Veit**, ein dreischiffiger Hallenbau, dessen Chor 1414 und dessen Langhaus 1612 vollendet wurde. Die Statue des Evangelisten Johannes im Innern wird Tilman Riemenschneider zugeschrieben.

* Rödelseer Tor

Hinter der Kirche schließt der Mittagsturm, das einstige Gefängnis, den Altstadtbereich ab. Dahinter steht das wuchtige Rödelseer Tor, **Wahrzeichen der Stadt** und das wohl am häufigsten fotografierte

Inbegriff fränkischer Kleinstadtromantik: das Rödelseer Tor in Iphofen

Motiv von Iphofen. Beiderseits des Tors befinden sich noch gut erhaltene Überbleibsel des Stadtgrabens mit hübschen Bauerngärtchen, an denen ein Promenadenweg entlangführt.

★★ **Knauf-Museum**

Am Beginn der vom Marktplatz abzweigenden Maxstraße, im stattlichen Alten Rentamt (1693), ist das Knauf-Museum eingerichtet. Es geht auf die Initiative der Gebrüder Knauf zurück, die 1932 das nahe gelegene Gipswerk gründeten, und zeigt eine Fülle von **Repliken bedeutender Reliefs** und Plastiken fast aller frühen Hochkulturen. Glanzlichter sind das riesige Relief aus dem Tempel der Hatschepsut von Deir-el-Bahari (Theben-West, um 1475 v. Chr.), Reliefs vom Fries des Parthenon-Tempels in Athen, die berühmte Grabplatte von Palenque (Mexiko), die vom umstrittenen schweizerischen Schriftsteller Erich von Däniken als Darstellung eines Astronauten gedeutet wurde, sowie Kolossalreliefs aus Altpersien (Öffnungszeiten: April bis 1. Nov. Di. – Sa. 10.00 – 12.00, 14.00 – 17.00, So. 14.00 – 18.00 Uhr; www.knauf-museum.de).

In ihrem weiteren Verlauf führt die Maxstraße zu dem kleinen, von Kastanien beschatteten Julius-Echter-Platz. An seiner Nordseite steht die Kirche **St. Johannes der Täufer**,

! *Baedeker* TIPP

Vinothek

Heidrun Kaufmann, die frühere Fränkische Weinkönigin, macht den Weinkauf zum Erlebnis. In dem modernen Bau mit Gewölbekeller und Galerie am Kirchplatz präsentieren 20 Winzer ihre Erzeugnisse. So kann der Interessent Iphöfer Weinberglagen bereisen, ohne dabei das Gebäude verlassen zu müssen. Öffnungszeiten: Di. – Fr. 11.00 – 18.00, Sa., So., Fei. 11.00 bis 17.00 Uhr. Infos: www.vinothekiphofen.de

ein spätgotischer Bau mit vorgesetztem Treppenturm und einem kleinen Dachreiter. Das **Spital** wurde 1338 von dem Iphofener Bürger Berthold Schurig gestiftet und 1607 von Julius Echter von Mespelbrunn neu ausgestattet.

Umgebung von Iphofen

Schwanberg

Ein beliebtes Ausflugsziel ist, wegen der herrlichen Aussicht und schönen Wanderwege, der 474 m hohe Schwanberg, erreichbar mit dem Auto über den Winzerort Rödelsee (4 km nordwestlich von Iphofen). Beherrscht wird der Schwanberg vom gleichnamigen **Schloss**, in dem die Communität Casteller Ring, eine geistliche Gemeinschaft von Frauen innerhalb der Evangelisch-Lutherischen Kirche, ihren Sitz hat. Nebenan wartet das Schwanberg Café auf Gäste.

! *Baedeker* TIPP

Leckere Fischgerichte

Im Landgasthof »Zur Rose« im Steigerwälder Ort Prühl (17 km nordöstlich von Iphofen). Hier werden vortreffliche Fischgerichte serviert, vor allem Forellen, von August bis Mai auch Karpfen.

★★ Kirchenburgmuseum Mönchsondheim

In Mönchsondheim, 5 km südlich von Iphofen, ist die mittelalterliche **Wehrkirche** (15. Jh.) Kern des außerordentlich eindrucksvollen Kirchenburgmuseums, das als Freilichtmuseum weitere historischer Bauten wie das **Rathaus** (1557), das **Gasthaus** (1790) und die **Schule** (1927) miteinbezieht. Metzgerei, Schuhmacherwerkstatt und Ställe vergegenwartigen alte Bauern- und Handwerkerkultur, die mehrmals im Jahr als »lebendige Geschichte« vorgeführt wird (Öffnungszeiten: Mitte März – Mai Di. – Sa. 13.30 – 18.00, So., Fei. 11.00 bis 18.00, Juni – Okt. Di. – Sa. 10.00 – 18.00, So., Fei. 11.00 – 18.00, Nov. – 1. Advent Di. – Sa. 13.30 – 17.00, So., Fei. 11.00 – 17.00 Uhr; www.kirchenburgmuseum.de).

Mainbernheim

Westlich von Iphofen führt die B 8 nach Mainbernheim, einem der am besten erhaltenen mainfränkischen Städtchen, das bereits 1382 die Stadtrechte besaß. Gut erhalten ist die mehrtürmige **Stadtmauer** (14. / 15. Jh.), vor der sich bunte Gemüsegärtchen reihen.

★ Castell

11 km nordöstlich von Iphofen schmiegt sich der kleine **malerische Weinort** Castell unterhalb des Schlossberges an den Hang. Schon von weitem ist die den Ort überragende spätbarock-klassizistische ev. Pfarrkirche (1784 – 1788) sichtbar, die im Innern einen imposanten Kanzelaltar mit einer in Schwindel erregender Höhe angebrachten Kanzel besitzt. Castell, erstmals 816 urkundlich erwähnt, war der Mittelpunkt der bis 1806 reichsständischen Grafschaft Castell und ist heute noch der **Stammsitz der Fürsten zu Castell-Castell** (► Baedekerr Special, S. 248). Das barocke Schloss (1686 – 1691), eine der schönsten Dreiflügelanlagen des ausgehenden 17. Jh.s., kann als Sitz der Fürstenfamilie nicht besichtigt werden, jedoch der unterhalb des

◄ weiter auf S. 250

DYNASTIE CASTELL

Es ist kaum zu glauben, aber der heute nur knapp über 300 Seelen zählende Weinort Castell war einmal Verwaltungssitz eines politisch unabhängigen Zwergstaates. Auch die heutigen Fürsten zu Castell bilden immer noch eine mächtige Dynastie.

Der Name Castell tauchte erstmals im Jahr 816 in der Gründungsurkunde des Benediktinerklosters Megingaudshausen (Mittelfranken) auf und bezog sich auf eine frühmittelalterliche Burg (lateinisch **»castellum«**), deren Reste noch heute oberhalb des Dorfes Castell zu sehen sind. Urkundlich erwähnt wurde Castell dann erst wieder im Jahr 1091, als sich ein Edelfreier namens Ruopreth nach dem Ort am westlichen Abhang des Steigerwaldes »de Castello« nannte. Seit 1202 führten die Herren zu Castell den Grafentitel – ab 1228 sogar mit dem Prädikat »dei gratia« (von Gottes Gnaden).

Die Grafen zu Castell

Vom 11. bis 13. Jh. waren die Herren und Grafen zu Castell das mächtigste Herrschergeschlecht zwischen Main und Steigerwald; sie regierten über mehr als fünfzig Orte und besaßen mehrere Burgen und Schlösser. Nach dem Augsburger Religionsfrieden (1555) führten die Grafen in ihrem Herrschaftsgebiet die Reformation ein. Es entstand sogar eine kleine evangelische **Landeskirche** mit Zentrum in Castell, deren Bekenntnis und Tradition bis heute viele Gemeinden prägt. Im 16. Jh. gelang es den Grafen auch, sich im Kreis der fränkischen **Reichsstände** zu etablieren, was zur Folge hatte, dass sie von nun an allein dem Kaiser unterworfen waren. Der kleine Ort Castell war aber nicht nur weltliches und kirchliches Zentrum, sondern einige Jahrhunderte lang auch ein viel besuchter Kurort. Vor allem im 16. Jh. erfreute sich das 1399 erstmals genannte **Wildbad** großer Beliebtheit. So viele Kurgäste kamen nach Castell, um in dem heilenden Bitterwasser zu baden, dass schließlich 1601 ein neues Wildbadgebäude errichtet werden musste. Ende des 17. Jh.s wurde das Wildbad jedoch geschlossen. Einige Jahrzehnte später machte der kleine Ort aber wieder von sich reden. Im Jahr 1774 wurde nach schweren Hungersnöten Anfang der 1770er-Jahre die »Gräflich Castell-Remlingen'sche Landes Credit-Casse« gegründet, um den völlig verarmten Bauern und Handwerkern mit günstigen Krediten eine neue Existenz zu ermöglichen. Heute ist die Fürstlich

Castell – jahrhundertelang Hauptstadt eines Zwergstaates

Castell'sche Bank das **älteste Geldhaus** im Freistaat Bayern.
1806 kam das Aus für den unabhängigen Casteller Zwergstaat, als mit der Mediatisierung die Grafschaft dem Königreich Bayern unterstellt wurde. Rund 10 000 Einwohner in 30 Orten zählte der Kleinstaat zur Zeit der Machtübernahme durch Bayern. Drei Jahre zuvor hatten die Casteller Grafen, die Brüder Albrecht Friedrich Carl und Christian Friedrich, die Linie **Castell-Castell** (Stammsitz: Schloss Castell) und die Linie **Castell-Rüdenhausen** (Stammsitz im Schloss von Rüdenhausen, 3 km nördlich von Castell) gegründet.

Die Fürsten zu Castell

Die Integration der Grafschaft in das Königreich Bayern erfolgte ohne Probleme. Bis 1848 durften die Grafen noch die niedere Gerichts- und Polzeigewalt in ihren Dörfern ausüben. 1901 wurden die beiden Grafen-Linien in den erblichen bayerischen Fürstenstand erhoben. Beiden Fürsten gelang es nicht nur, einen Großteil ihrer Besitzungen über Weltwirtschaftskrise und Weltkriege hinwegzuretten, sondern auch gemeinsam zu einer Wirtschaftsmacht in Franken aufzusteigen. Das **Unternehmen Castell** gliedert sich heute in die drei Bereiche Fürstlich Castell'sche Bank, Fürstlich Castell'sches Domänenamt und Fürstlich Castell'sche Forstabteilung. Mit 17 Filialen hat die Castell-Bank ihren geschäftlichen Mittelpunkt in Franken sowie in der Pfalz mit der Filiale Ludwigshafen am Rhein, das Domänenamt liefert Spitzenweine aus einem der renommierten Weingüter Frankens, und die sechs Fürstlich Castell'schen Forstreviere reichen von Lisberg bei Bamberg über den Steigerwald bis in den Spessart. Doch nicht nur wirtschaftlich, auch in Politik, Kirche und Kultur zeigt das Fürstenhaus Engagement. So engagiert sich Albrecht Fürst zu Castell-Castell, Mitglied der Würzburger Gesellschaft für christlich-jüdische Zusammenarbeit, sehr für die Aussöhnung zwischen Deutschen und Juden.
Zu seinem 80. Geburtstag im August 2005 erhielt er ein Geschenk der besonderen Art: eine von Jesko Graf zu Dohna, dem Leiter des Fürstlich Castell'schen Archivs, angelegte Dokumentation, die die Rolle der Castell-Bank bei der Entrechtung und Ausplünderung ihrer jüdischen Kunden während der NS-Zeit ohne Schönfärberei und ohne den Versuch einer Rechtfertigung offen legte. Eine so **schonungslose Aufarbeitung der eigenen Vergangenheit** hat – außer dem früheren Kölner Bankhaus Sal. Oppenheim – bisher noch keine deutsche Privatbank geschafft.

Schlosses gelegene Schlosspark, der vorwiegend im 19. Jh. angelegt wurde und in dem im Sommer eines der schönsten Weinfeste Frankens stattfindet. Einen wunderschönen Blick bis fast zum Maintal genießt man vom Schlossberg und Herrenberg mit den Resten der ehemaligen Burgen, die beide im Bauernkrieg 1525 zerstört wurden.

! *Baedeker* TIPP

Auf den Spuren der Grafen zu Castell

In Castell beginnt der Kulturpfad »Auf den Spuren der Grafen zu Castell«, der vor allem im Kitzinger Land, in der Region zwischen Main und Steigerwald, durch 51 Orte mit Bezügen und Sehenswürdigkeiten zur Grafschaft Castell führt. Mit dem Kulturpfadführer (Herausgeber: Jesko Graf zu Dohna, Castell 2004) lässt sich auch weniger Bekanntes entdecken.

Das Steigerwaldstädtchen **Scheinfeld**, dessen Altstadt zahlreiche Fachwerkhäuser schmücken, befindet sich rund 20 km südöstlich von Iphofen. Hoch über dem Ort thront das **Schloss Schwarzenberg**, das nach einem großen Brand 1607 nach Plänen des Augsburger Stadtbaumeisters Elias Holl neu aufgebaut wurde. Das Wahrzeichen dieser Renaissanceanlage, den »Schwarzen Turm«, ließen die Grafen von Schwarzenberg anlässlich ihrer Erhebung in den Reichsfürstenstand in den Jahren 1672 bis 1674 errichten.

Sugenheim

Im Gemeindeteil Sugenheim, rund 10 km südlich von Scheinfeld, beherbergt das sehenswerte Alte Schloss an der Hauptstraße ein **Spielzeugmuseum** mit einer reichen Sammlung historischer Puppen und Eisenbahnen sowie Blech- und Holzspielzeug.

✶ Kelheim

T 11

Landkreis: Kelheim
Einwohnerzahl: 15 600
Höhe: 354 m ü. d. M.

Wo die Altmühl nach einem Lauf von 220 km in die Donau mündet, liegt die alte niederbayerische Stadt Kelheim. Auf einer waldigen Anhöhe westlich der Stadt steht ihr weithin sichtbares Wahrzeichen, die Befreiungshalle. Stromaufwärts durchbricht die Donau an einer eindrucksvollen Engstelle den Fränkischen Jura.

Stadt an Donau und Altmühl

Zu Füßen des Michelsberges, auf dem sich zwischen dem 3. und 1. Jh. v. Chr. eine keltische Siedlung namens »Alkimoennis« befand, entwickelte sich Kelheim unter den Wittelsbachern zur Residenz. Mit der Erhebung zur Stadt 1181 wurde der Ort für kurze Zeit – bis 1231 – bayerische Landeshauptstadt. Wirtschaftliche Bedeutung erlangte Kelheim mit der Eröffnung des Main-Donau-Kanals im Jahr 1992. Der Hafen im Bereich der voll ausgebauten Donau umfasst eine Gesamtfläche von 65 ha.

KELHEIM ERLEBEN

AUSKUNFT

Tourist Information
Ludwigsplatz 16
93309 Kelheim
Tel. 0 94 41 / 70 12 34
http://cms.kelheim.de

ESSEN

► **Erschwinglich**
Weißes Brauhaus
Emil-Ott-Str. 3
Tel. 0 94 41 / 34 80
www.weisses-brauhaus-kelheim.de
Leckere Schmankerl der regionalen Küche – und dazu eine »Schneider Weisse« aus Bayerns ältester Weißbierbrauerei (seit 1607).

ÜBERNACHTEN

► **Günstig**
Gasthof Weißes Lamm
Ludwigstr. 12
93309 Kelheim
Tel. 0 94 41 / 2 00 90
www.weisses-lamm-kelheim.de
Alteingesessener Gasthof in der Altstadt mit 32 Fremdenzimmern; Restaurant mit gutbürgerliche Küche.

Sehenswertes in Kelheim und Umgebung

Altstadt von Kelheim

Der älteste Teil Kelheims breitet sich auf der Landzunge zwischen den beiden Flüssen Donau und Altmuhl aus. Das Stadtbild zeigt den typischen planvollen Aufbau einer Gründung durch die Wittelsbacher. Zwei Hauptstraßen, deren Kreuzung im Zentrum liegt, durchlaufen die rechteckig angelegte Herzogsresidenz. Die nach außen gerichteten Endpunkte der Straßen waren durch **Stadttore** gesichert, die den einzigen Zugang in die ummauerte Altstadt ermöglichten. Kelheim besitzt nur drei Stadttore – das Donautor im Süden, das Mittertor im Westen und das Altmühltor im Norden. Im Osten, wo die Altmühl in die Donau mündet, war ein Stadttor unnötig.
Im Herzen der Stadt weitet sich der **Ludwigsplatz** mit stattlichen Bürgerhäusern (17./18. Jh.). An der nahen Lederergasse Nr. 11 steht der spätgotische **Herzogskasten**, in dem das **Archäologische Museum** (Teil des Archäologieparks Altmühltal, ► S. 253) anhand von Originalfunden die Geschichte der Region von der Steinzeit bis zur Stadtwerdung Kelheims im frühen Mittelalter aufzeigt (Öffnungszeiten: April – Okt. Di. – So. 10.00 – 16.00 Uhr).

★ Befreiungshalle

Auf dem 451 m hohen Michelsberg thront das Wahrzeichen der Stadt, der mächtige Rundbau der Befreiungshalle. Der von Griechenland begeisterte König Ludwig I. (dessen Sohn Otto 1832 selbst griechischer König wurde) gab um 1840 den klassizistischen Baumeistern Friedrich Gärtner und Leo v. Klenze den Auftrag, zum **Gedenken an die Befreiungskriege** gegen Napoleon in den Jahren 1813 bis 1815 diese Ruhmeshalle zu errichten, aber erst 1863, zum fünfzigsten Jahrestag der Völkerschlacht bei Leipzig, wurde sie feierlich eröffnet. Formal lehnt sich die Halle stark an das römische Pantheon an. In

! **Baedeker TIPP**

Fahrt zum Donaudurchbruch

Eine idyllische Schiffstour kann man von Kelheim aus zum Donaudurchbruch und zum Kloster Weltenburg unternehmen. Informationen: Tel. 0 94 41 / 58 58, www.schiffahrt-kelheim.de

den Nischen des Achtzehnecks stehen 34 Siegesgöttinnen aus weißem Carrara-Marmor. Dazwischen finden sich 17 aus eroberten französischen Geschützen gegossene und vergoldete Schilde. Diese tragen die Namen der Schlachten der Befreiungskriege. Den Boden ziert ein Marmormosaik mit einer Gedächtnisinschrift des bayerischen Königs Ludwig I. Von der Außengalerie hat man einen herrlichen Blick in die Täler von Donau und Altmühl (Öffnungszeiten: Mitte März bis Okt. tgl. 9.00 – 18.00, Nov. – Mitte März tgl. 9.00 – 16.00 Uhr).

★★ **Donaudurchbruch**

Der 5,5 km lange Donaudurchbruch bei Weltenburg südwestlich von Kelheim ist eine der eindrucksvollsten deutschen Flusslandschaften. Gleich unterhalb der Ortschaft Weltenburg ragen an beiden Ufern senkrechte, fast 100 m hohe Felswände aus dem Wasser. Am Eingang

Unterhalb vom bayerischen Urkloster Weltenburg zwängt sich die Donau durch ein enges, im Jura angelegtes Schluchttal.

zum Canyon steht das 620 gegründete **Kloster Weltenburg**, die älteste Benediktinerabtei Bayerns. Die barocke Klosterkirche (1716 bis 1739) ist ein Meisterwerk der Brüder Asam. Die Klosterbrauerei Weltenburg (seit 1050) gehört zu den ältesten Braustätten der Welt.

★ **Archäologiepark Altmühltal**

Das landschaflich reizvolle untere Altmühltal zwischen Kelheim und Dietfurt lädt zu einer Zeitreise zu Fuß oder per Rad ein. An 18 Stationen erfährt man viel Interessantes über die viele Jahrtausende alte Besiedlungsgeschichte dieser Landschaft. Die Tour beginnt am Archäologischen Museum in Kelheim und erschließt dann altsteinzeitliche Wohnhöhlen, Gräber der Eisen- und Bronzezeit sowie Nachbauten keltischer Festungsanlagen.

★ **Schulerloch**

Nordwestlich von Kelheim, bei Essing, ist diese in der Altsteinzeit als Wohnplatz genutzte **Tropfsteinhöhle** mit ihren imposanten Stalagmiten, Stalaktiten und Sinterbildungen ein beliebtes Ausflugsziel (Führungen mit »Musik- und Lichtzauber«: März – Ende April tgl. 10.00 – 16.00, Ende April – 2. Sept.-Wochenende tgl. 10.00 – 17.00, Mitte Sept. – 1. Nov.-Wochenende tgl. 10.00 – 16.00 Uhr).

★ **Burg Prunn**

Nordwestlich, bei Riedenburg, thront **eine der besterhaltenen Ritterburgen Bayerns** auf hohem Jurafels. Sie wurde 1037 erstmals urkundlich erwähnt und erlebte in spätgotischer Zeit ihre Blüte, was Freskenfragmente und der hier aufgefundene »Prunner Codex« (Handschrift des Nibelungenliedes) bezeugen (Öffnungszeiten: April – Okt. tgl. 9.00 – 18.00, Nov. – März Di. – So. 10.00 – 16.00 Uhr).

★ Kitzingen

H 6

Landkreis: Kitzingen
Einwohnerzahl: 21 000
Höhe: 220 m ü. d. M.

Am östlichen Maindreieck liegt Kitzingen, einer der ältesten Orte am Main und neben Würzburg ein Hauptsitz des fränkischen Weinhandels. Dass die Große Kreisstadt zahlreiche Baudenkmäler zu bieten hat, sieht man schon, wenn man von Osten nach Kitzingen hineinfährt: Von allen vier Mainbrücken bietet sich ein hübscher Blick auf die türmereiche Silhouette des historischen Stadtkerns westlich des Mains, wobei der schiefe Falterturm ganz besonders ins Auge fällt.

Wein und Fastnacht

Der schiefe Falterturm, das städtische Wahrzeichen, ist nicht nur das bemerkenswerteste Gebäude der Stadt, es beherbergt auch das Deutsche Fastnachtmuseum. Kitzingen, heute Sitz der Gebietswinzergenossenschaft Franken (an der B 8 Richtung Würzburg) und somit

KITZINGEN ERLEBEN

AUSKUNFT

Tourist Information Kitzingen
Schrannenstr. 1
(an der Alten Mainbrücke)
97318 Kitzingen
Tel. 0 93 21 / 92 00 19
Fax 2 11 46
www.kitzingen.info

Kultur- und Tourismusamt Dettelbach
Rathausplatz 1
97337 Dettelbach
Tel. 0 93 24 / 35 60
Fax 49 81
tourismus@dettelbach.de
www.dettelbach.de

ESSEN

► Preiswert

Altdeutsche Weinstube
Rosenstraße 28
97318 Kitzingen
Tel. 0 93 21 / 42 41, Mo. geschl.
Hier kreiert ein junger Koch fränkische Küche mit kulinarischer Finesse.

Zum Stern
Peuntgasse 5
97320 Sulzfeld a. Main
Tel. 0 93 21 / 1 33 50, Di. geschl.
Das Restaurant in einem Fachwerkbau aus dem 15. Jh. bietet eine hervorragende fränkische Küche. Die Meterbratwurst wird hier hausgemacht. Man sollte allerdings rechtzeitig erscheinen bzw. reservieren, denn das Lokal ist immer sehr gut besucht. 11 Gästezimmer.

Gasthof-Hotel »Grüner Baum«
Falterstraße 2
97337 Dettelbach
Tel. 0 93 24 / 9 72 30
500 Jahre altes Gasthaus mitten in der verkehrsberuhigten Altstadt, direkt bei der Stadtkirche. Urgemütliche Gaststube und romantische Innenhof-Terrasse mit fränkischer Küche. Man kann hier auch komfortabel nächtigen.

ÜBERNACHTEN

► Komfortabel

Hotel Esbach-Hof
Repperndorfer Str. 3
97318 Kitzingen
Tel. 0 93 21 / 22 09 00
Fax 2 20 90 91
www.esbachhof.de
Traditionell geführter Familienbetrieb an der B 8 (Richtung Würzburg). Die Zimmer sind geschmackvoll eingerichtet, in ruhiger, der Straße abgewandter Lage. Gemütliche Gaststuben mit fränkischer Küche.

► Günstig

Bayerischer Hof
Herrnstr. 2
97318 Kitzingen
Tel. 0 93 21 / 144-0, Fax 144-88
www.bayerischer-hof-kitzingen.de
Ruhig gelegenes Hotel in der Fußgängerzone mit modern eingerichteten Zimmern. In der urgemütlichen Gaststube werden schmackhafte fränkische Gerichte und hervorragende Weine serviert.

ein Zentrum des fränkischen Weinbaus, geht auf ein im Jahr 745 gegründetes Frauenkloster zurück. Der Sage nach gründete **Hadeloga**, eine Tochter von Pippin dem Jüngeren, die Abtei an der Stelle, an

der ein Schäfer namens Kitz ihren vom Wind verwehten Schleier gefunden hatte. Bis eine Dorfsiedlung in der Nähe des Klosters erstmals urkundlich erwähnt wurde, sollten allerdings noch 300 Jahre vergehen. In den folgenden Jahrhunderten wechselte die von einer Mauer umgebene Stadt mehrfach den Besitzer – Grafen von Hohenlohe, Hochstift Würzburg, Markgrafen von Brandenburg-Ansbach, Kurfürstentum Bayern, Großherzogtum Würzburg –, bevor es 1814 endgültig bayerisch wurde.
Am 23. Februar 1945 erlebte der Ort seinen schwärzesten Tag, als ein amerikanischer Luftangriff 600 Todesopfer forderte und 35 % aller Gebäude zerstört bzw. schwer beschädigt wurden. Vom Ende des Zweiten Weltkriegs bis zu ihrem Abzug 2006 war Kitzingen ein wichtiger Truppenstandort der US-Armee.

Sehenswertes in Kitzingen

Falterturm

Der 52 m hohe Falterturm, direkt an der B 8, der schon von weitem an seiner spitzen, schiefen Haube erkennbar ist, wurde 1469 bis 1496 als Befestigungsturm der äußeren Stadtmauer errichtet. Den schiefen Dachstuhl erklärt der Volksmund u. a. damit, dass man den Mörtel angeblich mit Wein anrührte.

★ ◄ Deutsches Fastnachtmuseum

Der vor dem Turm stehende Narr in der Bütt weist auf das hier seit 1967 untergebrachte Deutsche Fastnachtmuseum hin, das u. a. anhand von Masken, Strohmännern und Schellenkostümen altüberliefertes Fastnachtsbrauchtum im deutschsprachigen Raum zeigt. Im benachbarten Museumsgebäude II (Rosenstr. 10) wird die geschichtliche Entwicklung des Karnevals insbesondere auf dem europäischen Kontinent aufgezeigt (Öffnungszeiten: Mo. – Do. 10.00 – 12.00 und 14.00 – 16.00, Fr. 10.00 – 12.00, Sa., So., Fei. 14.00 – 17.00 Uhr).

? WUSSTEN SIE SCHON ...?

- Die Kitzinger Karnevalsgesellschaft e. V. (KIKAG) verleiht alljährlich den »Schlappmaulorden« an Personen oder Institutionen, die eine »gar trefflich lockere Zunge« besitzen. Bekannte Preisträger des KIKAG-Ordens sind u. a. Hans-Dietrich Genscher, Helmut Kohl und Gregor Gysi.

Luitpoldbau

Richtung Main, ebenfalls an der B 8, erhebt sich der Luitpoldbau aus dem Jahre 1914, der nach der Entdeckung einer ergiebigen **Solequelle** ein Volks,- Sole,- und Kohlensäurebad werden sollte. Der Ausbruch des Ersten Weltkrieges verhinderte jedoch die glanzvolle Einweihung, und der Plan eines »Bad Kitzingen am Main« wurde niemals verwirklicht. Heute beherbergt das Gebäude die Städtische Bücherei und die Volkshochschule.

Alte Synagoge

Oberhalb der Neuen Mainbrücke bzw. Konrad-Adenauer-Brücke steht an der Uferpromenade die doppeltürmige Alte Synagoge (1882 / 1883), die in der so genannten **Reichskristallnacht** am 10. November 1938 ein Opfer der Flammen wurde. Heute enthält das

Abendlicher Blick auf Kitzingens Altstadt am Mainufer

restaurierte Gebäude Veranstaltungsräume der Volkshochschule und einen Konzertsaal; ein kleiner Andachtsraum erinnert an die Vergangenheit der Synagoge.

Marktplatz Der hübsche Marktplatz in der Altstadt, auf dem ein Brunnen mit der Statue des hl. Kilian steht, wird von überwiegend barocken Bürgerhäusern gesäumt. Hier erhebt sich auch das stattliche **Renaissance-Rathaus** von 1563. Gegenüber, im wuchtigen **Marktturm**, befinden sich das Zentralarchiv der Deutschen Fastnacht und die Europäische Dokumentationszentrale für fastnachtliches Brauchtum. Ein paar Schritte weiter ist in einem dreistöckigen Fachwerkhaus aus dem Jahre 1579 / 1580 über einer Bäckerei (Rösner Backstube) das **Konditoreimuseum** untergebracht, das einen guten Überblick über das typische Sortiment bzw. die Herstellungsbereiche eines Lebküchner- und Konditoreibetriebes des 18./19. Jh.s gibt.

Kirchen Nördlich vom Marktplatz steht die **evangelische Stadtkirche**, ein in Gelb und Weiß gehaltener Barockbau von Antonio Petrini, der als Klosterkirche eines Ursulinerinnenklosters 1686 bis 1699 entstand. Südöstlich des Marktplatzes erhebt sich die katholische Pfarrkirche **St. Johannes** (1400 – 1487), das älteste erhaltene Bauwerk der Stadt und eines der bedeutendsten spätgotischen Gotteshäuser Frankens.

Etwashausen

Vom Marktplatz aus erreicht man über die **Alte Mainbrücke** die »Gärtnervorstadt« Etwashausen. Der erste urkundliche Nachweis der Alten Mainbrücke stammt aus dem Jahr 1300, als die Brücke an die Stelle einer Fähre trat; die ursprüngliche Konstruktion mit zwölf Bögen musste jedoch im Jahre 1955 einer schifffahrtsgerechten Lösung weichen.
Gleich hinter der Mainbrücke erhebt sich die nach Plänen von **Balthasar Neumann** 1741 – 1745 errichtete **Katholische Kapelle zum heiligen Kreuz**. Dank des sparsamen Schmucks ist der überkuppelte Innenraum der »Kreuzkapelle« von großer ästhetischer Wirkung.

Umgebung von Kitzingen

✶ Sulzfeld

3 km südlich von Kitzingen liegt, direkt am Main, das Städtchen Sulzfeld, das mit einer fast vollständig erhaltenen mittelalterlichen Befestigungsanlage, mit Türmen und alten Häusern an schmalen, winkeligen Gassen ein nostalgisches Ortsbild von großem Reiz bietet. Bekannt ist Sulzfeld auch als fränkischer Weinort und Geburtsort der »Meterbratwurst«, einer Variante der fränkischen Bratwurst. Von weither kommen Besucher, wenn im Sommer in Sulzfelds Gassen das Weinfest stattfindet.

✶ Dettelbach

Dettelbach ist ein im Kern noch altertümliches Winzerstädtchen am Main, 6 km nördlich von Kitzingen. Der historische Stadtkern wird von einem nahezu intakten mittelalterlichen Mauerring (15. / 16. Jh.) mit 30 Türmen umschlossen. Von den einst fünf Stadttoren sind noch das Brücker Tor und das Faltertor (in diesem befindet sich ein Handwerkermuseum) erhalten geblieben. Das über der Dettel stehende **Rathaus** ist ein schmucker spätgotischer Bau (1484 bis 1512), der mit seiner doppelläufigen Freitreppe und dem zierlichen Erker darüber zu den schönsten Profanbauwerken in Franken gehört. Wenige Schritte östlich vom Marktplatz erhebt sich die Stadtpfarrkirche **St. Augustinus**, die wegen ihrer ungleichen, durch einen schrägen Verbindungsgang verbundenen Türme ein weithin sichtbares Wahrzeichen der Stadt darstellt. Außerhalb der Altstadt liegt die **Wallfahrtskirche** Maria am Sand (1610 – 1613). Sie war einst der meistbesuchte Pilgerort in Mainfranken. Ziel der berühmten, seit 1506 bestehenden Wallfahrt war ein als wundertätig verehrter Marienbildstock, der zunächst in einer kleinen Kirche nordöstlich außerhalb der Stadtmauern aufbewahrt wurde.

◂ Maria am Sand

! *Baedeker* TIPP

Unterhaltung pur

Rund 7 km westlich von Dettelbach, am Autobahnkreuz Biebelried (A 3 / A 7) lockt der »MainFrankenPark« überwiegend junges Publikum an, denn hier gibt es einen »Musicpalace« mit 9 »Areas«, eine »Cineworld« mit 8 Kinosälen und Open-Air-Kino und vor allem ein »Cinemagnum«, in dem spektakuläre 3D-Produktionen gezeigt werden. Diverse Gastronomiebetriebe, ein Autohof mit Großtankstelle und Motel ergänzen das Angebot.

Das Dettelbacher Rathaus überbrückt den Bach.

Der Würzburger Fürstbischof Julius Echter von Mespelbrunn, mit seiner Bauleidenschaft stilbildend, ließ das Gotteshaus ab 1610 von Grund auf erneuern und erweitern. Es geriet so zum besten Beispiel des »Juliusstils«, der an der Schwelle von der Gotik zur Renaissance steht. Besonders prunkvoll sind das **Hauptportal** der Kirche, das der fränkische Meister des Frühbarock, Michael Kern, gestaltet hat, sowie der von Agostino Bossi 1779 geschaffene **Gnadenaltar**. Das angegliederte Franziskanerkloster entstand ab 1613.

★★ Kronach

P 3

Landkreis: Kronach
Einwohnerzahl: 18 000
Höhe: 320 m ü. d. M.

Die Obere Stadt von Kronach – so nennen die Kronacher die noch vollständig ummauerte historische Altstadt – bezaubert durch ihr spätmittelalterliches Ambiente. Stolze Bürgerhäuser aus Mittelalter, Renaissance und Barock, historische Türme, Brunnen, Statuen und Wappen in verträumten Gassen, Plätzen und Winkeln prägen das Bild – überragt von der weithin sichtbaren Festung Rosenberg.

Lucas-Cranach-Stadt

Die tausendjährige oberfränkische Stadt Kronach bildet das südwestliche Eingangstor zum Frankenwald; sie liegt im Tal der Rodach, in die hier die Kronach und die Haßlach münden. Einer der berühmtesten deutschen Maler, Lucas Cranach d. Ä. (1472 – 1553), wurde in Kronach geboren und verbrachte hier seine Jugend. Als er später nach Wien und dann nach Wittenberg ging, übernahm er den Namen seiner Heimatstadt in der damaligen Form.

Sehenswertes in Kronach

St. Johannes

An der gotischen Stadtpfarrkirche (am unteren Ende der sich den Festungshügel hinaufziehenden Altstadt) sind verschiedene Bauphasen festzustellen. Die Grundmauern sind romanisch, der Chor frühgotisch, das Langhaus gotisch und das Hochgewölbe spätgotisch. Die Innenausstattung ist überwiegend modern; sehenswert sind das Taufbecken (1560) und der Opferstock (1572).

Cranach-Haus

Am Johannesbrunnen vorbei kommt man in die Lucas-Cranach-Straße, wo der Maler und Kupferstecher **Lucas Cranach d. Ä.** (1472 bis 1553) geboren wurde. Gleich rechts steht das »Haus zum Scharfen Eck«, ein spätmittelalterliches Bürgerhaus, das oft als Geburtshaus des Künstlers angesehen wird. Doch ist mittlerweile bekannt, dass Cranachs Wiege ein paar hundert Meter weiter gestanden haben muss. Als man in den 1970er-Jahren Platz für das neue Rathaus benötigte, wurde das Geburtshaus jedoch aus Unwissenheit abgerissen.

Altes Rathaus

Zwischen der Lucas-Cranach-Straße und der westlich parallel verlaufenden Amtsgerichtsstraße steht das große, prächtige Alte Rathaus, ein Renaissancebau von 1583. Beachtung verdient das Säulenportal, das zwischen »Wildem Mann« und »Wilder Frau« das Wappen des Bamberger Fürstbischofs Gebsattel zeigt. Im Alten Rathaus befindet sich das Verkehrsamt. Westlich gegenüber stehen die Alte Synagoge (14. Jh.) und das spätmittelalterliche Floßherrenhaus.

KRONACH ERLEBEN

AUSKUNFT

Tourismus- und Veranstaltungsbetrieb
Marktplatz 5, 96317 Kronach
Tel. 0 92 61 / 9 72 42
www.kronach.de

ESSEN

► **Preiswert**

Brauereigaststätte Kaiserhof
Friesener Str. 1, Tel. 0 92 61 / 10 48
Gemütliches Lokal unterhalb der Festung Rosenberg; fränkisch-thüringische Küche.

ÜBERNACHTEN

► **Komfortabel**

Pfarrhof
Amtsgerichtsstr. 12
96317 Konach
Tel. 0 92 61 / 50 45 90
www.stadthotel-pfarrhof.de
Das romantische, in einem Gebäude von 1520 eingerichtete Stadthotel findet man mitten in der historischen Altstadt (Obere Stadt) von Kronach..

Beim historischen Stadtspektakel in Kronach wird die Vergangenheit wieder lebendig.

★★ **Festung Rosenberg**

Am Stadtturm vorbei erreicht man das Festungsareal. Mit 23,6 ha ist die durch mehr als 30 m hohe Bastionen geschützte Festung Rosenberg, die niemals von Feinden eingenommen werden konnte, **eine der größten geschlossenen barocken Festungsanlagen Deutschlands**. Die Kernburg, deren älteste Teile wohl aus dem 14. Jh. stammen, ließ Fürstbischof Veit II. von Würzburg (1561–1577) durch seinen Baumeister Daniel Engelhardt zu einer vierflügeligen Anlage umbauen. Nach dem Dreißigjährigen Krieg wurde die Festung durch die mächtigen steinernen Bastionen verstärkt, im Jahr 1699 erfolgte unter Fürstbischof Friedrich Karl von Schönborn der Ausbau zur fünfeckigen Befestigungsanlage.

★ Fränkische Galerie ▶

In der Festung zeigt dieses Zweigmuseum des Bayerischen Nationalmuseums fränkische Kunstwerke aus Mittelalter und Renaissance, wobei das Hauptgewicht auf Spätgotik und Dürerzeit liegt. Zu den herausragenden Werken zählen Skulpturen von Tilman Riemenschneider und Gemälde von **Lucas Cranach d. Ä.** Eine Sonderbteilung enthält gotische Alabasterplastik (Öffnungszeiten: April–Okt. Di. bis So. 9.30–17.30, Nov.–März Di.–So. 10.00–16.00 Uhr).

Waffensammlung ▶

Kronacher Waffen des 17. bis 19. Jh.s – Büchsen, Flinten und Pistolen – sind in einer Dauerausstellung in der Festung zu sehen.

Im Sommer kommen viele Besucher aus nah und fern zu den Faust-Festspielen auf die Festung. Doch nicht nur Goethes Meisterwerk steht auf dem Spielplan, sondern auch Shakespeares »Macbeth« und auch »Das Eselsspiel«, ein Lustspiel aus dem alten Rom. ◄ Faust-Festspiele

Umgebung von Kronach

Mitwitz

Mitwitz, knapp 10 km westlich von Kronach, besitzt das **schönste Wasserschloss Oberfrankens**. Der vierflügelige Renaissancebau entstand in den Jahren 1596 bis 1598. Prunkstück der Anlage ist der »Weiße Saal«, in dem die beliebten Mitwitzer Schlosskonzerte aufgeführt werden, die bei schönem Wetter auch im romantischen Innenhof stattfinden.

Burg Lauenstein

Folgt man der B 85 in Richtung Saalfeld, so kommt man im nördlichsten Zipfel Frankens zu dem rund 30 km entfernten Ort Lauenstein. Die 150 m über dem Ort stehende gleichnamige Burg (10. – 17. Jh.) gilt als eine der schönsten deutschen Ritterburgen, obwohl durch die Burgenromantik des 19. Jh.s manches Detail idealisierend verfälscht wurde.

✶ Kulmbach

Q 4

Landkreis: Kulmbach
Einwohnerzahl: 27 000
Höhe: 345 m ü. d. M.

Neben Bamberg ist Kulmbach die bedeutendste fränkische Biermetropole; hier werden die stärksten Biere der Welt gebraut. Doch die am Zusammenfluss von Rotem und Weißem Main gelegene heimliche Hauptstadt des Bieres hat auch ein architektonisches Juwel zu bieten: die hoch über der Stadt thronende Plassenburg.

Stadt der Biere

Vier große und mehrere kleine Brauereien sind für das außergewöhnliche Bier-Image von Kulmbach verantwortlich. Rund 11 % Alkohol und 28 % Stammwürze weisen die stärksten Biere, der »Eisbock« und der »Kulminator«, auf. Ende Juli/Anfang August findet in der Altstadt Kulmbachs größtes jährliches Ereignis statt: Dann wird die **Kulmbacher Bierwoche** gefeiert.

Geschichte

Vom 11. bis zum 13. Jh. war das im Tal des Weißen Mains zwischen den Ausläufern des Frankenwaldes, des Fichtelgebirges und der Fränkischen Schweiz gelegene Kulmbach im Besitz der Grafen von Andechs, und schon damals ist die Plassenburg nachweisbar, in deren Schutz eine befestigte Kirchsiedlung entstand. Seit 1398 war es Residenz der Markgrafen von Ansbach-Kulmbach (später Ansbach-Bayreuth), fiel 1792 an Preußen und wurde 1810 bayerisch.

Kulmbach *Orientierung*

Essen
1. Burgschänke Plassenburg
2. Kulmbacher Kommunbräu

Übernachten
1. Hotel Kronprinz
2. Hotel Weisses Ross

Sehenswertes in Kulmbach

Altstadt

Am zentral gelegenen Marktplatz steht das nicht sonderlich große **Rathaus** von 1752, das mit seiner geschwungenen Rokokofassade einen heiter-repräsentativen Akzent setzt. Nördlich vom Marktplatz erhebt sich die ev. **Spitalkirche**, aus einer spätgotischen Kapelle hervorgegangen und 1738 – 1749 in klaren Barockformen erneuert. Weiter nördlich bzw. östlich begrenzen der **Weiße und der Rote Turm** die Altstadt. Gleichfalls aus dem Barock stammt der **Langheimer Amtshof** (1694), der direkt beim Roten Turm auf einem Vorhügel des Burgbergs steht. Hinter den mächtigen Rustika-Mauern von 1695 residiert das Finanzamt. Südlich vom Rathaus bildet der Heilingschwertturm einen Durchlass durch die Stadtmauer. Von hier kann man ein Stück weit dem Schießgraben, vorbei am **Schlösslein**, zur ev. Pfarrkirche **St. Petri** folgen, einer dreischiffigen Hallenkirche aus dem 15. und 16. Jh. mit einem 15 m hohen Choraltar.

★ **Bayerisches Brauereimuseum**

Nordöstlich außerhalb der Stadt steht an der Hofer Straße das **Bräuhaus Mönchshof**, in dem das Bayerische Brauereimuseum zu finden ist. Leicht verständlich wird die jahrtausendealte Kunst des Bierbrauens präsentiert. Die Ausstellungsräume befinden sich in einem historischen Gebäudeflügel auf einstigem Klostergrund. Im Brauereigasthof gibt es eine zünftige Brotzeit und natürlich ein frisch gezapftes Bier (Öffnungszeiten: Di. – So 10.00 – 17.00 Uhr).

★★ **Plassenburg**

Vom Roten Turm (s. zuvor) gelangt man zu Fuß auf steilem Serpentinenweg auf den 426 m hohen Festungsberg, auf den auch eine Fahrstraße führt (Personennahverkehr mit dem »Plassenburg-Express«). Auf ihm thront, weithin sichtbar, die mächtige Plassenburg, die 1340 an die Hohenzollern kam und bis 1604 Sitz der Markgrafen von Brandenburg-Kulmbach war. Der heutige Bau, eine Vierflügelanlage, wurde im Wesentlichen 1560 – 1570 errichtet; sein Glanzstück ist der im Renaissancestil erbaute **Schöne Hof**, der von übereinander liegenden Arkadengängen eingerahmt wird und den Reliefs zieren, in die fiktive Porträtmedaillons der Hohenzollern eingefügt sind. Der Schöne Hof gehört zu den besten Schöpfungen der deutschen Renaissance. Kaum weniger bekannt ist das in der Plassenburg eingerichtete Deutsche Zinnfigurenmuseum. Mit über 300 000 Einzelfiguren ist es die **größte Zinnfigurensammlung der Welt**. In 150

◄ Deutsches Zinnfigurenmuseum

KULMBACH ERLEBEN

AUSKUNFT

Stadt Kulmbach
Marktplatz 1
95326 Kulmbach
Tel. 0 92 21 / 940-0, Fax 940-249
www.kulmbach.de

ESSEN

► Erschwinglich

① ***Burgschänke Plassenburg***
im Arsenalbau
Tel. 0 92 21 /8 13 13
Burglokal mit fränkischen Gerichten und zwei Terrassen. Spezialangebote: mittelalterliches Rittermahl und Kulmbacher Bierprobe.

► Preiswert

② ***Kulmbacher Kommunbräu***
Grühnwehr 17
Tel. 0 92 21 / 8 44 90
Di. Ruhetag
Mühle mit eigener Brauerei und fränkischer Küche. Im Sommer kann man im Biergarten speisen.

ÜBERNACHTEN

► Komfortabel

① ***Hotel Kronprinz***
Fischergasse 4-6
95326 Kulmbach
Tel. 0 92 21 / 9 21 80
Fax 92 18 36
www.kronprinz-kulmbach.de
Freundliches Traditionshotel in der Altstadt in einer kleinen Nebenstraße unterhalb der Plassenburg direkt neben der Stadthalle.

② ***Hotel Weißes Roß***
Marktplatz 12
95326 Kulmbach
Tel. 0 92 21 / 9 56 50
Fax 95 65 11
www.weisses-ross-kulmbach.com
In der dritten und vierten Generation geführtes Hotel mit liebevoll renoviertem denkmalgeschütztem Haupthaus am Markt; die gemütlichen Zimmer sind hell und freundlich eingerichtet.

Reichelbräu
Reichelbräu
Reichelbräu
Reichelbräu

mit größter Präzision und Liebe zum Detail gestalteten Dioramen werden Steinzeit und Römerzivilisation, mittelalterliches Stadtleben und Kriegsgetümmel, Szenen aus der Weltliteratur und die napoleonischen Kriege präsentiert.

Im Westflügel der Burg präsentiert das **Landschaftsmuseum Obermain** Kunst- und Kulturgeschichte des Obermaingebiets. Die imposantesten Exponate sind das Faksimile der **Ebsdorfer Weltkarte** – sie ist die bedeutendste mittelalterliche Darstellung der Erde – und der **Pörbitscher Schatz**, der 1634, kurz bevor die kaiserlichen Truppen die Stadt plünderten, vergraben und erst 1912 wiederentdeckt wurde.

! Baedeker TIPP

Museumsbahn

An einigen Tagen im Sommerhalbjahr verkehren Museumszüge zwischen dem Bayerischen Brauereimuseum in Kulmbach und dem Deutschen Dampflokomotiv-Museum in Neuenmarkt. Weitere Informationen und Tickets gibt es bei den beiden Museen.

◄ Staatliche Museen

Gleichfalls museal sind die **markgräflichen Prunkräume** im Ostflügel. Teil der Staatlichen Museen ist auch das **Armeemuseum Friedrich der Große** im Nordflügel, das über Ausrüstung, historischen Kontext und soziale Verhältnisse der preußischen Armee im 18. Jh. informiert. Den Abschluss bildet die ehemals hohenzollerische **Schlosskapelle**, eines der ältesten evangelischenGotteshäuser in Franken (Öffnungszeiten aller Museen: April – Okt. tgl. 9.00 – 18.00, Nov. bis März tgl. 10.00 – 16.00 Uhr).

Umgebung von Kulmbach

Neuenmarkt

In Neuenmarkt, 12 km östlich von Kulmbach, wurde auf einem Teil des Bahnhofgeländes das **Deutsche Dampflokomotiv Museum** eingerichtet. Im Freigelände und dem rings um die Drehscheibe herum gebauten Lokschuppen sind rund 30 historische Dampfrösser zu bewundern (Öffnungszeiten: Di. – So. 10.00 – 17.00 Uhr).

Thurnau

Gut 10 km südwestlich von Kulmbach liegt der kleine, traditionsreiche Töpferort Thurnau mit einem imposanten Schloss und stattlichen Bürgerhäusern. Das in der Alten Lateinschule eingerichtete **Töpfermuseum** zeigt einen Überblick über die örtliche Hafnermanufaktur, darunter Kachelöfen, Gebrauchskeramik und kunstgewerbliche Arbeiten.

Stadtsteinach

Stadtsteinach liegt unweit nördlich von Kulmbach an der B 303. In einem Fachwerkhaus aus dem 17. Jh. stellt das **Heimatmuseum** Handwerksgerät, Dokumente zur Ortsentwicklung und eine kleine naturhistorische Sammlung aus (Öffnungszeiten: Apr. – Sept. Di. und Do. 14.00 – 17.00, So. 14.30 – 18.00; Okt. – März Di. und Do. 14.00 bis 16.00, So. 14.00 – 17.00 Uhr).

← Der Rathausplatz von Kulmbach und die Plassenburg

✶ Lohr

E 4–5

Landkreis: Main–Spessart–Kreis **Höhe:** 160 – 300 m ü. d. M.
Einwohnerzahl: 16 000

»Das Tor zum Spessart«, wie Lohr sich selbst bezeichnet, wirbt gern mit Schneewittchen und den Spessarträubern. Mit seiner von zahlreichen Fachwerkhäusern geprägte Altstadt ist der Ort ein Juwel im nordwestlichen Zipfel Frankens.

Tor zum Spessart Die inmitten waldiger Höhenzüge liegende Spessartstadt Lohr am Main wurde 1295 erstmals urkundlich erwähnt und war lange Zeit Hauptsitz der Grafen von Rieneck. Im 16. Jh. fiel der Ort an das Erzstift Mainz und erlebte von nun an als kurmainzische Oberamtsstadt eine Blütezeit, wovon noch heute stattliche Bürgerhäuser mit schönem Fachwerk zeugen. Ab dem 18. Jh. verhalf die Glasmanufaktur – insbesondere die Herstellung der berühmten **Lohrer Spiegel** – dem Städtchen zu Wohlstand.

Sehenswertes in Lohr

Marktplatz Der Marktplatz mit seinen Freiluft-Cafés und Restaurants wird beherrscht vom **Alten Rathaus**, einem stattlichen Renaissancebau aus der Zeit um 1600.

St. Michael Ein wenig abseits der Hauptfußgängerzone erreicht man den stimmungsvollen und von Barockbauten gesäumten Platz um die Pfarrkirche St. Michael (13. – 15. Jh.). Im Inneren des Gotteshauses verdienen **Grabmäler** der Grafen von Rieneck (15./16. Jh. Beachtung.

✶ Schloss Nordwestlich vom Marktplatz erhebt sich das Schloss, das sich aus einer Burg entwickelte, die im 14. Jh. von den Grafen von Rieneck errichtet wurde und ab dem 16. Jh. den mainzischen Oberamtmännern als Residenz diente. In dem mehrtürmigen hellen Bau ist heute das **Spessartmuseum** untergebracht, das darüber informiert, wie sich der Mensch das Waldgebiet des Spessarts zunutze gemacht hat. Anhand von Originalobjekten und Rauminszenierungen kann man die Lebenswelten der kleinen Leute (Schmiede, Schiffbauer, Glasmacher etc.) und der sie beherrschenden großen Herren erleben ebenso wie das Milieu der legendären **Spessarträuber**, die als Außenseiter der Gesellschaft ihre eigene Sub-

! *Baedeker* TIPP

Karfreitag in Lohr

Lohr ist eine der wenigen deutschen Städte, in denen noch eine Karfreitagsprozession durchgeführt wird. Auf dem Zug durch die Straßen tragen die Männer lebensgroße Passionsfiguren, die die Handwerkerzünfte hergestellt haben. Die 1656 erstmals erwähnte Prozession ist ein selten gewordenes Beispiel tiefer Volksfrömmigkeit.

LOHR UND UMGEBUNG ERLEBEN

AUSKUNFT

Touristinformation Lohr
Schlossplatz 5
97816 Lohr a. Main
Tel. 0 93 52 / 848-460
www.lohr.de

Tourist-Info Gemünden
Rathaus
Scherenbergstr. 5
97737 Gemünden am Main
Tel. 0 93 51 / 80 01 70
Fax 80 01 60
www.stadt-gemuenden.de

Touristinformation Karlstadt
Hohe Kemenate
Hauptstr. 56
97753 Karlstadt
Tel. 0 93 53 / 90 66 88
Fax 90 61 70
www.karlstadt.de

ESSEN

▶ Erschwinglich

Zum Koppen
Obertorstr. 22
97737 Gemünden
Tel. 0 93 51 / 9 75 00
Eines der ältesten Gasthäuser Deutschlands, 1509 erstmals erwähnt. Einer der berühmten Gäste war der Poet Joachim Ringelnatz, der während des Ersten Weltkriegs hier Station machte. Die Küche bietet regionale und internationale Spezialitäten.

▶ Preiswert

Schönbrunnen
Hauptstr. 28
97816 Lohr
Tel. 0 93 52 / 93 41
Mitten in der Fußgängerzone gelegenes Restaurant mit fränkischer Küche. Im Sommer kann man vor dem Haus speisen.

Oberes Tor
Hauptstr. 79
97753 Karlstadt
Tel. 0 93 53 / 23 25
Fränkische Küche mit eigener Schlachtung, bekannt für leckere Wildgerichte.

ÜBERNACHTEN

▶ Komfortabel

Hotel Krone
Lohrtorstr. 2
97816 Lohr a. Main
Tel. 0 93 52 / 25 29, Fax 37 29
www.krone-lohr.de
12 Zi.; Renaissancefachwerkhaus mit langjähriger Familientradition im Herzen der Altstadt nahe der Stadtpfarrkirche St. Michael. Zu den Spezialitäten des Restaurants zählen Wild- und Fischgerichte. Terrasse und Innenhof.

Hotel Mainpromenade
Mainkaistraße 6
97753 Karlstadt
Tel.: 0 93 53 / 90 65-0, Fax 90 65 33
www.hotel-mainpromenade.de
Am Rande der Altstadt, direkt am Main. 42 elegante Zimmern (teils mit Balkon). Restaurant mit fränkischer und internationaler Küche. Terrasse, Biergarten, Wellnessbereich mit Dampfbad, Sauna und Solarium.

▶ Günstig

Gasthof Zur Linde
Hafenstr. 1
97737 Gemünden am Main
Tel. 0 93 51 / 33 57, Fax 42 33
www.zur-linde-gemuenden.de
Der Gasthof mit seinen 18 Gästezimmern in Zentrumsnähe ist besonders beliebt bei Radtouristen. In der Gaststube und im Biergarten wird gutbürgerliche Küche serviert.

kultur pflegten. Ein Höhepunkt des Museums ist die Glasabteilung mit Glanzstücken aus sechs Jahrhunderten und mit der größten Sammlung von **Prunkspiegeln** (18. Jh.) aus der Lohrer Glasmanufaktur (Öffnungszeiten: Di. – Sa. 10.00 – 16.00, So. 10.00 – 17.00 Uhr; www.spessartmuseum.de).

Schulmuseum Im südöstlich auf der anderen Mainseite gelegenen Stadtteil Sendelbach zeigt das Schulmuseum Schul- und Erziehungswesen seit dem 19. Jh.; ein besonderer Aspekt ist die Darstellung von Rolle und Einfluss des Erziehungswesens im **Dritten Reich** (Öffnungszeiten: Mi. bis So. 14.00 – 16.00 Uhr).

Umgebung von Lohr

Gemünden am Main Die Mündungen der **Fränkischen Saale** und des Flüsschens **Sinn** in den Main gaben der Stadt an einer nördlichen Schleife des Mains, 15 km nordöstlich von Lohr, ihren Namen. Gemünden, 1243 erstmals urkundlich erwähnt, wurde gegen Ende des Zweiten Weltkriegs zu 60 % zerstört, wobei viel alte Bausubstanz für immer verloren ging. So wurden die den Marktplatz umgebenden spitzgiebeligen Häuser größtenteils nach 1950 gebaut. Wieder errichten musste man auch die 1488 auf Veranlassung des Fürstbischofs Rudolf von Scherenburg erbaute spätgotische Stadtpfarrkirche St. Peter und Paul, die eine neugotische Innenausstattung besitzt.
Unmittelbar am Marktplatz und an der Saalebrücke beginnt die steile Burgsteige, die in 10 Minuten zur Ruine der im 13. und 14. Jh. erbauten **Scherenburg** führt, die ab dem 18. Jh. verfiel. Von oben bietet sich ein schöner Blick ins Tal; im Sommer finden hier die Theateraufführungen der Burgfestspiele statt. Jenseits der Saalebrücke, kenntlich an den beiden Vierkanttürmen mit geschweiften Hauben, steht das Huttenschloss (1711), seit 1988 Heimstatt des **Unterfränkischen Verkehrsmuseums**. Es präsentiert u. a. historische Motorräder und Postkutschen sowie im Freigelände alte Lokomotiven. Interessant ist auch das Schauaquarium mit typischen Mainfischen (Öffnungszeiten: Di., Mi., Fr. 10.00 – 17.00, Sa. und So. 11.00 – 17.00 Uhr).

Karlstadt Das um 1200 gegründete malerische Städtchen Karlstadt, 17 km südöstlich von Lohr, unterscheidet sich mit seiner rechteckigen Stadtmauer, seinen Straßenzügen im Schachbrettmuster und seinem quadratischen Marktplatz deutlich von anderen mittelalterlich verwinkelten fränkischen Städten. Seinen Namen hat der Ort mit der wunderschönen Uferpromenade von der Ruine **Karlburg**, die sich auf dem gegenüber liegenden Mainufer hoch auf einem felsigen Steilufer erhebt. Karlstadts berühmtester Sohn ist der radikale Reformator Andreas Rudolf Bodenstein (genannt Karlstadt; 1486 – 1541) geboren, der mit seiner Schrift »Vom Abtun der Bilder« den Bildersturm (1521/1522) einleitete.

Blick auf Karlstadt am Main

Die vom Maintor stadteinwärts führende Maingasse mündet auf den quadratischen Hauptplatz, an dem das stattliche **Rathaus** von 1422 mit seinem Treppengiebel und einer doppelläufigen Freitreppe die Blicke auf sich zieht. Der Bürgersaal im ersten Stock gilt als größter ganz Frankens. Nordöstlich schräg hinter dem Rathaus stehen die kath. Stadtpfarrkirche St. Andreas (13. Jh. bis 1583) und die Rienecker-Kapelle (1477). Der Turm mit offener Vorhalle ist romanisch; das dreischiffige Innere wird von roten Sandsteinsäulen getragen und ist gotisch überwölbt: Zu den Kunstschätzen zählen die Skulptur des hl. Nikolaus von **Tilmann Riemenschneider** (1512) und die sechseckige spätgotische Sandsteinkanzel aus dessen Umfeld. Den südlichen Abschluss der Altstadt bildet das Obere Tor (1549) mit barockisiertem Dach. Nahe beim Oberen Tor steht die Spitalkirche St. Jakobus, ein einschiffiger Bau. Im Inneren sind vor allem die an der Nordwand und im Chor freigelegten Fresken des späten 15. Jhs. bemerkenswert; sie zeigen Reste eines eindrucksvoll realistischen Passionszyklus. An der Hauptstraße stehen etliche Fachwerk-Bürgerhäuser. Im barocken Gebäude Nr. 11 befindet sich das stadtgeschichtliche Museum, das einen **Rundgang durch 800 Jahre Stadtgeschichte**

Lohr rühmt sich, die Vorlage für »Schneewittchen und die sieben Zwerge« geliefert zu haben.

DAS FREIFRÄULEIN UND DIE GEBRÜDER GRIMM

»Spieglein, Spieglein an der Wand, wer ist die Schönste im ganzen Land?« Woran erinnert Sie dieser Spruch? Richtig: an »Schneewittchen und die sieben Zwerge«. Die Stadt Lohr am Main nimmt für sich in Anspruch, Entstehungsort des Grimmschen Märchens zu sein.

Auch andere deutsche Orte behaupten von sich, die historische Vorlage für Schneewittchen zu bieten, doch die Lohrer sind fest davon überzeugt, für ihre Annahme die besseren Argumente zu haben.

Und Schneewittchen kommt doch aus Lohr!

Lohrs Schneewittchen wurde am 19. Juni 1729 im Schloss der Grafen von Rieneck zu Lohr am Main geboren: Freifräulein **Maria Sophia Margaretha Christina von Erthal**, Tochter des Freiherrn Christoph Philipp von Erthal, der auch Direktor der Lohrer Spiegelmanufaktur war. Schön soll das Mädchen nicht gewesen sein, Pocken hatten ihr Gesicht schon bald nach der Geburt verunstaltet. Doch beim Volk war die junge Frau wegen ihrer Mildtätigkeit sehr beliebt – anders als ihre Stiefmutter Claudia Elisabeth, mit der Maria Sophia in ständigem Streit lag, was im Ort jeder wusste. Der Spiegel, den der Freiherr angeblich seiner zweiten Frau schenkte und der die Aufschrift trägt: **»Elle brille à la lumière«** (Sie ist so schön wie das Licht), stammt nachweislich aus der Manufaktur des Freiherrn und ist noch im Spessartmuseum des Lohrer Schlosses zu sehen. Auch gibt es im spessartlichen Biebergrund hinter Lohr, wie im Märchen, sieben Berge, und dort wurde Bergbau betrieben – von Kindern bzw. kleinwüchsigen Menschen, die durch ihre schwere Arbeit zum Teil buckelig waren und Überwürfe bzw. kapuzenähnliche Überwürfe trugen, so dass der Eindruck von Zwergen entstand. Und schließlich lebten die Gebrüder Grimm in der Nähe von Hanau und kannten wohl diese Geschichte aus der mündlichen Überlieferung. Alles klar?! Wer möchte, kann **Schneewittchens Spuren folgen** – auf einem 35 km langen, ausgeschilderten Wanderweg vom Schloss über die sieben Spessartberge bis nach Bieber, wo Schneewittchen bei den Zwergen Zuflucht vor der bösen Stiefmutter gesucht haben soll.

ermöglicht. Ausgestellt sind u. a. bürgerliches Mobiliar aus dem 19. Jh., Bildstöcke und eine reiche Sammlung zum Weinbau der Region (Öffnungszeiten: Mai – Okt. Mi. 14.00 – 16.00, Sa. 15.00 bis 17.30, So. 10.00 – 12.00 Uhr). Im **Europäischen Klempner- und Kupferschmiede-Museum** (Ringstr. 47 d) mit seiner futuristischen Fassade sind alte Werkzeuge, Dokumente, Gesellen- und Meisterstücke aus Spengler-, Klempner-, Flaschner-, Blechner- und Kupferschmiedehandwerk zu sehen (Öffnungszeiten: Di. – Fr. 10.00 – 12.30, Mi., Do. auch 14.00 – 17.00, So., Fei. 11.00 – 16.00 Uhr).

** Miltenberg

C 6

Landkreis: Miltenberg
Einwohnerzahl: 9 500
Höhe: 128 – 434 m ü. d. M.

Die von einer Mauer mit Tortürmen umschlossenen Gassen mit ihren Fachwerk- und Buntsandsteinhäusern aus dem 15. – 17. Jh. machen Miltenberg zum meistbesuchten Ort des Maintals zwischen Aschaffenburg und Würzburg.

Idyllische Fachwerkstadt am Mainviereck

Das wegen seines **besonders malerischen Ortsbildes** gerühmte Städtchen Miltenberg liegt zwischen Odenwald und Spessart am südlichsten Punkt des Mainvierecks. Dicht gedrängt stehen die Häuser zwischen dem Main und der von der Mildenburg gekrönten Anhöhe. In der Römerzeit standen hier zwei Limeskastelle, die im 3. Jh. n. Chr. aufgegeben wurden. Schon vor 1285 besaß die damals kurmainzische Siedlung Stadtrechte. Erst 1816 wurde Miltenberg bayerisch.

Sehenswertes in Miltenberg

**** Marktplatz**

Der stimmungsvolle Marktplatz steigt von der Mainstraße bis zum Schnatterloch, einem alten Torturm, ziemlich steil an. Unter den ihn umgebenden historischen Gebäuden fällt das hochgiebelige **Weinhaus zum Alten Markt** mit seiner kunstvollen rot-weißen Fachwerkfassade (►Bild S. 274) ins Auge. Der **Marktbrunnen** wurde 1583 von dem Bildhauer Michael Junker aus rotem Sandstein geschaffen; die Säule ist nach alten Renaissancevorlagen neu gestaltet. An der Statue der Justitia kann man im Wappen das Mainzer Rad entdecken.

St. Jakobus

Direkt an der Mainuferstraße steht die kath. Stadtpfarrkirche St. Jakobus, ein schlichter dreischiffiger Bau, dessen Ursprünge ins 13. Jh. zurückreichen (Türme 19. Jh.).

Stadtmuseum

Etwas oberhalb des Platzes, an der zum Schnatterloch führenden Straße, steht links ein sehr schönes und gut restauriertes Fachwerkhaus mit Erker von 1611, die ehemalige mainzische Amtskellerei, die

MILTENBERG UND UMGEBUNG ERLEBEN

AUSKUNFT

Miltenberg Info
Rathaus, Engelplatz 69
63897 Miltenberg a. Main
Tel. 0 93 71 / 40 41 19, Fax 9 48 89 44
www.miltenberg.info

Tourist-Information Klingenberg
Hauptstraße 26 a
63911 Klingenberg a. Main
Tel. 0 93 72 / 92 12 59, Fax 1 23 54
www.klingenberg-main.de

ESSEN

► Fein & teuer

Zum Alten Rentamt
Hauptstraße 25
63911 Klingenberg
Tel. 0 93 72 / 26 50
Ruhetage: Mo., Di.
Restaurant mit ausgezeichneter Küche in der ehemaligen kurmainzischen Amtskellerei; nette Terrrasse, zwei Gastzimmer.

► Preiswert

Zum Riesen
Hauptstr. 99
63897 Miltenberg
Tel. 0 93 71 / 98 99 48
Die fünfgeschossige ehemalige »Fürstenherberge« (s. Hauptstraße) wurden vor einigen Jahren liebevoll renoviert. Sie ist heute das Vorzeigelokal der hiesigen Brauerei Faust. Von der Empore überblickt man den Großteil des traditionellen Gasthauses.

Faust-Bräustüble
Löwengasse 3
63897 Miltenberg
Tel. 0 93 71 / 27 09
Attraktiver Treff mit Biergarten des Miltenberger Brauhauses Faust; kreative fränkischer Küche.

ÜBERNACHTEN

► Günstig/Komfortabel

Flair-Hotel Hopfengarten
Ankergasse 16
63897 Miltenberg
Tel. 0 93 71 / 97 37-0, Fax 6 97 58
www.flairhotel-hopfengarten.de
15 Zi.; familiäre Unterkunft mit geschmackvoll eingerichteten Zimmern, gutem Restaurant und hübscher Terrasse.

das Museum der Stadt Miltenberg (Öffnungszeiten: Mai – Okt. Di. bis So. 10.00 – 17.30, Nov. – Apr. Mi. – So. 11.00 – 16.00 Uhr) beherbergt. Ein **Rundgang** führt durch 2000 Jahre Stadtgeschichte – von den Römerkastellen über Exponate zur Volkskultur und -frömmigkeit vergangener Jahrhunderte bis zu Porzellan der Partnerstadt Dux (Böhmen) und Werken des Miltenberger Malers Philipp Wirth (1808 – 1878).

Mildenburg Oberhalb des Museums durchschreitet man das Schnatterloch, einen Torturm der Stadtmauer. Durch einen Hohlweg gelangt man dann zur Mildenburg (13. – 16. Jh.), die sich auf dem nördlichen Vorsprung des Greinbergs erhebt. Neben der schönen Aussicht auf die Stadt gibt es sehenswerte Steindenkmäler im Burghof.

Hauptstraße

An der zur Fußgängerzone gestalteten Hauptstraße, die fast lückenlos von gut restaurierten Fachwerkbauten gesäumt ist, steht rechts das Alte Rathaus, ein 1379 erstmals erwähnter gotischer Bau, an dessen Fassade etliche Hochwassermarken aus dem 18. und 19. Jh. angebracht sind. Der **»Riesen«**, ein stattlicher Renaissance-Fachwerkbau von 1590, rühmt sich, das älteste Gasthaus Deutschlands zu sein; zu den Gästen der »Fürstenherberge« sollen schon Gustav Adolf, Wallenstein und Prinz Eugen gehört haben.
Das Stadtbild wird nicht zuletzt durch die **Tore** der Ummauerung geprägt. Am Ostende der Hauptstraße steht das Würzburger Tor (1379) mit sechsgeschossigem Turm; im Westen schließt das Mainzer Tor, auch Spitzer Turm genannt, die Altstadt ab.

Umgebung von Miltenberg

Klingenberg

Klingenberg, der dank seines exzellenten Spätburgunders bedeutendste der wenigen **mainfränkischen Rotweinorte**, liegt 13 km nordwestlich von Miltenberg am rechten Ufer des Mains, eingezwängt in den schmalen Streifen zwischen Flussufer und Weinbergen. In Klingenberg hat der Wein lange Tradition. Der Klingenberger Burgherr Conradus Colbo, der Mundschenk von Kaiser Friedrich

Eine gute Möglichkeit, die Region kennen zu lernen: Fahrt mit einem Ausflugsschiff auf dem Main

Barbarossa, ließ ab 1170 die Steilhänge mit Weinbergen anlegen und verhalf insbesondere dem Rotwein zu einem hervorragenden Ruf. Seinen späteren Reichtum aber verdankte der Ort den hochwertigen Tonvorkommen, die seit Anfang des 18. Jh.s unter Tage abgebaut wurden. Die Erträge waren so hoch, dass die Stadt all ihren Bürgern Steuerfreiheit gewährte und darüber hinaus ein Bürgergeld ausschütten konnte, das bis zu 400 Goldmark betrug. Mit dem Ersten Weltkrieg versiegte jedoch diese Klingenberger Goldquelle.

In der weitgehend verkehrsberuhigten Innenstadt stehen einige schön restaurierte Fachwerkhäuser; der größte Teil der Bausubstanz entstammt allerdings dem Historismus. Die Hauptachse bildet die »Altstadt« genannte Straße; hier im Haus Nr. 7 ist das kleine Teddy-Museum mit Plüschteddybären namhafter Hersteller (u. a. Steiff) untergebracht (Di. – Fr. 14.00 – 18.00, Sa. und So. 10.00 – 18.00 Uhr). Das stattliche, unrestaurierte Rathaus stammt von 1561, wurde aber im späten 19. Jh. teilweise entstellend verändert. Über die jahrhundertealte Klingenberger Weinbautradition unterrichtet das **Weinbau- und Heimatmuseum** in der Wilhelmstraße 13 a. Außerdem zeigt es den Untertage-Abbau der Tonerde; im Erdgeschoss und Keller sind historische Werkstätten von Schmied, Küfer und Wagner eingerichtet. Über dem Ort erhebt sich die Ruine der aus dem 12. Jh. stammenden **Clingenburg** (mit Terrassen-Café), wo im Juni und Juli die Burgfestspiele (Freilichttheater) veranstaltet werden.

★★ Nürnberg

O 8

Kreisfreie Stadt
Einwohnerzahl: 503 000
Höhe: 229 – 407 m ü. d. M.

Viele Namen und viele Attribute hat sich die einstige Freie Reichsstadt erworben: Meistersingerstadt, Dürerstadt, Stadt des Spielzeugs und des Christkindlesmarkts, der Lebkuchen und der Bratwürste, aber auch Ort der Reichsparteitage und der Kriegsverbrecherprozesse. Heute ist die Stadt Zentrum der sich sehr dynamisch entwickelnden Metropolregion Nürnberg.

»Des Deutschen Reiches Schatzkästlein«

Ein Gang durch Nürnberg, »des Deutschen Reiches Schatzkästlein« – denn hier wurden die **Reichskleinodien** aufbewahrt – ist ein Gang durch die deutsche Geschichte. Beim Wiederaufbau nach dem Zweiten Weltkrieg blieb der historische Grundriss der Altstadt gewahrt. So vermitteln heute die großenteils erhaltene Stadtmauer (14. / 15. Jh.; im 16. und 17. Jh. bedeutend verstärkt) mit ihren zahlreichen Toren und Türmen, die Burg sowie die wiederhergestellten Pfarrkirchen St. Lorenz und St. Sebaldus ein eindrucksvolles Bild der alten

← *Malerisches Miltenberg mit dem »Weinhaus zum Alten Markt«*

NÜRNBERG ERLEBEN

AUSKUNFT

Congress- und Tourismus-Zentrale
Postfach 42 48
90022 Nürnberg
Tel. 09 11 / 2 33 60
www.tourismus.nuernberg.de
www.nuernberg.de

Nürnberg Info
Königstraße 93
(gegenüber Hauptbahnhof)
Tel. 09 11 / 2 33 61 32

Tourist Information
Hauptmarkt 18
Tel. 09 11 / 2 33 61 35

EINKAUFEN

Die ***Kaiserstraße*** ist die Nobel-Einkaufsmeile. In der ***Königstraße*** sind die großen Kaufhäuser zu finden. Eine besondere Attraktion ist der ***Handwerkerhof*** mit seinen Fachwerkhäuschen beim Königstor (gegenüber dem Hauptbahnhof).

Nürnbergs Spezialität im »Bratwursthäusla«

VERANSTALTUNGEN

Der Nürnberger ***Christkindlesmarkt*** ist der berühmteste Weihnachtsmarkt überhaupt. Weitere Höhepunkte sind die ***Blaue Nacht*** (Mai; Deutschlands größte Kulturnacht), das ***Bardentreffen*** (Juli/Aug.; Umsonst-und-Draußen-Festival) sowie die DTM-Rennen auf dem ***Norisring*** (Juli).

ESSEN

► Fein & teuer

② ***Essigbrätlein***
Weinmarkt 3
Tel. 09 11 / 22 51 31
Ruhetage: So., Mo.
Ältestes Gasthaus Nürnbergs (1550) mit kreativer Gourmetküche.

⑥ ***Schindlerhof***
Steinacher Str. 6 – 8
Tel. 09 11 / 9 30 20
In Nürnberg-Boxdorf speist man vorzüglich, vor allem fein mit frischen Zutaten aus der Region bereitete Gerichte. Gemütliche Gasträume, hübscher Innenhof.

► Erschwinglich

① ***Zum Sudhaus***
Bergstr. 20
Tel. 09 11 / 20 43 14
Feine fränkische Küche wird in der rustikalen Braustube aufgetragen.

④ ***Da Claudio***
Hauptmarkt 16
Tel. 09 11 / 20 47 52
Charmantes Restaurant, gehobene italienische Küche.

► Preiswert

③ ***Bratwursthäusla***
Rathausplatz 1
Tel. 09 11 / 22 76 95
Ruhetag: So.

Das »Häusla« ist immer gut besucht. Wer keine Bratwürste mag, kann auch andere kleine fränkische Gerichte bestellen, etwa Leberknödelsuppe oder Knöchla (Eisbein).

⑤ ***Historische Bratwurstküche Zum Gulden Stern***
Zirkelschmiedsgasse 26
Tel. 09 11 / 2 05 92 88
In der »Historischen Bratwurstküche« gibt es natürlich die kleinen, aber feinen Nürnberger Bratwürste, die es gerade mal auf 7 cm Länge bringen – gegrillt über Buchenholzfeuer.

⑦ ***Kettensteg***
Maxplatz 35
Tel. 09 11 / 22 10 81
Beliebtes Lokal am Pegnitz-Ufer; drinnen ist es urig und gemütlich, im Sommer kann man im Biergarten am Fluss sitzen. Geboten werden günstige fränkische Gerichte.

ÜBERNACHTEN

► Luxus

④ ***Le Meridien Grand Hotel***
Bahnhofstr. 1-3, 90402 Nürnberg
Tel. 09 11 / 23 22-0
www.lemedridiennuernberg.com
182 Zi., 4 Suiten
Das »Erste Haus am Platz« nahe Hauptbahnhof und Altstadt bietet elegante und geschmackvoll eingerichtete Zimmer.

⑤ ***Maritim***
Frauentorgraben 11
90443 Nürnberg
Tel. 09 11 / 2 36 30
www.maritim.de
307 Zi., 9 Suiten
Mondänes Großhotel mit Nobel-Restaurant »Nürnberger Stuben«.

► Komfortabel

① ***Romantik Hotel Am Josephsplatz***
Josephsplatz 30-32
90403 Nürnberg
Tel. 09 11 / 21 44 70
www.romantikhotels.com
30 Zi., 6 Suiten
Restauriertes Stadthaus (17. Jh.) mit angenehmen Gästezimmern und schöner Dachterrasse

③ ***Drei Raben***
Königstr. 63
90402 Nürnberg
Tel. 09 11 / 27 43 80
www.hotel-drei-raben
30 Zi., 6 Suiten
Originelles Haus mit verschiedenen Themenzimmern, die sich alten Nürnberger Legenden widmen.

② ***Prinzregent***
Prinzregentenufer 11
90489 Nürnberg
Tel. 09 11 / 58 81 88
www.prinzregent.net
37 gemütliche Zimmer in einem properen Stadthaus (um 1900) am Pegnitz-Ufer

⑥ ***Burghotel***
Lammsgasse 3
90403 Nürnberg
Tel. 09 11 / 20 44 14 – 16
http://burghotel-nuernberg.de
Ruhiges Hotel unterhalb der Burg, mit 57 großzügig geschnittenen Zimmern, Schwimmbad, Sauna und Solarium. Gleich ums Eck gibt es urige Speiselokale.

⑦ ***Merian-Hotel***
Unschlittplatz 7
90403 Nürnberg
Tel. 09 11 / 2 14 66 90
www.merian-hotel.de
21 helle und freundliche Zimmer in einem renovierten historischen Gebäude am Unschlittplatz, wo am Pfingstmontag des Jahres 1828 der damals etwa 16-jährige Kaspar Hauser (s. S. 59) auftauchte.

Reichsstadt Nürnberg. Die prächtigsten Ansichten bieten sich zwischen dem mächtigen Spittlertor und dem ehemaligen Maxtor; am Fürther Tor hat man den schönsten Blick auf Mauerring, Altstadt und Burg. Die Pegnitz teilt die Altstadt in die südlich gelegene Lorenzer Seite und die nördlich gelegene Sebalder Seite mit der Burg.

Geschichte

1050	»Norenberc« wird erstmals urkundlich erwähnt.
1219	Die Siedlung an der Pegnitz wird Freie Reichsstadt.
1835	Erste deutsche Eisenbahn von Nürnberg nach Fürth
1933 – 1938	Reichsparteitage der NSDAP
1945 – 1949	Nürnberger Kriegsverbrecherprozesse
2000	Nürnberg feiert 950. Stadtjubiläum.
2007	Nach 39 Jahren ohne Titel gewinnt der 1. FC Nürnberg den DFB-Pokal.
2010	175-jähriges Bahnjubiläum.

Nachdem Kaiser Friedrich II. den 1050 erstmals urkundlich erwähnten Ort 1219 zur Freien Reichsstadt erhoben hatte, entwickelte sich Nürnberg zum wichtigsten Handelsplatz Frankens, der neben Augsburg Hauptstapelplatz des durch Venedig vermittelten Orienthandels mit dem Norden war, und erreichte zu Beginn des 16. Jh.s seine größte Blüte. Von den vielen Berühmtheiten, die hier wirkten, seien nur der Kosmograph und Schöpfer des ersten Globus, Martin Behaim (1459 bis 1506), der Dichter Hans Sachs (1494 – 1576), der Bildhauer Veit Stoß (1445 – 1533), Peter Henlein (um 1480 – 1542), der Erfinder der ersten Taschenuhr (»Nürnberger Ei«), und vor allem der Zeichner und Maler **Albrecht Dürer** (1471 – 1528) genannt. Im 19. Jahrhundert ließ ein technisches Ereignis aufhorchen: 1835 verkehrte von Nürnberg nach Fürth die **erste deutsche Eisenbahn**. Die Nationalsozialisten machten Nürnberg zur »Stadt der Reichsparteitage«. Nicht zuletzt deswegen war die Stadt im Zweiten Weltkrieg Ziel massiver alliierter Bombenangriffe, die die Altstadt größtenteils vernichteten.

! *Baedeker* TIPP

Trempelmarkt

Die größten Flohmärkte der Bundesrepublik finden jeweils am zweiten Wochenende im Mai und September in der Altstadt von Nürnberg statt. Edle Antiquitäten und Trödel aller Art werden von rund 4000 Händlern am Hauptmarkt und in den benachbarten Straßen angeboten.

Lorenzer Seite

Bahnhofsplatz

Ein günstiger Ausgangspunkt für die Erkundung der Altstadt ist der Bahnhofsplatz. Gegenüber dem Hauptbahnhof erhebt sich das markante und vollständig erhaltene **Frauentor** (vor 1400).

Nürnberg Orientierung

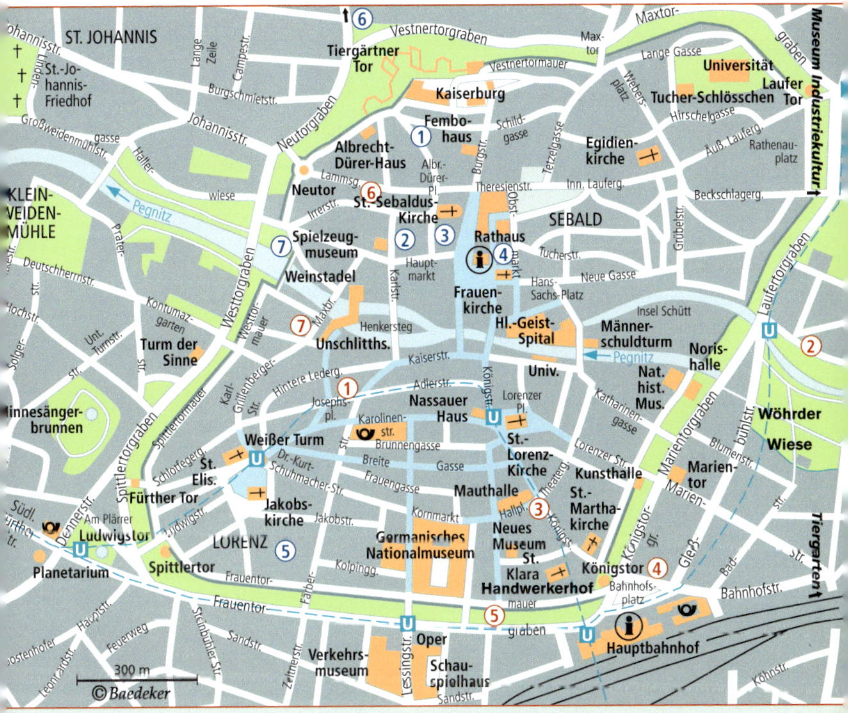

Essen
① Zum Sudhaus
② Essigbrätlein
③ Bratwursthäusle
④ Da Claudio
⑤ Historische Bratwurstküche Zum Gulden Stern
⑥ Schindlerhof
⑦ Kettensteg

Übernachten
① Romantik Hotel Am Josephsplatz
② Prinzregent
③ Drei Raben
④ Le Méridien Grand Hotel
⑤ Maritim
⑥ Burghotel
⑦ Merian-Hotel

★★ Verkehrsmuseum

Westlich vom Hauptbahnhof befindet sich eine der ältesten technikgeschichtlichen Sammlungen der Welt. Sie umfasst das Museum der Deutschen Bahn AG sowie das aus den Bayerischen Postmuseum hervorgegangene Museum für Kommunikation (Lessingstr. 6; Öffnungszeiten: Di. – Fr. 9.00 – 17.00, Sa., So. 10.00 – 18.00 Uhr).

Das **DB-Museum** zeigt die Geschichte der Eisenbahn in Deutschland auf. Zu sehen sind u. a ein originalgetreuer Nachbau des **ersten deutschen Eisenbahnzuges** namens »Adler«, der 1835 von Nürnberg nach Fürth fuhr. Ein besonderer Publikumsmagnet ist auch die interaktive Eisenbahn-Erlebniswelt.

Im **Museum für Kommunikation** sind wichtige technische Errungenschaften des deutschen Post- und Telekommunikationswesens von der Rohrpost über das »Strippentelefon« bis zur E-Mail aufgebaut.

Highlights Nürnberg

Verkehrsmuseum
Eine der ältesten technikgeschichtlichen Sammlungen der Welt
▸ Seite 279

Germanisches Nationalmuseum
Riesiges kunst- und kulturgeschichtliches Museum
▸ Seite 280

Männleinlaufen
Aufmarsch der sieben Kurfürsten
▸ Seite 283

St. Sebaldus
Kirche mit wunderschönen Kunstwerken
▸ Seite 284

Kaiserburg
Wahrzeichen Nürnbergs und eine der am besten erhaltenen ihrer Art
▸ Seite 285

Albrecht-Dürer-Haus
Wohnhaus von Nürnbergs größtem Künstler
▸ Seite 285

✶ Neues Museum

Wenige Schritte vom Hauptbahnhof stadteinwärts steht das im Jahre 2000 nach Entwürfen von Volker Staab errichtete »Neue Museum – Staatliches Museum für Kunst und Design« mit seiner imposanten Glasfront zum Klarissenplatz. Es zeigt **modernes Design** seit 1945 sowie **Malerei und Bildhauerei seit den 1940er-Jahren**, darunter auch Werke von Andy Warhol und Neo Rauch (Öffnungszeiten: Di. – Fr. 10.00 – 20.00, Sa., So. 10.00 – 18.00 Uhr; www.nmn.de).

Königstor, Handwerkerhof

Den Zugang zur Altstadt markiert das Königstor im **Dicken Turm**, wo im ehemaligen Waffenhof in neu erbauten Fachwerkhäusern Handwerk nostalgisch-kommerziell betrieben wird.

St. Marthakirche, Mauthalle

Über die Königstraße geht es nun vorbei an der St. Marthakirche mit ihren Glasmalereien (1390), in der 1578 – 1620 die **Meistersinger** ihre Singschulen abhielten, zur Mauthalle, dem 1502 erbauten Korn- und Salzspeicher bzw. späteren Waag- und Zollamt.

✶✶ Germanisches Nationalmuseum

Westlich der Mauthalle am Kornmarkt erwartet das **größte kunst- und kulturgeschichtliche Museum des deutschsprachigen Raumes** interessierte Besucher. Zum Eingang in der Kartäusergasse durchschreitet man die **Straße der Menschenrechte** (1993) von Dani Karavan. Das Museum beherbergt Objekte von 30 000 v. Chr. bis heute, u. a. Malerei, Plastik, Kunsthandwerk, Design, vor- und frühgeschichtliche Objekte, wissenschaftliche Instrumente, Apothekeneinrichtungen, Musikinstrumente und Spielzeug. Herausragende Schätze des Museums sind **Skulpturen von Veit Stoß und Adam Krafft**, die **Kaiserbildnisse von Albrecht Dürer**, die Waffensammlung, der **Globus von Martin Behaim** und die einzig-artige **Sammlung historischer Puppenhäuser** (Öffnungszeiten: Di. – So. 10.00 – 18.00, Mi. bis 21.00 Uhr; www.gnm.de).

Auf dem Lorenzer Platz nördlich vom Mauthaus erhebt sich die zweitürmige gotische St.-Lorenz-Kirche (13.–15. Jh.), **die größte Kirche der Stadt**. Blickfänge sind das **Westportal** (um 1355) mit reichhaltigem Figurenschmuck und **Fensterrose** (Durchmesser: 9 m) darüber, deren Wirkung im Inneren am besten zur Geltung kommt. Im Inneren sind bemerkenswert: der am Chorgewölbe hängende **»Engelsgruß«** (1517/1518) und das **Kruzifix auf dem Hauptaltar** von Veit Stoß, das **Sakramentshäuschen** (1493–1496) von Adam Krafft, der dahinter liegende **Krellsche Altar** (um 1480) mit der ältesten erhaltenen Darstellung der Stadt und schließlich die prächtigen **Glasgemälde** (1477–1493) im Chor.

★ St. Lorenz

Bei der Kirche symbolisiert der Tugendbrunnen von Benedikt Wurzelbauer (1589) die Grundlagen der Nürnberger Stadtverfassung.

◄ Tugendbrunnen

Südöstlich der Lorenzkirche wartet die 1912 erbaute und architektonisch markante Kunsthalle am Marientor mit hochkarätigen Wechselausstellungen moderner Kunst auf (Öffnungszeiten: Di.–So. 10.00–18.00, Mi bis 20.00 Uhr).

Kunsthalle

Von der Lorenzkirche führt ein Abstecher in südwestlicher Richtung durch die Karolinenstraße zum Jakobsplatz mit der ev. **Jakobskirche** (14. Jh.), der kath. **Elisabethkirche** (1785–1806) und dem **Weißen Turm** (ca. 1250). Besonders originell ist die 1984 enthüllte **Brunnenanlage** mit der sinnigen Bezeichnung »Ehekarussell«. Sie soll nicht etwa Sodom und Gomorrha darstellen, sondern einfach nur das normale Eheleben. Mit ihm hat der Künstler Jürgen Weber kongenial das Gedicht des Meistersingers Hans Sachs über Freud und Leid der Ehe, »Das bittersüße eheliche Leben«, umgesetzt.

Jakobsplatz

★ ◄ Ehekarussell

St. Lorenz Orientierung

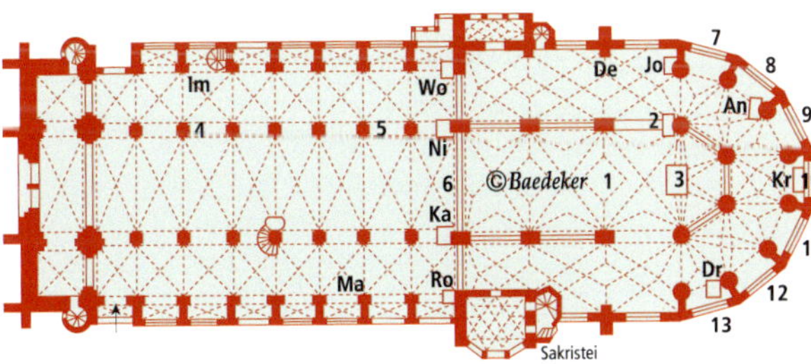

Skulpturen
1 Engelsgruß
2 Sakramentshaus
3 Kruzifix
4 Anbetungsgruppe
5 Erzengel Michael
6 Triumphbogenkreuz

Glasgemälde
7 Rieterfenster
8 Hallerfenster
9 Knorrfenster
10 Kaiserfenster
11 Konhoferfenster
12 Volckamerfenster
13 Schlüsselfelderfenster

Schreinaltäre
An Annenaltar
De Deocarusaltar
Dr Dreikönigsaltar
Im Imhoffaltar
Jo Johannesaltar
Ka Katharinenaltar
Kr Krellscher Altar
Ma Marthaaltar
Ni Nikolausaltar
Ro Rochusaltar
Wo Wolfgangsaltar

Die erfolgreichen Spielfiguren von Playmobil

SPIELZEUGLAND FRANKEN

Schon vor rund 500 Jahren genossen Spielsachen aus Nürnberg hohes Ansehen. Und noch immer ist Franken ein Spielzeugland.

Begonnen hatte es mit **Puppenhäusern**. Mit diesen Puppenstuben, die mit Möbeln, Leuchten und Geschirr eingerichtet waren, wollte man zeigen, wie man schöner wohnt. Zum Spielen waren sie nicht gedacht, sie dienten nur zur Erbauung.

Puppen und Blechspielzeug

Dann kamen die **Zinnsoldaten**. Die kunstvoll gemachten Metallfigürchen aus Nürnberg waren bald so berühmt, dass selbst Ludwig XIV. Spielsachen bestellte. Natürlich waren seine Figürchen nicht aus Zinn, sondern aus Silber. Im Lauf der Zeit teilte sich Franken in puncto Spielwaren: Im Norden, im Raum Coburg, arbeiteten die Puppenmacher, Nürnberg war das Zuhause der Metallverarbeiter, der Nachfolger der Zinngießer, die Blechspielzeug produzierten, u. a. Autos, Schiffe, Spardosen und sogar feuerspeiende Blechwale. Zu Beginn des 20. Jh.s gab es in Nürnberg 243 Spielzeugfabrikanten, darunter die viele heute noch **große Markennamen**, wie Fleischmann (Modelleisenbahnen), Schuco (Autos u. a.), Arnold (Modellbahnen) und Lehmann (Modell-Großbahnen). Kein Wunder, dass bei der ungebrochenen Tradition der Spielzeugherstellung in Franken die **größte Spielwarenmesse der Welt** in Nürnberg stattfindet.

Fränkischer Renner

Auch die Firma Brandstätter mit Sitz in Zirndorf bei Fürth ist ein Traditionsunternehmen. Im Jahre 1974 führte Brandstätter das System-Spielzeug **Playmobil** ein. Hauptelement ist eine 7,5 cm große Spielfigur aus Kunststoff. Hände, Arme und Beine sowie der Kopf lassen sich bewegen bzw. drehen; an die Hände können die unterschiedlichsten Accessoires wie Werkzeuge und Waffen angesteckt werden. Playmobil wurde aus der Not geboren. Während der Ölkrise 1973 hatten die steigenden Ölpreise den Kunststoffpreis verzehnfacht, weshalb die damals von Brandstätter produzierten Großkunststoffartikel, wie Kindermöbel, unrentabel wurden; für die kleinen Figuren hingegen brauchte man nicht so viel teuren Rohstoff. Wenige Jahre nach Einführung von Playmobil wurde die Firma Geobra Brandstätter der umsatzstärkste deutsche Spielwarenhersteller und rangiert seitdem an der Spitze.

Südwestlich vom Jakobsplatz und vor der Stadtmauer weitet sich der Plärrer, Nürnbergs bekanntester und verkehrsreichster Platz, der im Mittelalter ein umtriebiger Handelsplatz war. Hier fuhr am 7. Dezember 1835 die erste deutsche Eisenbahn nach Fürth ab. Eine Attraktion für Groß und Klein sind die Vorführungen im **Nicolaus-Copernicus-Planetarium** an der Westseite des großen Platzes (Programminfo: Tel. 09 11/9 29 65 53, www.planetarium-nuernberg.de). **Plärrer**

Nördlich vom Jakobsplatz, im Mohrenturm (Spittlertormauer 17), ist dieses wissenschaftlich-interaktive Museum untergebracht, in dem man seine Wahrnehmung bzw. die Funktion der Sinne erforschen kann (Öffnungszeiten: Di. – Fr. 13.00 – 17.00, Sa., So., Fei. 11.00 – 17.00 Uhr; www.turmdersinne.de). ✶ **Turm der Sinne**

Die Museumsbrücke führt unterhalb der Lorenzkirche über die Pegnitz auf die Sebalder Seite. Von hier genießt man einen herrlichen Blick auf das die Pegnitz überspannenden **Heilig-Geist-Spitals**. Aber auch vom Jakobsplatz aus ist der Weg hinüber sehr reizvoll: über die Maxbrücke mit Blick auf die Partie am **Weinstadel**, eines der schönsten Fachwerkhäuser Nürnbergs (1446 – 1448) und den 1457 errichteten sowie 1954 rekonstruierten **Henkersteg**. **Pegnitzbrücken**

Sebalder Seite

Über die Museumsbrücke erreicht man – vorbei an der mächtigen Brunnenskulptur »Das Narrenschiff« von Jürgen Weber – den belebten Hauptmarkt mit seinen vielen bunten Verkaufsständen. Hier findet im Advent auch der weltberühmte Christkindlesmarkt statt. Auf dem Platz steht der 17 m hohe **Schöne Brunnen** (um 1385, heute Kopie), dessen reicher Figurenschmuck Heilige, Kirchenväter, christliche und jüdische Helden darstellt. Am »Goldenen Ring« am Gitter kann man drehen – was Glück bringen soll. ✶ **Hauptmarkt**

Die Ostseite des Platzes nimmt die gotische Frauenkirche (1352 bis 1361) ein. Über der mit reichem Bildwerk geschmückten Vorhalle sieht man das **Michaels-Chörlein** (Erker), von dem 1361 erstmals die Reichskleinodien dem Volk gezeigt wurden. Darüber ist die 1509 geschaffene **Kunstuhr** mit dem »Männleinlaufen« angebracht: Täglich um 12.00 Uhr umschreiten die sieben Kurfürsten Kaiser Karl IV. in Erinnerung an den Erlass der Goldenen Bulle im Jahr 1356. ✶ **Frauenkirche** ✶ ✶ ◄ Männleinlaufen
Im Inneren des Gotteshauses sind der **Tucher-Altar** (um 1440) und zwei schöne Grabmäler von Adam Krafft besonders sehenswert.

Von der Nordseite des Hauptmarkts kommt man zu dem von prächtigen Portalen unterteilten, von Jakob Wolff unter Einbeziehung des Altbaus errichteten Rathaus (1616 – 1622), in dessen Keller die sog. **Lochgefängnisse** besichtigt werden können. In der Eingangshalle links sind Nachbildungen der wichtigsten **Reichsinsignien** ausgestellt **Rathaus**

St. Sebaldus Orientierung

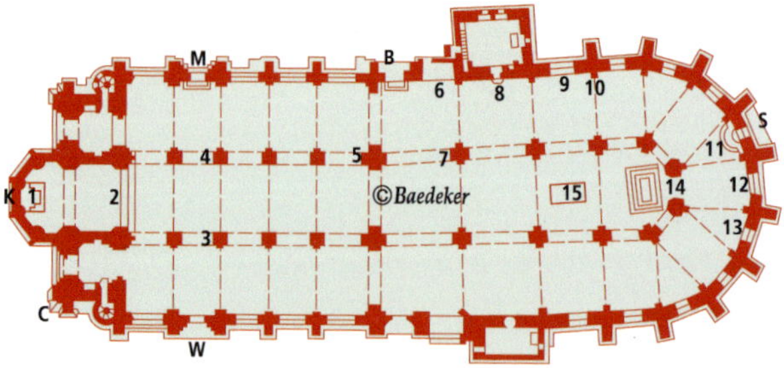

Aussen
K Bronze-Kruzifix
C Schlüsselfelderscher Christopherus
W Weltgerichtsportal
S Schreyer-Landauersches Grabmal
B Brautportal
M Marienportal

Innen
1 Petersaltar
2 Taufbecken
3 Kreuztragung
4 Halleraltar
5 St. Katharina
6 Fürst der Welt
7 Madonna im Strahlenkranz
8 Chörlein
9 Tuchersches Epitaph
10 St. Andreas
11 Sakramentsnische, darüber Bamberger Fenster
12 Maximiliansfenster
13 Volckamersche Passion, darüber Markgrafenfenster
14 Kreuzigungsgruppe
15 Sebaldusgrab

(Kaiserkrone, Zepter, Reichsapfel); außerdem gibt es zwei sehenswerte Brunnen: den Rathausbrunnen von Pankraz Labenwolf (1557) und das berühmte »Gänsemännlein« (um 1555).

✶✶ **St. Sebaldus**

Dem Rathaus gegenüber erblickt man den großartigen **gotischen Ostchor** (1379) der ursprünglich 1225 – 1273 erbauten St.-Sebaldus-Kirche. Hier prangt das Schreyer-Landauersche Grabmal von 1492, ein Hauptwerk von Adam Krafft. Innen gilt das besondere Augenmerk der **Madonna im Strahlenkranz** (1420 – 1425) an einem Pfeiler im nördlichen Seitenschiff und dem berühmten **Sebaldusgrab** von Peter Vischer, der dieses Meisterwerk 1508 – 1519 zusammen mit seinen Söhnen schuf. Die **Kreuzigungsgruppe** hinter dem Grab (1507, 1520) stammt von Veit Stoß.

✶ **Spielzeugmuseum**

Nicht nur Kinderherzen schlagen in der Karlstraße höher. Spielsachen aus allen Epochen und aus den unterschiedlichsten Kulturkreisen sind hier zu bestaunen, auch Zinnfiguren, Puppen, Blechspielzeug, Dampfmaschinen und eine große Modelleisenbahnanlage (Öffnungszeiten: Di. – Fr. 10.00 – 17.00, Sa., So. 10.00 – 18.00, während Spielwarenmesse und Christkindlesmarkt tgl. 10.00 – 20.00 Uhr).

✶ **Fembohaus**

Auf dem Weg vom Rathaus zur Burg passiert man das Fembohaus aus dem späten 16. Jh., das **am besten erhaltene Alt-Nürnberger Patrizierhaus**; es beherbergt heute das **Stadtmuseum**. Hier begibt man sich mit der Multivisionsschau »Noricama« ins alte Nürnberg (Öffnungszeiten: Di. – Fr. 10.00 – 17.00, Sa., So. 10.00 – 18.00 Uhr).

★★ **Kaiserburg**

Mächtig erhebt sich die Burg (► 3 D, S. 286) über der Altstadt. Sie gliedert sich in drei Teile: die Burggrafenburg in der Mitte, die reichsstädtischen Bauten im Osten und die im 12. Jh. begonnene Kaiserburg im Westen. Auf ihr weilten zwischen 1050 und 1571 zeitweise alle deutschen Könige und Kaiser und hielten Reichs-, Hof- und Gerichtstage ab.
Von der Burgstraße geht man hinauf zum um 1040 erbauten Fünfeckigen Turm, Rest der **Zollerischen Burggrafenburg** und ältestes Gebäude der Stadt. Unterhalb liegt die sog. Kaiserstallung, 1495 als Kornhaus errichtet und nun Jugendherberge. Weiter links aufwärts geht es über die Freiung zum äußeren Hof der Kaiserburg mit dem Sinwellturm und dem **Tiefen Brunnen**, anschließend durch das Innere Burgtor zum Palas und der Kemenate.

★ ◄ Felsenkeller, Kasematten, Kunstbunker

In den Sandsteinfels des Burgbergs sind schon vor Jahrhunderten eine Vielzahl von Kellern, unterirdischen Gängen und Gewölben gegraben worden. Bei **thematischen Führungen** bekommt man Kasematten, eine Lochwasserleitung, alte Bierkeller und den Kunstbunker zu sehen, in dem viele bedeutende Kunstschätze den Bombenhagel des Zweiten Weltkriegs schadlos überstanden haben (Führungen: tgl. 11.00, 13.00, 15.00 u. 17.00 Uhr; www.felsengaenge-nuernberg.de).

★ **Albrecht-Dürer-Haus**

Unterhalb der Burg, um das Tiergärtner-Tor, gibt es noch mittelalterliche Bausubstanz. Hier steht auch das mühevoll wieder aufgebaute Albrecht-Dürer-Haus, in dem der Meister von 1509 bis zu seinem Tode 1528 wohnte. Zwei Wohnräume und die Küche sind im Stil der damaligen Zeit eingerichtet; ansonsten gibt es Originalgraphik, aber nur Kopien von Gemälden sowie eine »Dürer-Multivision« im Anbau (Öffnungszeiten: Di. – So. 10.00 – 17.00, Do. bis 20.00, Juli – Sept. auch Mo. 10.00 – 17.00 Uhr).

Hoch über den Dächern von Nürnberg thront die Burg.

NÜRNBERGER BURG

★★ Die Nürnberger Burg, in der von 1050 bis 1571 alle Kaiser des Heiligen Römischen Reiches Deutscher Nation zumindest einmal residierten (Ludwig der Bayer sogar über sechzigmal, Karl IV. rund vierzigmal), gehört zu den bedeutendsten Kaiserpfalzen des Mittelalters.

Öffnungszeiten:
Apr. – Sept. tgl. 9.00 – 18.00,
Okt. – März tgl. 10.00 – 16.00 Uhr

① Doppelkapelle

Friedrich Barbarossa und seine Nachfolger bauten die Mitte des 11. Jh.s bestehende salische Königsburg aus. Ein Höhepunkt ist die noch heute unversehrt erhaltene romanische Doppelkapelle mit Ober- und Unterkapelle. Die obere Kapelle verfügt u. a. über eine Herrschaftsempore, die nur den Herrschern vorbehalten war.

② Kaiserliche Wohnräume

Die kaiserlichen Wohn- und Repräsentationsräume im spätgotischen Palas sind mit Gemälden, Wandteppichen und Möbeln des 16. und 17. Jh.s ausgestattet. Im Erdgeschoss befindet sich der Rittersaal, darüber liegen der Kaisersaal und gleich daneben das Wohnzimmer des Kaisers.

③ Tiefer Brunnen

Die älteste Nachricht über den Tiefen Brunnen stammt aus dem 14. Jh., doch ist er vermutlich so alt wie die Kaiserburg selbst. Die Tiefe des in den Felsen getriebenen Brunnenschachtes beträgt insgesamt 47 m. Geschützt ist der Brunnen durch ein Brunnenhaus von 1563, an das sich die Badestube (1564) lehnte. In Zeiten der Belagerung war der Tiefe Brunnen die einzige Wasserquelle der Burg.

④ Sinwellturm

Der aus der zweiten Hälfte des 13. Jh.s stammende Sinwellturm (von mittelhochdeutsch sinwell = rund) war der Bergfried der Burg. Während der Reichstage wurden von seinem Dach aus mit einem zinnernen Horn weithin hörbar die Stunden verkündet. Das Zeltdach mit Spitzenhelmaufsatz entstand erst um 1560.

⑤ Kaiserburg-Museum

Das Kaiserburgmuseum im Kemenatenbau, eine Außenstelle des Germanischen Nationalmuseums (GNM), informiert über die Baugeschichte und Bedeutung der Kaiserburg sowie über die Entwicklung der Waffentechnik seit dem Mittelalter.

Burg Orientierung

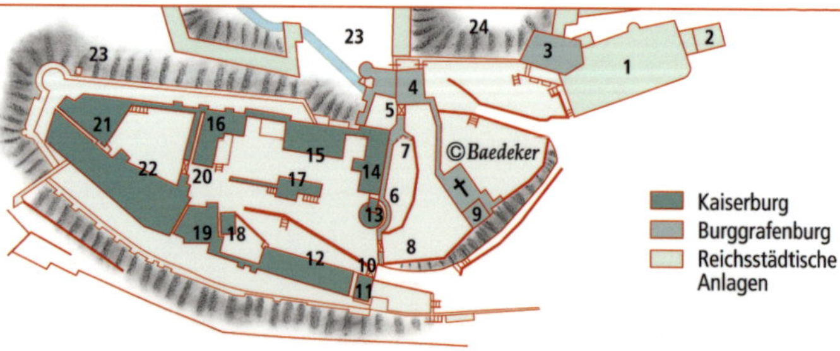

1 Kaiserstallung
2 Luginsland
3 Fünfeckiger Turm
4 Burgamtmannswohnung
5 Vestnertor
6 Heimlicher Wächtergang
7 Burgamtmannsgärtlein
8 Freiung
9 Walpurgiskapelle
10 Himmelstor
11 Hasenburg
12 Himmelstallung
13 Sinwellturm
14 Finanzstadel
15 Sekreteriatsgebäude
16 Kastellanhaus
17 Brunnenhaus
18 Heidenturm
19 Doppelkapelle
20 Inneres Burgtor
21 Kemenate
22 Palas
23 Burggarten
24 Stadtgraben

Egidienkirche

Nürnbergs einzigem erhaltenen barocken Kirchenbau begegnet man im östlichen Teil der Sebalder Seite am Egidienplatz. Die Egidienkirche wurde von 1711 bis 1717 erbaut und bildet zusammen mit dem Alten Gymnasium das **schönste Barockensemble der Stadt**. An der Südseite sind drei Kapellen der Vorgängerkirche geblieben, von denen die gotische Tetzelkapelle von 1345 mit dem Landauerschen Grabmal von Adam Krafft die bedeutendste ist. In die Stadtbibliothek an der Nordseite des Platzes ist der Arkadenhof des zerstörten Pellerhauses (1605) integriert, Nürnbergs bedeutendstem Bürgerhaus der Renaissance.

Tucherschlösschen

Östlich steht in der Hirschelgasse das für die Patrizierfamilie Tucher erbaute Tucherschlösschen (1533 – 1544) mit einem originellen »Chörlein« (Erker). Im Haus werden Gegenstände aus Familienbesitz ausgestellt, Höhepunkt ist der **Hirsvogelsaal aus der Renaissance** (Öffnungszeiten: Mo. 10.00 – 15.00, Do. 13.00 – 17.00, So. 10.00 – 17.00 Uhr).

Hans-Sachs-Platz

Zurück Richtung Pegnitz kommt man zum Hans-Sachs-Platz mit einem Denkmal für den Schuhmacher und Meistersinger (1495 bis 1576), der in der Nähe seine Werkstatt hatte.

Heilig-Geist-Spital ▸

Die Südseite des Platzes nimmt das 1332 gestiftete Heilig-Geist-Spital ein, in dessen Kirche von 1424 bis 1796 die Reichskleinodien aufbewahrt wurden. Die Kreuzigungsgruppe im Innenhof schuf Adam Krafft. Auf der Spital- und Heubrücke geht es dann über die Pegnitz-Insel Schütt hinweg und am Männerschuldturm (1323) vorbei wieder zurück auf die Lorenzer Seite.

Cinecittà IMAX

Hier lockt ein bislang in Deutschland einmaliges Multiplexkino mit insgesamt rund 5000 Plätzen vor allem junges Publikum an. Außer 18 »normalen« Kinosälen gibt es hier ein IMAX-Kino mit Riesenleinwand, ein MAD-Simulationskino, mehrere Restaurants, Cafés, Bars und einer Dachterrasse mit tollem Blick auf die Altstadt (Programminformation: Tel. 09 11/2 06 66-0, www.cinecitta.de).

Uhrenmuseum Karl Gebhardt

Gleich in der Nachbarschaft, im Gebäude der Nürnberger Akademie, befindet sich eine höchst sehenswerte Uhrensammlung. Der Juwelier und Erfinder der Funkuhr, Karl Gebhardt, zeigt die Entwicklungsgeschichte der Nürnberger Uhrenindustrie vom »Nürnberger Ei« des Peter Henlein bis zur hochmodernen Funk-Solar-Uhr (Öffnungszeiten: tgl. 8.00 – 20.00 Uhr).

Naturhistorisches Museum

In der nahen Norishalle (Marientorgraben 8) ist dieses Museum eingerichtet. Eine **völkerkundliche Ausstellung** im Erdgeschoss beschäftigt sich u. a. mit sibirischen Jägern und den Bewohnern Neuguineas. Im 1. Obergeschoss kann man sich über die **Geologie und Paläontologie des nordbayerischen Raumes** (u. a. Saurierfunde, Verkarstung) informieren. Auch der älteste Menschenfund Bayerns sowie Kulturspuren der Kelten sind zu sehen. Eine weitere Dauerausstellung zeigt Ergebnisse archäologischer Forschung in Jordanien (Öffnungszeiten: Mo. u. Fr. 10.00 – 21.00, Di., Mi., Do., So. 10.00 bis 17.00 Uhr).

Äußeres Stadtgebiet von Nürnberg

Luitpoldhain, Dutzendteich

Im Südosten liegen der Luitpoldhain mit der **Meistersingerhalle** und weiter südlich der ausgedehnte **Volkspark Dutzendteich** mit kleinen Seen. Hier befindet sich auch das für die Fußball-WM 2006 aufgemotzte **easyCredit-Stadion** (vormals Frankenstadion), in dem der 1. FC Nürnberg antritt. In der benachbarten **Arena Nürnberger Versicherung**, eine Multifunktionshalle mit drei Eisflächen, tragen die Nürnberg Ice Tigers ihre Heimspiele aus.

Ehem. Reichsparteitagsgelände

Auch Überreste des einstigen Reichsparteitagsgeländes sind hier zu finden. Die Gesamtanlage wurde ab 1934 von **Fritz Meyer** und **Albert Speer** konzipiert und war weitaus größer gedacht, als die heute noch existierenden Bauten vermuten lassen. Die **Kongresshalle** im Stil des Kolosseums in Rom war für 50 000 Menschen geplant. Die Verbindung zum Märzfeld sollte die 2 km lange »Große Straße« als zentrale Achse mit der Kaiserburg als Fluchtpunkt herstellen. Die Gesamtkonzeption sah eine gigantische »Weihestätte der Bewegung« vor, welche primär die ideologische Komponente zum Ausdruck bringen sollte. Im Unterschied zu ihrem Vorbild, dem Klassizismus, übersteigerten die Architekten der NS-Zeit ihre Gebäude ins Gigantische. Zu sehen ist heute noch die **Steintribüne am Zeppelinfeld**, von der die nationalsozialistische Prominenz die Aufmärsche abnahm.

◄ Dokumentationszentrum

Im nördlichen Kopfbau der Kongresshalle informiert ein im Jahre 2001 eröffnetes Dokumentationszentrum mit Studienforum über die Geschichte der Reichsparteitage. Sehr bewegend ist die Dauerausstellung mit dem Titel **»Faszination und Gewalt«**, die sich mit den Ursachen und Folgen des Nationalsozialismus befasst (Öffnungszeiten: Mo. – Fr. 9.00 – 18.00, Sa. u. So. 10.00 – 18.00 Uhr; ein Informationssystem ermöglicht einen individuellen Rundgang auf dem Gelände).

◄ Architekturzeichen aus Beton, Stahl und Glas

Der eindrucksvolle moderne Eingangsbereich zum Dokumentationszentrum sowie ein Gang aus Stahl und Glas, der sich wie ein Pfahl in die NS-Architektur bohrt, sind nach Plänen des österreichischen Architekten **Günther Domenig** gestaltet.

◄ Norisring

Auf dem 2,3 km langen Stadtrundkurs um die Steintribüne (s. oben) werden seit 1947 Auto- und Motorradrennen gefahren. Alljährlicher Höhepunkt ist das **DTM-Rennen** im Sommer.

Tiergarten

Am östlichen Stadtrand beim Schmausenbuck zieht der Nürnberger Tiergarten die Besucher an, nicht zuletzt wegen seines Aquaparks (und des nicht unumstrittenen Delfinariums) und der dem »Adler« von 1835 nachgebildeten Kleinbahn (Öffnungszeiten: Apr. – Sept. tgl. 8.00 – 19.30, Nov. – März tgl. 9.00 – 17.00 Uhr).

Museum Industriekultur

Auf einem alten Fabrikareal wird die **Geschichte der Industrialisierung** sowie des Arbeits- und Alltagslebens im Raum Nürnberg veranschaulicht. Ausstellungsthemen sind nicht nur der technische Fortschritt, sondern u. a. auch »Geschichte des Haushalts«, »Sport« sowie »Bier und Hopfen«. Besondere Anziehungspunkte sind auch angeschlossene Spezialmuseen, darunter ein **Schulmuseum** mit historischem Klassenzimmer sowie das **Nürnberger Motorradmuseum** (Äußere Sulzbacher Str. 62; Öffnungszeiten: Di. – Fr. 9.00 – 17.00, Sa., So., Fei. 10.00 – 18.00 Uhr).

Johannis-Vorstadt

Die im Nordwesten gelegene Johannis-Vorstadt zeigt sich an manchen Ecken noch als barocke Gartenvorstadt,. Hauptsehenswürdigkeit aber ist der **St.-Johannis-Friedhof**, auf dem bedeutende Bürger der Stadt bestattet sind, u. a. Albrecht Dürer, Veit Stoß, Willibald Pirckheimer und Anselm Feuerbach, aber auch William Wilson, der Lokomotivführer des »Adlers«.

Schwurgerichtssaal 600

Am **20. November 1945** begann im Schwurgerichtssaal 600 des Nürnberger Justizpalastes (heute: Landgericht Nürnberg-Fürth) der Prozess gegen 21 Vertreter des nationalsozialistischen Regimes. Im Rahmen einer Führung wird man über die Prozesse informiert (Führungen: Sa., So. 13.00, 14.00, 15.00 u. 16.00 Uhr).

Umgebung von Nürnberg

Neunhofer Schlösschen

Das 9 km nördlich gelegene Neunhofer Schlösschen, ein 1246 erstmals genannter, von einem Wassergraben umzogener Herrensitz, ist die **am besten erhaltene Nürnberger Patrizierresidenz** (Öffnungszeiten: Ostern – Sept. Sa., So., Fei. 10.00 – 17.00 Uhr).

Stein bei Nürnberg

Das 14 000-Einwohner-Städtchen an der Südwestgrenze der Frankenmetropole ist geprägt von Bauten und Anlagen des Schreib- und Malstift-Imperiums **Faber-Castell**, das aus einer bereits 1761 in Stein gegründeten Bleistiftfabrik hervorgegangen ist. Recht eindrucksvoll ist das im 19. und frühen 20. Jh. im Stil des Historismus errichtete **Schloss**. Im **Museum »Alte Mine«** bekommt man die Geschichte der Bleiminenfertigung gezeigt (Schloss- u. Museumsbesichtigung: 3. So. im Monat u. n. V., Tel. 09 11/99 65-0, www.faber-castell.de).
Ein beliebter Freizeit-Treff ist das mit heilkräftigem Thermalwasser gespeiste Kur- und Erlebnisbad **Kristall Palm Beach** (Öffnungszeiten: tgl. 9.00 – 22.00, Fr., Sa. bis 24.00 Uhr).

Schwabach

Das im 12. Jh. aus einem Königshof unweit südlich von Nürnberg erwachsene Schwabach ist eine Stadt mit langer Handwerkstradition, in der die Goldschläger zu Hause sind. **Schwabacher Blattgold** findet man auf Bauwerken und Bilderrahmen, in der Buchbinderei und in der Medizin – ja sogar in Speisen und Getränken, z. B. im »Schwabacher Goldwasser«, einem Gewürzlikör mit feinen Goldplättchen.

Auch in der Stadt selbst kann man Blattgold entdecken. U. a. sind die Dachziegel der Spitztürme des **Rathauses** vergoldet. Der von mittelalterlichen Fachwerkhäusern und Bürgerhäusern aus dem 18. und 19. Jh. umrahmte Marktplatz bzw. **Königsplatz**, den der Schöne Brunnen von 1716 vor dem Rathaus und der klassizistische Pferdebrunnen in der Nordwestecke schmücken, gilt als einer der schönsten Frankens. Die ev. **Stadtkirche** (1495) beherbergt einen gotischen Schnitzaltar (1507) der aus der Werkstatt des Nürnberger Meisters Michael Wolgemut. Im **Stadtmuseum** im Norden von Schwabach sieht man u. a. die weltweit größte Sammlung von Modelleisenbahnen und Blechspielzeug der Fa. Fleischmann (Öffnungszeiten: Mi. bis Sa. 14.00 – 18.00, So. 11.00 – 18.00 Uhr).

Feucht

Südöstlich von Nürnberg liegt Feucht, wo dem Raumfahrtpionier **Hermann Oberth** (1894 – 1989), dem Pionier der Weltraumfahrt und Raketentechnik ein Museum gewidmet ist (Pfinzingstr. 12 – 14; Sa., So. 14.00 – 17.00 Uhr)

Altdorf

Östlich von Nürnberg liegt das Städtchen Altdorf, das schon vor 350 Jahren Sitz einer **Universität** war. Es gibt in Deutschland kein zweites so vollständig aus der Zeit des Barock erhaltenes Universitätsgebäude wie die ehemalige Hohe Schule in Altdorf. Ein Museum informiert über die Zeit, als die Universität noch existierte (1809 geschlossen) und berühmte Persönlichkeiten wie Gottfried Wilhelm Leibniz und Wallenstein hier studierten.

Rothsee

Ein viel besuchtes **Naherholungsgebiet im Raum Nürnberg** ist der Rothsee, rund 30 km südlich von Nürnberg und nördlich der von zahlreichen Fachwerkbauten und einer Burgruine geschmückten Stadt **Hilpoltstein**. Der Rothsee (2,1 km²) ist in zwei Bereiche unterteilt: Die Vorsperre ist ausschließlich für den Badebetrieb vorgesehen, die Hauptsperre steht auch Seglern und Surfern zur Verfügung. Die Erholungszentren Birkach, Grashof und Heuberg haben alle für Freizeit und Erholung notwendigen Einrichtungen. Ein 12 km langer Uferweg führt rund um den See.

★ Ochsenfurt

H 6 – 7

Landkreis: Würzburg
Höhe: 192 m ü. d. M.
Einwohnerzahl: 12 000

Ochsenfurt, an der Südspitze des Maindreiecks, ist eine Bilderbuchstadt, ein freundlicher Winzerort, der eine fast vollständig erhaltene, mittelalterliche Befestigungsanlage mit zahlreichen Toren und Türmen sowie reich verzierte Fachwerkhäuser im Stadtkern besitzt.

OCHSENFURT UND UMGEBUNG ERLEBEN

AUSKUNFT

Tourist-Information Ochsenfurt
Hauptstraße 36
97199 Ochsenfurt
Tel. 0 93 31 / 58 55, Fax 74 93
www.ochsenfurt.de

Tourist-Info Marktbreit
Mainstraße 6
97340 Marktbreit
Tel. 0 93 32 / 59 15 95, Fax 59 15 97
touristinfo@marktbreit.de
www.marktbreit.info

ESSEN

► Fein & teuer

Restaurant Philipp
Hauptstr. 12, 97286 Sommerhausen
Tel. 0 93 33 / 14 06
Ruhetage: Mo., Di.
Das kleine Restaurant in einem über 400 Jahre alten Renaissance-Palais ist eines der besten weit und breit.

► Erschwinglich

Zum Bären
Hauptstr. 74, 97199 Ochsenfurt
Tel. 0 93 31 / 86 60
Am Ortseingang gelegenes Landhotel. Junge kreative Küche in rustikalem Ambiente, auch fränkische und vegetarische Gerichte; wunderschöne Gartenterrasse.

Ehrbar's Fränkische Weinstube
Hauptstr. 17, 97252 Frickenhausen
Tel. 0 93 31 / 6 51
Ruhetage: Mo., Di.
Bekannte Adresse mit einer schönen alten Weinstube. Im Sommer sitzt man auf der Terrasse.

ÜBERNACHTEN

► Komfortabel

Wald- und Sporthotel Polisina
Marktbreiter Str. 265
D-97199 Ochsenfurt
Tel. 0 93 31 / 84 40, Fax 76 03
www.polisina.de
Landhotel mitten im Grünen mit 93 geschmackvoll eingerichteten Zimmern, Schwimmbad, Sauna und Solarium. Das Restaurant bietet fränkische und internationale Spezialitäten.

Meintzinger
Babenbergplatz 4
97252 Frickenhausen
Tel. 0 93 31 / 8 71 10, Fax 75 78
www.weingut-meintzinger.de
Das Hotel, seit 1790 in Familienbesitz, ist einem Weingut angeschlossen. Die 21 Gästezimmer in dem recht stimmungsvollen Gebäudekomplex sind mit rustikalen Möbeln eingerichtet.

Ringhotel Löwen
Marktstr. 8
97340 Marktbreit
Tel. 0 93 32 / 5 05 40, Fax 94 38
www.loewen-marktbreit.de
Das fränkische Traditionsgasthaus bietet den Komfort eines modernen Hotels der gehobenen Mittelklasse. Die Küche des Restauramnts serviert sehr gute und nicht zu teure Gerichte. Angeschlossen ist ein idyllisches Gartenrestaurant.

► Günstig / Komfortabel

Hotel (garni) Zum Goldenen Schiff
Mainstraße 8
97340 Marktbreit
Tel. 0 93 32 / 14 81, Fax 96 77
www.gasthofzumgoldenenschiff.de
Familiärer Hotelbetrieb mit 13 behaglichen Gästezimmern in einem renovierten historischen Gebäude von 1568.

Gegründet wurde Ochsenfurt im 12. Jh. von den Würzburger Bischöfen. Noch im selben Jahrhundert war der Ort ein nicht unbedeutender historischer Schauplatz: Am 23. März 1193 wurde der englische König Richard Löwenherz als Gefangener des Herzogs Leopold von Österreich nach Ochsenfurt gebracht und durch Zahlung von 100 000 Mark Lösegeld freigekauft, so dass er von hier aus seine Heimreise nach England antreten konnte. Im 14. Jh. erhielt das Städtchen seine fast quadratische Ummauerung. Im Stadtkern verläuft die Hauptstraße parallel zum Main. Hier reiht sich ein wunderschönes Fachwerkhaus an das nächste.

Bilderbuchstadt an der Südspitze des Maindreiecks

Sehenswertes in Ochsenfurt

Schlösschen Heimatmuseum

Direkt an der Alten Mainbrücke steht das Schlösschen, ein schmaler Bau mit Staffelgiebel aus dem 13. Jahrhundert. Hier ist ein Teil des Heimatmuseums eingerichtet, das Exponate u. a. zur Stadtgeschichte, zum historischen Weinbau und Zunftwesen in Ochsenfurt zeigt; die Trachtenabteilung (Ochsenfurter Gautracht) befindet sich etwas entfernt an der Spitalgasse 13 im Greisinghaus, einem schönen kleinen Barockgebäude aus dem Jahr 1717 (Öffnungszeiten: Ostern bis Allerheiligen Sa., So. 14.30 – 16.30 Uhr).

★ Neues Rathaus

Das Neue Rathaus, das trotz seines Namens schon fünfhundert Jahre alt ist, bildet den oberen Abschluss der breiten, von stattlichen Fachwerkfronten gesäumten Hauptstraße und ist das Wahrzeichen der Stadt. Es besitzt eine **bemerkenswerte Freitreppe** und wird von dem berühmten Lanzentürmchen mit der kunstvollen Figurenuhr überragt. In der 1516 angebrachten Uhr rennen zur vollen Stunde Ochsen aufeinander los; auch Ratsherren treten auf und Gevatter Tod mit dem Stundenglas. Das »Narrenhäuschen« unter der Treppe diente früher als Arrest- und Ausnüchterungszelle.

St. Andreas

Etwas weiter abwärts steht links über der Straße die kath. Pfarrkirche St. Andreas, deren ältester Teil der frühgotische Turm von 1288 ist. Hauptattraktionen des dreischiffigen Inneren sind der prächtige Renaissance-Hochaltar und die Nikolausstatue von **Tilman Riemenschneider**. Einige Meter von St. Andreas entfernt erhebt sich die turmlose Michaelskapelle (1440) mit ihrem reichen Westportal.

Palatium

Weiter westlich folgt das geschlossene Gebäudekarree des Palatiums, das einst dem würzburgischen Domkapitel gehörte. Im früheren Wohnhaus des Stadtschultheißen, einem in der Renaissance veränderten Bau mit vorgesetztem Treppenturm, ist das Stadtarchiv eingerichtet. Der mächtige Hauptbau, vor 1295 erbaut und 1405 – 1493 erneuert, beherbergt das Landratsamt.
Gleich in der Nähe steht der **Klingenturm**, erbaut 1397 und erhöht 1588, in dem einst das Gefängnis untergebracht war und der heute als Jugendherberge dient.

ALZHEIMER

Sein Name verbreitet Angst und Schrecken. Nach dem in Markbreit geborenen Arzt Alois Alzheimer wurde eine der gefürchtetsten Krankheiten unserer Zeit benannt, der Verfall der geistigen Leistungsfähigkeit.

Die Alzheimer-Krankheit zeichnet sich vor allem durch eine anfängliche Gedächtnisschwäche aus, die schließlich zum Totalverlust der Urteilsfähigkeit und der Persönlichkeit führen kann. Nach Schlaganfällen ist die Alzheimerdemenz die häufigste schwere Störung der Hirnfunktion im Alter.

Medizinische Entdeckung

Alois Alzheimer wurde am 14. Juni 1864 in Marktbreit in der heutigen Ochsenfurter Straße 15 a geboren. Nach Schulbesuchen in Marktbreit und Aschaffenburg studierte er in Würzburg und Tübingen Medizin. 1888 wurde Alzheimer Assistenzarzt an der »Städtischen Anstalt für Irre und Epileptische« in Frankfurt am Main. 1901 begegnete er der **Patientin, die ihn berühmt machen sollte**: der 51-jährigen Auguste Deter. Ihr Ehemann persönlich hatte sie in der Anstalt abgegeben, weil er seit ungefähr einem Jahr nur noch Probleme mit ihr hatte. Sie, eine zuvor unauffällige und brave Frau, konnte offenbar nicht mehr die einfachsten Sachen im Haushalt verrichten, versteckte stattdessen zu Hause alle möglichen Gegenstände, fühlte sich ständig verfolgt und belästigte die gesamte Nachbarschaft. In einer mehrtägigen Befragung prüfte Alzheimer sorgfältig die intellektuellen und sprachlichen Fähigkeiten der Kranken, ihre Reflexe und ihre Organfunktionen. Eine Diagnose aber konnte er nicht stellen – wie seine Kollegen, die er hinzuzog, war er ratlos. Nach Auguste Deters Tod 1906 ließ sich Alzheimer das Gehirn der Patientin zuschicken. Er sezierte es, und die Untersuchung ergab, dass beträchtliche Teile der Hirnrinde, die Gedächtnis, Orientierung und das Gefühlsleben ermöglichen, stark verändert waren. Er entdeckte tote Nervenzellen und fand **in der gesamten Hirnrinde Eiweißablagerungen**, die so genannten Plaques (Jahrzehnte später diagnostizierte man diese als ein »anomales« Protein, das Amyloid); die Ursachen des von ihm entdeckten Leidens aber vermochte er nicht aufzuspüren. Im selben Jahr berichtete er auf einer Versammlung von Nervenheilärzten über diese Patientin; sein Vortrag hatte den Titel: »Über eine eigenartige

Alois Alzheimer (1864 – 1915): nach ihm wurde eine der gefürchtetsten Krankheiten unserer Zeit benannt.

Erkrankung der Hirnrinde«. Später wurde die präsenile Demenz auf Vorschlag von Emil Kraepelin, dem Direktor der »Königlichen Psychiatrischen Klinik« in München, wo Alzheimer mittlerweile arbeitete, als **»Alzheimersche Krankheit«** bezeichnet. 1912 wurde Alzheimer als Ordinarius für Psychiatrie und Klinikdirektor an die Universität Breslau berufen. 1915 starb der Arzt, der ein sinnlicher, humorvoller und toleranter Mann gewesen sein soll, im Alter von 51 Jahren an einer Infektion, die ein Vierteljahrhundert später mit Penicillin behandelt worden wäre. Seine letzte Ruhestätte fand der gebürtige Marktbreiter auf dem Hauptfriedhof in Frankfurt am Main, wo seine Frau bereits im Jahr 1901 beigesetzt worden war.

Spätes Interesse

Alzheimers vortreffliche Fallstudie über die Erkrankung der Hirnrinde fand lange Zeit keinen Anklang in der medizinischen Fachwelt. Auch ein dreiviertel Jahrhundert später galt die Krankheit noch als eine exotische, selten auftretende Altersdemenz (Altersschwachsinn), die in den Lehrbüchern mit ein paar Zeilen abgetan wurde, obgleich allein in Deutschland zu dieser Zeit schon Hunderttausende an ihr erkrankten. Nach Ansicht der Weltgesundheitsorganisation (WHO) wird die Alzheimer-Krankheit **eines der größten medizinischen Probleme der Zukunft** werden. Gegenwärtig sind in Deutschland Schätzungen zufolge über 1,2 Mio. Menschen von ihr betroffen, wobei die Dunkelziffer sehr hoch ist; und da die Lebenserwartung weiter steigt, wird die Zahl der Erkrankten jährlich um mehrere Zehntausend zunehmen. Mittlerweile setzt man sich in der Forschung eingehend mit dem Krankheitsbild auseinander, wozu sicherlich auch das Bekanntwerden von immer mehr prominenten Alzheimer-Erkrankten – u. a. **Rita Hayworth**, dem Hollywoodstar aus den 1940er- und 1950er-Jahren, und dem früheren US-Präsidenten **Ronald Reagan** – beigetragen hat.

Noch keine Heilung

Auch in Deutschland werden für die Alzheimer-Forschung mehr Mittel bereitgestellt, und im Dezember 1996 öffnete in Frankfurt am Main das erste Zentrum zur Erforschung der Krankheit. Zwar ist derzeit die Alzheimer-Krankheit, an deren Auslösung wohl auch einige Gene beteiligt sind, noch unheilbar. Die Behandlungsmöglichkeiten haben sich aber in den letzten Jahren verbessert. Je früher die gefürchtete Krankheit erkannt und behandelt wird, desto besser ist die Chance, den Krankheitsprozess zu verlangsamen.

Blick auf Sommerhausen am Main

Umgebung von Ochsenfurt

Tückelhausen Etwas flussabwärts zweigen in südlicher Richtung die »Mühlentäler« vom Maintal ab, die nach Tückelhausen mit seinem ehemaligen Kartäuserkloster (1351 gegr.) führen. In diesem Kloster unterhält die Diözese Würzburg das **Kartäusermusem**, das im Kreuzgang und zwei Zellen einen Eindruck von der Geschichte und Spiritualität des Kartäuserordens sowie dem Leben eines Kartäusermönchs vermittelt (Öffnungszeiten: Mai – Okt. Sa. und So. 14.00 – 17.00 Uhr).

★ **Sommerhausen** Etwa 6 km nordwestlich von Ochsenfurt liegt am rechten Mainufer das ummauerte Winzerstädtchen Sommerhausen, dessen Hauptstraße von schönen Winzerhöfen und Bürgerhäusern aus dem 15. / 16. Jh. gesäumt ist. Der Ort genießt den Ruf, ein **Künstlerdorf** zu sein. Es gibt hier zahlreiche Künstlerateliers, Kunstgalerien und Antiquitätengeschäfte, und das Renaissanceschloss, heute Sitz eines Weinguts, dient regelmäßig als Kulisse für kulturelle Veranstaltungen, vom Konzert bis hin zum Freilichtspiel. Der Torturm, der in Richtung Würzburg das Städtchen abschließt, ist Sitz des 1950 von Luigi Malipiero gegründeten kleinen **Torturm-Theaters**. Seit 1975 steht es unter der Leitung des Schauspielers, Regisseurs und Malers Veit Relin, der hier eigenwillige Stücke zeitgenössischer Autoren uraufführen lässt.

! *Baedeker* TIPP

Wein aus dem Schloss

Trockene, fruchtige Weißweine, bestens ausgebaute Rotweine und Sekt aus eigenen Weinen in traditioneller Flaschengärung gibt es im Schloss Sommerhausen. Verkaufszeiten: Mo. – Fr. 9.00 – 18.00, Sa. 10.00 – 16.00, So. u. Fei. 10.00 – 14.00 Uhr. Infos: Tel. 0 93 33/260, www.weingut-schloss-sommerhausen.de

Frickenhausen

Einen Abstecher lohnt auch das 4 km östlich von Ochsenfurt gelegene Städtchen Frickenhausen, das mit seinem gut erhaltenen **viertorigen Mauerring**, seinen Toren und Türmen, dem spätgotischen **Rathaus** von 1480 und den Patrizierhäusern an der Hauptstraße ein schönes altertümliches Ortsbild bietet.
Die **Pfarrkirche St. Gallus**, eine spätgotische Hallenkirche (16. Jh.) mit romanischen Unterbauten, ist vor wenigen Jahren renoviert worden. Bemerkenswert sind drei Altäre der Bildschnitzerfamilie Brenck. Am Patrizierplatz in der nordöstlichen Ecke der Altstadt steht das elegante **Gresserhaus** (18. Jh.), in dessen Pyramidendach geschweifte Luken eingelassen sind.

★ Marktbreit

Das 6 km östlich von Ochsenfurt gelegene Marktbreit besitzt einen ummauerten Stadtkern, der in weiten Teilen noch immer von der Renaissance geprägt ist. Wohlhabend wurde das Städtchen durch die Schifffahrt auf dem Main und durch den Kaffeehandel, woran am Main der alte Kran von 1784 erinnert; noch im 19. Jh. war Marktbreit der bedeutendste Kaffeehandelsplatz Bayerns. Berühmt ist das **Ensemble des Malerwinkels und Maintores** am Stadteingang. Durch das Stadttor öffnet sich der Blick auf das stattliche Renaissance-Rathaus (1579 – 1581) mit seinem Säulengiebel, das an das den Breitbach überspannende Maintor angefügt ist.
Wenige Schritte stadteinwärts steht der Fachwerkbau des Hotels zum Löwen, angeblich das zweitälteste Gasthaus in Bayern. Am Schlossplatz erhebt sich das siebenstöckige **Renaissanceschloss** mit prächtiger hell- und dunkelgelber Fassade und großem Prunkgiebel. Es wurde als Seinsheimisches Schloss 1580 errichtet und war ab 1653 Amtssitz der fürstlich schwarzenbergischen Grafschaft, nach der Mediatisierung (1806) königlich bayerisches Amtsgericht.
In der Ochsenfurter Straße 15 a kam **Dr. Alois Alzheimer**, Erforscher der nach ihm benannten Alzheimer-Krankheit, zur Welt (►Baedeker Special, S. 294). Vom Geburtshaus des Arztes war bis 1989 wenig bekannt. Es wurde im Rahmen eines Symposiums zum 125. Geburtstag Alzheimers identifiziert und mit einer Gedenktafel versehen. Im Ge-

burtszimmer sind u. a. Alzheimers Mikroskop und ein Faksimile der Krankheitsakte von Auguste Deter zu sehen. Das Haus kann im Rahmen einer Führung (n. V., Tourist-Info, Tel. 0 93 32/ 59 15 95) besichtigt werden.

Im **Malerwinkelhaus** informiert eine Ausstellung über das Römerlager auf Marktbreits Kapellenberg (um Christi Geburt), das erst 1985 entdeckt wurde. Eine andere Dauerausstellung widmet sich den Lebensstationen fränkischer Frauen von 1875 bis 1925 (Öffnungszeiten: Di. – Fr. 10.00 – 12.00, Fr. – So. 14.00 – 17.00).

★★ Rothenburg ob der Tauber

H – J 8

Landkreis: Ansbach
Einwohnerzahl: 12 000
Höhe: 425 m ü. d. M.

Rothenburg ob der Tauber ist für viele der Inbegriff einer mittelalterlichen Stadt. Enge gepflasterte Gassen, Giebelhäuser, Kirchen und eine Stadtmauer mit mehreren Dutzend Tor- und Mauertürmen verbinden sich zu einem überaus romantischen Stadtbild.

Inbegriff einer mittelalterlichen Stadt

Wen wundert's, dass man das nicht für sich alleine hat: Die alte fränkische Reichsstadt, malerisch hoch über dem Taubertal gelegen, lockt jedes Jahr über 400 000 Übernachtungsgäste und etwa 1,5 Mio. Tagesbesucher an. Davon sind knapp die Hälfte ausländische Touristen. Vor allem Asiaten und Amerikaner mögen sich Rothenburg auf ihrem Europa-Trip nicht entgehen lassen. In den **Sommermonaten und im Dezember** drängen sich Besuchermassen durch die engen Gassen des Städtchens an der Romantischen Straße.

Der Innenstadtkern ist für Kraftfahrzeuge weitgehend gesperrt, an den Stadttoren im Norden, Osten und Südosten Rothenburgs stehen aber genügend Parkplätze für die Besucher zur Verfügung.

Rothenburg entstand im 12. Jh. im Schutz einer Hohenstaufenburg. Die um 1274 reichsunmittelbar gewordene Stadt erreichte um 1400 unter dem tatkräftigen Bürgermeister Heinrich Toppler ihre höchste Blüte. Im **Dreißigjährigen Krieg** wurde Rothenburg, das auf der Seite Gustav Adolfs stand, von den kaiserlichen Truppen unter Graf Tilly im Jahr 1631 erstürmt. An diese Episode erinnert das an den Pfingstfeiertagen aufgeführte Historienspektakel »Der Meistertrunk«.

! *Baedeker* TIPP

Mauerperspektiven

Einen schönen ersten Eindruck von Rothenburg bekommt man bei einem Spaziergang auf dem Wehrgang der im 13. und 14. Jh. errichteten Stadtmauer. Begehbar ist der Abschnitt von Klingentor über Rödertor bis Plönlein. Wer nur eine Teilstrecke absolvieren möchte, sollte sich den südlichen Abschnitt der Stadtmauer vornehmen.

Highlights Rothenburg ob der Tauber

Rathaus
Vom 60 m hohen Turm genießt man eine wunderschöne Aussicht.
▶ Seite 299

Kriminalmuseum
Deutschlands bedeutendste rechtshistorische Sammlung, die mit ihren Folterinstrumenten für Gänsehaut sorgt.
▶ Seite 303

Plönlein
Einer der malerischsten Punkte der Stadt
▶ Seite 304

Kurz vor dem Ende des Zweiten Weltkriegs wurde Rothenburg von US-amerikanischen Flugzeugen bombardiert; mehr als 40 % der Stadt lagen in Schutt und Asche.

Sehenswertes in Rothenburg ob der Tauber

★ Rathaus

Das Rathaus am Marktplatz, das als eines der **schönsten in Süddeutschland** gilt, ist ein Doppelbau. Es besteht aus einem gotischen Gebäudeteil aus dem 13./14. Jh. und einem dem Marktplatz zugewandten, 1572 – 1578 errichteten Renaissancebau. Sehenswert im Innern sind der prunkvolle Kaisersaal und im Keller das Verlies, in dem 1408 der von seinen innenpolitischen Gegnern des Verrats be-

Vom Rathausturm genießt man eine fantastische Aussicht auf die Stadt.

ROTHENBURG OB DER TAUBER ERLEBEN

AUSKUNFT

Rothenburg Tourismus Service
Marktplatz 2
91541 Rothenburg o.d. Tauber
Tel. 0 98 61 / 40 48 00
Fax 40 45 29
info@rothenburg.de
www.rothenburg.de

ESSEN

► Fein & teuer

① ***Mittermeier***
Vorm Würzburger Tor 7
Tel. 0 98 61 / 9 45 40
Zu einem Hotel gehörender charmanter Gourmettempel im Landhausstil, die Küche weiß fränkische Tradition mit moderner Kochkunst zu verbinden.

► Erschwinglich

④ ***Markusturm***
Rödergasse 1
Tel. 0 98 61 / 9 42 80
Di. Ruhetag
Das Abendrestaurant, ein Familienbetrieb, der zu einem wunderschön in der Altstadt gelegenen Hotel gehört, bietet eine umfassende Karte, auf der auch gute fränkische Gerichte in üppigen Portionen zu finden sind.

⑤ ***Glocke***
Am Plönlein 1
Tel. 0 98 61 / 95 89 90
Im gleichnamigen Hotel ist dieses beliebte Restaurant eingerichtet, in dem man fränkische Kost bekommt und außerdem von den Produkten des hauseigenen Weinbergs probieren kann.

⑥ ***Schwarzes Lamm***
Ortsteil Detwang
Tel. 0 98 61 / 67 27
Mo. Ruhetag
Im Schwarzen Lamm serviert man fränkische Kost, u. a. Schlachtplatte aus eigener Schlachtung und Karpfen aus den hauseigenen Gewässern.

► Preiswert

② ***Baumeisterhaus***
Obere Schmiedegasse 3
Tel. 0 98 61 / 9 47 00
Köstliche fränkische und bayerische Küche genießen Sie in dem historischen Kleinod aus dem 16. Jahrhundert.

③ ***Zum Greifen***
Obere Schmiedegasse 5
Tel. 0 98 61 / 22 81
Traditionsreiches Gasthaus mit bodenständiger Küche und nettem Biergarten im Hof.

ÜBERNACHTEN

► Luxus

② ***Hotel Eisenhut***
Herrngasse 3 – 7
91541 Rothenburg o.d.T.
Tel. 0 98 61 / 70 50,
Fax 7 05 45, 78 Zi.
www.eisenhut.com
Der in vier Patrizierhäusern aus dem 15. und 16. Jh. untergebrachte Hotelbetrieb bietet seinen Gästen historisches Flair, gepaart mit moderner Ausstattung. Prachtvolles Restaurant mit Holzvertäfelung und Natursteinbögen.

④ ***Romantik-Hotel Markusturm***
Rödergasse 1
91541 Rothenburg o.d.T.
Tel. 0 98 61 / 9 42 80, Fax 9 42 81 13
www.markusturm.de
25 Zi.; hübsches Hotel, teils mit antiken Möbeln ausgestattet; im Gästehaus stehen günstigere »Spitzweg-Zimmer« zur Verfügung.

► **Komfortabel**

① ***Burg-Hotel***
Klostergasse 1
91541 Rothenburg o.d.T.
Tel. 0 98 61 / 9 48 90, Fax 94 89 40
www.burghotel.eu
Elegante Herberge mit Aussicht

► **Günstig**

③ ***Gerberhaus***
Spitalgasse 25
91541 Rothenburg o.d.T.
Tel. 0 98 61 / 9 49 00, Fax 8 65 55
Charmantes Haus mit behaglichen Zimmern und prächtigem Garten.

zichtigte Bürgermeister Toppler endete. Vom **60 m hohen Turm** bietet sich ein herrlicher Blick über die Altstadt. Zum so genannten Historiengewölbe, in dem die Zeit des Dreißigjährigen Kriegs wieder lebendig wird, gelangt man über den Lichthof, der die beiden Gebäudeteile des Rathauses miteinander verbindet.

An der Nordseite des Marktes wurde 1466 die **Ratstrinkstube** errichtet (heute ist hier die Touristeninformation zu finden) und 1683 um eine Kunstuhr bereichert. Diese zeigt jeden Tag um 11.00, 12.00, 13.00, 14.00, 15.00, 21.00 und 22.00 Uhr eine Darstellung der Sage vom **»Rothenburger Meistertrunk«**. Als im Dreißigjährigen Krieg (1618 – 1648) der kaiserliche General Tilly 1631 das protestantische Städtchen eroberte und, erbost über den langen Widerstand, mit Brandschatzung und der Hinrichtung angesehener Ratsherren drohte, reichte man ihm, um ihn gnädig zu stimmen, einen prachtvollen Humpen Wein mit 3 ¼ Litern. Daraufhin erbarmte sich der General und sagte: »Wenn einer von euch im Stande ist, diesen Humpen in einem Zug zu leeren, will ich Gnade walten lassen«. Diesen Meistertrunk soll seinerzeit Altbürgermeister Nusch vollbracht haben.

Rothenburg o. d. T. *Orientierung*

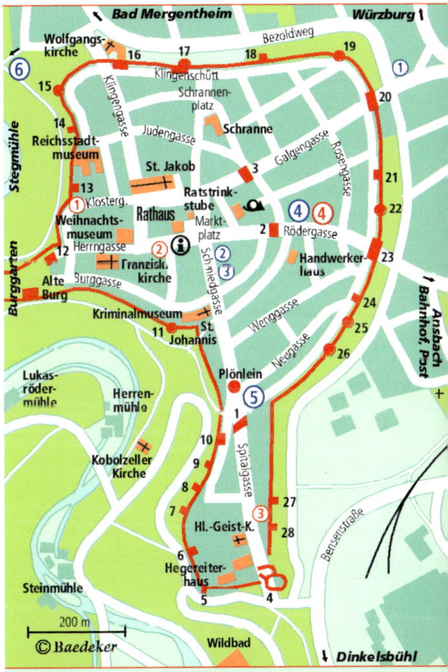

STADTBEFESTIGUNG
1 Siebersturm
2 Markusturm mit Röderbogen
3 Weißer Turm
4 Spitalbastei
5 Sauturm
6 Stöberleinsturm
7 Kalkturm
8 Fischturm
9 Kohlturm
10 Kobolzeller Bastei
11 Johanniterturm
12 Burgturm mit Bastei
13 Bettelvogtsturm
14 Klosterturm
15 Strafturm
16 Klingentor
17 Pulverturm
18 Henkersturm
19 Kummereckstrum/ Ganserturm
20 Galgentor
21 Thomasturm
22 Weiberturm
23 Rödertor
24 Hohennersturm
25 Schwefelturm
26 Faulturm
27 Großer Stern
28 Kleiner Stern

Essen
① Mittermeier
② Baumeisterhaus
③ Zum Greifen
④ Markusturm
⑤ Glocke
⑥ Schwarzes Lamm
③ Gerberhaus
④ Romantik-Hotel Markusturm

Übernachten
① Burg-Hotel
② Eisenhut

HOTEL
LÖWEN-APOTHEKE

Nördlich vom Rathaus steht die 1311 – 1471 erbaute ev. Stadtpfarrkirche St. Jakob. Der **Hochaltar** (1466) ist in Aufbau und Gesamteindruck einer der bedeutendsten in Deutschland. Den **Heiligblutaltar** im Westchor schuf Tilman Riemenschneider um 1500. ✶ **St. Jakob**

Durch die Klingengasse kommt man von hier zum gleichnamigen, um 1400 vollendeten Stadttor, wo es auch eine Treppe zum Wehrgang gibt. In den äußeren Befestigungsgürtel des mächtigen Tores ist die spätgotische Wolfgangskirche einbezogen; unter dem Tor befinden sich Kasematten. **Klingentor** **Wolfgangskirche**

> **! Baedeker TIPP**
>
> **Weihnachtsschmuck das ganze Jahr über**
>
> Im »Weihnachtsdorf« von Käthe Wohlfahrt, Herrngasse 1, kann man das ganze Jahr über Weihnachtsschmuck einkaufen.

Südwestlich ist unmittelbar an der Stadtmauer im ehemaligen Dominikanerinnenkloster das sehenswerte **Reichsstadtmuseum** untergebracht. Es zeigt historische Möbel, Skulpturen, Blank- und Feuerwaffen sowie die älteste Klosterküche Deutschlands (Öffnungszeiten: April – Okt. 10.00 – 17.00, Nov. – März 13.00 – 16.00 Uhr; www.reichsstadtmuseum.rothenburg.de).

Beim Burgtor, dem ältesten und höchsten Rothenburger Torturm, betritt man den Burggarten mit herrlichem Ausblick. Hier stand einst die 1356 durch ein Erdbeben zerstörte Hohenstaufenburg. **Burggarten**

Außerhalb der Stadtmauer steht jenseits der Tauber das Topplerschlösschen, ein turmartiges Gebäude, das 1388 im Auftrag von Bürgermeister Toppler errichtet wurde. **Toppler-schlösschen**

Vorbei an der Franziskanerkirche (um 1285) gelangt man durch die breite Herrngasse, mit stattlichen herrschaftlichen Wohnhäusern und Höfen aus Gotik und Renaissance, zurück zum Marktplatz. **Herrngasse**

Kurz vor dem Markt empfängt das **Weihnachtsmuseum** das ganze Jahr über viele Besucher (Öffnungszeiten: Apr. – Jan. 10.00 – 17.30, Jan. – Apr. Sa. u. So. 10.00 – 17.30 Uhr). **Diverse Museen**
Wenige Schritte weiter südlich, in der Hofbronnengasse, zieht das **Puppen- und Spielzeugmuseum** Familien mit Kindern an (Öffnungszeiten: März – Dez. 9.30 – 18.00, Jan./Feb. 11.00 – 17.00 Uhr).
Über die vom Marktplatz nach Süden führende Schmiedgasse erreicht man die St.-Johannis-Kirche (1390 – 1410). Gleich dahinter vermittelt das **Historische Kriminalmuseum**, eines der wichtigsten Museen seiner Art in Deutschland, Einblicke in das Rechtsgeschehen der vergangenen 1000 Jahre. Natürlich gehören zu den ausgestellten Stücken auch Folterinstrumente, wie Eiserne Jungfrau, Halsgeigen,

← *Blick vom Rothenburger Rathausturm*

Jedes Jahr zu Pfingsten wird an das Jahr 1631 erinnert, als Rothenburg von kaiserlichen Truppen belagert und durch den »Meistertrunk« gerettet wurde.

Schandmasken und Stachelstuhl (Öffnungszeiten: April – Okt. 9.30 bis 18.00, Nov., Jan., Feb. 14.00 – 16.00, Dez. u. März 10.00 – 16.00 Uhr; www.kriminalmuseum.rothenburg.de).

✶ **Plönlein**

Die Straßengabelung am Plönlein, am Ende der Unteren Schmiedgasse, ist der meistfotografierte Punkt der Stadt. Man geht weiter durch den Siebersturm in die Spitalgasse. Der Weg führt an der frühgotischen Spitalkirche (rechts) und an dem 1574 – 1578 erbauten Spital vorüber. Im Spitalhof verdient das **Hegerelterhäuschen** von 1591 Beachtung. Die Straße wird von der mächtigen Spitalbastei aus dem 16. Jh. abgeschlossen.

! *Baedeker* TIPP

Mit dem Ballon über Rothenburg

Bei schönem Wetter kann man Rothenburg aus der Vogelperspektive erleben. Gestartet wird von Tauberwiesen Rothenburger Stadtteil Detwang. Der Flug dauert ca. 90 Min. und kostet pro Person ab 180 €. Auskunft: Tel. 0 98 61/8 78 88, www.happy-ballooning.de

Im **Handwerkerhaus**, östlich vom Marktplatz (Alter Stadtgraben 26), wird in elf komplett eingerichteten Räumen gezeigt, wie Handwerkerfamilien in vergangenen Jahrhunderten in der Rothenburg gelebt haben (Öffnungszeiten: Ostern bis Okt. Mo. – Fr. 11.00 – 17.00, Sa. und So. 10.00 – 17.00, Nov. – Jan. 14.00 – 16.00 Uhr).

Der nordwestlich der Kernstadt im Taubertal gelegene Ort ist bekannt für seine ursprünglich romanische, später mehrmals veränderte Kirche **St. Peter und Paul**. Sie birgt eine höchst beachtenswerte Kreuzigungsgruppe (um 1512 / 1513) von Tilman Riemenschneider.

Detwang

Umgebung von Rothenburg ob der Tauber

Weit sichtbar erhebt sich über dem Ort Schillingsfürst, 22 km südöstlich von Rothenburg, das **Barockschloss** der Fürsten zu Hohenlohe-Schillingsfürst, dessen Museumsräume und Parkanlagen auf die Glanzzeiten einer kleinen fürstlichen Residenz hinweisen. Im Schlossgebäude befindet sich auch der Bayerische **Jagdfalkenhof** mit fast allen europäischen Greifvogelarten. Im Sommer finden täglich Flugvorführungen mit Adlern, Falken und Geiern statt.

Schillingsfürst

★ Schweinfurt

J 4

Kreisfreie Stadt
Einwohnerzahl: 54 000
Höhe: 202 – 343 m ü. d. M.

Die einstige Freie Reichsstadt entwickelte sich im 19. Jh. zum bedeutenden Industriestandort am Main. Im Zweiten Weltkrieg wurde die Kugellager-Industrie (Kugelfischer, Fichtel & Sachs, Vereinigte Kugellagerfabriken) Ziel heftiger Luftangriffe, so dass das Stadtbild überwiegend neuzeitlich ist. Heute präsentiert sich Schweinfurt mit seinen Museen und Galerien auch sehr kunstsinnig.

Schweinfurt, 791 erstmals urkundlich erwähnt, wurde 1282 zur Reichsstadt erhoben. Im Jahr 1652 erfolgte die Gründung der Akademie Leopoldina, der ältesten naturwissenschaftlichen Hochschule Europas. Im 19. Jh. entwickelte sich Schweinfurt zu einer Hochburg der Industrialisierung in Bayern und war zunächst als Standort der Farbenindustrie (Schweinfurter Grün, wegen seiner hohen Giftigkeit nicht mehr verwendet) bedeutend. Ab Ende des 19. Jh.s entstanden die Betriebe, die Präzisionskugellager – zuerst für die rasch expandierende Fahrradindustrie, später auch für andere Verkehrsmittel – produzierten und der Stadt am nördlichen Ende Mainfrankens zu weltweitem Ansehen verhalfen.

Kugellagerstadt am Main

Sehenswertes in Schweinfurt

Der Markt wird beherrscht von dem anno 1572 fertiggestellten stattlichen **Rathaus** – Wahrzeichen der Stadt und eine Glanzleistung süddeutscher Renaissancearchitektur, erbaut von dem sächsischen Baumeister Nikolaus Hofmann. Heute dient die Eingangshalle des repräsentativen Baus als Kunstgalerie. Auf dem Markt steht ein **Denk-**

Marktplatz

SCHWEINFURT ERLEBEN

AUSKUNFT

Tourist Information Schweinfurt
Brückenstraße 20
(im Museum Georg Schäfer)
97421 Schweinfurt
Tel. 0 97 21 / 5 14 98, Fax 5 15 88
www.schweinfurt.de

EVENT

Nachsommer Schweinfurt
Höhepunkt im jährlichen Festkalender der Stadt ist der »Nachsommer« mit seinem ambitionierten Veranstaltungsreigen (Konzerte, Tanzdarbietungen, Pantomime, Kabarett und Kunstauktion) in der zweiten Septemberhälfte.

ESSEN

► Preiswert

Hess
Fischerrain 67
Tel. 0 97 21 / 18 58 88
Ruhetage: So., Mo.
Die älteste Schweinfurter Weinstube wurde 1816 gegründet. Vorzügliche fränkische Gerichte kommen hier auf den Tisch, vorzugsweise Fisch. Bemerkenswert neben der gut sortierten Weinkarte sind vor allem die Süßspeisen.

ÜBERNACHTEN

► Komfortabel

Hotel Ross
Postplatz 9
97421 Schweinfurt
Tel. 0 97 21 / 2 00 10, Fax 20 01 13
www.hotel-ross.de
45 Zi., 1 Suite, 2 App. Das zentral und ruhig gelegene Hotel-Restaurant ist eine der ältesten Unterkünfte der Stadt. Die Spezialitäten des Restaurants sind Fisch und typisch fränkische Gerichte wie Spargel, Pilze, Wild und Lamm.

Park Hotel
Am Jägersbrunnen 6 a
97421 Schweinfurt
Tel. 0 97 21 / 12 77, Fax 2 73 32
www.park-hotel-mpm.de
39 Zi. Äußerlich wirkt das Haus zwar etwas unscheinbar, doch die Zimmer sind sehr geräumig und geschmackvoll eingerichtet.

mal für Friedrich Rückert (1788 – 1866), romantischer Dichter, Sprachgenie und Orientalist, der in dem Eckhaus an der Südostseite des Platzes geboren wurde.

Martin-Luther-Platz

Nördlich vom Markt erhebt sich am Martin-Luther-Platz die evangelische Stadtpfarrkirche **St. Johannis**, eine dreischiffige Kreuzbasilika. Am südlichen Querhausarm verdient das schöne Brauttor, ein spätromanisches Stufenportal mit reicher Ornamentik, Beachtung. Gegenüber findet man das **Museum Gunnar-Wester-Haus**, das Gegenstände zur Feuererzeugung und Beleuchtungstechnik beherbergt. An der Nordseite des Martin-Luther-Platzes steht der stolze Renaissancebau des **Alten Gymnasiums** mit Exponaten aus Vor- und Frühgeschichte, aus der reichsstädtischen Zeit und der Frühzeit der Industrialisierung (Di. – Fr. 14.00 – 17.00, Sa. und So. 10.00 – 13.00,

14.00 – 17.00, Uhr). Das Alte Gymnasium gehört, wie das Museum Gunnar-Wester-Haus und das Naturkundliche Museum (► unten), zu den Museen und Galerien der Stadt Schweinfurt.

Schrotturm

Wahrzeichen der südlichen Altstadt ist der Schrotturm zwischen Judengasse und Spitalstraße. In dem 1611 erbauten Treppenturm eines Renaissancehauses wurden im 19. Jh. Schrotkugeln hergestellt.

★★ **Museum Georg Schäfer**

Südlich vom Marktplatz präsentiert das Museum Georg Schäfer (Brückenstr. 20) die bedeutendste Privatsammlung der **Kunst des 19. Jh.s** aus dem deutschsprachigen Raum. Die Sammlungen des Industriellen Georg Schäfer (1896 – 1975) bieten ein Panorama unterschiedlichster Kunstströmungen – vom späten Rokoko über Klassizismus und Romantik bis hin zum Impressionismus. Sie enthalten Werke u. a. von Caspar David Friedrich, Adolf Menzel und Lovis Corinth sowie die weltweit größte Kollektion von Gemälden und Zeichnungen des Malers **Carl Spitzweg** (Öffnungszeiten: Di. – So. 10.00 bis 17.00, Do. bis 21.00 Uhr; www.museumgeorgschaefer.de)

Naturkundliches Museum

Am südlichen Altstadtrand, nahe am Main, baute sich in der Brückenstraße 39 die Gesellschaft »Harmonie« 1833 ein klassizistisches Vereinslokal, wo heute eine historische **Vogelsammlung** mit zahlreichen Dioramen zu besichtigen ist.

Das Mainufer in Schweinfurt mit dem Turm der Heilig-Geist-Kirche

Sehr fotogen spiegelt sich das Schloss Werneck im Weiher des Schlossparks.

Kunsthalle Ernst-Sachs-Bad ★ Am westlichen Rand der Altstadt (Rüfferstr. 4) hat der Industrielle Dr. Ernst Sachs 1931 bis 1933 ein architektonisch bemerkenswertes Hallenbad nach Plänen von Roderich Fick errichten lassen, das bis 2005 in Betrieb war. 2009 wurde es als Ausstellungshalle wiedereröffnet, in der moderne Kunst präsentiert wird (Öffnungszeiten: Di. bis So. 10.00 – 17.00, Do. bis 21.00 Uhr).

Museum Otto Schäfer ★ Nordöstlich vom Stadtkern (Judithstr. 16) hat das Museum Otto Schäfer sein Domizil; für jeden Bücherfreund ein absolutes Muss. Es zeigt Sammlungen zur deutschen Literatur, illustrierte Bücher und – besonders sehenswert – das nahezu vollständige **druckgrafische Werk Albrecht Dürers** (Öffnungszeiten: Di. – Sa. 14.00 – 17.00, So. 10.00 bis 17.00 Uhr).

Umgebung von Schweinfurt

Schloss Werneck Der Markt Werneck 13 km südwestlich von Schweinfurt gelegen, wird beherrscht von der einstigen Sommerresidenz der Würzburger Fürstbischöfe, einem dreiflügeligen **Barockschloss** mit riesigem Park. Der mehrgliedrige Bau wurde in den Jahren 1733 bis 1744 von Balthasar Neumann im Auftrag des Würzburger Fürstbischofs Friedrich Karl von Schönborn als dessen Landsitz errichtet. Heute dient das

Schloss als Krankenhaus. Nur die Schlosskapelle und der Park können besichtigt werden.

◄ Park

Der weitläufige Park senkt sich von der prachtvollen Gartenfassade des Mittelbaus in flachen Terrassen zum Weiher und erstreckt sich mit seinem herrlichen alten Baumbestand weit bis zum bewaldeten Gegenhang. An dem rechts am Weiher vorüberführenden Fußweg steht ein kleines Mahnmal für die Euthanasieopfer der Heil- und Pflegeanstalt Werneck im nationalsozialistischen Deutschland. Ein Weg im Park ist nach **Dr. Johann Bernhard Gudden** (1824 bis 1886) benannt. Gudden, langjähriger Direktor der Wernecker Nervenklinik, war ärztlicher Betreuer König Ludwigs II. von Bayern, mit dem er unter niemals ganz geklärten Umständen im Starnberger See ums Leben kam.

★★ Volkach

J 5

Landkreis: Kitzingen
Einwohnerzahl: 10 000
Höhe: 204 m ü. d. M.

Das für seine Weine berühmte Landstädtchen Volkach bietet mit seinen schönen Stadttoren und den hervorragend restaurierten Giebelhäusern aus dem 16. – 18. Jh. ein malerisches Ortsbild.

Weinort an der Mainschleife

Das idyllische, seit 1100 Jahren bestehende Volkach bildet den nördlichen Scheitelpunkt der Mainschleife. Ab hier fließt der Main in weitem Bogen um einen Berg herum, von dem aus die Vogelsburg in früheren Zeiten den Schiffsverkehr auf dem Fluss kontrollieren konnte. Ein Teil der Mainschleife ist durch einen Kanal für die Schifffahrt abgeschnitten. Dadurch entstand die **Weininsel**, deren Weinlagen zu den bekanntesten in ganz Mainfranken zählen und zu der neben Volkach die Winzerorte Escherndorf, Nordheim und Sommerach mit seinem mittelalterlichen Mauerring und schönen Bürgerhäusern gehören. Doch die Mainschleife hat nicht nur hervorragenden Wein zu bieten, sie gilt auch landschaftlich als eines der schönsten Weinbaugebiete Frankens.

Sehenswertes in Volkach

Altstadt

Die südliche Begrenzung des alten Stadtkerns bildet das Obere bzw. Sommeracher Tor, auch Diebenturm genannt (1258 erbaut, 1597 umgestaltet). Im Norden wird die Altstadt vom Unteren bzw. Gaibacher Tor abgeschlosssen. Zwischen beiden Toren verläuft die breite Hauptstraße, flankiert von hübschen Häusern aus Barock und Klassizismus. Wo sich die Straße zum Marktplatz weitet, steht das eindrucksvolle **Renaissance-Rathaus** (1544) mit doppelläufiger Freitreppe und vorgesetztem Erker. Sehenswert ist auch die spätgotische

VOLKACH ERLEBEN

AUSKUNFT

Tourist Information
Rathaus
97332 Volkach
Tel. 0 93 81 / 4 01 12, Fax 4 01 16
www.volkach.de

ESSEN

► Erschwinglich

Behringer
Markplatz 5
Tel. 0 93 81 / 81 40
Das Hotel befindet sich in einem historischen Fachwerkhaus direkt neben dem Rathaus. Der Gast kann wählen zwischen der Ratsherrnschänke, wo es u. a. typisch fränkische Brotzeiten gibt, und den Marktblickstuben mit edlen fränkischen Spezialitäten. Darüber hinaus lädt der Biergarten zum Verweilen ein.

ÜBERNACHTEN

► Komfortabel

Romantik-Hotel Zur Schwane
Hauptstr. 12
97332 Volkach
Tel. 0 93 81 / 8 06 60
Fax 80 66 66
www.schwane.de
Gemütlich-gediegenes Hotel (27 Zi.) in einem Gebäude von 1404. Das Hotel gehört zu einem Weingut; angeschlossen ist ein Restaurant. Es gibt hauseigene Weine und Spirituosen aus der eigenen Brennerei.

Stadtkirche **St. Bartholomäus** südlich des Rathauses, deren helles Innere im Rokoko neu gestaltet wurde. Das spätbarocke **Schelfenhaus**, ein stattlicher Bau in Rot und Weiß mit schmuckreichem Portal, den der Volkacher Handelsmann und Ratsherr Schelf 1719 – 71720 errichten ließ, steht nordöstlich des Rathauses. Die Innenräume dieses Stadtpalais besitzen schöne Stuckdecken; die Räume im Obergeschoss dienen heute repräsentativen Zwecken.

Museum Barockscheune ► Weiter nördlich, in einer barocken Scheune von 1714, präsentiert die Stadt Volkach ihre kulturelle Vergangenheit, u. a. mit dem Salbuch, einer reich bebilderten Rechtshandschrift von 1504 (Öffnungszeiten: Ostern – Okt. Fr. 14.00 – 17.00, Sa., So. 11.00 – 17.00 Uhr).

✶ Maria im Weingarten

Ob ihrer schönen Lage mitten in den Rebhängen weit bekannt ist die spätgotische Wallfahrtskapelle Maria im Weingarten, zu der vom nördlichen Stadtrand ein Stationenweg hinführt. Im Innern hängt die aus Lindenholz geschnitzte »Maria im Rosenkranz« von **Tilman Riemenschneider** (1524). Sie wurde 1962 gestohlen und konnte unter teilweise mysteriösen Umständen zurückerworben werden.

Umgebung von Volkach

✶ Hallburg

1,5 km südlich von Volkach liegt auf einer kleinen Höhe über dem Main Schloss Hallburg (bereits 1252 erwähnt), heute Sitz eines Gräflich Schönborn'schen Weinguts und ein ausgesprochen beliebtes **Aus-**

flugsziel. Bei sommerlichem Wetter sitzt man draußen unter alten Kastanien, ansonsten bietet der Schönbornsaal ein gepflegtes Ambiente. Sonntags kommt man zum Jazzfrühschoppen hinauf, um Weihnachten findet ein beliebter Weihnachtsmarkt statt.

! *Baedeker* TIPP

Mainschleifenbahn

Von Mai bis Oktober verkehrt sonn- und feiertags ein Oldtimer-Schienenbus zwischen Astheim bei Volkach und dem 10 km entfernten Seligenstadt. Reizvolle Ausblicke sind bei der halbstündigen Fahrt garantiert. Der Streckenabschnitt hinauf nach Escherndorf gehört mit 23 Promille zu den steilsten Bahnstrecken Unterfrankens. Weitere Informationen: Tel. 01 52 / 02 48 21 25, www.mainschleifenbahn.de

Ein weiteres Ausflugsziel in der näheren Volkacher Umgebung ist die **Vogelsburg**, die prächtig auf einem schmalen, von der Mainschleife umflossenen Bergrücken liegt und auf eine erste Anlage aus dem 9. Jh. zurückgeht. Die von alten Kastanien gesäumte **Restaurantterrasse** gewährt einen herrlichen Blick auf die zum Main abfallenden Rebhänge und die berühmten Winzerorte Escherndorf und Nordheim. Seit 1957 unterstehen das bekannte Ausflugslokal (Mo. geschl.) und die Pflege des tausendjährigen Weinbaus an den Hängen der Vogelsburg den hier ansässigen Augustinerinnen. Der kleine Konventsbau dient heute auch als Tagungsstätte.

Rund 10 km südlich von Volkach liegt Münsterschwarzach, dessen **Benediktinerabtei** (816) eine der ersten Klostergründungen Frankens war. Von den romanischen und barocken Konventsbauten ist **Münsterschwarzach**

Der Marktplatz von Volkach

Die Wallfahrtskirche Maria im Weingarten bei Volkach (s. S. 310)

jedoch nichts übrig geblieben; das heutige wuchtige Benediktinerkloster wurde in den Jahren 1935 bis 1938 nach Vorbildern der rheinischen Romanik errichtet – einer der wenigen monumentalen Sakralbauten während des Nationalsozialismus. Von den derzeit 172 Mönchen des Klosters stehen 46 im Missionseinsatz.

★ Weißenburg in Bayern

N 10

Landkreis: Weißenburg–Gunzenhausen **Höhe:** 422 – 630 m ü. d. M.
Einwohnerzahl: 18 000

Die ehemalige Freie Reichsstadt Weißenburg, hervorgegangen aus dem Römerkastell Biriciana am Raetischen Limes ist ein architektonisches Juwel im südlichen Mittelfranken.

Wirtschaftliches und kulturelles Zentrum im südlichen Mittelfranken

Die historische Altstadt ist großenteils von einer Stadtmauer mit 38 Türmen umzogen; mit großzügigen Plätzen und liebevoll restaurierten Häusern zeigt sie noch immer reichsstädtischen Bürgerstolz. Das 867 erstmals urkundlich als »Uuizinburc« genannte Weißenburg ist auch als »Römerstadt« bekannt – nicht erst seit 1979, als der **»Weißenburger Römerschatz«** gefunden wurde. Darüber hinaus genießt das kulturhistorisch interessante Städtchen, das sich seit 1904 amtlich »Weißenburg in Bayern« nennt, dank der Industrialisierung im späten 19. Jh. und durch die Ansiedlung von Produktionsbetrieben der verschiedensten Sparten nach dem Zweiten Weltkrieg große Bedeutung als Industriestandort.

Sehenswertes in Weißenburg

Luitpoldstraße

Repräsentative Hauptachse der Altstadt ist die Luitpoldstraße, der einstige Holzmarkt. An ihrem Anfang steht ein vom Jugendstil beeinflusster Brunnen mit der Statue Ludwigs des Bayern, der 1338 der Stadt ein großes Waldgebiet übertrug. Bürgerhäuser, teils mit Fachwerk-, teils mit Barockfassaden, säumen den Platz. Den Straßenabschluss bildet das **Alte Rathaus**, ein dreigeschossiger, frei stehender Sandsteinquaderbau, der ab 1470 auf dem Höhepunkt der reichsstädtischen Entwicklung am Schnittpunkt von Fernhandelsstraßen errichtet worden ist.

Einhorn-Apotheke

Jenseits des Rathauses setzt sich der altertümliche Stadtkern fort. In der Einhorn-Apotheke von 1765 war die Wirkungsstätte des Apothekers Wilhelm Kohl (1848 – 1898), der als leidenschaftlicher Erforscher des Raetischen Limes (Reichslimesstreckenkommissar) und Ausgräber des Römerkastells Biriciana bekannt geworden ist. Im Keller des an der blauen Fassade erkennbaren Hauses befindet sich ein **Apothekenmuseum** (Führungen werktags 11.00 und 14.30 Uhr).

✶✶ Römermuseum

Das **Zentralmuseum am Raetischen Limes**, der seit 2005 als UNESCO-Weltkulturerbe ausgewiesen ist, zeigt Funde, die zumeist aus der nahen Umgebung stammen, so etwa Gebrauchskeramik, Terra sigillata, Reste von Wandgemälden, Münzen und Teile römischer Panzerrüstungen mit Gesichts- und Hinterkopfhelmen. Hauptattraktion ist der über 150 Objekte umfassende **Römerschatz**, der im 3. Jh. n. Chr., also in der Zeit der Alamanneneinfälle, vergraben und erst 1979 wiederentdeckt wurde. Hervorzuheben sind 17 Bronzestatuetten römischer Götter und nördlich der Alpen einmalige Votivtafeln (2. Jh. n. Chr.), die aus unterschiedlichen Werkstätten des römischen Reiches kommen. Im Museum ist auch das **Bayerische Limes-Informationszentrum** untergebracht (Öffnungszeiten: März – Dez. tgl. 10.00 – 12.30 u. 14.00 – 17.00 Uhr).

✶ Reichsstadtmuseum

Im angrenzenden Reichsstadtmuseum, das in seiner Art einzigartig in Franken ist, wird die **Geschichte der ehemals Freien Reichsstadt** vom Mittelalter bis zum Ende der Reichsstadtzeit 1802 dargestellt, so auch die Entwicklung des Weberhandwerks, die Gold- und Silbertressenfabrikation des 17. und 18. Jh.s, die städtische Wohnkultur, Rechtspflege, Dreißigjähriger Krieg und Bürgerwehr (Öffnungszeiten: März – Dez. tgl. 10.00 – 12.30 u. 14.00 – 17.00 Uhr).

St. Andreas

Das benachbarte Gotteshaus und die umliegenden Gebäude (u. a. die Alte Lateinschule) bilden ein sehr hübsches Ensemble. Die dreischiffige, 1327 geweihte Kirche ist ein schmuckloser gotischer Bau. Die Seitenschiffe und das wesentlich höhere Hauptschiff sind flach gedeckt, der mit Netzrippen überwölbte Chor ist deutlich jünger als das Langhaus. Die Kirche enthält wertvolle Altäre, darunter einen

WEISSENBURG IN BAYERN ERLEBEN

AUSKUNFT

Tourist-Information Weißenburg
Bayerisches Limes-Infozentrum
Martin-Luther-Platz 3–5
91781 Weißenburg in Bayern
Tel. 0 91 41 / 907-124, Fax 907-121
www.weissenburg.info

Tourist-Information Pappenheim
Stadtvogteigasse
91788 Pappenheim
Tel. 0 91 43 / 6 06 66, Fax 6 06 67
www.pappenheim.de

Fremdenverkehrsbüro Solnhofen
Bahnhofstr. 8
91807 Solnhofen
Tel. 0 91 45 / 83 20-0, Fax 83 20-50
www.solnhofen.de

Kur- und Touristinformation
Heinrich-Aurnhammer-Str. 3
91757 Treuchtlingen
Tel. 0 91 42 / 2 02 18-0, Fax 2 02 18 18
www.treuchtlingen.de

ESSEN

► Preiswert

Andreasstuben
Rosenstr. 18
91781 Weissenburg
Tel. 0 91 41 / 8 73 79 19
Internationale und fränkische Küche mit Spezialitätenwochen; Biergarten.

ÜBERNACHTEN

► Komfortabel

Goldene Rose
Rosenstr. 6
91781 Weißenburg
Tel. 0 91 41 / 20 96, Fax 7 07 52
www.hotel-goldene-rose.net
Direkt am gotischen Rathaus von Weißenburg gibt es 28 sehr hübsch ausgestattete Gästezimmer. Es herrscht eine angenehme Atmosphäre. Gleich nebenan lädt das Restaurant »Cena Rosa« zum Verweilen ein.

Flair Hotel Am Ellinger Tor
Ellinger Str. 7
91781 Weißenburg
Tel. 0 91 41 / 86 46-0, Fax 86 46 50
www.ellingertor.de
27 geschmackvoll eingerichtete Gästezmmer und ein sehr gutes Restaurant in einem über 500 Jahre alten Fachwerkhaus.

► Preiswert

Hotel Krone
Marktplatz 6
91788 Pappenheim
Tel. 0 91 43 / 8 38 00, Fax 83 80 38
www.hotel-krone-pappenheim.de
Traditionshaus (19 Zi.) in der Altstadt bzw. an der Altmühl. Im Restaurant gibt es täglich frische Fischgerichte.

gotischen Flügelaltar aus der Zeit um 1480. Beachtenswert ist auch das **Konfessionsbild** von 1616. In der ehemaligen Sakristei befindet sich die **Schatzkammer** mit reichen Gold- und Silbergeräten.

* **Ellinger Tor**

Nahe bei der Kirche bildet das wuchtige, markante Ellinger Tor (1469–1510) mit zwei Türmchen und dem Reichsadler im Wappen den Abschluss der Altstadt. Dieses Tor gilt als **eines der schönsten Stadttore in Deutschland**.

Römerkastell Biriciana

Die archäologischen Reste aus der Römerzeit liegen im Westen von Weißenburg. Das einstige Reiterkastell der **»Ala I Hispanorum Auriana«** nimmt einen weiten, ebenen Rasenplatz ein, in dem einige Fundamentreste grob restauriert sind. Die rekonstruierte doppeltürmige **Porta Decumana** (Nordtor) ist das Wahrzeichen der heutigen touristischen »Regio Biriciana«.

*** Römerthermen**

Hinter dem Römerlager durchquert man ein Wohngebiet und gelangt zu den in einem großen Schutzpavillon gelegenen Relikten der römischen Thermenanlage. Diese Anlage mit Kalt- und Warmbad, vermutlich ein Zivilbad, ist eine der größten ausgegrabenen römischen Badeanlagen Süddeutschlands (Öffnungszeiten: Palmsonntag bis 1. Nov. tgl. 10.00 – 12.30 u. 14.00 – 17.00 Uhr).

Umgebung von Weißenburg

Wülzburg

Die Burg grüßt 3 km östlich der Stadt von einer aussichtsreichen Höhe. Von 792 bis 1523 stand hier eine Benediktinerabtei; ab 1589 legten die Hohenzollern eine Festung an. Innerhalb des Areals befinden sich einige Bauten aus Renaissance und Barock sowie der 160 m tiefe Ziehbrunnen. Im Ersten Weltkrieg diente die Feste als Gefangenenlager; prominentester Häftling war damals der spätere französische Staatspräsident **Charles de Gaulle**. Der Schlossbau beherbergt heute eine Schule mit Internat für soziale Frauenberufe.

*** Ellingen**

Ellingen, 3 km nördlich von Weißenburg, die **»Perle des fränkischen Barock«**, ist eines der schönsten Barockstädtchen im süddeutschen Raum. Ab 1216 war der Ort im Besitz des Deutschen Ordens, dessen Kommende (Ritterordenshaus) sich im Lauf der Jahre zum Sitz der Ballei (Provinz) Franken entwickelte, der reichsten der 13 deutschen Ordensprovinzen. Die architektonischen Akzente von Ellingen setzen Schloss, Rathaus und Pfarrkirche, die allesamt in der ersten Hälfte des 18. Jh.s entstanden. Barock sind auch viele Bürgerhäuser, ganz besonders in der Neuen Gasse, die ab 1749 angelegt wurde. Das **Deutschordensschloss**, eine weitläufige Dreiflügelanlage, und die Schlosskirche entstanden in den Jahren 1718 bis 1731 an der Stelle einer früheren Wasserburg. Sehenswert sind das Treppenhaus, die Prunkräume und das Kulturzentrum Ostpreußen mit einer Dauerausstellung zur Landeskunde und Kulturgeschichte Ostpreußens (u. a. Bernsteinkabinett und Kö-

! *Baedeker* TIPP

Wiederkommen und nachmessen!

Ein interessantes Naturdenkmal ist die Steinerne Rinne bei Rohrbach, nordöstlich von Weißenburg. Ein extrem kalkhaltiges Rinnsal, das seit Jahrhunderten durch den Wald strömt, hat sich durch Sinterabscheidung sein schmales Bett immer höher gelegt, so dass es jetzt auf dem Kamm eines Damms verläuft. Der Damm wächst immer noch – jährlich um drei Zentimeter. Wer es nicht glaubt, kann beim nächsten Besuch nachmessen.

Vor der Stadtmauer von Weißenburg lädt der Seeweiher zum Verweilen ein. Er ist Teil der heute noch gefluteten Festungsgräben.

nigsberger Bürgerzimmer). Die Prunkräume des Schlosses können nur im Rahmen einer Führung besichtigt werden (Okt. – März Di. bis So. 10.00, 11.00, 12.00, 13.00, 14.00, 15.00, Apr. – Sept. Di. – So. 9.00, 10.00, 11.00, 12.00, 13.00, 14.00, 15.00, 16.00, 17.00 Uhr).

★ **Brombachseen**

Hinter Pleinfeld, nördlich von Ellingen, dehnt sich die weite Wasserfläche des Großen und Kleinen Brombachsees sowie des Igelsbachsees aus. Sie bilden den **Kernbereich des Fränkischen Seenlandes**, das in den letzten beiden Jahrzehnten im Zuge einer der größten wasserbaulichen Maßnahmen in Deutschland entstanden ist und sich inzwischen zu einer Top-Destination für Wassersportler und Erholungsgäste entwickelt hat. Auf dem Großen Brombachsee verkehrt auch ein Trimaran als Ausflugsschiff. Ein schönes Ausflugsziel ist **Ramsberg**, direkt am Südufer des Sees. Der größte Badeort am Großen Brombachsee bietet u. a. einen weitläufigen Sandstrand, moderne Freizeitanlagen, Gaststätten mit Biergärten, Sanitäranlagen, eine Rettungsstation, Surfufer und eine Schiffsanlegestelle.

Treuchtlingen

Das durch seinen fossilreichen **Jura-Marmor** und neuerdings durch Thermalwasservorkommen bekannt gewordene Städtchen Treuchtlingen, 11 km südwestlich von Weißenburg, liegt am Oberlauf der Altmühl. Im **Stadtschloss** beschäftigt sich das **Informationszentrum des Naturparks Altmühltal** mit der Siedlungs- und Wirtschaftsgeschichte der gegend. Wellness pur bietet die **Altmühl-Therme**.

Pappenheim

»Daran erkenn' ich meine Pappenheimer« – mit diesem Ausspruch Wallensteins in einem Drama von **Friedrich Schiller** fand Pappenheim, 15 km südlich von Weißenburg und malerisch in einer Altmühltalschleife gelegen, Eingang in die Weltliteratur. Geehrt wurde mit diesem Ausspruch, der heute in einem negativen Sinn verwendet wird, Pappenheims bekanntester Sohn, Gottfried Heinrich zu Pappenheim, der während des Dreißigjährigen Krieges mit seinen Mannen unter Wallenstein kämpfte. Gottfried Heinrich gehörte dem Grafengeschlecht an, das jahrhundertelang die Geschicke des 1200 Jahre alten Ortes leitete und bis zur Errichtung des Neuen Schlosses im **Alten Schloss**, einer in mehreren Bauabschnitten im 16. / 17. Jh. entstandenen, dreiflügeligen Anlage, residierte. Das **Neue Schloss** am nördlichen Ende der Innenstadt entstand 1819 / 1820 nach den Plänen des bayerischen Hofarchitekten Leo von Klenze (1784 – 1864) im Stil des Klassizismus.

! **Baedeker TIPP**

Rodeln im Sommer

An der B 2 zwischen Ellingen und Pleinfeld kann man auch im Sommer rodeln. 11 Steilkurven sind auf der 550 m langen Strecke zu bewältigen, die einen Höhenunterschied von 65 m aufweist. Mit dem Schlepplift wird man nach oben gezogen. Die Geschwindigkeit der Schlitten ist regulierbar. Rund um die Bahn ist ein Erlebnispark mit Wildpark und Biergarten angelegt. Öffnungszeiten: März – Okt. Mo. – Fr. 10.00 – 18.00, Sa., So. und Ferienzeit 10.00 – 18.00 Uhr. Infos: www.sommerrodelbahn-pleinfeld.de

◄ Burg Pappenheim

Hoch über der Stadt, die sich rühmen darf, einziger Luftkurort Mittelfrankens zu sein, thront die Burg der Reichserbmarschälle von Pappenheim mit ihrem **staufischen Bergfried** (12. Jh.). Die unlängst liebevoll restaurierte Anlage wartet auf mit einem Botanischen Garten, einem Natur- und Jagdmuseum, einem Historisches Museum und einer Folterkammer. Auch diverse Veranstaltungen (u. a. Greifvogel-Vorführungen) werden hier oben geboten.

Solnhofen

Das Gebiet um Solnhofen, 7 km südlich von Pappenheim, ist durch den Abbau von Jurakalk, den sog. Solnhofener Schiefer, bekannt geworden. In diesem feinkörnigen Plattenkalk, der sich aufgrund seiner einmaligen Härte und Dichte hervorragend für die Lithografie, den von Alois Senefelder (1771 – 1834) erfundenen Steindruck, eignet, fand man zahlreiche Fossilien von Pflanzen und Tieren aus dem Jurameer, das sich vor 150 Mio. Jahren hier ausbreitete. Eine überwältigende Fülle solcher Versteinerungen – Fisch- und Landsaurier, Schildkröten, Haie u. a. – zeigt das Bürgermeister-Müller-Museum im Rathaus direkt am Bahnhof. **Glanzstücke der Sammlung sind die beiden Urvogelfunde (Archaeopteryx)**; auch Abgüsse der anderen Exemplare aus den berühmten Naturkundemuseen der Welt sind zu sehen (Öffnungszeiten: April – Okt. tägl. 9.00 – 17.00, Nov. – März So. 13.00 – 16.00 Uhr). Von besonderem Reiz sind die Reste der **Sola-Basilika** neben der ev. Pfarrkirche. Anhand der Fundamente lassen sich fünf Kirchen seit der Zeit um 650 n. Chr rekonstruieren. Ein-

★ ★ ◄ Bürgermeister-Müller-Museum

Ruhender Pol in Wemding: der Marktplatz

drucksvoll sind die reich skulptierten Säulenkapitelle mit ornamentalen Pflanzenmotiven. Auf den hl. Sola, einen angelsächsichen Wandermönch des 8. Jh.s, geht die Gründung der Propstei zurück, aus der sich Solnhofen entwickelt hat.

★ **Wemding**

Das zum Naturpark Altmühltal gehörende bayerisch-schwäbische Städtchen Wemding liegt 34 km südwestlich von Weißenburg am östlichen Rand des Nördlinger Rieses, einer Beckenlandschaft zwischen Schwäbischer und Fränkischer Alb, die vor etwa 15 Mio. Jahren durch den Aufschlag eines ca. 1000 m mächtigen Steinmeteoriten entstand. Ein **mittelalterliches Ortsbild**, eine nahezu erhaltene Stadtmauer und hochgiebelige Bürgerhäuser aus Gotik und Barock prägen die Stadt. Das Zentrum des Ortes bildet der **Marktplatz**, an dessen nördlicher Ecke das 1551 – 1552 erbaute Renaissance-Rathaus mit seinem markanten Staffelgiebel steht. Ebenfalls am Marktplatz steht das **Geburtshaus des Botanikers Leonhard Fuchs** (1501 – 1566), nach dem die Fuchsien benannt sind. Hinter dem Marktplatz erhebt sich die Pfarrkirche St. Emmeram (11. u. 14. Jh.). Ein paar Schritte weiter östlich kommt man zum **Haus des Gastes**, in dem sich das Fremdenverkehrsamt und das **Heimatmuseum** befinden. Der fünfkantige **Folterturm** am südöstlichen Altstadtrand ist ein Rest der Stadtummauerung und war früher Schauplatz von Hexenprozessen.

Maria Brünnlein ▶ Nördlich außerhalb der Stadt steht die von Papst Johannes Paul II. zur Basilika minor erhobene **Rokoko-Wallfahrtskirche** Maria Brünnlein (1748 – 1781), die für ein als wundertätig verehrtes Marienbild errichtet wurde. Den Gnadenaltar hat der Tiroler Meister Johann Joseph Meyer geschaffen. Die Deckengemälde stammen von Johann Baptist Zimmermann und dessen Sohn.

✶ Wertheim

D–E 6

Landkreis: Main–Tauber–Kreis
Einwohnerzahl: 24 000
Höhe: 220 m ü. d. M.

Mit der gut erhaltenen Stadtmauer, den schmalen Gassen, den reich verzierten Fachwerkhäusern und dem malerischen Marktplatz bietet Wertheim ein relativ unverfälschtes altfränkisches Bild. Die auf der Höhe thronende Burgruine ist eine der größten in Deutschland. In seiner Schilderung des Mains beschrieb Karl Baedeker 1862 Wertheim als »schönsten Punkt der ganzen Reise«.

Ehemalige Residenzstadt an Main und Tauber

Die heute zu Baden-Württemberg gehörende Stadt Wertheim liegt an der Mündung der Tauber in den Main. Der schon 779 erwähnte Ort war seit 1097 Sitz der Grafen von Wertheim und kam 1598 an die Grafen und späteren Fürsten von Löwenstein. Von der **Neuordnung Mitteleuropas durch Napoleon** wurde die damalige Residenzstadt in besonders berührt: Ab 1806 waren Stadt und alte Grafschaft geteilt – die Stadt war badisch, ihr Hinterland bayerisch; zur Grenze und Zollbarriere wurde der Main. Nach dem Zweiten Weltkrieg wurde Wertheim zu einem Zentrum der Glasindustrie.

Sehenswertes in Wertheim

Marktplatz
Pfarrkirche

Schmale Gässchen führen zu dem lang gestreckten Marktplatz mit seinen gut erhaltenen Fachwerkhäusern, die z. T. aus dem 16. Jh. stammen. Hierzu gehört auch das wohl **schmalste Haus Frankens**, das früher als »Zobel'sches Haus« bekannt war. Etwas vom Marktplatz zurückversetzt steht die ev. **Stadtpfarrkirche**, die 1383 – 1419 auf romanischen Fundamentresten erneuert wurde. Die schlichte, flach gedeckte spätgotische Pfeilerbasilika birgt einige Grabmäler der Grafen von Wertheim. Schräg gegenüber, am Beginn des zur Burgruine führenden Fußwegs, erhebt sich die gotische **Kilianskapelle** aus dem Jahr 1447.

Das **Grafschaftsmuseum** in der Rathausgasse 6-10, das seit 1878 bestehende historische Museum der Stadt, beherbergt Kunsthistorisches und Volkskundliches aus der Region, darunter eine hübsche Sammlung von Scherenschnitten. Ein Raum ist dem Wertheimer Landschaftsmaler **Otto Modersohn** (1865 – 1943), seiner Ehefrau Louise Modersohn-Breling und deren

! *Baedeker* TIPP

Bis zu 60 % sparen!

Bis zu 60 % des Ladenpreises kann man im Wertheim Village sparen. Bekannte Marken wie Calvin Klein (Mode), Nike und Puma (Sport), Rosenthal (Porzellan) und natürlich auch Alfi (Glas) werden in dem Outlet-Center am östlichen Stadtrand (Nähe Autobahnausfahrt Wertheim/Lengfurt) günstig angeboten. Öffnungszeiten: Mo. – Sa. 10.00 – 20.00 Uhr. Informationen: Tel. 0 93 42 / 9 19 91 00; www.wertheimvillage.com

WERTHEIM UND UMGEBUNG ERLEBEN

AUSKUNFT

Tourist-Information Wertheim
Am Spitzen Turm
97877 Wertheim
Tel. 0 93 42 / 9 35 09-0
Fax 9 35 09-20
www.tourist-wertheim.de

Tourist-Information Marktheidenfeld
Adenauerplatz 7
97828 Marktheidenfeld
Tel. 0 93 91 / 50 04 41
Fax 50 04 50
www.marktheidenfeld.de

ESSEN

► **Preiswert**

Goldener Adler
Mühlenstr. 8
97877 Wertheim
Tel. 0 93 42 / 13 37
Ruhetag: Mo.
Ältestes Gasthaus der Stadt mit schönem Biergarten. Zu den Spezialitäten der Küche zählen Nudelgerichte, Fisch und Wild.

Bräustüble
Mitteltorstr. 1
97828 Marktheidenfeld
Tel. 0 93 91 / 12 24
Brauereiausschank des hiesigen Martinsbräu, typisch fränkische Küche

ÜBERNACHTEN

► **Komfortabel**

Hotel Schwan
Mainplatz 8
D-97877 Wertheim
Tel. 0 93 42 / 9 23 30, Fax 92 33 66
www.hotel-schwan-wertheim.de
Das Hotel mit seinen 37 freundlichen Gästezimmern ist auf der ehemaligen Stadtmauer und einem alten Stadttor erbaut. Es hat eine große Terrasse, die auf den Mainplatz hinausführt. Von den Zimmern hat man einen schönen Blick auf den Main. Die Küche des Hauses bietet leckere mainfränkische Gerichte.

Anker
Kolpingstr. 4
97828 Marktheidenfeld
Tel. 0 93 91 / 60 04-0
Fax 60 04-77
www.hotel-anker.de
Familiäres Hotel mit 39 gemütlichen Zimmern um einen Innenhof mitten im Zentrum. Weinkellerlokal und Winzerverkauf.

illustren Künstlerfreunden gewidmet (Öffnungszeiten: Di. – Fr. 10.30 bis 12.30 und 14.00 – 17.00, Sa. 13.00 – 17.00, So. 10.30 – 17.00 Uhr; www.grafschaftsmuseum.de).

★ **Glasmuseum**

Das Glasmuseum an der Mühlenstraße 24 zeigt Ausstellungsstücke aus den letzten 3500 Jahren: vom Luxussalbgefäß der Pharaonen bis zum High-Tech-Produkt des 21. Jahrhunderts. Im Hause demonstriert ein **Glasbläser** den richtigen Umgang mit dem Werkstoff (Öffnungszeiten: Ende März – Anf. Nov. und 1. Advent – 6. Jan. Mo. 15.00 – 17.00, Di. – Do. 10.00 – 17.00, Fr., Sa., So., Fei. 13.00 bis 18.00 Uhr; www.glasmuseum-wertheim.de).

Wunderschön gelegen: die Altstadt von Wertheim zwischen Main und Tauber

★★ Burgruine

Hoch über dem Ort erhebt sich auf einem Bergsporn die Burgruine. Die um 1100 gegründete und im 16. Jh. zu einem Wohnschloss ausgebaute **mehrteilige Anlage** besteht aus der Vorburg, wo sich auch die Burgschänke mit ihrer reizvollen Aussichtsterrasse befindet, der Hauptburg mit dem hohen Bergfried aus dem 12. Jh. und der noch höher gelegenen Außenburg, die 1407 – 1454 für die neue Verteidigungstechnik des Geschützkampfs ausgebaut wurde. Im Dreißigjährigen Krieg wurde die Festung zerstört.

Umgebung von Wertheim

★ Kloster Bronnbach

Folgt man der Tauber aufwärts, so erreicht man nach 9 km das einstige Zisterzienserkloster, das um das Jahr 1150 von tauberfränkischen Edelfreien gegründet wurde. Sein **Kreuzgang** ist im Übergangsstil von der Romanik zur Gotik gestaltet. Das Innere der **Klosterkirche** zeigt eine prachtvolle Barockausstattung (Öffnungszeiten: April bis Okt. Mo. 10.00 – 12.00 u. 14.00 – 17.30, Di. – Sa. 10.00 – 17.30, So., Fei. 13.00 bis 17.00 Uhr; www.kloster-bronnbach.de).

◄ Bronnbacher Klassik

In der warmen Jahreszeit finden Konzertabende bekannter nationaler und internationaler Interpreten statt.

Stadtprozelten

Knapp 12 km flussabwärts von Wertheim liegt am nördlichen Mainufer das bayerische Städtchen Stadtprozelten, überragt von der Ruine der einstmals mächtigen **Henneburg** (► Bild S. 322). Sie wurde im 12. Jh. von den Grafen von Prozelten errichtet und verfiel, nachdem sie im 17. Jh. verlassen worden war.

Marktheidenfeld

Marktheidenfeld, wohl im 8. Jh. entstanden und 1948 zur Stadt erhoben, liegt 15 km nordöstlich von Wertheim an der Mündung des Mühlbachs in den Main. Zu den Sehenswürdigkeiten Marktheidenfelds zählen die prunkvolle Pfarrkirche **St. Laurentius**, an der sich vier Bauabschnitte im romanischen, gotischen, barocken und neubarocken Stil unterscheiden lassen, die imposante, im Jahr 1846 erbaute **Mainbrücke** aus Buntsandstein, damals die erste steinerne Brücke über den Main zwischen Würzburg und Aschaffenburg, und das **Franck-Haus**, nach den Eigentümern der Zeit um 1900 auch Flasch-Haus genannt. Dieses zweistöckige Gebäude, schon von weitem durch seine blaue Prunkfassade erkennbar, ließ 1745 der Weinhändler und Kaufmann Franz Valentin Franck im Stil des späten Barock errichten. Zu den späteren Eigentümern des Hauses zählte Johann Georg Andreas Schulz (1735 – 1809), der hier die **deutsche Sektherstellung** entwickelt haben soll. Sehenswert ist der Festsaal im Obergeschoss, dessen Deckengemälde u. a. Personifizierungen der Erdteile zeigen.

★★ Wunsiedel

T–U 4

Landkreis: Wunsiedel
Einwohnerzahl: 10 000
Höhe: 535 – 939 m u. d. M.

Über Wunsiedel, heute ein Städtchen mit romantischen Gässchen und urigen Kneipen, schrieb einst Jean Paul, der fantasiereiche romantische Erzähler: »Ich bin gern in dir geboren, du kleine, aber gute lichte Stadt.«

Festspielstadt im Fichtelgebirge

Mit der Luisenburg, dem direkt vor den Toren der Stadt gelegenen Felsenlabyrinth, dem größten und schönsten Granitfelsenmeer Europas, besitzt Wunsiedel Deutschlands älteste Naturbühne, auf der sich jedes Jahr namhafte Schauspieler treffen, um die Besucher der Festspiele mit ihren Darbietungen zu begeistern. Wunsiedel ist aber auch eine **Stadt der Brunnen**. Alljährlich werden am Wochenende vor Johanni (24. Juni) beim Brunnenfest die 32 Brunnen der Stadt festlich mit Blumen geschmückt.

Sehenswertes in Wunsiedel

Fichtelgebirgsmuseum

Im nördlichen Teil der Innenstadt steht der historische **Spitalhof**, den der Handelsmann Sigmund Wann im 15. Jh. errichten ließ. Der Spitalhof beherbergt heute das Fichtelgebirgsmuseum, das attraktiv und lebendig die Themenkreise Umwelt, Geschichte, Volkskunde und Brauchtum des gesamten Fichtelgebirgsraums veranschaulicht,

← *Maintal mit Stadtprozelten und der Henneburg*

WUNSIEDEL UND UMGEBUNG ERLEBEN

AUSKUNFT

Tourist-Info Wunsiedel
Jean-Paul-Straße 5
95632 Wunsiedel
Tel. 0 92 32 / 60 21 62
Fax 60 21 69
www.wunsiedel.de/tourismus

Kurverwaltung Bad Alexandersbad
Markgrafenstr. 28
95680 Bad Alexandersbad
Tel. 0 92 32 / 99 25-0
Fax 99 25-25
www.badalexandersbad.de

Tourist-Info Marktredwitz
im Historischen Rathaus
Markt 29
95615 Marktredwitz
Tel. 0 92 31 / 501-128,
Fax 501-129
www.marktredwitz.de

ESSEN

► Erschwinglich

Schöpfs Jägerstüberl
Luisenburg 5
95632 Wunsiedel
Tel. 0 92 32 / 44 34
Ruhetage: So.-abend, Mo.
Das Jägerstüberl außerhalb von Wunsiedel nahe der Freilichtbühne Luisenburg ist in Oberfranken weithin als Feinschmeckerrestaurant bekannt. In familiärer Atmosphäre speist man Gourmet-Köstlichkeiten und genehmigt sich dazu einen edlen Tropfen aus den exzellenten Beständen des Weinkellers.

► Preiswert

Bairischer Hof
Markt 40
95615 Marktredwitz
Tel. 0 92 31 / 50 59 90
Restaurant des gleichnamigen Hotels. Im ländlichen Ambiente und unter schönem Kreuzgewölbe kommen regionale Spezialitäten auf den Tisch.

ÜBERNACHTEN

► Komfortabel

Hotel Alexandersbad
Markgrafenstr. 24
95680 Bad Alexandersbad
Tel. 0 92 32 / 8 89-0, Fax 88 94 61
www.hotel-alexandersbad.de
Das größte Hotel im Fichtelgebirge bietet 112 komfortabel eingerichtete Zimmer, einen großen Wellness-Bereich mit Schwimmbad, Physiotherapie und »Alex Beauty« sowie zwei gute Restaurants.

Juliushammer
Juliushammer 1
95632 Wunsiedel
Tel. 0 92 32 / 97 50, Fax 81 47
www.hoteljuliushammer.de
Mitten im Grünen 2 km östlich von Wunsiedel liegt dieses rustikal eingerichtete Ferienhotel mit 43 Zimmern und Apartments verschiedener Größe sowie einem Hallenbad.

► Günstig / Komfortabel

Meister Bär Hotel Wunsiedel
Jean-Paul-Str. 1
95632 Wunsiedel
Tel. 0 92 32 / 99 88-0, Fax 99 88-888
www.mb-hotel.de
Zentral gelegenes Hotel mit 40 zweckmäßig eingerichteten Zimmern.

Hotel Schönblick
Gustav-Leutelt-Str. 18
95686 Fichtelberg
Tel. 0 92 72 / 9 78 00
www.hotel-schoenblick.de
Ruhig gelegenes, familiäres Hotel mit

40 Zimmern und Suiten sowie Spa- und Wellness-Bereich; liebevoll gestaltetes Interieur.

Waldhotel am Fichtelsee
Am Fichtelsee 1
95686 Fichtelberg
Tel. 0 92 72 / 9 64 00-0, Fax 9 64 00-64
www.fichtelsee.de
Freundliches, direkt am Fichtelsee gelegene Hotel mit 18 Gästezimmern und großer Café-Terrasse.

u. a. Vor- und Frühgeschichte, Entwicklung des Handwerks (Bergbau, Metallverarbeitung) und der frühen Industriegesellschaft (Hammerwerke, Mühlen, erste Fabriken). In den historischen Werkstätten kann man zusehen, wie nach alten Verfahren getöpfert, geschmiedet oder Zinn gegossen wird. Es gibt auch eine große Mineralien- und Steinsammlung, und eine Abteilung widmet sich zwei Söhnen der Stadt: dem Dichter **Jean Paul** (1763 – 1825; ► Berühmte Persönlichkeiten), und dem Studenten **Carl Ludwig Sand**, der im Jahr 1819 aus politischen Motiven den Dichter August von Kotzebue erdolchte und dafür hingerichtet wurde (Öffnungszeiten: Di. – So. 10.00 – 17.00 Uhr; www.fichtelgebirgsmuseum.de).

★★ Luisenburg

◄ Bild s. S. 326

Südlich der Stadt und jenseits der B 303 kommt man zur berühmten Luisenburg. Das großartige **Felsenlabyrinth** – benannt nach der preußischen Königin Luise, die 1805 mit ihrem Gemahl, König Friedrich Wilhelm III., dem Ort einen Besuch abstattete – erstreckt sich in einer Länge von ca. 700 und einer Breite von ca. 300 m am nördlichen Abhang des Kösseinemassivs. Es besteht aus einem im Hochwald verstreuten Gewirr von gewaltigen Granitblöcken in teilweise bizarren Gruppen, deren Entstehung durch Erosion schon Goethe erkannte, als er 1820 hier weilte. Ein Rundgang durch das Labyrinth ist beschildert (Aufstieg = blauer Pfeil, Abstieg = roter Pfeil); er beginnt bei der Naturbühne, wo es Parkplätze und eine Gaststätte gibt. Besonders markante Punkte sind die spärlichen Reste der **Luxburg** und die moosbewachsene Grüne Wand mit dem akustischen Phänomen der **Lauschergrotte**. Am höchsten Punkt des Labyrinths, dem **Bundesstein** oder Versöhnungsfelsen, der einen schönen Panoramablick bietet, steht weithin sichtbar das **Luisenburg-Kreuz**.

◄ Luisenburg-Festspiele

Der untere Teil des Felsenlabyrinths bildet eine **grandiose Naturbühne**, auf der seit 1890 von Ende Mai bis Ende August Theateraufführungen stattfinden – Klassiker, Volksstücke, Stücke der klassischen Moderne und auch Kindertheater; dazu kommen gelegentlich musikalische Gastspiele auswärtiger Ensembles.

Umgebung von Wunsiedel

Bad Alexandersbad

Das kleine Mineral- und Moorheilbad Alexandersbad, das sich selbst gern als »Heilbad im Wald« bezeichnet, liegt – 3 km südlich von Wunsiedel – am Fuße der Luisenburg. Im Jahre 1783 ließ Markgraf

Das Luisen-Labyrinth bei Wunsiedel macht das Wandern zum Erlebnis.

Alexander von Ansbach und Bayreuth das Schloss mit den Anlagen erbauen und nannte es Alexandersbad. Das klassizistische Alte Schloss und die Kuranlagen erinnern an jene Zeit, als Alexandersbad so mondän geworden war, dass 1805 der preußische König Friedrich Wilhelm III. samt Gemahlin anreiste, um von den Heilquellen zu profitieren. Der beliebten preussischen **Königin Luise** (1776 – 1810) zu Ehren wurde dann das nahe gelegene Felsenlabyrinth, das »Luxburg« hieß, in »Luisenburg« umgetauft; auch die heilkräftige Luisenquelle ist nach der Königin benannt.

Marktredwitz

Östlich von Bad Alexandersbad (ca. 6 km) erreicht man das Städtchen Marktredwitz, das, 1339 an die freie Reichsstadt Eger verkauft, jahrhundertelang eine böhmische Insel im fränkischen Umland bildete und von Goethe 1822 schwärmerisch als »eine wahrhafte Republik San Marino« bezeichnet wurde. An den Besuch Goethes erinnert das **Goethezimmer** im Neuen Rathaus (Egerstr. 2), das **Egerland-Museum** (Fikentscherstr. 24) zeigt egerländische Trachten und Wohnkultur, und in der Spirituosenfabrik Thölauer Straße 12 ist das **Erste Fränkische Schnapsmuseum** untergebracht.

Fichtelberg

Der Luftkurort Fichtelberg, 14 km südwestlich von Wunsiedel und am sonnigen Südosthang des Ochsenkopfes gelegen, verdankt seine Entstehung dem Abbau von Eisenglimmer (bis 1862). Einen Besuch lohnt das bereits vor über 500 Jahren in Betrieb genommene **Silbereisenbergwerks Gleißinger Fels** (Öffnungszeiten: Apr. – 1. Nov. tgl. 10.00 – 17.00 Uhr). Wer sich für moderne Technik interessiert, kommt im **Automobilmuseum Fichtelberg** auf seine Kosten, wo auf drei Etagen mehr als 140 Automobile (vom Oldtimer bis zum Lamborghini Diablo von 1991), über 30 Motorräder und auch ein paar Flugzeuge ausgestellt sind (Nageler Weg; Öffnungszeiten: Apr. – Okt. Di. – So. 10.00 – 18.00, Nov. – März Di. – So. 15.00 – 17.00, Ferien- und Feiertage 10.00 – 18.00 Uhr; www.amf-museum.de).
Ein beliebtes Naherholungsgebiet ist der in einem Naturschutzgebiet gelegene waldumgebene **Fichtelsee**, der vor langer Zeit für den Wasserbedarf des Bergbaus aufgestaut wurde.

* Ochsenkopf

Der mit 1024 Metern zweithöchste Gipfel des Fichtelgebirges kann von Fichtelberg und Bischofsgrün aus zu Fuß oder per Sessellift erreicht werden. Von oben bietet sich ein **überwältigender Rundblick**. Von der Bergstation des Bischofsgrüner Liftes kann man auf einer langen **Sommerrodelbahn** wieder zu Tal sausen.

Bischofsgrün,

Der beliebte **Luftkurort und Wintersportplatz** liegt 20 km westlich von Wunsiedel am Nordfuß des Ochsenkopfs.Östlich des Ortes erhebt sich der 1053 m hohe **Schneeberg** als höchster Gipfel des Fichtelgebirges, auf dem ein unschöner Fernmeldeturm steht.

* * Würzburg

G 6

Kreisfreie Stadt
Einwohnerzahl: 135 000
Höhe: 166 – 360 m ü. d. M.

Das Gesamtbild der Bischofs-, Kongress- und Universitätsstadt wird von der mittelalterlichen Festung Marienberg beherrscht, in der Innenstadt fasziniert die in die UNESCO-Liste des Weltkulturerbes aufgenommene fürstbischöfliche Residenz. Nach dem Kunstgenuss laden zahlreiche traditionelle Weinstuben ein, in denen der weithin bekannte Frankenwein angeboten wird.

Mittelpunkt Unterfrankens

Die alte Bischofsstadt Würzburg liegt mitten im fränkischen Weinbaugebiet, an beiden Ufern des Mains. Mit bedeutenden Industriebetrieben, dem Binnenhafen am Rhein-Main-Donau-Großschifffahrtsweg und dem Zentrum des fränkischen Weinbaus und -handels ist sie wirtschaftlicher Mittelpunkt Unterfrankens. Auch als Universitätsstadt genießt Unterfrankens Metropole einen hervorragenden Ruf. So lehrten seit der bahnbrechenden **Entdeckung der Röntgen-**

strahlen im Jahr 1895 durch Wilhelm Conrad Röntgen in seinem Würzburger Laboratorium insgesamt 13 Nobelpreisträger an Würzburgs Universität .

Geschichte

704	Erste urkundliche Erwähnung
742	Gründung des Bistums Würzburg
1156	Friedrich Barbarossa heiratet Beatrix von Burgund.
1815	Würzburg fällt endgültig an Bayern.
1895	Röntgen entdeckt die nach ihm benannten Strahlen.
1945	Die Innenstadt wird von Bomben zerstört.
2004	1300-jähriges Stadtjubiläum

Bereits um 1000 v. Chr. bestand auf dem linksmainischen Virteberg eine Fliehburg. Am Fuß des später Marienberg genannten Berges entwickelte sich eine Siedlung, die um 650 fränkischer Herzogshof wurde. Dessen Entwicklung erhielt Auftrieb durch die Missionstätigkeit der irischen Mönche **Kilian**, Kolonat und Totnan, die 686 an den Hof kamen. Obwohl sie nur drei Jahre später im Auftrag der Her-

Die Festung Marienberg war der erste Sitz der Fürstbischöfe.

Highlights Würzburg

Residenz
UNESCO-Weltkulturerbe, erbaut nach Plänen von Balthasar Neumann
► Seite 329

Dom St. Kilian
Drittgrößte romanische Kirche Deutschlands
► Seite 336

Festung Marienberg
Wahrzeichen der Stadt mit dem Mainfränkischen Museum
► Seite 337

Schloss Veitshöchheim
Fürstbischöfliche Sommerresidenz mit einem der schönsten Rokokogärten Europas
► Seite 339

zogsgattin Gailana ermordet wurden, setzte sich der neue Glaube durch: 742 wurde das Bistum Würzburg gegründet. Unter den Staufern erlebte Würzburg eine **erste Blütezeit**. 1156 feierte Friedrich Barbarossa hier seine Hochzeit mit Beatrix von Burgund; Barbarossa war es auch, der die Würzburger Bischöfe zu Herzögen von Franken erhob. In der Folgezeit kam es häufiger zu Zusammenstößen zwischen der bischöflichen Herrschaft und dem selbstbewusst gewordenen Bürgertum. Ihre **zweite Blütezeit** erlebte die Stadt dann im 17. und 18. Jh. unter den drei Fürstbischöfen aus dem Hause Schönborn; damals erhielt Würzburg sein barockes Aussehen. 1802 / 1803 und endgültig 1815 fiel Würzburg an Bayern. Am **16. März 1945** wurden bei einem Luftangriff der Royal Air Force 90 % der Innenstadt in nur 17 Minuten zerstört.
Die Namen dreier **herausragender Künstler** sind mit der Stadt verbunden: Tilman Riemenschneider (berühmte Persönlichkeiten), Balthasar Neumann (1678 – 1753), der geniale Barockbaumeister, und der venezianische Maler Giovanni Battista Tiepolo (1696 – 1770).

Sehenswertes in Würzburg

✶✶ Residenz

Am Residenzplatz steht die 1720 – 1744 unter dem Barockbaumeister **Balthasar Neumann** (1687 – 1753) errichtete Residenz (►3D-Darstellung, S. 334), die die alte Festung Marienberg als fürstbischöflichen Wohn- und Regierungssitz ersetzte. Erbaut wurde die Residenz, das »Schloss aller Schlösser«, für den Fürstbischof Johann Philipp Franz von Schönborn und seine Nachfolger. Bis 1801 war sie Bischofsresidenz. Im März 1945 wurde die Residenz durch einen britischen Luftangriff beschädigt, bis 1987 erfolgten Restaurierungsarbeiten. Ab 2003 bis März 2006 wurde an der Konservierung und Restaurierung der Tiepolo-Fresken (►S. 332) gearbeitet.
Insgesamt sind über 40 Schlossräume zu besichtigen, die eine reiche Fülle von Möbeln, Wirkteppichen, Gemälden und anderen Kunstschätzen des 18. Jahrhunderts bergen. Zu den eindrucksvollsten Räu-

WÜRZBURG ERLEBEN

AUSKUNFT

Congress - Tourismus - Wirtschaft
Am Congress Centrum
97070 Würzburg
Tel. 09 31 / 37 23 35, Fax 37 36 52
www.wuerzburg.de

Tourist-Information
Falkenhaus, Marktplatz 9
Tel. 09 31 / 37 23 98

ESSEN

► Erschwinglich

① ***Schiffbäuerin***
Katzengasse 7
Tel. 09 31 / 4 24 87
Rustikales Ambiente, leckere Fischgerichte; besonders empfehlenswert: Roulade von der Spessart-Forelle auf Nudeln an Krebsrahmsauce!

③ ***Backöfele***
Ursulinergasse 2
Tel. 09 31 / 5 90 59
Dank seiner urig-gemütlichen Atmosphäre und der schmackhaften fränkischen Küche gehört dieses Gasthaus zu den beliebtesten der Stadt.

⑤ ***Juliusspital Weinstuben***
Juliuspromenade 19
Tel. 09 31 / 5 40 80
Gern besuchte Weinstube im ehemaligen von Erzbischof Julius Echter gegründeten Spital. Gutbürgerliche fränkische Küche (u.a. Pfannkuchensuppe und »Blaue Zipfel«).

⑥ ***Nikolaushof***
Spittelbergweg
Tel. 09 31 / 79 75 00
Ruhetag: Mo.
Verschiedene Restaurants stehen zur Wahl, Feinschmecker kommen auf ihre Kosten, aber auch diejenigen, die nur eine deftige Kleinigkeit möchten.

⑨ ***Alte Mainmühle***
Mainkai 1
Tel. 09 31 / 16777
www.alte-mainmuehle.de
Beliebtes Gasthaus in historischem Gemäuer an der Alten Mainbrücke; die bodenständige Küche bietet u.a. Mühlenbratwürste mit Kümmelkraut, Fränkischen Sauerbraten, Forelle blau und vieles mehr.

► Preiswert

② ***Ratskeller***
Langgasse 1
Tel. 09 31 / 1 30 21
In den gemütlichen Stuben im historischen Rathaus werden Sie mit regionalen Gerichten bewirtet.

④ ***Bürgerspital Weinstuben***
Theaterstr. 19
Tel. 09 31 / 35 28 80
Im Weingut Bürgerspital zum Hl. Geist speist man köstlich in urgemütlichen Stuben oder im barocken Innenhof.

⑦ ***Zum Stachel***
Gressengasse 1
Tel. 09 31 / 5 27 70
Die älteste Weinstube der Stadt hat mittlerweile 600 Jahre »auf dem Buckel«. Bei gutem Wetter sitzt man in einem ausgesprochen hübschen Innenhof. Die Weinauswahl ist groß, die Gerichte sind relativ preiswert, zu empfehlen ist vor allem Fisch.

⑧ ***Maulaffenbäck***
Maulhardgasse 9
Tel. 09 31 / 5 23 51
Ruhetag: So.
Bis vor gut hundert Jahren hatten die Bäckermeister die Konzession, Wein auszuschenken, auch aus eigenem Anbau. So erlauben noch heute alle

Ein schmucker Bau: das Falkenhaus am Markt mit der Tourist-Information

Würzburger Lokale, die den Zusatz »-bäck« in ihrem Namen haben, den Gästen, ihre Brotzeit selber mitzubringen. Geben Sie, wenn Sie Ihr Getränk bezahlen, einfach ein angemessenes Trinkgeld!

ÜBERNACHTEN

► Luxus

① ***Maritim***
Pleichertorstr. 5
97070 Würzburg
Tel. 09 31 / 3 05 30, Fax 3 05 39 00
www.maritim.de
Erstklassiges Haus mit 287 elegant-luxuriös eingerichteten Zimmern und Suiten in reizvoller Lage am Main. Im schicken Restaurant »Viaggio« wird mediterrane Küche serviert, in der rustikalen »Weinstube« gibt es fränkische Spezialitäten.

④ ***Rebstock***
Neubaustr. 7
97070 Würzburg
Tel. 09 31 / 3 09 30
Fax 3 09 31 00
www.rebstock.com
Das alteingessene Haus empfängt seine Gäste hinter der hübschen Rokokofassade von 1737 mit modernem Design. 72 geschmackvoll eingerichtete Zimmer. Restaurant, Weinstube und Bar im Wintergarten.

► Komfortabel

② ***Würzburger Hof***
Barbarossaplatz 2
97070 Würzburg
Tel. 09 31 / 5 38 14, Fax 5 83 24
www.hotel-wuerzburgerhof.de
Traditionsreiches Haus mit persönlicher Note, seit 1908 in Familienbesitz. 33 großzügig bemessene und stilvoll eingerichtete Zimmer.

③ ***Strauss***
Juliuspromenade 5
97070 Würzburg
Tel. 09 31 / 30 57-0
Fax 30 57-555
www.hotel-strauss.de
In Altstadtnähe sind 76 Gästezimmer modern eingerichtet; rustikales Ambiente im Restaurant.

⑤ ***Zur Stadt Mainz***
Semmelstr. 39, 97070 Würzburg
Tel. 09 31 / 5 31 55, Fax 5 85 10
www.hotel-stadtmainz.de
In dem Gasthof von 1430 mitten in der Altstadt gibt es 15 solide ausgestattete Zimmer, das gemütliche Restaurant bietet eine vielseitige regionale Küche nach altbewährten Hausrezepten.

⑥ ***Hotel am Congress Centrum***
Pleichertorstr. 26
97070 Würzburg
Tel. 09 31 / 5 02 44, Fax 5 02 46
www.hotel-am-congress-centrum.de
Das vor wenigen Jahren gründlich renovierte Haus am Rande der Altstadt bietet 26 behagliche und modern eingerichtete Zimmer. Freundlicher Service.

men gehört das monumentale Treppenhaus, dessen 600 m² großes Deckengewölbe von einem Freskengemälde des Venezianers Tiepolo eingenommen wird, der 1752/1753 dieses bis heute **größte Deckengemälde der Welt** malte. Dargestellt sind die damals bekannten vier Erdteile Europa, Asien, Afrika und Amerika sowie antike Gottheiten, die dem fränkischen Herrscher huldigen. Einen Höhepunkt stellen auch die Stuckarbeiten von A. Bossi im Weißen Saal dar, über den man in den Kaisersaal gelangt, dessen Fresken mit Ereignissen aus der Würzburger Geschichte ebenfalls von Tiepolo stammen. Ein Raum von enormem Prunk ist das Spiegelkabinett, das nach dem Zweiten Weltkrieg nach alten Plänen völlig neu erstellt wurde.
Eine geniale Bauleistung ist das stützenfrei überwölbte **Treppenhaus**; nicht wenige glaubten, dass das von Balthasar Neumann entworfene Treppengewölbe irgendwann einstürzen würde. So habe, einer Erzählung von Neumanns Sohn Ignaz zufolge, der überhebliche Wiener Architekt Lucas von Hildebrandt angeboten, sich »auf eigene Kosten« in der Mitte der Decke aufzuhängen, wenn diese nach Abbau des Gerüsts noch nicht eingestürzt wäre. Hildebrandt hielt nicht Wort: er starb in Wien, nicht in Würzburg. Das Treppenhaus überstand sogar die Bombennacht vom März 1945 – die von Hildebrandt und dem Mainzer Architekten Maximilian von Welsch mitgeplanten Seitenflügel der Residenz brannten hingegen bis auf den Keller nieder.

! *Baedeker* TIPP

Auf dem Main unterwegs

Ein schönes Erlebnis ist eine Schifffahrt auf dem Main nach Veitshöchheim. Apr. – Okt. tgl. 10.00 – 16.00 Uhr, Abfahrt Alter Kranen, Fahrzeit einfach: 40 Min., Abfahrt im Stundentakt, Hin- und Rückfahrt pro Person: 9 €.

Martin-von-Wagner-Museum ►

Im Nordflügel der Residenz ist das Staatsarchiv und im Südflügel das Martin-von-Wagner-Museum untergebracht. Letzteres umfasst **drei Abteilungen**: eine Gemäldegalerie mit Werken vom 14. bis 19. Jh. und Altarbildern Würzburger Meister des 14. – 16. Jh.s, u. a. von Riemenschneider, eine Graphische Sammlung sowie die Antikensammlung. Die Antikensammlung zeigt **Meisterwerke griechischer Töpfer-**

Würzburg Orientierung

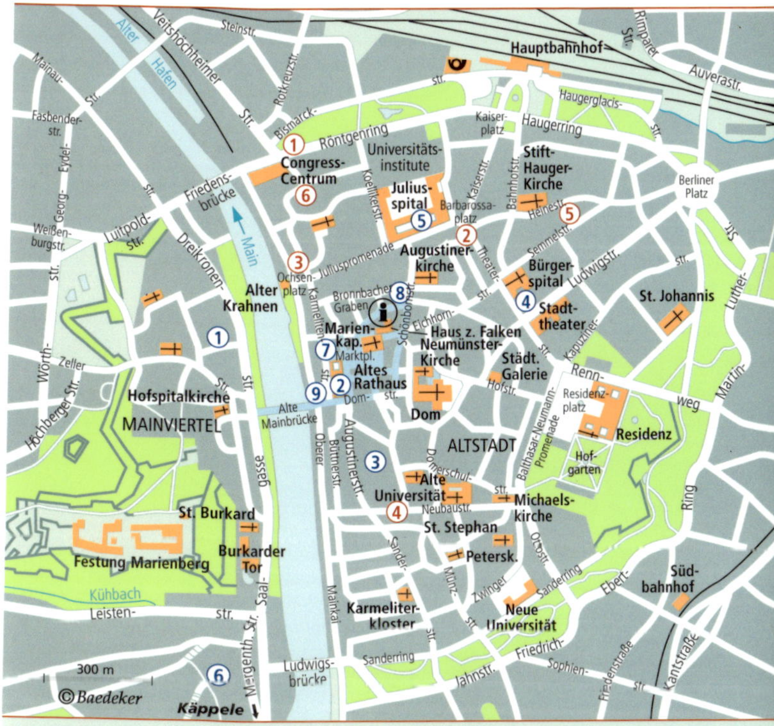

Essen

1. Schiffbäuerin
2. Ratskeller
3. Backöfele
4. Bürgerspital Weinstuben
5. Juliusspital Weinstuben
6. Nikolaushof
7. Zum Stachel
8. Maulaffenbäck
9. Alte Mainmühle

Übernachten

1. Maritim
2. Würzburger Hof
3. Strauss
4. Rebstock
5. Zur Stadt Mainz
6. Hotel am Congress Centrum

kunst aus dem 6. bis 4. Jh. v. Chr. sowie griechische und römische Bronzeplastiken und -geräte. Hinter der Residenz erstreckt sich der wunderschöne **Hofgarten**. Zwischen 1765 und 1780 wurden die barocken Gärten angelegt. Die besondere Herausforderung bei der Gestaltung waren die Bastionen, die den Garten nach hinten begrenzten und mit einbezogen werden mussten. Ausgestattet ist der Hofgarten mit zahlreichen Gartenplastiken, u. a. mit zahlreichen Steinplastiken von Johann Peter Wagner, sowie schmiedeeisernen Toren von J. Georg Oegg in reichsten Rokokoformen.

Die Residenz dient heute v. a. repräsentativen Zwecken; auch findet hier alljährlich das **Mozart-Fest** statt.

★ Dom St. Kilian

Über die Hofstraße erreicht man den 1045 – 1188 erbauten Dom, den **drittgrößten romanischen Sakralbau Deutschlands**. Heute kontrastieren in seinem Innern das flach gedeckte, romanische Mittelschiff mit dem Barockstuck des Chors und seiner erst in den 1980er-Jahren abgeschlossenen Ausschmückung; der Altar stammt von Albert Schilling (1966). Beachtenswert sind die Bischofsgrabmäler (12. – 17. Jh.) an den Pfeilern des Langhauses, darunter am 7. und 8. Pfeiler zwei Arbeiten von Riemenschneider für Rudolf von Scherenberg und Lorenz von Bibra. 1721 – 1736 fügte Balthasar Neumann an das nördliche Querschiff die Schönbornkapelle als Grablege für die Fürstbischöfe. An die Südseite des Doms schließt sich der gotische Kreuzgang an. Im **Museum am Dom**, direkt neben dem Kiliansdom, werden Werke zeitgenössischer international bekannter Künstler, aber auch Werke aus der Romanik, der Gotik und aus dem Barock gezeigt.

Neumünster

Über der Grabstätte der Frankenapostel Kilian, Kolonat und Totnan wurde im 11. Jh. eine Basilika erbaut, die im Barock ihre mächtige, achtseitige Kuppel und die schwungvoll gestaltete Westfassade erhielt. Bei der Ausstattung sind Riemenschneiders Sandsteinmadonna – unter der Kuppel zu finden –, seine Büsten der Frankenapostel auf dem Hauptaltar und die Darstellung Christi mit unter der Brust verschränkten Armen, ein Werk aus der Mitte des 14. Jh.s, besonders beachtenswert. Im sog. **Lusamgärtlein** hinter dem Neumünster befindet sich der Flügel eines Kreuzganges aus der Stauferzeit und ein Gedenkstein für den berühmten Minnesänger **Walther von der Vogelweide** (geb. um 1170), der vermutlich 1230 in Würzburg starb.

★ Marienkapelle

Am Markt steht die Ende des 14. Jh.s erbaute Marienkapelle, **Würzburgs Bürgerkirche**. In ihr befinden sich Grabmäler fränkischer Ritter und bedeutender Würzburger Bürger, darunter das von Riemenschneider gestaltete Grabmal für Konrad von Schaumberg sowie das Grab von Balthasar Neumann. Die beiden Sandsteinfiguren Adam und Eva am Kirchenportal sind ebenfalls von Riemenschneider (die Originale befinden sich im Mainfränkischen Museum).

Haus zum Falken ►

Das Haus zum Falken, östlich der Marienkapelle, besitzt die **schönste Rokokostuck-Fassade** der Stadt (1752). Im Haus zum Falken ist auch die **Touristinformation** für Besucher untergebracht.

Rathaus Grafeneckart

Das Würzburger Rathaus, südwestlich vom Marktplatz, kurz vor Beginn der Alten Mainbrücke, entstand im 13. Jh. als **Sitz des bischöflichen Burggrafen**. Im Laufe der Jahrhunderte wurde es ständig erweitert sowie der nach dem Burggrafen Eckart benannte Steinturm auf 55 m erhöht. Etwas zurückversetzt schließt sich der Rote Bau (1659 / 1660) mit seiner reich gegliederten Renaissancefassade an. Der sog. Vierröhrenbrunnen vor dem Rathaus stammt aus dem Jahr 1765.

Wasserspiel im Garten von Schloss Veitshöchheim (s. S. 339)

Über die mit barocken Heiligenstandbildern geschmuckte Alte Mainbrücke (►Bild S. 338) gelangt man in den linksmainischen Stadtteil. Die Brückenpfeiler, die zunächst nur durch hölzerne Konstruktionen verbunden waren, wurden im 15. Jh. in den Fluss gebaut; erst 1703 wurde das letzte Joch eingewölbt. Von der Brücke sieht man die zwei ausladenden Arme des **Alten Kranen** (1767 – 1775) sowie das moderne **Congress Centrum** der Stadt.

✶ Alte Mainbrücke

Das beherrschende **Wahrzeichen Würzburgs** ist die mächtige Festung Marienberg, die sich über dem linken Flussufer erhebt. An der Stelle einer keltischen Fliehburg entstand um 706 eine erste Marienkirche. 1201 wurde mit dem Bau der Festung begonnen, die bis 1719 Sitz der Fürstbischöfe blieb und im Laufe der Jahrhunderte, vor allem während der Renaissance und des Barock, mehrfach umgebaut und erweitert wurde. Besonders hervorzuhebende Gebäudeteile der Vierflügelanlage mit ihren vier Ecktürmen sind der 30 m hohe Bergfried (13. Jh.) im innersten Burghof, die

✶ Veste Marienberg

? WUSSTEN SIE SCHON ...?

- ...dass die erste Pizzeria Deutschlands in Würzburg ihre Tore öffnete? Das Lokal hieß »Sabbie di Capri« und wurde 1952 von dem Italiener Nicola di Camillo in der Elefantengasse 1 eröffnet.

WÖHRL
PLAZA

daneben stehende, anno 706 geweihte und mehrfach veränderte Marienkirche sowie das zierliche Renaissance-Brunnenhaus über dem 102 m tiefen Brunnen. Vom **Fürstengarten** hat man einen tollen Blick über Würzburg.

In der Festung befinden sich zwei Museen: Das ehemalige Zeughaus beherbergt das **Mainfränkische Museum**. Es beherbergt bedeutende Kunstwerke aus dem mainfränkischen Raum, darunter die größte Riemenschneider-Kollektion der Welt und Originalfiguren von Ferdinand Tietz; sehenswert sind auch die vorgeschichtliche Sammlung, Zeugnisse fränkischer Weinkultur und die Volkskundeabteilung (Öffnungszeiten: Apr. – Okt. Di. – So. 10.00 – 17.00, Nov. – März Di. – So. 10.00 – 16.00 Uhr; www.mainfraenkisches-museum.de).

> **!** *Baedeker* TIPP
>
> **Führungen mit dem Nachtwächter**
>
> Begleiten Sie den Nachtwächter auf seinem nächtlichen Rundgang und lauschen Sie seinen Anekdoten und Würzburger Geschichten. Mitte Feb. – März Di. – Sa. 20.00, Apr. – Dez. Mi. – Sa. 20.00 u. 21.00 Uhr; Treffpunkt: Vierröhrenbrunnen; Preis: 5 € (Ermäß. f. Schüler u. Studenten)

Im **Fürstenbau-Museum** erhält der Besucher gute Einblicke in die 1300-jährige Stadtgeschichte sowie in die Wohn- und Lebenswelt der Würzburger Fürstbischöfe (Öffnungszeiten: Apr. – Okt. Di. – So. 9.00 bis 18.00 Uhr).

* **Käppele**

Die Wallfahrtskirche Käppele, flussaufwärts auf dem Nikolausberg, entstand 1747 bis 1750 als **letztes Bauwerk von Balthasar Neumann**. Man erreicht sie zu Fuß über einen steilen Treppenweg mit Stationsbildern. Der herrliche Stuck ist von Johann Michael Feuchtmayer und Materno Bossi, die Fresken malte Matthäus Günther.

Umgebung von Würzburg

Veitshöchheim

* ◄ Schloss Veitshöchheim

7 km nordwestlich von Würzburg erreicht man Schloss Veitshöchheim, die ehemalige Sommerresidenz der Würzburger Fürstbischöfe. Dieses **Musterbesipiel des fränkischen Barock** wurde 1680 – 1682 von Heinrich Zimmer vermutlich nach Vorlagen des aus Italien stammenden Baumeisters Antonio Petrini errichtet und 1749 – 1753 vom genialen Architekten Balthasar Neumann erweitert (Öffnungszeiten: Apr. – Okt. Di. – So. 9.00 – 18.00 Uhr).

** ◄ Schlossgarten

Der Schlossgarten, 1703 – 1774 nach französischem Vorbild angelegt, ist der **besterhaltene Rokokogarten Deutschlands**. Mittelpunkt ist ein großer künstlicher See mit Fontänen und der Parnassgruppe; einer von einem Pegasus gekrönten Skulpturengruppe; im weitläufigen Garten sind viele Barockplastiken aufgestellt.

◄ Jüdisches Kulturzentrum

Im Ort Veitshöchheim kann man die **barocke Synagoge** (1730) und das **Museum zu Geschichte und Kultur der Juden in Unterfranken** besuchen (Öffnungszeiten: Do. 15.00 – 18.00, So. 14.00 – 17.00 Uhr).

← Blick auf Würzburgs Mainbrücke, Rathaus und Dom

REGISTER

a

Abenberg **128**
Absolutismus **38**
ACE **93**
ADAC **93**
adidas **26**
Ahorn **187**
Albrecht Fürst zu Castell-Castell **249**
Altdorf **290**
Altmühlsee **230**
Altmühltal **29**
Alzheimer, Alois **294**
Amorbach **120**
Andechs-Meranier **47**
Angeln **98**
Anreise **68**
Ansbach **123**
Antike **31**
Apartments **101**
Aschach **143**
Aschaffenburg **130**
Ausflugsschiffe **96**
Auskunft **69**
Autobahnen **68**
Autohilfe **93**

b

Bad Alexandersbad **325**
Bad Berneck **178**
Bad Bocklet **143**
Bad Brückenau **137**
Bad Kissingen **139**
Bad Königshofen **149**
Bad Mergentheim **143**
Bad Neustadt an der Saale **147**
Bad Rodach **186**
Bad Staffelstein **150**
Bad Steben **243**
Bad Windsheim **154**
Bahn **68**
Bamberg **157**
Bamberger Reiter **48**
Banz **153**
Barock **51**
Bauernkrieg **37**
Bayreuth **169**
Bechhofen **194**
Befreiungshalle **251**
Behaim, Martin **57**
Behindertenreisen **71**
Behringersmühle **223**
Berühmte Persönlichkeiten **56**
Bevölkerung **22**
Bier **73**
Bier- und Burgenstraße **83**
Binghöhle **88**
Bischofsgrün **327**
Bischofsheim **211**
Bratwurst **75**
Brauchtum **55**
Brombachseen **316**
Bronnbach **321**
Brunnsteinhöhle **88**
Buchmalerei **46**
Bullock, Sandra **57**
Burgenstraße **83**
Buttenheim **167**

c

Cadolzburg **216**
Castell **247, 248**
Christianisierung **32**
Coburg **179, 184**
Coburger Herzöge **184**
Coburger Land **29**
Colmberg **124**
Creglingen **188**

d

Dassler, Adolf **26**
Dassler, Rudolf **26**
Dettelbach **257**
Deutsche Limesstraße **83**
Deutsche Spielzeugstraße **83**
Deutscher Bäderverband **91**
Dientzenhofer (Familie) **51**
Dientzenhofer, Johann Leonard **153**
Dinkelsbühl **189**
Donaudurchbruch **253**
Donndorf **177**
Doppelherzogtum Sachsen-Coburg und Gotha **184**
Dreißigjähriger Krieg **38**
Dürer, Albrecht **49**

e

Ebern **235**
Übernachten **101**
Ebrach **194**
Echter von Mespelbrunn, Julius **49**
Ehrenbürg **214**
Eichstätt **197**
Einkäufe **71**
Ellingen **315**
Entstehungsgeschichte **17**
Erhard, Ludwig **58**
Erlangen **203**
Eschenbach, Wolfram von **53**
Escherndorf **309**
Essen und Trinken **74**
Europäische Wasserscheide **18**

f

Fachhochschulen **23**
Fauna **21**
Ferien auf dem Bauernhof **90**
Ferien mit Kindern **89**
Ferienlandschaften **29**
Ferienwohnungen **101**
Feste **55**
Feucht **290**
Feuchtwangen **193**
Feuerwehr **93**
Fichtelberg **327**
Fichtelgebirge **29**
Fichtelsee **327**
Fische **22**
Fladungen **208**
Flora **21**
Flughäfen **69**
Flüsse **18**
Forchheim **211**
Forstwirtschaft **28**
Fossa Carolina **46**
Frankenalb **29**
Frankenwald **29**
Fränkische Landnahme **32**
Fränkische Schweiz **29**
Fränkischer Reichskreis **37**
Fränkisches Seenland **29**
Fränkisches Weinland **29**
Frickenhausen **297**
Friedrichsberg **222**
Frühzeit **31**
Fürth **214**

g

Gebirge **19**
Gebirgswälder **21**
Gebrüder Grimm **270**

Gegenreformation **38**
Geiselwind **196**
Gemünden am Main **268**
Geologischer Aufbau **17**
Gerolzhofen **220**
Geschichte **30**
Getränke **81**
Glos, Michael **222**
Golf **98**
Gotik **47**
Gottschalk, Thomas **58**
Greding **203**
Grenzland-Filmtage **73**
Gunzenhausen **228**
Gößweinstein **223**

h

Hallburg **310**
Hammelburg **231**
Haßberge **29**
Haßfurt **233**
Hauptmahlzeiten **75**
Hauser, Kaspar **59**
Heilsbronn **128**
Heinrich II. **46, 62**
Henneburg **321**
Heroldsbach **214**
Hersbruck **236**
Herzogenaurach **26, 208**
Hildebrandt, Lukas von **51**
Hilpoltstein **291**
Historismus **52**
Hof **238**
Hofer Filmtage **73**
Hohenberg **244**
Hotels **101**
Hummel, Maria Innocentia **72**
Hundshaupten **227**
Höhlen **19, 88**

i

ICE **68**
Industrialisierung **41**
Industrie **25**
Iphofen **244**

j

Jahrestemperaturen **96**
Jahreszeiten **96**
Jean Paul **63**
Juden **218**
Jugendherbergen **101**
Julius Echter von Mespelbrunn **60**

k

Karlsgraben **46**
Karlstadt **268**
Kelheim **250**
Kerwa **55**
Kilian **61**
Kissinger, Henry **61**
Kitzingen **253**
Klassizimus **52**
Klauskirche (Höhle) **88**
Klettern **98**
Klima **95**
Klingenberg **273**
Knigge **91**
Kolonat **61**
Konradiner **33**
Kraft, Adam **49**
Kreuzberg **211**
Kriechtiere und Lurche **22**
Kronach **258**
Kulmbach **261**
Kunigunde von Luxemburg **62**
Kunst und Kultur **44**
Kunstgeschichte **45**
Kurorte **91**
Königsberg in Bayern **235**

l

Landkreise **23**
Landschaften **17**
Landwirtschaft **25**
Langenzenn **217**
Lauenstein **261**
Lauf an der Pegnitz **238**
Leutershausen **128**
Lichtenau **128**
Lichtenberg **243**
Lichtenfels **153**
Liebliches Taubertal **29**
Literaturhinweise **92**
Lohr **266, 270**
Ludwigshöhle **88**
Lössgebiete **19**

m

Main-Donau-Kanal **18**
Mainbernheim **247**
Maindreieck **18**
Mainschleife **309**
Mainviereck **18**
Maria Sophia Margaretha Christina von Erthal **270**
Markgrafenkriege **38**
Marktbreit **294, 297**
Marktheidenfeld **323**
Marktredwitz **326**
Marktschorgast **265**
Maximiliansgrotte **88**
Meistersang **54**
Mellrichstadt **211**
Mentalität **22**
Mespelbrunn, Schloss **136**
Michelau **154**
Miltenberg **271**
Minnesang **53**
Mittelalter **32**
Mittelfranken **23**
Mitwitz **261**
Mödlareuth **242**
Mönchsondheim **247**
Münnerstadt **149**
Münsterschwarzach **311**

n

Naturparks **20**
Naturraum **17**
Nebenflüsse **18**
Neuenmarkt **265**
Neunhofer Schlösschen **288**
Neustadt an der Aisch **157**
Neustadt bei Coburg **187**
Niederschläge **96**
Nordheim **309**
Notdienste **93**
Nowitzki, Dirk **63**
Nürnberg **275**
Nürnberger Gesetze **42**
Nürnberger Prozesse **42**

o

Oberes Maintal **29**
Oberfranken **23**
Obernburg **136**
Ochsenfurt **291**
Ochsenkopf **327**
Osterbrunnen **55**
Ostheim vor der Rhön **211**
Oswaldhöhle **88**
Otto I. **46**

p

Pannendienste **93**
Pappenheim **317**
Pensionen **101**
Pflanzen- und Tierwelt **21**
Pfünz **202**
Playmobil **282**
Pleinfeld **316**
Polizei **93**
Pommersfelden **168**
Porzellanstraße **83**
Pottenstein **227**
Preise **94**
Prichsenstadt **222**
Puma **26**

q

Quakenschloss **88**

r

Rabenstein **228**
Radfahren **99**
Rauchbier **162**
Reformation **37**
Regiomontanus **57**
Reisezeit **94**
Reiten **99**
Rettungsdienst **93**
Rhön **29**
Richter, Johann Paul Friedrich **63**
Riemenschneider, Tilman **49, 64**
Ries, Adam **64**
Rokoko **51**
Romanik **46**
Romantische Straße **82**
Romantisches Franken **29**
Roter Main **18**
Rothenburg ob der Tauber **298**
Rothsee **291**
Rödelsee **247**
Rödental **186**
Rüdenhausen **249**

s

Sachs, Hans **54**
Salier **34**
Sanspareil **177**
Scheinfeld **250**
Schesslitz **167**
Schiffsverkehr **96**
Schillingsfürst **305**
Schlüsselfeld **196**
Schnaittach **215**
Schneewittchen **270**
Schwabach **289**
Schwanberg **247**
Schweinfurt **305**
Schönborn **51**
Schönsteinhöhle **88**
Säkularisierung **40**
Seehof **167**
Seen **20**
Selb **243**
Senefelder, Alois **317**
Seßlach **187**
Separationsbestrebungen **22**
Solnhofen **317**
Sommerach **309**
Sommerhausen **297**
Sophienhöhle **88, 228**
Souvenirs **71**
Spalt **130**
Spessart–Main–Odenwald **29**
Spielzeug **282**
Sport **98**
Sprache **24**
Stadtprozelten **321**
Stadtsteinach **265**
Staufer **34**
Städte **36**
Städteregion Nürnberg **29**
Steigerwald **29**
Steinzeit **31**
Stoß, Veit **49**
Strauss, Levi **65**
Sugenheim **250**
Sulzfeld **257**

t

Tambach **187**
Tauberbischofsheim **147**
Tennis **99**
Teufelshöhle **88**
Thurnau **265**
Tiepolo, Giovanni Battista **51**
Tiere **21**
Totnan **61**
Tourismus **28**
Tourismuszentralen **69**
Treuchtlingen **316**
Tüchersfeld **226**

u

Uffenheim **157**
Universitäten **23**
Unterfranken **23**
Urlaub aktiv **72**

v

Veitshöchheim **339**
Veranstaltungen **84**
Vergünstigungen **94**
Vierzehnheiligen **152**
Vogelsburg **311**
Vogelweide, Walther von der **53**
Volkach **309**
Vögel **22**

w

Waischenfeld **227**
Walberla **214**
Walther von der Vogelweide **53**
Wandern **99**
Wassersport **100**
Weikersheim **146**
Wein **73**
Weißenburg in Bayern **312**
Weißenstein, Schloss **168**
Weißer Main **18**
Weitramsdorf **187**
Welsch, Maximilian von **51**
Weltenburg **253**
Wemding **318**
Wertheim **319**
Wiesentheid **222**
Wild **21**
Wildenberg **123**
Wilhelmine Markgräfin von Bayreuth **65**
Wintersport **100**
Wirtschaft **25**
Wolfram von Eschenbach **53**
Wolframs-Eschenbach **128**
Wunsiedel **323**
Wülzburg **315**
Würzburg **327**

z

Zeil am Main **235**

VERZEICHNIS DER KARTEN & GRAFISCHEN DARSTELLUNGEN

Top-Reiseziele **2**
Lage in Deutschland **23**
Tourenüberblick **105**
Tour 1 **108**
Tour 2 **111**
Tour 3 **112**
Tour 4 **115**
Tour 5 **117**
Ansbach **124**
Aschaffenburg **133**
Bad Kissingen **141**
Vierzehnheiligen **153**
Banz **154**
Bamberg **159**
Bamberg, Dom **167**
Pommersfelden, Schloss Weißenstein **169**
Bayreuth **172**
Coburg **181**
Coburg, Veste **183**
Dinkelsbühl **190**
Eichstätt **198**
Erlangen **204**
Fürth **216**
Kulmbach **262**
Nürnberg **279**
Nürnberg, St. Lorenz **281**
Nürnberg, St. Sebaldus **284**
Nürnberg, Burg **286**
Rothenburg ob der Tauber **300**
Würzburg **332**

Übersichtskarte Umschlagklappe hinten

BILDNACHWEIS

akg-images S. 4, 65
Amberg S. 109, 293, 304
Baedeker-Archiv S. 6 (unten), 11, 23
Bonisolli/Stockfood S. 162
DuMont Reiseverlag/Kiedrowski, Koshofer, Schwarz S. 112 (rechts), 158, 164, 165 (rechts unten), 168, 196, 221, 235, 335 (4 x)
DuMont Reiseverlag/Leue S. 48, 142, 232
DuMont Reiseverlag/Maeritz S. 3, 18, 68, 82, 86, 117 (oben), 165 (links), 165 (rechts), 166, 176, 215, 225, 276, 287 (links unten), 287 (links oben), 288, 289, 290
DuMont Reiseverlag/Scheibner: S. 5 (oben), 5 (unten), 9 (unten), 9 (oben), 10/11, 12, 13 (oben), 13 (Mitte), 14 (oben), 14 (Mitte), 15, 16, 24, 28, 30, 55, 56, 72, 74, 76, 79, 85, 89, 90, 95, 96, 102/103, 104, 108 (unten), 111 (oben), 111 (unten), 112 (links), 113, 118/119, 249, 256, 269, 273, 296, 308, 311, 321, 334, 336, 337, 338, U 2, U 4, hintere Umschlagklappe
DuMont Reiseverlag/Teschner S. 8, 44, 47, 60, 156, 192, 194, 285, 299, 331
DuMont Reiseverlag/Wackenhut S. 4 (rechts), 32, 66/67, 98, 105 (links unten), 105 (rechts unten), 117 (unten), 126, 129, 202, 230, 252, 316
DuMont Reiseverlag/Widmann S. 6 (oben), 7, 20, 52, 100, 114, 115 (oben), 152, 177, 183, 186, 244, 260, 326
Held S. 246
IFA/Otto S. 200, 328
IFA/Schösser S. 307, 312
Janicke S. 35, 134, 147, 258, 318
Lade/BAV S. 1, 80
Lade/BM S. 39
Lade/Feldrapp S. 239, 242
Lade/Krecichwost S. 108 (oben), 137, 302
Lade/Ott S. 122
Lade/Sandhofer S. 105 (links oben), 274
Lade/Tschanz-Hofmann S. 226
laif/Hub S. 13 (unten)
Mauritius/Hollweck S. 223
Mauritius/Mitterer S. 264
Nahm S. 67, 110
Otto S. 14 (unten)
pa/akg S. 270
pa/dpa S. 26
pa/dpa/Wolf S. 27
pa/ZB/Endig S. 282
pa/ZB/Reents S. 219
picture alliance S. 4 (links), 58, 65
picture alliance/akg S. 36, 40, 42
picture alliance/dpa/Causi S. 63
picture alliance/dpa/Weigel S. 62
picture alliance/Hoogerhuis S. 59
Pressebüro/Bayreuther Festspiele S. 175 (links oben)
preview/interfoto S. 295
Schapowalow/Kirsch S. 115 (unten), 160
Schapowalow/Mader S. 107
Schulze S. 175 (rechts), 175 (links unten)
Steffens S. 50, 322
Steffens/Allgöwer S. 287 (rechts oben)
Steffens/Brehm S. 9 (Mitte), 105 (rechts oben), 185
TH Foto/Stockfood S. 162
Transglobe/Eisen S. 206
Transglobe/Nordlicht S. 213
Transglobe/Schramm S. 174

Titelbild: Andreas Hub/laif

IMPRESSUM

Ausstattung:
135 Abbildungen, 31 Karten und grafische Darstellungen, eine große Reisekarte
Text: Achim Bourmer; mit Beiträgen von Ute Andorff, Rainer Eisenschmid, Dr. Eva Missler, Peter M. Nahm (†)
Bearbeitung: Baedeker Redaktion (Achim Bourmer, Helmut Linde)
Kartografie: Christoph Gallus, Hohberg; Franz Huber, München; Franz Kaiser, Sindelfingen; MAIRDUMONT / Falk Verlag, Ostfildern (große Reisekarte)
3D-Illustrationen: jangled nerves, Stuttgart
Gestalterisches Konzept: independent Medien-Design, München; (Kathrin Schemel)

Chefredaktion:
Rainer Eisenschmid,
Baedeker Ostfildern

5. Auflage 2011

Urheberschaft:
Karl Baedeker Verlag, Ostfildern
Nutzungsrecht:
MAIRDUMONT GmbH & Co KG; Ostfildern

Anzeigenvermarktung:
MAIRDUMONT MEDIA
Tel. 0049 711 4502 333
Fax 0049 711 4502 1012
media@mairdumont.com
http://media.mairdumont.com

Printed in China
Gedruckt auf 100% chlorfrei gebleichtem Papier

i atmosfair

nachdenken • klimabewusst reisen
atmosfair

Reisen bereichert und verbindet Menschen und Kulturen. Jedoch wer reist, erzeugt auch CO_2. Dabei trägt der Flugverkehr mit bis zu 10% zur globalen Erwärmung bei. Wer das Klima schützen will, sollte sich somit nach Möglichkeit für die schonendere Reiseform entscheiden (wie z. B. die Bahn). Wenn keine Alternative zum Fliegen besteht, kann man mit atmosfair handeln und klimafördernde Projekte unterstützen.
atmosfair ist eine gemeinnützige Klimaschutzorganisation unter der Schirmherrschaft von Klaus Töpfer. Die Idee: Flugpassagiere spenden einen kilometerabhängigen Beitrag für die von ihnen verursachten Emissionen und finanzieren damit Projekte in Entwicklungsländern, die dort den Ausstoß von Klimagasen verringern helfen. Dazu berechnet man mit dem Emissionsrechner auf **www.atmosfair.de** wieviel CO_2 der Flug produziert und was es kostet, eine vergleichbare Menge Klimagase einzusparen (z.B. Berlin – London – Berlin 13 Euro). atmosfair garantiert die sorgfältige Verwendung Ihres Beitrags. Auch der Karl Baedeker Verlag fliegt mit *atmosfair*. Unterstützen auch Sie unser Klima. Alle Informationen dazu auf www.atmosfair.de.

BAEDEKER VERLAGSPROGRAMM

- Ägypten
- Algarve
- Allgäu
- Amsterdam
- Andalusien
- Argentinien
- Athen
- Australien
- Australien • Osten
- Bali
- Baltikum
- Barcelona
- Bayerischer Wald
- Belgien
- Berlin • Potsdam
- Bodensee
- Brasilien
- Bretagne
- Brüssel
- Budapest
- Bulgarien
- Burgund
- Chicago • Große Seen
- China
- Costa Blanca
- Costa Brava
- Dänemark
- Deutsche Nordseeküste
- Deutschland
- Deutschland • Osten
- Djerba • Südtunesien
- Dominik. Republik
- Dresden
- Dubai • VAE
- Elba
- Elsass • Vogesen
- Finnland
- Florenz
- Florida
- Franken
- Frankfurt am Main
- Frankreich
- Fuerteventura
- Gardasee
- Golf von Neapel
- Gomera
- Gran Canaria
- Griechenland
- Griechische Inseln
- Großbritannien
- Hamburg
- Harz
- Hongkong • Macao
- Indien
- Irland
- Island
- Israel
- Istanbul
- Istrien • Kvarner Bucht
- Italien
- Italien • Norden
- Italien • Süden
- Italienische Adria
- Italienische Riviera
- Japan
- Jordanien
- Kalifornien
- Kanada • Osten
- Kanada • Westen
- Kanalinseln
- Kapstadt • Garden Route
- Kenia
- Köln
- Kopenhagen
- Korfu • Ionische Inseln
- Korsika
- Kos
- Kreta
- Kroatische Adriaküste • Dalmatien
- Kuba
- La Palma
- Lanzarote
- Leipzig • Halle
- Lissabon
- Loire
- London
- Madeira
- Madrid
- Malediven
- Mallorca
- Malta • Gozo • Comino
- Marokko
- Mecklenburg-Vorpommern
- Menorca
- Mexiko
- Moskau
- München
- Namibia

- Neuseeland
- New York
- Niederlande
- Norwegen
- Oberbayern
- Oberital. Seen • Lombardei • Mailand
- Österreich
- Paris
- Peking
- Piemont
- Polen
- Polnische Ostseeküste • Danzig • Masuren
- Portugal
- Prag
- Provence • Côte d'Azur
- Rhodos
- Rom
- Rügen • Hiddensee
- Ruhrgebiet
- Rumänien
- Russland (Europäischer Teil)
- Sachsen
- Salzburger Land
- St. Petersburg
- Sardinien
- Schottland
- Schwäbische Alb
- Schwarzwald
- Schweden
- Schweiz
- Sizilien
- Skandinavien
- Slowenien
- Spanien
- Spanien • Norden • Jakobsweg
- Sri Lanka
- Stuttgart
- Südafrika
- Südengland
- Südtirol
- Sylt
- Teneriffa
- Tessin
- Thailand
- Thüringen
- Toskana
- Tschechien
- Tunesien
- Türkei
- Türkische Mittelmeerküste
- Umbrien
- Ungarn
- USA
- USA • Nordosten
- USA • Nordwesten
- USA • Südwesten
- Usedom
- Venedig
- Vietnam
- Weimar
- Wien
- Zypern

BAEDEKER ENGLISH

- Andalusia
- Austria
- Bali
- Barcelona
- Berlin
- Brazil
- Budapest
- Cape Town • Garden Route
- China
- Cologne
- Dresden
- Dubai
- Egypt
- Florence
- Florida
- France
- Gran Canaria
- Greece
- Iceland
- India
- Ireland
- Italy
- Japan
- London
- Mexico
- Morocco
- New York
- Norway
- Paris
- Portugal
- Prague
- Rome
- South Africa
- Spain
- Thailand
- Tuscany
- Venice
- Vienna
- Vietnam

LIEBE LESERINNEN, LIEBE LESER,

ein herzliches Dankeschön, dass Sie sich für einen Baedeker Allianz Reiseführer entschieden haben. Er wird Sie zuverlässig auf Ihrer Reise begleiten und Sie nicht im Stich lassen.
Natürlich beschreibt er die wichtigen Sehenswürdigkeiten, aber er empfiehlt auch die nettesten Kneipen und Bars, dazu Hotels für den großen und kleinen Geldbeutel, gibt Tipps für Restaurants, Shopping und für vieles mehr, was eine Reise zum Erlebnis macht. Dafür haben unsere Autoren und die Redaktion Sorge getragen. Sie sind für Sie regelmäßig nach Franken gereist und haben all ihre Erfahrungen und Kenntnisse in diesen Reiseführer gepackt.

Trotzdem: Die Erfahrung zeigt, dass Fehler und Änderungen nach Drucklegung, für die der Verlag keine Haftung übernehmen kann, nicht ausgeschlossen werden können. Für Kritik, Berichtigungen und Verbesserungsvorschläge sind wir Ihnen außerordentlich dankbar. Schreiben Sie uns, mailen Sie uns oder rufen Sie an:

▶ **Verlag Karl Baedeker GmbH**
Redaktion
Postfach 3162
D-73751 Ostfildern
Tel. (0711) 4502-262, Fax -343
E-Mail: info@baedeker.com

Besuchen Sie uns auch im Internet unter www. baedeker.com. Hier finden Sie jeden Monat den aktuellen Reisetipp der Redaktion und das gesamte Verlagsprogramm. Hier können Sie auch lesen, wer Karl Baedeker war und wie er seinen ersten Reiseführer geschrieben hat. Mit seinen über 180 Jahren ist der Karl Baedeker Verlag der älteste Reiseführer-Verlag der Welt.

www.baedeker.com

ZU GEWINNEN: STADTREISE NACH LONDON

Unter allen Einsendungen verlost der Verlag am Jahresende – unter Ausschluss des Rechtswegs – eine Städtekurzreise für zwei Personen nach London.
Freuen Sie sich auf ein spannendes Wochenende in London. Natürlich ist ein Baedeker Allianz Reiseführer London auch dabei!